KB054306

발린트는 재능 있는 문화사가다. [⋯] 프라하에 근거한 유대인 독일
작가 카프카의 특수한 경험에서 탄생한 예술적 보편성을 보여준다.
『뉴욕 타임스』

기막히고 스릴 넘치는 이야기. [⋯] 발린트는 이야기를
솜씨 좋게 엮어냈다.
새뮤얼 얼, 『프로스펙트』

신중하면서도 호의적이고 공평하다. 발린트는 최근 10여 년 사이에
벌어진 일들과 카프카의 생애 사이를 오가는 방식으로 페이지를
미묘하고 점진적으로 채워나간다.
루퍼트 크리스티안센, 『텔레그래프』

발린트는 카프카를 두고 벌어진 독일과 이스라엘의 쟁투에
얼마나 많은 것이 걸려 있었는지 흥미진진하게 탐구한다. [⋯]
『카프카의 마지막 소송』은 문학적 성자를 소유하기 위해 과거에
집착하는 두 국가의 문화적 투쟁에 대한 이야기인 동시에
그 성자 자체에 대한 흥미로운 연구다.
존 월시, 『선데이 타임스』

극적이고 계몽적이다. [⋯] 발린트에 따르면 이 사건은 유언장과 법률의
세부사항을 보여주는 데 그치지 않고 훨씬 많은 것을 포함한다.
국적, 종교, 문학, 심지어 홀로코스트에 대한 중대한 질문을 제기한다.
애덤 커시, 『애틀랜틱 먼슬리』

일종의 법정 스릴러다. [⋯] 발린트는 이 사건을 하나의 은유로
바라보면서, 카프카의 단편 「법 앞에서」(불가해한 법의 문지기가 정의를
찾는 사람들을 가로막는 이야기)의 속편인 양 써 내려간다. 그러나
문학적 차원에 그치지 않고 문화적 유산의 본질에 대한 더욱 심오한
질문을 제기하고 있다.
스티븐 윌프(코네티컷 대학교 교수)

발린트는 법의 미로를 통해 우리를 안내하며 주인공의 동기를 풀어내고 이 위대한 작가이자 현자를 고찰할 수 있는 새로운 시각을 제공한다. 우아하고 통찰력 있는 책.

데이비드 울프(랍비)

고뇌의 달인에 관한 놀라운 책이자, 파괴된 유대 문명의 파편을 줍는 방법에 관한 책. 발린트는 카프카의 기묘한 문학적 사후생에 대한 이야기를 전하는 과업을 맡은 뛰어난 이야기꾼이다.

하비브 레티그 구르, 『타임스 오브 이스라엘』

20세기의 가장 불가사의한 작가 중 한 사람을 중심으로 펼쳐지는 문학적 우정, 장대한 법적 분쟁, 그리고 문화정치학에 관한 대단히 흥미로운 이야기. [⋯] 홀로코스트가 드리운 긴 그림자, 초창기 이스라엘, 망명자들의 슬픔을 아름답게 떠올리게 해주는 기구한 인물들이 등장하는 정교한 휴먼 드라마.

『파이낸셜 타임스』

Kafka's Last Trial

카프카의 마지막 소송

Kafka's Last Trial
Benjamin Balint

Kafka's Last Trial

카프카의 마지막 소송

카프카는
누구의 것인가

The Case of a Literary Legacy

베냐민 발린트 지음
김정아 옮김

문학과지성사

카프카의 마지막 소송
— 카프카는 누구의 것인가

제1판 제1쇄 2024년 6월 3일

지은이 베냐민 발린트
옮긴이 김정아
펴낸이 이광호
주간 이근혜
편집 최대연 김현주 홍근철
마케팅 이가은 최지애 허황 남미리 맹정현
제작 강병석
펴낸곳 ㈜문학과지성사
등록번호 제1993-000098호
주소 04034 서울 마포구 잔다리로7길 18 (서교동 377-20)
전화 02)338-7224
팩스 02)323-4180(편집) 02)338-7221(영업)
대표메일 moonji@moonji.com
저작권 문의 copyright@moonji.com
홈페이지 www.moonji.com

ISBN 978-89-320-4283-1 03300

카리나에게

차례

I

마지막 항소

이스라엘 대법원, 사아레이 미스파트 길 1번지, 예루살렘

2016년 6월 27일

독일어 sein에는 '있다'라는 뜻과 '-이다'라는 뜻이 있다.
　　　　　　　　　　　　　　　—프란츠 카프카, 『취라우 아포리즘』

때는 여름 아침, 장소는 예루살렘. 여든두 살의 에바 호페가 두 손을 깍지 낀 자세로 '이스라엘 대법원' 로비의 벤치에 앉아 있었다. 천장이 높은 로비의 우묵한 공간에 설치된 광택 있는 곡선형 나무 벤치였다. 재판이 시작될 때까지 시간을 보내야 했기에, 에바를 부축해주려고 따라온 친구는 옆에서 일간지 『마아리브』를 뒤적거렸다. 평소 에바는 언론을 피했다. 기자들은 그녀를 고양이들과 동거하는 괴짜 독신녀로 그리거나 개인에게 맡기기에는 너무나 중요한 문화재로 한몫 챙기려고 하는 기회주의자로 그

리려고 작정한 듯했고, 그녀는 기자들이 지어내는 거짓말들에 억
울해했다. 신문 1면에 빨간색 잉크로 대문짝만하게 인쇄된 헤드
라인이 에바의 시선을 끌었다. 그녀는 화가 난 듯 "데이비드 보위
의 머리카락까지 경매에 내놓고 있구나"라고 말했다. 친구는 "그
러게. 마치 성인聖人의 유해처럼"이라고 대꾸했다.

오늘, 또 다른 종류의 성유물의 운명이 결정될 것이었다. 에바
가 대법원이 "본건의 사회적 의의를 고려해" 자기의 상소를 받아
들였다는 것을 알게 된 것은 석 달 전인 3월 30일이었다. 오늘의
재판 목록에서 에바의 이름은 찾아볼 수 없었다. 대법원 입구 전
광판에는 에바의 재판이 '원고: 비공개, 피고: 비공개'로만 표시되
어 있었다.

에바는 거의 한 시간 일찍 도착했기에 전광판까지 확인하지
는 못했을 것이다. 더욱이 에바가 아무리 간절하게 익명성의 평
온함을 원한다고 해도, 오늘만큼은 익명성에 의지할 수 없을 것
이었다. 8년간에 걸친 일종의 관리권 분쟁이 절정에 이르고 있었
다. 본 소송은 '텔아비브 가정법원'(2007년 9월~2012년 10월)과
'텔아비브 지방법원'(2012년 11월~2015년 6월)을 거쳐 왔고, 법률
적·윤리적·정치적 딜레마로 점철된 그 소송 과정은 이스라엘 및
국제 언론에서 이미 다뤄지고 있었다. 처음부터 본 소송은 개인
소유권과 두 나라의 공익을 맞세우는 형태—독일어를 사용하는
프라하의 작가 막스 브로트(1884~1968)의 유산은 에바 호페에게
가야 하는가, 아니면 '이스라엘 국립도서관'으로 가야 하는가, 아
니면 차라리 독일 마르바흐의 '독일문학 아카이브'에 보관되어야
하는가?—였다. 막스 브로트의 유산을 물려받는 것은 한때 중유

럽 문화계에서 각광받던 인물의 유산만을 물려받는 것이 아니었다. 브로트는 또 한 명의 프라하 작가, 하지만 이제는 현대문학 그 자체를 상징하는 이름이 된 작가 프란츠 카프카의 친구이자 편집자이자 유저遺著 관리인이었다.

브로트의 유산에는 브로트 본인의 원고들뿐 아니라 가을 낙엽처럼 금방이라도 부서질 듯한 카프카의 글 뭉치들도 포함되어 있었다. 카프카가 죽고 92년이 흘러 있었고, 그가 남긴 글 뭉치는 카프카—초현실적 리얼리즘이라는 모방 불가능하되 즉각적으로 식별 가능한 문체를 만들어낸 작가이자 20세기의 방향 상실, 부조리, 얼굴 없는 독재에 대한 결코 지워지지 않을 우화들을 남긴 작가, 이름으로 형용사가 된 드문 작가—의 기묘한 세계가 새롭게 조명되리라는 약속인 듯했다. 카프카의 원고가 호페 가족의 손에 들어가게 되기까지의 거짓말 같은 이야기에는 여러 정황들이 엮여 있었다(아직 인정받지 못한 천재 작가의 마지막 유언을 그의 가장 친한 친구가 지키지 못했다는 것, 나치 침략자들이 유럽의 문을 폐쇄할 때 아슬아슬하게 탈출했다는 것, 텔아비브에 좌초한 망명자들 사이에서 연애 관계가 맺어졌다는 것 등등). 그날 대법원에서는 과거의 트라우마를 극복해야만 한다는 두 나라의 강박증이 첨예해지기도 했다. 무엇보다도, 본 소송은 카프카는 누구의 것인가라는 매우 폭발력 있는 질문을 가능하게 했다.

이제 그 태풍의 한복판에 있게 된 에바에 대해 말하자면 그녀는 카프카가 프라하의 유대인 묘지에 묻히고 10년 뒤인 1934년 4월 30일에 프라하에서 태어났다. 나치에게 점령당한 프라하를 엄마 에스테르(일제)와 아버지 오토 호페, 언니 루트와 함께 탈출했을 때, 그녀의 나이는 다섯 살이었다. 에바는 엄마 에스테르의 사진을 보여주었다. 프라하의 젊은 미녀가 개와 함께 찍은 사진이었다. 견종은 그레이트데인이었고, 이름은 『해방된 예루살렘』(1581)이라는 시로 가장 잘 알려진 16세기 이탈리아 시인의 이름을 딴 타소였다. "내 고양이 한 마리에게도 타소라는 이름을 지어주었어"라고 에바는 말했다.

에바는 팔레스타인에 도착하자마자 '간 스무엘Gan Shmuel'(하데라Hadera라는 북부 도시 근처에 세워진 키부츠kibbutz)에서 학교에 다녔고, 나중에는 이스라엘 중부에 세워진 '벤 셰멘 청년 마을 Ben Shemen Youth Village'에서 열다섯 살까지 농업기숙학교에 다녔다. 그 학교에서 에바의 최애 선생님이었던 화가 나오미 스밀란스키(1916~2016)가 그녀를 돌봐주었다. 하지만 벤 셰멘에서 에바의 시간은 고독의 벽에 갇혀 있었다. "거기서 심한 향수병에 시달렸고 거의 매일 밤 울었어"라고 에바는 말했다. 1948년에 '이스라엘 독립전쟁'*이 발발했을 때(벤 셰멘이 '아랍 군단Arab Legion'의 무장 병력에 포위되었을 때), 에바는 그곳 사람들과 함께 장갑차로 후송되었다.

종전 이후, 에바는 '이스라엘 방위군'의 '나할Nahal 부대'에서 군복무를 했다(이러한 부대들은 '학생 군단Education and Youth Corps'의 지휘하에 자원봉사, 커뮤니티 조직, 농사, 병역을 병행했다). 에바는 병역을 마치자마자 취리히에서 음악학을 공부하는 길을 택

---

* (옮긴이) 1948년 5월 14일 이스라엘 건국선언으로 인해 촉발된 이스라엘과 아랍연맹 간의 전쟁으로 제1차 중동전쟁, 팔레스타인 전쟁 등으로 불린다. 저자는 이스라엘 국민을 독자로 상정하고 있기 때문에 이스라엘 독립전쟁이라고 부르고 있다.

했지만, 1966년에 학업을 중도 포기하고 이스라엘로 돌아왔다. 그렇게 돌아와야 했던 이유 중 하나는 이스라엘과 인접 아랍 국가들 간의 임박한 교전에 대한 부친 오토의 불안을 달래기 위해서였다. "아빠는 심한 전쟁 공포에 시달리고 있었어. 아빠는 그들이 우리를 학살할 것이라고 믿고 있었지"라고 에바는 말했다.

1967년 여름, '6일 전쟁'이 발발했다. 에바는 6일 동안 매일 텔아비브의 디젠고프 길에 있는 '카페 카시트'까지 걸어가서 에스프레소를 시켰다. 작은 테이블들이 인도까지 흘러나와 있고, 길에 면한 외벽의 상단에 마리오네트 같은 광대들과 음악가들이 그려져 있는 카페였다(그림은 요슬 베르그너가 이 카페를 위해 그린 패널화 6점이었다). 이 카페는 장발의 보헤미안들, 몰락한 지식인들, 강매상들, 군 고위층을 위한 모임 장소 겸 뉴스 공장의 역할을 하고 있었다(모셰 다얀도 그중 하나였다). (훗날 수상이 되는) 아리엘 샤론 장교는 언젠가 부사관을 질책하면서 "자네는 카시트에서 노닥거리고 있군. 우리 작전을 『하올람 하제』 기자들한테 이렇게 떠벌리면서"라고 하기도 했다(『하올람 하제』는 우리 아브네리가 발행하는 주간지였다).[1] 카페 단골 중 하나였던 우리 아브네리에 따르면, "모든 명사들과 귀빈들이 그곳에서 서로 어울렸고, 그렇게 어울리는 것 자체가 고무적인 일이었다." 에바는 거기서 엿들은 대화 부스러기들을 매일 집으로 가져와 전쟁의 추이를 업데이트했다. 에바가 가져온 이스라엘군의 승전 소식을 에바의 부친은 못 미더워했다.

6일 전쟁이 끝난 뒤, 에바는 1~2학년 어린이들에게 음정과 박자를 가르치면서 그들의 즉흥 연주에서 기쁨을 얻기 시작했다.

하지만 그 이듬해에 에바는 두 사람을 떠나보내야 했다. 부친이 죽고 불과 다섯 달 만에 프라하 에미그레Prague émigré[프라하 출신 망명 인사]이자 에바에게는 아버지 같은 사람이었던 작가 막스 브로트마저 세상을 떠난 것이다. 에바는 음악을 연주하고 가르치는 데서 더 이상 기쁨을 얻을 수 없음을 깨닫게 되었다.

에바가 슬픔에 빠져 있을 때, 이스라엘 시인이자 작사작곡가 하임 헤페르가 에바를 이스라엘 항공사 엘알El Al에 추천했다(하임 헤페르도 카페 카시트의 단골손님이었다). 에바는 그 후 30년간 엘알항공의 지상 직원으로 근무했다. "스튜어디스로 일하고 싶지는 않았어. 엄마와 가까운 곳에 있고 싶었거든"이라고 에바는 말했다. 그 대신 에바는 비행기 엔진의 굉음을 듣는 데서, 그리고 형광 안전조끼와 방음 귀덮개를 착용한 항공기 유도원들이 착륙하는 비행기를 지정된 게이트로 유도하면서 조명봉을 흔드는 모습을 보는 데서 거의 어린아이 같은 기쁨을 느꼈다. 에바는 1999년에 65세로 퇴직했다.

에바는 그렇게 오랫동안 엘알항공에 있었으면서도 독일행 항공기에 탑승하기를 원했던 적은 한 번도 없었다. "용서가 안 되더라고." 에바는 결혼을 한 적도 없었다. "펠릭스 벨취가 자기 아내 이르마에 대해 그렇게 심하게 말하는 것을 들으니까, 나는 결혼하지 말아야지 싶더라고"(펠릭스 벨취는 카프카의 친구로, 막스 브로트와 함께 프라하에서 팔레스타인으로 탈출했다). 에바는 자식을 가지지 않기로 하면서 엄마 에스테르와 함께 (그리고 고양이들과 함께) 텔아비브의 스피노자 길에 있는 비좁은 아파트에서 일종의 공생협력의 삶을 살기로 선택했다.

에바 호페는 텔아비브의 지성계에 출입할 수 있었지만(친구들 중에 베를린 태생의 히브리 시인 나탄 자흐와 화가 메나셰 카디슈만 등이 있었다고 했다), 지식인 행세를 하지는 않았다(브로트의 책 중에서 읽지 않은 책이 많음을 인정하기도 했다). 자식이 없었던 에바는 자기를 아껴주는 충실한 친구들로부터 보살핌을 받고 있었다. 그들 중 세 사람이 이제 에바와 함께 대법원 로비 구석 자리에 끼어 앉아서 재판이 시작되기를 기다리고 있었다. 신문을 든 친구가 주의를 주었다. "무슨 일이 있어도 입을 다물고 있어야 해요. 폭발해서는 안 돼요." 에바는 고개를 끄덕이면서 본인의 답답한 마음을 다른 사람의 언어로 표현해보고자 했다. "막스 브로트가 살아 있었다면, 법정에 나와서 '작작 좀들 해라jetzt Schluss damit'라고 했을 텐데"라고 에바는 복화술사처럼 말했다.

언젠가 한 이스라엘 소설가는 자기는 에바 호페를 "카프카의 유령의 미망인"이라고 생각한다고 나에게 말한 적이 있다. 에바는 상속권 박탈의 공포에 사로잡혀 있었으니, 유령이 정의의 혼탁함 앞에서 느끼는 절망 같은 것을 체득하고 있었으리라는 것이다. "이런 소송에 휘말렸다는 것은 이미 패소했다는 뜻이다"라고 카프카의 미완성 소설 『소송』에서 요제프 K의 삼촌은 조카 요제프 K에게 말한다(『소송』은 브로트에 의해 편집되어 유작으로 출판되었다). 오늘 에바는 자기가 바로 그런 종류의 절망에 짓눌려 있음을 말하고자 했다. "이것이 줄다리기 시합이라면, 나에게는 아무 승산도 없겠지. 엄청나게, 엄청나게 강한 상대들과 싸워야 하잖아"라고 에바는 말했다. 여기서 엄청나게 강한 상대들이란, 에바의 엄마가 카프카의 가장 친한 친구로부터 상속받은 친필원고들이 딸의 것이 아니라 예루살렘 국립도서관의 것이라고 주장하는 이스라엘 당국을 지칭했다.

방금 끝난 재판의 소동이 가라앉고 있었다. 에바가 법정에 입장할 시간이었다(안색은 좋지 않았지만 눈빛은 초롱초롱했다). 에바는 로비에서 법정으로 통하는 무거운 문짝을 힘겹게 밀고 들어가면서 말했다. "정의라는 단어와 공정이라는 단어가 내 사전에는 없어."

『소송』에서 법정들은 어두침침하다. 반면에 예루살렘 법정은 천장이 높은 예배당을 닮았다. 꾸밈없는 흰색 내벽에는 자연광이 가득하고, 호화로운 장식이나 금도금은 아무 데도 없다. 런던에서 활동하는 자선사업가 도로시 드 로스차일드가 의뢰한 이 건물의 외형은 다각형이고 외벽 자재는 예루살렘스톤이며, 옥상 한쪽에는 예언자 스가랴의 옛 무덤으로부터 영감을 받은 구리 피복 피라미드가 서 있다(예루살렘의 동쪽 경사면을 포함하는 '키드론 계곡'의 바위 덩어리를 쪼아서 만든 기념물이다).

검은 법복을 입은 아홉 명의 법조인이 반원형 탁자에 착석했다. 대변자의 수를 공평하게 맞추어야 하는 것은 아니었지만, 분쟁하는 세 측을 대변하기 위함이었다. 세 측은 각각 이스라엘 국립도서관(본 재판이 이스라엘에서 진행되고 있었으니, 이른바 '홈코트'의 유리함이 있었다), 마르바흐 독일문학 아카이브(다른 두 측에게는 없는 막강한 재원이라는 유리함이 있었다), 그리고 에바 호페였다(다른 두 측이 원하는 물건을 최소한 현시점에는 물리적으로 소지하고 있었다). 저마다 합법적인 수단으로 논쟁에 끼어들었는데, 각 대변자들은 (그리고 판사들은) 레토릭의 두 차원, 곧 법률의 차원과 상징의 차원을 오락가락했다. 본 재판은 이스라엘과 독일에게 (그리고 두 나라의 여전히 복잡한 관계에서) 계속 중요하게 남아 있는 문제들을 명료하게 밝혀주리라는 약속이기도 했다. 마르바흐 측과 국립도서관 측은 각각의 국가적 과거와 관련된 문제를 법정으로 끌고 들어왔다. 양측이 문제를 다루는 방식은 서로 전혀 달랐지만, 카프카를 자국의 과거에 영광을 안겨줄 우승 트로피로 이용하고자 한다는 점은 마찬가지였다. 양측 다 이 작가를 국위 선양의 도구로 여기는 듯했다.

법조인들 뒤편에는 여러 줄의 방청석이 있었고, 정면 단상에는 세 명의 판사가 자리했다. 좌측은 요람 단지게르(잘나가는 상법 전문 변호사 출신), 중앙은 엘야킴 루빈스테인(검사 출신), 우측은 즈비 질베르탈(예루살렘 지방법원 판사 출신)이었다. 이들이 각 주장의 적법성을 그 적법성의 한계들과 비교하고 평가하는 임무를 짊어진 사람들이었다.

에바는 방청석 맨 앞줄에 혼자 앉아 있었다. 몇 달 전에 내가 그녀를 텔아비브의 이븐 그비롤 길에서 우연히 만났을 때(그녀의 아파트에서 멀지 않은 곳이었다), 그녀는 정처 없는 사람 같고, 버림받은 사람 같고, 혼자 남은 사람 같았다. 오늘, 그녀의 얼굴 곳곳에는 검버섯이 피어 있었지만, 그녀의 표정은 철저하게 집중하고 확실하게 이해하는 표정이었다. 에바는 그녀의 변호사 엘리 조하르 바로 뒤에 자리를 잡았다. 조하르는 경영자들, 이스라엘군의 장성급 장교들, 이스라엘 군사산업과 '샤바크Shabak'(이스라엘의 치안기관)를 쥐락펴락하는 큰손들을 변호하는, 연줄 좋고 아주 잘나가는 소송 전문 변호사였다. 이스라엘 전 총리 에후드 올메르트를 변호하기도 했는데, 그때는 일이 잘 풀리지 않았다(2012년에 배임, 2014년에 뇌물수수로 징역 19개월을 선고받은 올메르트는 2016년 2월부터 복역했다). 에바는 지난 8년간의 재판 중에 변호사를 여러 번 바꾸었는데 예샤야후 에트가르, 오데드 코헨, 우리 즈파트를 거쳐 마지막으로 정착한 곳이 조하르였다. 에바는 자기가 재판 종결 전에 죽을 경우에도 조하르의 수임료가 보장될 수 있도록 자기 아파트의 유치권을 조하르에게 넘겼다. 에바 본인으로부터 직접 들은 말이다.

조하르는 (남아 있는 머리털은 한쪽으로 빗어 넘겼고, 검은 법복은 매끄러운 바닥과 정확히 직각이었다) 목을 가다듬고 말을 시작했다(말투는 의례적으로 정중했지만 내용은 단도직입적이었다). 그는 판결이 불필요하다는 말로 포문을 열었다(단호한 바리톤이었다). 판결은 40년 전에 이미 내려졌다. 프란츠 카프카가 1924년에 41번째 생일을 한 달 앞두고 폐결핵으로 사망했을 때, 그의 가장 친한 친구이자 옹호자였던 막스 브로트는 (브로트 본인은 다작의 작가, 호평받는 작가였다) 카프카의 마지막 지시에 순순히 응하지 못했다. 그것은 남겨진 원고들, 일기들, 편지들을 읽지 말고 태워 없애라는 내용의 지시였다. 브로트는 지시에 응하는 대신 원고들을 구출했고, 카프카를 가장 탁월한 선견지명이 있었던 (그리고 독자를 매우 불안하게 하는) 20세기의 기록자로 받드는 카프카 정전화 작업에 본인의 여생을 바쳤다. 브로트가 1968년에 텔아비브에서 사망했을 때, 이 원고들은 그의 비서이자 그가 신

뢰하는 친구였던 에스테르 호페에게, 바로 에바의 모친에게 상속
되었다. 조하르의 말이었다.

브로트가 사망하고 5년 뒤인 1973년, 이스라엘 정부는 에스테
르 호페를 고소했다. 고소이유는 피고가 상속받은 카프카 원고를
소유하고 있다는 것이었고, 담당 판사는 텔아비브 지방법원의 이
츠하크 실로 판사였다. 1974년 1월 당시 실로 판사는 브로트의 최
종 유언장에 따라 "호페 부인은 그의 유산을 평생 재량껏 처리할
권리를 갖는다"라는 판결을 내렸다고 조하르는 말했다.

조하르는 이러한 과거의 판결을 언급하면서 오늘의 판결이 불
필요하다고 변론했다. 판사님들께는 외람된 말씀이겠으나, 이미
가지고 있는 것을 계속 가지고 있을 피고 에스테르의 권리를 인
정해주는 판결이 이미 내려진 바 있으니 재소송을 제기할 필요는
없다는 것이었다.

조하르의 변론은 루빈스테인 판사에게 좋은 인상을 주지 못했
다. 판사는 학생을 대하는 교사 같은 전지전능한 태도로 조하르
를 면박했다. "요점만 간단히 말씀하십시오. 본 법정은 이미 실로
판사의 판결문을 읽었으니, 더 이상 시간을 할애할 수 없습니다.
말씀하십시오."

조하르는 전혀 당황하는 기색 없이 또 다른 변론을 펼쳤다. 왜
카프카와 브로트의 유산이 이스라엘 국립도서관으로 이전되어
야 하는가? 그곳에 독일 문학에 조예가 있는 전문인력이 부족하
다는 것은 분명하지 않은가?

전문인력을 공급할 수 있느냐가 중요한 것이 아니라 자료를 보
관할 수 있느냐, 그리고 열람을 원하는 학자들에게 열람 환경을

제공할 수 있느냐가 중요하다고 연단 우측에서 질베르탈 판사가 끼어들었다.

법원이 선임한 막스 브로트의 유산 관리인이었던 법정 대리인 요시 아슈케나지가 변론을 시작했다. 조하르에 비해 나이는 더 어렸고 태도는 덜 번지르르했고 변론은 덜 복잡했다. 그에 따르면 브로트는 에스테르 호페에게 해당 원고를 어떤 조건으로 어떤 기관에게 내줄 것인가를 선택할 권한을 주었지만 그 선택권을 그녀의 상속자들에게 물려줄 권한까지 준 것은 아니었다, 브로트는 "그녀의 딸들이 그 일을 맡기를 원하지 않았다"는 것이었다.

에바는 푸른 눈을 내리깔고 고개를 저었고, 그녀의 긴 머리칼이 약간 흔들렸다. 그 흔들림 이외의 모든 불쾌 표시들을 에바는 애써 억누르고 있었다.

법정 대리인 메이르 헬레르의 반짝반짝하게 닦인 대포알 같은 대머리가 우측 구석에서 시야에 잡혔다. 8년의 법적 투쟁 내내 이스라엘 국립도서관을 대변해온 헬레르가 지금 또 공격에 나섰다. 헬레르는 에스테르 호페가 해당 원고들에 수십 년간 빗장을 걸어두어 연구자들의 열람을 막았다고 비난하면서, 이 부적절한 상황을 끝낼 판결이 나와야 한다고 했다. 국립도서관이 소장하고 있는 1천 여 종의 유대 작가 아카이브를 열람하기 위해 연간 수백 명의 연구자가 찾아오는데, 브로트에 의해 구출된 카프카 문서도 머지않아 거기서 적법한 장소rightful place를 찾을 수 있기를 바란다는 것이었다. 유대어가 아닌 언어를 사용하는 유대 문학 작가였던 카프카는 유대국jewish state의 작가라는 뜻이 그의 변론에 오해의 여지 없이 깔려 있었다.

"카프카를 유대 작가로 들이밀다니 터무니없지. 그분은 본인의 유대적 특성을 반기지 않았어. 그분은 심장으로 쓰는 작가, 내면으로 쓰는 작가였지, 하나님과 대화를 나누는 작가가 아니었어." 언젠가 에바로부터 들은 말이었다. 그분을 유대 작가라고 보는 관점을 가졌다고 해도, 그분의 문학 유산의 "마땅한 처소proper home"가 어디인지를 결정할 권한이 생기는 것은 아니지 않느냐고 에바가 말했다. 에바는 이스라엘에서 가장 사랑받는 시인 두 명을 예로 들어보자면서 "나탄 알테르만 아카이브는 런던에 있고, 예후다 아미하이 아카이브는 뉴헤이븐에 있잖아. 유대 작가 아카이브니까 이스라엘에 머물러 있어야 한다니, 그런 법이 어디 있어?"라고 했다. 에바의 말 속에서도 나는 이야기가 "사랑"과 "법률" 사이에서 오락가락하는 것에 주목했다.*

물론 아미하이는 본인의 자료가 갈 곳을 생전에 결정할 수 있는 호사를 누렸던 반면에, 이제 브로트는 자기가 어느 곳을 선호하는지를 우리에게 알려줄 수 없다. 죽은 작가의 유고Nachlässe를 처리하는 일과 생존 작가의 자필 자료Vorlässe를 매입하는 일은 다르다. 하지만 호페의 주장에 상응하는 주장들이 없는 것은 아니

---

* 예후다 아미하이 아카이브가 예일 대학교의 '바이네케 희귀본 도서관Beinecke Rare Book and Manuscript Library'에 매각되었다는 사실이 이스라엘에 분노의 폭풍을 불러일으켰다(국가기록물 관리관state archivist 에브야타르 프리셸이 매각을 승인한 것은 1998년이었고, 매각 사실이 공개된 것은 아미하이가 사망한 2000년이었다). 이스라엘 시인 나탄 요나탄은 "이런 문화재를 외국에 넘겨줄 국민이 이 세상에 어디 있겠는가?"라고 했다. 당시 예루살렘 국립도서관의 친필원고 분관 관장이었던 라피 바이저는 다음과 같이 말했다. "그때 우리가 아미하이의 의도를 언론에 흘렸더라면, 거래를 막을 수 있었을지도 모른다. 필시 사회적 압력이 거래를 불발시켰을 것이다. 하지만 우리는 아미하이의 의도를 존중해 입을 다물기로 결정했다."

었다. 예컨대 영국의 소설가 킹슬리 에이미스(1922~1995)는 영국의 저자들이 쓴 친필원고가 영국에 머물러 있어야 한다는 관점을 자기로서는 참기 어렵다고 말했다. 본인의 문서가 해외로 유출되는 것에 대해 그는 전혀 거리낌을 느끼지 않았다.

내 원고는 종류에 상관없이 최고가 입찰자에게 매각할 거야. 물론 평판이 좀 있는 곳으로 가야겠지만, 어느 나라인지는 전혀 상관없어. '테이트 갤러리'에 모네 컬렉션이 있는 것이 안 이상하다면, (말하자면) 버펄로 대학교에 로버트 그레이브스[영국 시인 겸 소설가]의 친필원고 컬렉션이 있는 것도 안 이상하잖아 (말하자면).

1969년, 에이미스는 1.5상자 분량의 친필원고를 텍사스에 있는 '해리 랜섬 인문학센터Harry Ransom Humanities Center'에 매각했다.* 그로부터 15년 뒤, 그는 남은 원고와 함께 앞으로 모일 모든 원고에 대한 권리를 캘리포니아주 산마리노에 있는 헌팅턴 도서관에 매각했다(그곳에 소장된 또 한 명의 영국 작가—셰익스피어—의 초기 판본 컬렉션은 세계 최고 수준이다).

예루살렘에서 대법원 재판이 열리기 나흘 전, 베를린에서 열린 독일 연방의회Deutsche Bundestag는 그런 매각 행위를 엄중 단속하기 위해 유럽 국가들이 얼마나 노력하고 있는지의 본보기를 제공

---

* 2014년, 텍사스 대학교 오스틴 캠퍼스의 해리 랜섬 인문학센터는 맨부커 상을 수상한 영국 작가 이언 매큐언의 아카이브를 200만 달러에 매입했다. 랜섬 센터는 영국 작가인 도리스 레싱과 그레이엄 그린의 자료들도 소장하고 있다.

했다. 2016년 6월 23일, 연방의회는 논란을 불러일으키는 문화재 보호법—"국보"("유출될 경우에 중대한 손실을 초래"할 "국가적 으로 가치가 큰 문화재"라고 정의되는 그 무엇)로 여겨지는 작품의 해외 유출을 막는 것을 골자로 하는 법—을 채택했다. 문화부 장 관 모니카 그뤼터스에 따르면, 자국의 문화재를 소장하고 보존하 는 것은 "문화국 독일"의 "의무"였다. 그뤼터스는 이러한 법이 독 일의 예술을 (그리고 민간 소유의 예술품들을) "국유화"하는 데 이 용되리라는 우려들을 일축했다. 그뤼터스의 "관점"으로 보았을 때, "보존"은 "몰수"가 아니었다.

이스라엘에서 열린 재판에서 법조인들은 어디까지가 보존이 고 어디까지가 몰수인가를 놓고 논쟁을 벌이고 있었고, 논쟁 중 에 점점 분명해졌듯이, 카프카가 유대국의 작가라는 이스라엘 측 의 주장은 카프카의 유대적 특성을 적극적으로 긍정하는 논의에 의지하고 있는 것에 못지않게 카프카를 부정적인 방식으로 정의 하는 논의, 다시 말해 카프카가 독일의 국보가 아니라고 정의하는 논의에 의지하고 있었다.

메이르 헬레르가 착석하고, 사아르 플리네르가 신중한 어조로 변론하기 시작했다. 그의 클라이언트, 곧 마르바흐 독일문학 아 카이브(관장: 울리히 라울프)는 저명 작가들의 문필 유산을 세계 최고 수준으로 소장하고 있는 기관이다, 그런 기관에서 카프카 & 브로트 컬렉션을 소장품 목록에 추가할 수 있기를 희망한다는 내 용의 변론이었다. 하지만 나중에 플리네르로부터 직접 들은 말에 따르자면, 호폐의 권리, 곧 독일인들에게 유산을 매각할 권리를 옹호했던 그의 변론은 할 말, 안 할 말과 관련해서 라울프로부터 하달받은 명확한 지침에 얽매여 있었다. 독일에서라면 카프카가 보편적인 관점, 곧 객관적인 "장소 없는 관점"에서 해석될 것이다 (그럴 수 있는 곳이 있다면 그곳은 독일일 것이다), 하지만 이스라엘에서는 카프카가 좀더 편협하고 유별나게 해석될 것이다(일부 이스라엘인들은 카프카를 유대 작가로 환원하고 싶은 유혹을 느낀다)라는 것이 지난 재판 내내 독일문학 아카이브가 취해온 기조였다.

자기네가 지난 재판 내내 여러 차례 눈치 없는 수를 두었음을 이제야 깨달은 독일문학 아카이브 관장들은 지금 이 중대 국면에서 꼬리를 내리고 삼가는 태도를 취하고자 했다. 그런 까닭에 플리네르의 변론은 하달받은 지침에 따라, 막스 브로트의 유산을 목록화해 놓는 이전 작업들은 대상 자료의 막대한 양으로 인해 불완전한 작업들이었음을 강조하는 데 그쳤다. "지금으로서는 거기 뭐가 들었는지 확실히 아는 사람이 아무도 없는 듯"하다고 그는 밝혔다.

루빈스테인 판사가 채 한 시간도 경과하기 전에 재판을 끝냈다. 그와 그의 두 동료는 각자의 집무실로 돌아갔다. 에바와 그녀의 친구들은 초조하게 로비를 서성거렸다. "선고는 언제 내려질까?" 누군가 물었다. 그 질문에 대한 대답인 듯, 엘리 조하르의 보조원 한 명이 「출애굽기」 13장 14절("뒷날 당신들 아들딸이 당신들에게 묻기를…")에 대한 중세의 성경 주석가 라시의 주석을 인용했다. "라시 가라사대, 내일을 뜻하는 뒷날도 있고, 내세를 뜻하는 뒷날도 있느니라."

그렇게 예의를 차리는 사람이 아니었던 에바는, 엘리 조하르가 여름 감기에라도 걸린 것 같더라며 "최상의 컨디션이 아니었다"
라고 말했다. 에바는, 하지만 나는 그런 압박을 견뎌낼 수 있는 사
람이다, 내 의지가 더 굳세다, 라고 말하는 듯했다. 로비를 벗어난
에바는 대법원 구역과 큰길 건너편의 요란한 상점가를 연결하는
육교 방향으로 가면서 "그래도 나는 희망을 버리지 않아. 내 이름
이 호페Hoffe[독일어로 '나는 희망한다'라는 뜻]잖아"라고 했다.

  에바가 멀어져가는 동안, 나는 그 오기의 격언, '둠 스피로 스페
로dum spiro spero("내가 숨 쉬는 한, 나는 희망한다")라는 그 고대 라
틴어 격언을 카프카가 어떻게 뒤집었는가를 생각해보았다. 인간
들이란 그저 하나님의 머릿속에 떠오르는 허무주의적 상념들일
지도 몰라, 라는 카프카의 말이 포함된 대화가 막스 브로트의 카
프카 전기에 나온다. 그러면 아무 희망이 없는 것이냐고 브로트
는 물었다. 카프카는 대답했다. "희망은 많아요. 무한히 많아요.
그저 우리에게 희망이 없는 것뿐이에요." 에바의 작은 뒷모습이
사라져가는 동안, 나는 또 생각해보았다. 카프카가 여기 있었다
면, 본 소송이 발가벗겨 놓은 소유욕 앞에서 소름 끼쳐하지 않았
을까?(독일어를 사용하는 유대 작가 엘리아스 카네티의 표현을 빌
리면, 카프카에게는 "스스로를 작게 만들려는 열망"이 있었다). 우
리가 가진 것들도 우리를 취하게 만들 수 있지만 우리가 못 가진
것들은 우리를 더 취하게 만들 수 있다는 것을, 카프카가 우리에
게 상기시켜주지 않았을까?

막스 브로트의 무덤 옆에 서 있는 에바 호페, 텔아비브, 2017년 1월
(사진: 토메르 아펠바움)

2

"광신적 숭배":
카프카의 첫 독자

카를 대학교, 프라하

1902년 10월 23일

한 권의 책은 우리 안에 있는 언 바다를 깨는 도끼여야 합니다.
— 프란츠 카프카, 1904년

믿음이 없다면, 눈에 보이는 모든 것이 황량하고 냉랭하게 느껴질 것
이다.
— 막스 브로트, 1920년

의욕에 불타는 발표자 막스 브로트(18세, 프라하 카를 대학교 법학과 1학년)가 페르디난트 슈트라세에 있는 독일학생연합 집회실에서 철학자 아르투어 쇼펜하우어에 관한 발표를 막 끝낸 참이었다. 두꺼운 막 옆에는 보조 탁자가 있었고, 그 위에는 버터가 두껍게 발린 빵 접시들과 유럽 전역의 신문들이 놓여 있었다. 브로트는 2년간 쇼펜하우어의 저서들에 빠져 있었다. 어떤 대목들

은 통째로 암송할 수 있을 정도였다. "[여섯 권짜리 쇼펜하우어 전집에서] 제6권을 다 읽고는 금방 다시 제1권을 펼쳤다"라고 브로트는 회고했다.

강단에 서 있는 브로트의 불균형하게 큰 머리와 다부진 상체가 눈에 띄었다. 그때의 그를 본 사람들은 짐작할 수 없었을지 모르지만, 어렸을 때 그는 네 살 때 진단받은 척추변형(곱사등)으로 인해 철제 코르셋과 목 보조기를 착용하고 생활해야 했다.

막스 브로트는 1884년생으로, 17세기에 이미 프라하에 정착해 있던 유대인 중간계급 집안의 삼남매 중 장남으로 태어났다. 어렸을 때 홍역, 성홍열, 디프테리아를 앓았는데, 디프테리아에 걸렸을 때는 거의 목숨을 잃을 뻔했다. 그의 아버지 아돌프는 '보헤미안 연합은행' 부행장으로 차분하고 느긋하고 세련된 성격이었던 반면, 그의 어머니 파니(결혼 전: 로젠펠트)는 분방한 감정의 활화산이었다. 그의 장황한 자서전 『투쟁하는 삶』에 따르면, "남동생[오토]과 여동생[소피아]의 경우에는 어머니의 활달함에 아버지의 고상함과 친절함이 결합되어 균형 잡힌 성격이 형성되었던 반면에, 나의 경우에는 많은 것이 불안정하게 남아 있었던 탓에 나는 항상 내면적 균형의 외양을 유지하기 위해 분투해야 했다."

브로트의 사교적 성격은 그의 작은 키와 어울리지 않는 듯했지만, 일단 대화가 시작되면 그의 신체적 물성 같은 것은 금방 잊을 수 있었다. 그의 친구였던 오스트리아 유대인 작가 슈테판 츠바이크는 학창 시절의 브로트를 다음과 같이 묘사했다. "내가 그를 처음 보았을 때 그는 작고 마르고 한없이 겸손한 스무 살 청년이었고, 그것은 지금도 마찬가지다. […] 탁월해 보이는 모든 것에 헌신하는 젊은 시인, 형식과 형태를 막론하고 기이하고 숭고하고 불가사의한 것이라면 그 모든 것에 헌신하는 젊은 시인, 그것이 그때의 그였다."

청중이 뿔뿔이 흩어지는 동안 호리호리한 체형, 182센티미터의 신장, 세심하게 갖추어진 옷차림의 대학생이 크고 느린 걸음으로 강단을 향해 다가왔다. 브로트보다 한 살 연상인 그는 타이를 완벽하게 매고 있었고, 귀가 뾰족했다. 브로트와는 초면이었다. 프란츠 카프카는 자기 이름을 댄 뒤, 브로트가 집에 가는 길에 동행하겠다고 제안했다. 브로트는 그때를 이렇게 회상한다. "항상 단아했고 보통은 감청색이었던 슈트 차림새가 말해주듯 카프카는 남의 눈에 띄지 않고 남 앞에 나서지 않는 스타일이었다. 하지만 그때는 어떤 힘이 그를 나에게로 밀어준 듯, 평소에 비해서 매우 수용적이었던 그는 나의 지나치게 조야했던 도식들에 대한 강한 반론으로, 그 끝없이 이어진 귀갓길 대화를 시작했다." 그들이 살렌가세 1번지에 도착했을 때(브로트가 부모와 함께 살던 곳), 대화는 아직 한창 진행 중이었다. 그들은 젤트너가세까지 걸어갔다가(카프카가 부모님과 여동생들과 함께 살던 곳), 다시 왔던 길을 되짚어갔다(브로트는 보조를 맞추기 위해 분투했다). 걷는 내내 두 대학생은 니체가 쇼펜하우어를 어떻게 공격했는지를 논하고 쇼펜하우어의 극기Selbstentsagung라는 이상을 논하고, 쇼펜하우어가 천재를 어떻게 정의했는지를 논했다. 이 철학자에 따르면 "천재성이란 순수한 인식 주체로 남아 있기 위해, 투명한 세계시점Weltauge으로 남아 있기 위해 자기 이권, 자기 의지, 자기 목적으로부터 눈을 뗄 수 있는 능력, 종국에는 일정 기간 동안 자기 자신으로부터 철저하게 손을 뗄 수 있는 능력"이었다. 브로트는 카프카의 눈 색깔에 주목했다(그의 표현을 빌리면, "담대한, 번득이는 회색" 눈이었다). 카프카는 추상적 사변에서 실력을 발휘하지도 그에 관심을 표시하지도 않았고, 대화는 곧바로 문학적 전환을 맞았다. 카프카가 상대방을 무장해제시키는 솔직담백함과 함께 선택한 화제는 열 살 연상의 오스트리아 작가 후고 폰 호프만슈탈이었다. (카프카가 브로트에게 처음으로 준 선물 중 하나가 호프만슈탈의 『작은 세계무대』[1897] 양각 한정판이었다.)

두 친구는 날마다 만나기 시작했다. 하루에 두 번 만나는 날도 있었다. 브로트는 카프카의 온유한 침착함(브로트의 표현을 빌리면, 카프카가 느끼게 해주는 "기분 좋은 안전감")과 "특이할 정도의 강인함 같은 것"에 매력을 느꼈다. 브로트에게 카프카는 현자 같기도 하고 어린아이 같기도 했다. 그의 자서전에서 브로트는 그들이 플라톤의 『피타고라스』를 그리스어로 함께 읽고 플로베르의 『감정교육』(1869)과 『성 안토니의 유혹』(1874)을 프랑스어로 함께 읽었다고 하면서 "두 영혼의 충돌"에 대해서 언급했다. (카프카가 브로트에게 준 수많은 선물들 중에는 플로베르에 대한 르네 뒤메닐의 책도 있었다.) 브로트에 따르면, 그들은 "서로를 채워주는" 사이, "서로에게 줄 수 있는 것이 많은" 사이였다. 카프카 쪽에서는 브로트에게 좀더 세속적으로 의지했는데, 브로트의 도움으로 전공 구두시험 한 과목의 낙제를 면한 일도 있었다. 카프카는 브로트에게 "그 메모들이 나를 구원해주었지"라고 했다.

두 청년이 특별한 저녁 시간을 보내는 곳은 영화관이나 '샤 누아르Chat Noir' 카바레였다. 대화할 때는 거의 독일어만 사용했지만, člobrdo("한심한 녀석") 같은 체코어 표현에 함께 킬킬거리기도 했다. 카이저파노라마Kaiserpanorama라는 첨단 입체경 슬라이드쇼에 관해 즐거운 대화를 나누기도 했다. 일요일이면 종종 함께 하이킹을 떠났고, 프라하 남서쪽에 있는 카를슈타인성으로 당일치기 여행을 떠나기도 했다(체코의 왕관 보석들, 성유물들, 국립 아카이브의 귀중 자료들이 이 고딕 양식의 산성에 보관되어 있었다). 그들은 "프라하의 프라터Prater"라고 불리던 스트로모브카 공원의 가로수길을 산책하는 커플들 사이를 걸어 다니면서 소설과 연극의 차이를 논했다(카프카가 다른 산책자들의 지팡이 사용법을 흉내 내서 브로트를 웃기기도 했다). 몰다우강으로 수영을 하러 가거나 프라하의 노천 온천에서 목욕한 뒤 밤나무 숲에서 빈둥거리기도 했다. 브로트는 "그 시절의 카프카와 나는 풍경을 소유하려면 일단 그 풍경 속에서 살아 흐르는 물에 몸을 담금으로써 그 풍경과 물리적으로 연결되어야 한다는 엉뚱한 믿음으로 살고 있었다"라고 했다.

카프카의 전기 작가 라이너 슈타흐에 따르면, 마조레 호수로 놀러간 카프카와 브로트는 수영 중에 "물속에서 땅을 딛고 서서 서로 껴안기도 했다. 키 차이만으로도 해괴했을 장면이다." 두 사람은 오스트리아-이탈리아 국경 지대의 가르다 호수를 끼고 있는 리바에서도 함께 휴가를 보냈고, 함께 괴테의 생가(바이마르)도 찾아갔으며, 스위스 루가노에 있는 벨베데레 오 라크 호텔에 묵은 적도 있었다.* 1909년에는 이탈리아 북부의 브레시아 근교에 위치한 몬티키아리 비행장에서 에어쇼를 함께 참관했다. 서로 여행 일기도 교환했다. 1910년 10월에 한 번, 1911년 하계 장기여행 끝에 또 한 번, 이렇게 두 번에 걸쳐서 파리를 함께 여행하기도 했다. 1911년 여행 중에 카프카와 브로트는 새로운 종류의 여행 안내서를 구상했다. 브로트는 "시리즈 제목을 Billig(돈 아끼기)로 정했다. 우리를 백만장자로 만들어줄 그 시리즈가 어떤 원칙들을 지켜야 하는지 지극히 꼼꼼하게 정리해나가면서 […] 프란츠는 지겨워하기는커녕 어린아이처럼 즐거워했다." 이 시리즈의 모토는 그냥 떠나보자였다.

브로트는 아내가 남편을 배려하듯 카프카를 배려했지만, "카프카의 희망 불능Hoffnungslosigkeit"(브로트의 표현)에 지칠 때도 분명히 있었다. 브로트가 1911년에 쓴 일기에 따르면, "카프카가 강박신경증을 앓고 있다는 것"이 그가 보기에는 "확실"했다. 하지만 그런 의구심들이 카프카를 향한 브로트의 점점 커지는 경탄을 오래 방해하지는 않았다. 브로트에 따르면, "카프카와 함께 여행했던 그때가 내 평생에 가장 평온하고 유쾌한 시간이었다. 모든 근심, 모든 짜증은 프라하에 남겨져 있었다. 우리는 명랑한 아이들이 되기도 하고, 묘하게 마음에 드는 농담들을 던지기도 했다. 카프카의 곁에서 그의 용솟음치는 생각들을 육성으로 들을 수 있었던 것은 큰 행운이었다(그는 자기의 우울증까지 재담과 환담의 소재로 삼는 사람이었다)."

두 사람이 서로 떨어져 있을 때조차 "나[브로트]는 카프카가 이 상황 혹은 저 상황에서 뭐라고 했을지 정확하게" 알고 있었다.

---

* 브로트는 1911년 9월 초에 루가노에서 함께 보낸 시간에 대해서 시 한 편을 썼고, 나중에 그 시를 "내 친구 프란츠 카프카에게"라는 헌사와 함께 발표했다.

카프카 없이 휴가를 떠났을 때는 수시로 엽서를 보냈다. 언젠가 한번은 베니스에서 카프카에게 벨리니의 비너스(사랑의 여신)가 나오는 그림엽서를 보낸 적도 있었다. 라이너 슈타흐에 따르면, 카프카는 "브로트와의 관계를 기록할 별도의 비밀 공책을 새로 마련할 것인가를 잠깐 생각해보기도 했다."

———————

두 청년이 서로 극과 극이라는 것, 한쪽은 원기 왕성하고 외향적인 반면 다른 한쪽은 내향적이라는 것은 누가 봐도 분명했다. 브로트는 삶의 기쁨을 향유하면서 넘치는 에너지로 생동하는 사람, 카프카가 갖지 못한 정력, 활력, 그리고 인간적 삶에의 관심을 뿜어내는 사람이었다. 기질적으로 밝고 내적 갈등이 없는 편이었던 브로트는 카프카의 가혹한 자기 점검에 수반되는 자기 회의 같은 것을 전혀 느끼지 않는 듯했다. 카프카는 세속적 성공을 중요시하지 못하는 사람이었던 반면, 브로트는 (아르투어 슈니츨러의 표현을 빌리면) "야심에 잡아먹힌 인간, 기회가 나타날 때마다 절박하게 달려드는 인간"이었다.

카프카는 자기 기운을 내면에 축적하는 경향이 있었다. 브로트가 전혀 갖지 못했던 금욕의 능력을 카프카에게 부여해주었던 것은 글을 써야 한다는 강박증이었다. 카프카는 1912년 일기에 다음과 같이 썼다. "글쓰기가 내 생활의 가장 생산적인 방향이라는 것이 신체적으로 점점 더 분명해졌다. 모든 것이 그쪽으로 몰려갔다. 성의 쾌감, 음식의 쾌감, 철학적 성찰의 쾌감, 무엇보다도 음악의 쾌감을 지향하던 것들이 있었던 자리가 텅 비었다."
1916년 8월 일기에서는 표현을 바꾸어 "나의 꿈결 같은 내면적 삶
을 그리고 싶다는 마음이 다른 모든 일을 지엽적인 일로 밀어냈
고, 삶은 참혹하게 쇠약해졌고, 지금도 계속 쇠약해지고 있다"라
고 했다. 1913년 편지에서는 "나는 문학으로 구성되어 있어 문학
없이는 아무것도 아니고, 문학 아닌 다른 것일 수가 없습니다"라
고 썼다.* 같은 해에 "문학과 무관한 모든 것을 나는 혐오한다"라
고 고백하기도 했다.

흥미로운 차이점은 또 있었다. 브로트는 숙련된 작곡가이자 피
아니스트로서 음악 분야에서 섬세한 안목과 세련된 취향을 가지
고 있었다. 하이네, 실러, 플로베르, 괴테의 글에 곡을 붙이기도
했다. (그는 안토닌 드보르자크의 제자였던 아돌프 슈라이버에게
작곡을 배웠고, 먼 친척이었던 앙리 브로트라는 유명한 프랑스 오
보에 연주자를 자랑스러워했다.) 슈테판 츠바이크는 "그의 가늘고
소녀 같은 손이 피아노 위에서 매끄럽게 움직였다"라고 회상한
바 있다. 알베르트 아인슈타인이 프라하에서 가르치는 일을 하고
있던 1912년의 어느 저녁, 브로트와 이 물리학자는 바이올린 소
나타를 협연했다. 미국의 작곡가이면서 바드 칼리지의 총장이던
리언 밧스타인은 "체코인과 독일인 사이의 의사소통이라는, 정치
에서 불가능해 보였던 일을 음악이 가능케 했다"는 것이 브로트
의 생각이었으리라고 추측했다.

반면에 카프카는 자기가 "음악을 맥락적으로 즐길 줄 모른다"

---

* (옮긴이) 펠리체 바우어에게 보낸 편지. 참고로 특정 작품이나 편지글에서 가져온 인
용문들은 기존의 형식 및 맥락을 고려해 일부 경어체로 번역했다.

고 고백했다. 오페라나 클래식 콘서트 같은 데를 찾아다닌 적도
없었다. 자기는 프란츠 레하르(가벼운 오페레타 작곡가)의 곡과
리하르트 바그너(게르만 신화의 디오니소스적 열정을 표현한 작
곡가)의 곡을 구별하지 못할 것이라고 브로트에게 고백하기도 했
다. (브로트는 바그너의 음악을 숭배했고, 이 작곡가의 반反유대주
의적 장광설을 읽어본 적이 없다고 주장했다.)

　물론 음악은 카프카의 소설에도 등장한다. 예를 들어「변신」에
서 그레고르 잠자는 징그러운 벌레로 변한 채로 자기 방에서 기
어 나와서 여동생 그레테의 떨리는 바이올린 소리를 향한다. 그
는 "음악이 나에게 이렇게 감동을 주는데, 이런 내가 짐승이겠는
가?"라고 자문한다. "그에게는, 간절히 원했던 미지의 식량으로
가는 길이 여기에 있구나 하는 느낌이었다. […] 여기 있는 그 누
구도 이 연주를 알아주지 않고 있잖아, 나라면 알아줄 텐데." 카프
카의 첫번째 소설『아메리카』에서 카를은 고국에서 불리던 군가
의 풋내기 연주로 이민자의 그리움을 표현한다. 단편소설「어느
개의 연구」에서 개 화자는 춤추는 "음악의 개들Musikerhunde" 일
곱 마리라는 수수께끼에 대한 학문적 연구에 평생을 바친다. 그
수수께끼 같은 선율이 그를 압도하고, 그는 개 사회로 복귀한다.

　잠자의 창조자 카프카는 "은은한, 달콤하면서 씁쓸한 슬픔 같
은 것이 나를 지나치게 사로잡는 탓에, 나는 음악에서는 낙제생"
이라고 말하기도 했다. "음악은 나에게 바다와도 같다"고도 했다.
"음악은 나에게 엄습해 오고, 나는 감동해서 찬탄하게 되지만, 그
무한함 앞에서는 불안에, 지독한 불안에 빠집니다. 나는 그야말
로 서툰 뱃사람입니다. 막스 브로트는 정반대입니다. 그는 소리

의 홍수 속으로 머리부터 뛰어듭니다. 그런 점에서 수영 선수권 자입니다."[2]

카프카는 브로트가 생활과 문학에서 똑같이 표출한 성애적 열정에 어울려주지 못했다. 프라하, 밀라노, 라이프치히, 파리에서 두 사람은 함께 성매매 업소를 방문했다. 브로트는 살롱 골트슈미트Salon Goldschmied를 비롯한 프라하 고급 업소의 단골 고객이었고, 라이너 슈타흐에 따르면, 그는 "일기에서 어린 창녀의 꼿꼿한 유방에 감격"하기도 했다. 반면에 카프카는 프라하의 서른다섯 군데에 달하는 업소 중 한 곳에 다녀온 직후에 "나를 친절하게 어루만져 줄 사람을 급히 찾아야 했다"라고 브로트에게 고백했다. 브로트는 자칭 바람둥이이자 여성 숭배자였고, 자기의 "여자에게 이끌리는, 여자에게 완전히 빠져버리는 체질"에 대해서 카프카에게 이야기했다. 브로트는 '카페 아르코Cafe Arco'에 다니면서 오브리 비어즐리의 성애적 일러스트에 탐닉했고, 여자들과의 모험담을 기록한 카사노바의 회고록을 "대단히 열광적으로" 탐독했다. (브로트에 따르면, 카프카는 그 책을 "따분하게" 읽었다.) 브로트는 "나에게 세계는 한 여자라는 매개체를 통해서만 의미를 갖는 곳"이라고 카프카에게 말한 바 있다. 카프카가 "구원받고 싶어 하는 남자들은 늘 여자들에게 돌진한다"라고 썼을 때, 그는 브로트를 생각하고 있었을지도 모른다.[3]

브로트에게는 섹스가 (그리고 여자들이 가진 구원의 힘이) 진지한 사안이었다. "에로스는 신의 메시지를 다른 어떤 신의 사자보다 집요하게 전달한다. 에로스는 인간을 신의 영광 앞에 세우는 데 다른 누구보다도 빠르다." 브로트의 650쪽짜리 가시덤불 같

은 철학논문 『이교, 기독교, 유대교』(1921)에 따르면, 육욕의 차
원 앞에서 "떫은 표정"을 짓는 기독교와 달리, 유대교는 육욕이 가
진 힘을 이용한다. "유대교의 대단한 업적, 수천 년간 이어진 업적
은 현세의 기적Diesseitswunder, 그 신적 은총의 가장 순수한 형태인
'신의 불꽃'을 사랑 속에서 인식했다는 것, 사랑의 어떤 영적 희석
물 속에서 인식한 것이 아니라 남녀의 직접적인 성애적 격정 속
에서 인식했다는 것이다."*

　어딘가 부자연스러운 브로트의 소설 중 다수가 그런 식으로 성
애에 매달려 있다. 예를 들어 브로트의 짧은 소설 『어느 체코 하
녀』(1909)에는 빌리암 슈어하프트라는 빈 태생의 독일인이 등장
한다. 프라하 태생의 언어학자 파벨 아이스너에 따르면 그는 "프
라하 부르주아지 유대 지식인을 상징하는 인물"이다. 빌리암은
자기가 소유한 호텔에서 하녀로 일하는 여자(체코의 시골에서 올
라온 젊은 유부녀)와 사랑에 빠진다. 그는 그녀로부터 "참 존재
의 감미로움"을 경험한다. '프라하 바르 코흐바 협회'의 회장이었
던 문학비평가 레오 헤르만은 "이 젊은 작가는 국가적 문제가 침
대 속에서 해결될 수 있다고 믿는 모양이다"라고 빈정댔다. 브로
트 본인이 말하기를, 헤르만의 글을 읽었을 때 "나는 버럭 화를 냈
다." 1913년, 빈의 작가 레오폴트 리거는 브로트가 침대 속에서
연애시를 짓는다고 비난했다.[4]

　브로트의 소설 『갖고 싶은 여자』(1927)[영어본 제목: *Three
Loves*]는 카프카와 밀레나 예센스카(카프카의 체코어 번역자이자

---

* 브로트의 친구였던 토마스 만은 너그럽게도 이 책을 가리켜 "인상적인 일반론이 풍
부하다"라고 평했다(카프카는 이 책의 미출간 원고를 읽었다).

유부녀 애인) 사이의 비극적 관계에 대한 인유로 읽힐 수 있다. 밀레나는 자기가 카프카의 글에 정절을 바치고 있다는 것과 남편이 외도를 저지르고 있다는 것에 사로잡히게 되었다. 이 소설의 화자는 스타샤에게서 순수한 사랑("여자에 의해서 생겨난 신성한 환희"와 "우리 마음속의 영원한 천국에서 들려오는 부름")을 발견한다. 밀레나와 마찬가지로 스타샤는 남편의 외도에도 불구하고 남편을 떠나지 못하고, 떠나려고 하지도 않는다. (브로트가 밀레나의 남편 에른스트 폴라크를 알게 된 것은 프라하의 문학판에서였다. 브로트가 인물의 이름을 정할 때 참고한 사람은 밀레나의 가장 친한 친구 중 하나인 번역가 스타샤 일로브스카였을 수도 있다.) 1929년, 이 소설은 마를렌 디트리히가 주인공 스타샤로 출연하는 무성영화로 만들어진다.

한편, 카프카는 1922년 일기에서 "하늘이 주신 성기를 가지고 무엇을 했냐고? 결국 무슨 말을 하게 될까, 아무것도 못 했다는 말밖에 할 수 없을 듯"이라고 자문자답했다. 가장 존경하는 문학 선배들 중 여러 명(클라이스트, 키르케고르, 플로베르)이 평생 독신이었음을 지적하기도 했다. 브로트는 카프카에게 "당신은 여자들로부터 멀어지고 있어. 여자 없는 삶을 살기 위해. 하지만 계속 그렇게 살 수는 없어"라고 말했다. (브로트는 똑같은 비판을 카프카의 허구적 인물들 중 몇몇에게 제기하곤 했다. 예컨대『소송』의 요제프 K의 사랑 불능Lieblosigkeit에 비판을 가하기도 했다.)

그럼에도 브로트는 예측불허의 청춘 연애에 관해서 종종 카프카에게 조언을 구했다. 1913년, 브로트는 엘자 타우시크와 약혼했다(그녀는 후일 러시아어와 체코어를 독일어로 옮기는 번역가가

된다). 카프카는 "나는 막스에게 약혼을 적극 권했는데, 어쩌면 그
것이 약혼의 결정적 요인 중 하나였을지도 모릅니다"라고 했다.
하지만 약혼 파티에 다녀온 직후에는 다음과 같이 썼다. "한마디
로 정리해보자면, 그는 나에게서 멀어지고 있습니다."*

둘의 관계는 단순한 우정이라기보다는 전혀 다른 두 유형—천
재 작가와 천재를 알아보는 안목은 있었으나 천재가 될 수는 없
었던 작가—사이의 문학적 얽힘이었다. 이 얽힘이 수많은 질문
들을 제기한다. 카프카는 브로트의 픽션에서 어떤 인물로 등장했
을까? 브로트는 카프카의 글의 우연한 동반자였을까 아니면 어
느 정도 내재적인 동력이었을까?

브로트는 스스로를 한 가지 이상의 의미에서 "사이에 있는 사
람Zwischenmensch," 즉 독일 문화, 체코 문화, 유대 문화 사이에 아
슬아슬하게 걸터앉아 있는, 그래서 세 문화 각각에 조율되어 있
는 사람이라고 여겼다. 그에 따르면, 프라하에서는 "세 문화가 만
났고" 그 상황으로부터 "조숙한 리얼리즘이 출현했다." 브로트가
'프라하 서클Prager Kreis'로 알려진 문화 배양지에서 문사litterateur
로서 한 자리를 마련했던 때는 앤서니 그래프턴의 표현을 빌리
면, 프라하가 "세계시민주의의 꿈을 꾸는 유럽의 수도"였을 때였
다. (프라하 태생의 문화비평가 에밀 팍토르는 "[프라하에서는] 독

---

* (옮긴이) 두 인용문 다 펠리체 바우어에게 보낸 편지.

일인 열 명당 재능 있는 작가가 열두 명"이라고 빈정댔다.)⁵ 브로트
는 이미 10대의 나이에 책을 낸 신동Wunderkind이었고, 활동 초기
에는—진취적 인맥 활용자인 것은 물론이고—다재다능한 시인
이자 소설가이자 비평가라는 평판을 누렸으며, 나중에는 같은 세
대의 프라하 작가 중에 가장 큰 성공을 거둔 작가로 인정받게 된
다. 라이너 슈타흐가 지적하듯, 브로트는 이미 스물다섯 살 때 헤
르만 헤세, 후고 폰 호프만슈탈, 토마스 만과 하인리히 만, 라이
너 마리아 릴케 등등의 일급 문호들과 편지를 주고받는 사이였다.
1912년, 에곤 에르빈 키쉬라는 스물일곱 살의 프라하 출신 문학
저널리스트가 이디시어 사용자가 자주 찾는 런던 이스트엔드의
어느 카페에 들렀다.

로즈 예시바yeshiva[신학교]에서 몰래 빠져나온 19세의 유대
청년이 있었다. 그는 보헤르bocher[신학생]이고 싶지 않았다.
그는 랍비가 되고 싶지 않았다. 그가 원한 것은 창작을 하는 것,
세계를 정복하는 것, 책을 쓰는 것, "제2의 막스 브로트"가 되는
것이었다.

카프카가 과작寡作의 작가였던 것에 못지않게, 브로트는 (저술
중독증graphomania이라고 할 정도로) 다작의 작가였다. 출간된 저
서만 해도 거의 90권—그 안에는 소설 20권, 시집들, 종교적 논문
들, 논쟁적 팸플릿들(본질적으로 그리 호전적이지는 않았고 그는
스스로를 "논쟁을 꺼리는 논객"이라고 칭했다), 희곡들(그중에는
에스더 왕비, 사울 왕 등 성서의 주인공이 나오는 작품들도 있다),

에세이들, 번역들, 오페라 대본들, 피아노 곡들, 전기들—에 이른
다. 모두 합하면 대단히 풍성한 문학 이력서다. (이 많은 책들 중에
고작 일곱 권만이 영어로 번역되어 있다.)

　브로트는 다른 사람들에게서 위대함을 찾는 경향이 있는 사람
이었고, 작가 카프카의 기이한 픽션의 매력에 빠져든 첫 독자이
자 친구 카프카의 상상력의 광범위함과 풍요로움의 첫 증인이었
다. 카프카가 초기 스토리에 해당하는 「어느 투쟁의 기록」과 「시
골의 결혼 준비」를 낭독하는 것을 들은 직후, 브로트는 그에게서
"흔히 볼 수 있는 재능이 아니라 천재라는 인상"을 받았다고 일기
에 적었다. (「시골의 결혼 준비」 초고를 장차 아내가 될 엘자 앞에
서 매우 경건하게 낭독하기도 했다.) 카프카가 1915년에 집필 중
인 소설 『소송』 중 두 챕터의 초고를 읽어주었을 때, 브로트는 "그
는 이 시대의 가장 위대한 작가다"라는 열렬한 감상을 일기에 남
겼다. 브로트가 카프카의 초고들을 읽으면서 받았던 느낌은 새로
운 유형의 글을 처음 만나고 있다는 느낌이 아니라 그런 글을 왠
지 줄곧 알고 있었다는 느낌이었다. 브로트는 카프카의 글을 흉
내 내게 된 것이 아니라 카프카의 글을 통해 바뀌게 되었다. 그때
이후 카프카를 대하는 브로트의 태도는 브로트 본인도 인정했듯
"광신적 숭배"의 태도가 되었다. 브로트의 자서전에 따르면, "그
는 구세주처럼 내 편이 되어주었다."

　카프카도 브로트의 첫 독자가 되어주었고, 위안 삼아 브로트의
글을 읽는 경우도 많았다. 1908년, 카프카는 브로트의 최초의 대
규모 작품인 아방가르드 소설 『노르네퓌게성』을 읽었다. 그때 카
프카는 "나를 달래주는 것은 이제 겨우 통독 중인 당신의 책뿐"이

라고 했다. 그로부터 2년이 흐른 뒤, 브로트는 카프카에게 자기가 쓴 시들(『운문 일기』라는 제목의 1910년 시집)의 초고를 검토해달라고 부탁했다. 카프카는 약 60편의 시를 버리라고 조언했다.

카프카는 스스로에 대한 불신이 커지는 것에 비례해 브로트의 추진력에 대한 경탄도 커졌다. 예컨대, 27세 카프카의 1911년 1월 17일 일기를 보면 이렇게 쓰여 있다.

막스가 내 앞에서 『젊음이여 안녕』[브로트의 초기작 중 하나] 제1막을 낭독했다. 내가 지금 이 상태로 어떻게 그런 글을 쓸 수 있겠는가. 내가 내 안에서 진실한 감정을 찾으려면 한 1년은 걸릴 텐데.

그해 가을, 카프카와 브로트는 『리하르트와 사무엘』이라는 소설을 공동으로 창작하기 시작했다. 두 사람은 친구 빌리 하스가 편집하는 프라하 잡지 『헤르더-블래터』에 소설의 첫 챕터를 발표한 뒤 이 프로젝트를 폐기했다. 카프카는 일기에 다음과 같이 썼다. "막스와 나는 근본적으로 다른 것 같다. 막스의 글에 감탄하기는 하지만 […] 막스가 『리하르트와 사무엘』에 써넣는 모든 문장들이, 나의 경우에는, 나의 가장 깊은 데서까지 쓰리게 느껴지는 꺼림칙한 양보들과 결부되어 있다." 그리고 3년 뒤, 카프카는 한 편지에 "막스는 나를 잘 모르고, 나를 잘 안다고 생각하는 부분에서 잘못 알고 있습니다"라고 썼다.

브로트는 카프카의 글을 읽으면서 무슨 생각을 했을까? 자기가 그 글의 저자였으면 좋았겠다고 생각한 적도 있을까? 브로트

는 다작의 작가였음에도 스스로에 대한 의심, 취향과 안목이라
는 재능은 있지만 진짜 독창적인 예술작품을 창조할 능력은 없을
지도 모른다는 의심을 품고 있었다. 브로트는 카프카의 천재성에
의지하는 관객, 자기의 바깥에 있는 무언가에 의지한다는 의미에
서의 관객이었다.

예술가가 아닌 사람들은 자기가 진짜로 소유할 수 없는 예술
을 물질적으로 소유하려고 애쓰는 것 같기도 하다. 뒤에서 더 보
겠지만, 브로트는 카프카가 손댄 모든 것을 강박적으로 모아들였
다. 반면에 카프카는 모든 것을 내버리고 싶은 충동을 느끼고 있
었다. "그는 수집의 쾌락에 휘둘리지 않았다"라고 라이너 슈타흐
는 썼다.

———

머지않아 브로트는 카프카와의 우정을 가지고 소설을 쓰기 시
작했다. 그의 1912년 소설 『아르놀트 베어』의 주인공은 친구들
에게 소설을 쓰라고 닦달하는 딜레탕트인데, 그때 그가 사용하는
어조는 브로트가 카프카에게 사용한 어조와 똑같다. "아르놀트는
그저 친구들이 성과를 내기를 원했을 뿐이었다. 자기처럼 막사는
사람은 후세에 이렇다 할 것을 남길 수 없으리라는 것을 어렴풋
이 예감하고 있었으니, 자기의 생명력이 최소한 남들의 지력이라
는 매개체를 통해서라도 발휘되게 해보려고 한 것이다." 카프카
는 이 소설을 읽고 나서 브로트에게 "당신의 책을 너무나도 즐겁
게 읽었습니다. […] 당신에게 입맞춤을 보냅니다"라고 했다.

브로트의 소설 중 가장 유명한『튀코 브라헤가 구원받기까지』
(1916년에 쿠르트 볼프Kurt Wolff 출판사에서 초판 10만 부를 찍었
고, 1928년에 크노프Knopf에서 영어 번역본을 펴냈다)는 위대한 덴
마크 천문학자 튀코 브라헤(1546~1601)와 지적으로 한 수 위였
던 독일 천문학자 요하네스 케플러(1571~1630)의 관계를 이야기
한다. 천체의 운동법칙을 발견하는 것을 사명으로 삼은 케플러는
완벽하지 않은 것은 그 무엇도 발표하지 않으려고 한다. 소설 속
에서 튀코는 케플러를 가리켜 일심으로 "무오無汚의 순수"를 추구
하는 불가사의한 인물이라고 한다. 팔방미인 브라헤는 프라하에
서 망명 생활을 하고 있는데 케플러의 자기 회의, 자기가 발견한
것을 발표하기 싫어하는 케플러의 성향, 그리고 "아니요, 나는 행
복하지 않고, 행복했던 적도 없습니다. […] 행복해지기를 바라지
도 않습니다"라는 케플러의 발언 앞에서 당황스러워한다. 케플러
의 발견들로 인해 튀코의 발견들은 시대에 뒤처진 것이 된다. 겸
허해진 브라헤는 허영심을 극복하고 케플러의 우월함을 인정한
다. 브로트는 이 소설을 카프카에게 헌정했다. 카프카는 1914년 2
월 편지에서 브로트에게 다음과 같이 썼다. "그 헌정이 무엇을 의
미하는지 알잖아요? […] 내가 나와는 비교가 안 되게 활기 넘치
는 튀코의 높이로 올라간다는, 그렇게 연결된다는 의미잖아요.
내가 이 이야기를 도는 위성이 되다니, 이 작은 내가! 하지만 이
이야기를 나의 소유물로 여기라는 의미라면, 기꺼이 그렇게 하지
요! 막스, 당신은 늘 이렇게 나한테 과분하게 잘해주는군요."*

---

* 노스웨스턴 대학교에 재직하는 문학 교수 피터 펜베스에 따르면,『튀코 브라헤가 구
원받기까지』는 "카프카가 자기보다 오래 살면 본인의 문학적 유산은 어떻게 될까에 대

연줄이 좋았던 브로트는 카프카가 자기 홍보에 젬병이라는 것을 인식하면서 이 친구의 대변자 겸 홍보자 겸 문학 매니저로 나서게 되었다. "나는 글을 써내지 못하리라는 그의 두려움이 아무 근거도 없는 것임을 그에게 증명해 보이고 싶었다"라고 브로트는 회고했다. 카프카가 글 한 줄 발표하기도 전에 브로트는 베를린 주간지 『현재』에서 카프카를 호의적으로 언급했다.

브로트는 카프카 본인의 무능감에 맞서 힘겹게 싸웠다. 카프카는 1910년 브로트에게 다음과 같이 고백했다. "그 모든 불행의 핵심은 여전히 그대로예요. 글이 안 써져요. 나 자신이 인정할 수 있는 글을 단 한 줄도 못 썼는데, 파리에 다녀온 이후에 쓴 글을—많지는 않아요—다 지워버렸어요. 나의 온몸은 매 단어 앞에서 비상벨을 울리고, 매 단어는 나에 의해 기록되기를 허락하기에 앞서 사방을 두리번거리고, 그 문장들은 내 앞에서 형태 그대로 부서지는데, 나는 그 문장들의 내장을 볼 수 있으니, 급하게 기록을 중단할 수밖에 없네요."

카프카는 브로트에게 보내는 한 편지에서 "신들의 관심을 끄는 것에 대한 두려움"을 언급했다. 아무 두려움도 없고 질투도 없었던 브로트는 카프카를 위해 편집자들과 발행인들을 만나 일을 진

한 반쯤 억압된 성찰로 읽힐 수 있다." 『뉴욕 타임스』에 따르면, 이 소설은 "대비되는 두 천재성에 대한 통찰력 있는 연구로서 역사적 사실을 토대로 삼았고, 고전의 기미가 느껴질 정도로 깊이 있고 개성 있는 소설로 가공되었다." 알베르트 아인슈타인은 이 책을 가리켜 "인간 영혼의 낭떠러지를 알고 있는 사람이 쓴 흥미로운" 책이라고 했다. 브로트는 1913년 11월 마르틴 부버에게 쓴 편지에서 이 소설의 중요성을 다음과 같이 설명했다. "나는 창작 활동 초기부터 이성과 비이성의 화해를 염두에 두고 있었습니다. 여기서 화해는 물론 둘을 뒤섞는 것이 아니라 만나게 하는 것, 두 측면을 가진 하나의 완성된 이상 속에서 만나게 하는 것이었습니다. 여기서 나온 것이 나의 『튀코』입니다."

행했다. 카프카와 『휘페리온』을 연결해주기도 했다(프란츠 블라이가 편집장이던 이 잡지에 카프카의 기명 원고가 처음 실렸다). 브로트는 1916년 마르틴 부버에게 편지를 보냈다. "아아, 선생님이라면 그 친구의 상당한 소설들, 그 친구가 어쩌다 한 번씩 읽어주는, 유감스럽게도 아직 완성되지 않은 그 소설들을 알아보실 텐데. 그 친구를 좀더 민활하게 만들 수만 있다면 제가 못 할 일이 뭐가 있을까요!"

1912년 여름, 브로트는 카프카를 당시 독일 출판산업의 중심지였던 라이프치히로 데리고 가 청년 발행인 쿠르트 볼프에게 소개했다. "그때 나는 첫눈에 '연예인 매니저가 자기가 발굴한 스타를 선보이고 있다'는 결코 지워지지 않을 인상을 받았다"라고 볼프는 훗날 회상했다. 그해 말, 브로트와 볼프는 카프카의 첫 책이 로볼트 출판사에서 초판 800부로 출간될 수 있게 일을 진행했다. 『성찰』이라는 이 99쪽짜리 책은 18편의 "산문시" 선집이었다.[6] 출판사의 보도자료에 따르면, 이 저자는 "본인의 기벽 탓에, 작품을 끝없이 다듬게 만드는 동력인 그 기벽 탓에 지금까지 책을 출간하지 못하고 있었다." 카프카는 이 책을 브로트에게 헌정했고, 브로트는 『3월』이라는 뮌헨의 저널에 열광적인 서평을 실었다.

이 책이 누군가의 손에 들어가서 […] 그때부터 그의 인생이 바뀌고 그가 새사람이 되는 모습을 상상하기란 그리 어렵지 않다. 그런 절대성과 상쾌한 활력이 이 얇은 산문집으로부터 나온다는 말이다. […] 한 줄 한 줄에서 신성함에 대한 사랑, 절대자에 대한 사랑이 느껴진다. 그 사랑을 이렇게 자명하게 느낄 수 있으니, 이 근원적 윤리성을 위해 허비되고 있는 말은 단한마디도 없다.

카프카는 민망했다. "쥐구멍에라도 숨고 싶은 마음"이었다. 서평이 나왔을 때 약혼자 펠리체 바우어에게 그 마음을 이렇게 전하기도 했다.

막스가 나에게 느끼는 우정은 가장 인간적인 지점, 문학의 시원보다 더 아래인 지점에 뿌리를 내리고 있으니, 문학의 첫 숨이 들리기도 전에 우정이 무대를 장악하고 있습니다. 막스는 나를 민망하게 하는 동시에 나의 허영과 오만을 부추기는 방식으로 나를 과대평가하고 있습니다. [⋯] 만약 내가 한창 작업 중이어서 그 흐름을 타고 있었다면, 나도 그런 서평 내용에는 신경 쓰지 않고 막스의 사랑에 감사하는 마음으로 입맞춤을 보낼 수도 있었겠고, 그 서평은 나와 조금도 상관없는 것이 됐을 텐데 말이죠! 하지만 지금 나의 상황은 [⋯][7]

1913년, 브로트는「판결」이라는 카프카의 획기적 단편을『아르카디아』*라는 본인이 편집한 앤솔러지에 포함시켰다. (카프카는「판결」을 "펠리체 B."에게 헌정했지만, 이 단편의 몇몇 모티프를

---

* 브로트는 저널『아르카디아』를 쿠르트 볼프의 발행으로 매년 내려고 했지만, 그의 계획은 1차 대전의 발발로 무산되었고, 241쪽짜리 1913년 호는 창간호이자 폐간호가 되었다. 필자는 총 23명이었는데, 그중에 로베르트 발저, 프란츠 베르펠, 오스카 바움, 쿠르트 투홀스키가 있었고, 브로트 본인은 두 편을 실었다.

『아르놀트 베어』라는 브로트의 1912년 소설에서 차용했음을 밝혔
다.) 1921년, 브로트는「작가 프란츠 카프카」라는 긴 에세이에서
친구 홍보에 열을 올렸다(게재지는『디 노이에 룬트샤우』였다).

 "그가 발표한 거의 모든 글은 내가 설득을 통해서 혹은 계략을
통해서 억지로 얻어낸 것들이다"라고 브로트는 훗날 회상했다.

때로 나는 그에게 회초리처럼 굴면서 그를 닦달했고 […] 계속
새로운 수법을 고안했고 항상 음흉함을 발휘했다. […] 그가
그 점에 대해서 나에게 고마워할 때도 있었다. 하지만 내가 보
내는 성원이 그에게는 성가셨다는 것, 그는 그 성원이 악마에
게나 가버리기를 바랐다는 것을 그의 일기가 알려주었다. 나
도 그런 것 같다고 느끼고는 있었지만, 나는 그런 것에 개의치
않았다. 나에게는 일이 되느냐가 중요했다. 설사 그 친구가 원
치 않는다고 해도 내가 그 일에 도움이 되고 있다는 것, 그것이
나에게는 중요했다.

프란츠 카프카, 프라하, 1917년

3

최초의 소송

텔아비브 가정법원, 벤구리온 대로 38번지, 라마트간

2007년 9월

제대로 파괴하려면 우선 철저하게 장악해야 한다.

— 프란츠 카프카, 『취라우 아포리즘』

2007년 9월, 상중의 에바는 엄마의 유언 공증 신청이라는 통상적 절차를 밟던 중에 난데없이 소송에 말려들었다.

에스테르 호페가 죽은 뒤, 에바의 언니 루트는 필요한 서류를 직접 준비해서 텔아비브의 하아르바아 길에 있는 이스라엘 상속등기소에 제출했다. 에바는 유언 공증이 순조롭게 진행되리라는데 내내 회의적이었다. 엄마의 유언은 "가시덤불 숲에 불을 지피는 것이나 마찬가지"라고 언니 루트에게 말하기도 했다. 하지만 에바는 언니의 일 처리 방식에 따랐다.

이스라엘의 '1965년 상속법'에 따르면, 유언을 집행하기 위해서는 상속등기소에서 "유언 공증"을 받아야 한다. 공증 신청에 필요한 서류는 신청인이 서명하고 공증인이 확인한 신청서, 사망증명서 원본, 유언장 원본, 그리고 다른 모든 상속인과 수령인을 위한 공증 통지문이다. (이스라엘은 내국인에게 상속세를 과세하지 않는다.) 유언에 대한 이의 제기를 허용하기 위해 공증 신청은 대개 신문 광고의 형태로 공개된다. 상속등기소는 공익에 문제가 생길 경우 재량껏 개입할 권한을 가진 법무부 장관에게 해당 신청서 사본을 제출한다. 공증 신청이 받아들여지면, 이제 유언은 법원 판결과 마찬가지로 구속력 있는 법적 지위를 갖는다.

국립도서관 측 변호인인 메이르 헬레르는 『선데이 타임스』와의 인터뷰에서 이렇게 말했다. "내 [법률] 회사 동료가 도서관 건물 안에서 이동 중이었는데, 그 어르신이 나타나서 이 두툼한 서류철을 그에게 안겼다. 막스 브로트의 유언장도 이 서류들 중 하나였다. 내가 유언장을 보게 되었을 때, 나는 브로트의 의도를 즉각 알 수 있었다. 그는 자기가 살아 있는 동안 에스테르에게 자기 문서들을 가지고 있게 하려고 했다. 하지만 그가 죽으면 그의 문서들은 공공 아카이브 기관으로 가야 했다. 인터넷으로 검색해보니, 다다음날 에스테르의 유언장 공증에 대한 심리가 있었다." 그로부터 채 48시간도 지나지 않아, 헬레르는 극적으로 등장했다. "나는 법정에 난입해 외쳤지요. '잠깐! 여기 다른 유언장이 있습니다! 막스 브로트의 유언장입니다!'"

가정법원은 텔아비브 교외 라마트간의 중앙대로에 있는 칙칙한 사무용 건물의 두 층을 쓰고 있었다. 지상층 입구는 함몰형으로 입구 좌우에는 붉은색 타일 기둥이 있었다. 그 오른쪽에는 변호사들과 의뢰인들이 샌드위치, 팔라펠, 샤크슈카를 파는 매점의 오렌지색 플라스틱 의자에 앉아 있었다. 2007년 9월의 그 아침, 에바와 그녀의 언니 루트는 그렇게 단둘이서 법정에 들어섰다. 걱정할 이유도 없고 변호사를 대동할 필요도 없다고 루트는 믿고 있었다. 헬레르의 등장은 국법의 족쇄가 갑자기 정체를 드러낸 듯 충격적이었다. "함정이었어. 우리는 함정에 빠졌어"라고 에바는 말했다.

이스라엘 당국—국가재산 관리기관(아포트로포스apotropos)인 국립도서관 그리고 브로트 유산의 국선 관리자가 대변자로 나섰다—이 에스테르 호페의 유언 공증에 이의를 제기하고 유언 무효 소송을 건 것은 이렇듯 헬레르가 개입한 결과였다. 그때부터 본 소송은 2012년 10월에 종결될 때까지 5년 동안 가정법원의 한 비좁은 법무 공간에서 상속법 전문가인 탈리아 코펠만 파르도 판사가 담당했다.

헬레르의 주장은, 에스테르 호페가 브로트의 카프카 문서를 상속받은 것은 수령자로서가 아니라 집행자로서였다는 것, 그때 그녀는 문서를 증여할 수 있는 소유자가 아니었으니 지금 그녀가 문서를 두 딸(에바와 루트)에게 상속하는 것은 불가능하다는 것, 브로트가 카프카의 유언을 어겼듯 에스테르 호페도 브로트의 유언을 어겼다는 것이었다.

헬레르의 계속된 주장에 따르면, 에스테르가 죽었으니 카프카의 친필원고는 다시 브로트 유산이 되었고, 이제 브로트 유산은 그의 1961년 유언장에 따라 이스라엘 국립도서관에 유증되어야

했다(매각이 아닌 유증인 만큼, 호페가※ 사람들은 단돈 1세켈의 보
상도 받을 수 없었다). 상기 유언장에서 브로트는 본인의 문필 유
산이 에스테르의 판단에 따라 "예루살렘 히브리 대학 도서관[현
이스라엘 국립도서관]이나 텔아비브 시립도서관, 또는 그 외 이
스라엘 국내외 공공 아카이브 기관에" 소장되기를 바랐다. 국립
도서관은 "프라하 서클"에서 나온 것들을 포함해 이미 소장하고
있는 독일-유대 작가 문서의 긴 목록에 카프카 컬렉션을 추가하
기를 갈망하고 있었다.[8]

　메이르 헬레르는 스타 증인 마르고트 코엔의 증언을 코펠만 파
르도 판사에게 제출했다. 1922년에 프랑스 동부 알자스에서 태
어난 코엔은 홀로코스트 중에 조르주 가렐이 만든 비밀 연락망을
통해 유대 어린이들을 구출한 공으로 프랑스 레지옹 도뇌르 훈장
을 받았다. 코엔은 1952년에 이스라엘로 이주해 1958년부터 철
학자 마르틴 부버의 비서로 일했고, 부버가 사망한 1965년 이후
에는 예루살렘 국립도서관에서 부버 문서 관리관으로 일했다.

　코엔에 따르면, 브로트는 1968년, 죽기 몇 달 전에 에스테르 호
페와 함께 국립도서관을 방문했다. "브로트의 의도는, 무엇보다
도 예루살렘의 우리 도서관, 가장 친한 친구들의 아카이브가 있
는 이곳에 본인의 아카이브를 두는 것이었다"라고 코엔이 증언했
다. "브로트와 대화를 나눌 때, 그가 이미 본인의 아카이브를 우리
도서관에 두기로 일찍이 결심하고 있었다는 것이 내가 보기에는
전적으로 확실했다. […] 브로트가 우리 분관을 방문한 것은 아카
이브가 제대로 관리되는지 기술적인 면을 확인하기 위해서였다."
나중에 코엔은 이스라엘의 신문기자 즈비 하렐에게 다음과 같이

말했다. "브로트가 우리[도서관]를 방문했을 때 호페 부인은 한 순간도 브로트의 옆을 떠나지 않았어요. 나는 브로트에게 부버 아카이브를 어떻게 관리하고 있는지 설명해주려고 했는데요. 브로트는 호페 부인 때문에 한마디도 하지 못했어요." 왜 브로트는 유언장에 본인의 문필 유산을 에스테르 호페에게 남긴다고 썼을 까? 하고 하렐이 의문을 제기하자 코엔이 답했다. "브로트는 여자에게 매우 약한 남자였어요. 그것이 브로트의 약점이었지요."

브로트가 죽은 뒤, 국립도서관은 에스테르 호페를 상대로 협상에 나섰다. 국립도서관이 브로트 유산과 카프카의 친필원고를 받는 대가로 약속한 것은 브로트를 연구하는 학자들에게 연구비를 지원하는 것, 1984년에 브로트 탄생 100주년 기념 전시회를 개최하는 것, 브로트의 업적을 주제로 국제학술대회를 주최하는 것이었다. 하지만 상대는 계속 비협조적이었다.

1982년, 국립도서관은 최후의 수단을 동원했다. '친필원고 및 아카이브 분관' 책임자 모르데하이 나다브(1920~2011)와 그의 조력자 마르고트 코엔을 에스테르 호페의 자택으로 출동시킨 것이다. 두 사람은 스피노자 길 20번지 1층으로 찾아갔다. 연분홍색 스투코(석회) 양식의 납작한 공동주택이었다. 코엔이 당시 상황을 회상했다. "우리는 브로트와 카프카의 문서들을 우리 도서관에 넘겨주는 것이 얼마나 중요한지를 그녀에게 설명했어요. 그렇게 하면 모든 사람이 그 문서들을 이용할 수 있을 것이고, 브로트와 그의 친구들의 학문적 생명은 계속 살아가게 될 것이라고 설명했지요."

코엔은 에스테르가 에바와 함께 살고 있던 그 집이 얼마나 엉망이었는지 증언했다. 1982년 방문을 떠올리면서 그녀는 이렇게 말했다. "집 안을 들여다보고 깜짝 놀랐어요. 서류 뭉치들이 사방에 놓여 있었고, 거의 모든 서류 뭉치 위에 고양이가 한 마리씩 앉아 있었어요. 수많은 고양이들이 온 집 안을 돌아다니고 있었어요. 앉을 데도 없고, 숨 쉬기도 힘이 들더군요. 나는 호페 부인이 그 자료를 우리 도서관에 넘기고 싶어 하지 않는다는 인상을 받았는데, 결국 넘기지 않았습니다. […] 브로트가 소원했던 바를 이행하지 않은 것입니다."

여기서 에바가 이의를 제기했다. 자기 것이었던 고양이들은 서류가 보관된 에스테르의 방에 들어갈 수 없었으니 마르고트 코엔은 고양이들이 서류 위로 올라가는 것을 보았을 리가 없다는 것이었다.

코펠만 파르도 판사의 2011년 2월 심리에서 에바 호페 측 변호사는 마르고트 코엔을 상대로 반대신문에 나섰다. 변호사는 증인에게 스피노자 길에 있는 호페의 자택에 있던 책장 색깔을 기억할 수 있는가를 질문했다.

"아니요."

변호사는 책장의 색깔을 기억할 수 없다면 집 상태와 고양이들을 어떻게 그리 선명하게 기억할 수 있느냐고 추궁했다.

증인은 말했다. 책장은 "예케들yekkes[독일계 유대인들]에게는 흔한 물건이니 내 관심을 끌지 않았어요. 하지만 고양이들과 종이 더미들은 흔히 볼 수 있는 광경이 아니었지요."

한 달 뒤, 코엔은 브로트가 카프카 문서를 호페에게 주었겠느냐는 질문에 답변하기 위해 또 한 번 증인으로 출두했다.

코엔: "그가 그녀에게 선물을 주고 있었다는 것은 저도 알고 있었어요. 비밀이 아니었지요."
코펠만 파르도 판사: "선물을 주고 있었다고요?"
코엔: "책도 선물하고, 친필원고 같은 것도 선물하고."

에스테르 호페 유산 담당 국선 변호인 슈물리크 카수토는 만약 국립도서관이 그 당시 자ᅥ 기관을 그 마구 널려 있는 문서들의 최종 상속인eventual heir이라고 보고 있었다면, 상속받을 자료의 보존을 위해서 증인 마르고트 코엔이 그때 당장 소송을 냈어야 하지 않았겠느냐고 반박했다. 그러고는 브로트를 딱 한 번밖에 만난 적이 없는 코엔이 브로트가 소원했던 바를 증언할 수 있는 가장 적당한 증인은 아닐 수 있다고 지적했다. 코엔은 자기도 모르게 "브로트 박사의 유언을 고치는 작업의 (부적격) 도구로 이용되고 있는 듯한 불편한 입장"에 처해 있다, "지금의 독일은 과거의 독일과 다르며, 막스 브로트는 그 점을 제일 먼저 인정한 사람들 중 하나"였다는 것이 카수토의 말이었다. 이에 대해 코엔은 "지금의 독일이 아무리 예전의 독일과 다르다 해도, 브로트가 자기 아카이브를 독일로 보내고 싶어 했던 게 되지는 않는다"라고 다소 날카롭게 답변했다.

에스테르와 국립도서관 사이의 늘어진 협상이 결국 결렬되었다는 것은 1983년 6월에 이미 분명했다. 독일 문예학자 파울 라베—브로트와 아는 사이였던 전前 마르바흐 아카이브 관장—는 에스테르 앞으로 분노의 편지를 보냈다.

우려한 사태가 벌어진 것 같습니다. 귀하가 막스 브로트를 위해 해야 하는 일, 그의 친구들이 기대하고 있을 뿐 아니라 귀하가 자명한 의무로 여겨야 했을 그 일을 귀하는 여전히 결단하지 못하고 있습니다. 브로트 유산과 관련해 지금 당장 국립도서관과 합의를 보지 못하면 브로트 탄생 100주년이 그냥 지나갈 텐데, 그렇게 된다면 그분에게 끼칠 수 있는 최악의 폐를 귀하가 끼치는 셈입니다. 귀하의 무수한 망설임과 의구심을 이해할 수 있는 만큼, 부디 막스 브로트를 위해 그 모든 망설임과 의구심을 내려놓으시기를 당부드립니다. […] 그 때문에 저희 [라베와 그의 아내]가 텔아비브까지 가서 귀하를 또 만났잖습니까. 귀하의 의지할 곳 없는 상황을 저도 느꼈으니, 도와드리겠다고 제가 바로 그 자리에서 말씀드렸잖습니까. […] 진심으로 귀하에게 다시 협력하고 싶었는데. 귀하가 그 모든 곤란을 겪는 동안 귀하 편에 서고 싶었는데. 하지만 귀하가 그렇게 모두를 화나게 한다면, 머지않아 귀하는 혼자가 될 것입니다. 그렇게 된다면 당신만 곤란해지는 것이 아니라 막스 브로트를 기념하고 카프카를 기념하는 사업들에 재난이 닥칠 것입니다. 친애하는 호페 부인, 귀하에게 이런 뜻을 전해야 한다는 것—더구나 이렇게 공개적으로 전해야 한다는 것—이 유감입니다만, 저는 막스 브로트를 숭배하는 한 사람으로서, 그리고 우리는 언제나 사적으로 친밀한 관계였으므로, 저는 귀하에게 저의 실망감을 알려드리지 않을 수 없습니다.

라베는 역시 같은 달에 두번째 편지를 보낸다.

협상이 결렬되었다는 것을 알게 되어, 대단히 유감스럽다는 것 말고는 더 할 말이 없습니다. 이제 귀하는 살면서 막스 브로 트의 문서가 어디로 가야 하는지 제대로 지정할 수 있는 마지 막 기회를 잃은 것입니다. 생전의 브로트에게는 자기의 문서 가 어디로 가는 게 좋을지 확실한 생각이 있었을 테지만 유감 스럽게도 유언장에 확실하게 밝히지는 않았지요. 그러니 앞으 로 언젠가 이 문서는—프란츠 카프카의 문서와 마찬가지로 —개인적 이해관계의 노리개가 될 터인데, 귀하의 막스 브로 트는 그런 푸대접을 받을 분이 아닙니다.

헨리 제임스가 조카에게 말했듯, 유저 관리자들이 "유저 수득 자들을 최대한 애타게 만드는 것"은 흔한 일이다. 하지만 라베가 볼 때 에스테르는 브로트의 유지遺志와 업적을 지키는 문지기로 서의 임무를 배신한 것이었다. 에스테르는 거부권(전기 작가들 과 학자들의 접근을 막을 권리)을 남용한 관리자였고 그런 의미에 서 T. S. 엘리엇의 부인이던 발레리(결혼할 때까지 8년 동안 그 시 인의 비서였다), 또는 1963년에 자살한 실비아 플라스의 유저 관 리자 테드 휴스와 마찬가지라는 것이었다. 에스테르는 자기에게 맡겨진 것이 자기 소유인 듯 빼앗길까 봐 전전긍긍하면서 자기가 지켜야 했던 바로 그 유지를 훼손하려고 했다. 최소한 라베가 볼 때는 그랬다.
정말일까? 에스테르의 소유욕이 학문 연구를 저해했을까? 에

바는 1970년대 후반부터 1980년대 내내 엄마가 주요 카프카 학
자들에게 자료 열람을 하게 해주었다고 말했다. "우리가 연구자
들에게 자료를 안 보여줬다는 건 거짓말이야"라고 에바는 내게
말했다. 에스테르가 전설적인 출판업자 지크프리트 운젤트(주어
캄프 출판사의 가부장)와 카프카의 「어느 투쟁의 기록」 원고 사용
권 계약을 맺은 것은 사실이다.* 에스테르가 옥스퍼드의 맬컴 파
슬리에 의해 편집되고 있던 독일어 비평판을 위해 『소송』 사본,
카프카가 브로트에게 보낸 편지들의 사본, 카프카와 브로트의 여
행 일기 사본의 사용권을 S. 피셔 출판사에 판 것 또한 사실이다.
에스테르가 S. 피셔 출판사로부터 받은 대가는 10만 스위스프랑,
그리고 비평판 초판 다섯 질이었다. 발터 베냐민이 브로트에게
보낸 편지들의 원본이 나중에 에스테르 유산 속에서 발견되었다
는 사실로 미루어 짐작해보자면, 에스테르는 분명 베냐민의 저작
전집과 편지 전집을 펴낸 독일 편집진에게도 자료 열람을 허용한
적이 있을 것이다(발터 베냐민 편지 전집에는 브로트에게 보낸 편
지들도 실려 있다).

　카프카 전기의 결정판인 그의 세 권짜리 전기에서 라이너 슈타
흐는 라베와 비슷한 불만감을 표시했다. "[카프카의] 오랜 친구
였던 막스 브로트의 문필 유산이 연구자들에게 공개되어 있다면
이 불만스러운 상황은 필시 결정적으로 개선되었을 것이다. 이
중대 자료는 카프카와 관련된, 그리고 그 시대 전체와 관련된 문

* 계약서는 운젤트가 열람료를 에스테르 호페와 그녀의 두 딸의 은행 계좌로 입금한다
는 것을 명시했다(세 사람이 각각 사용료의 3분의 1씩 받았다). 운젤트는 카프카 독일어
비평판 편집진이 이 원고를 열람할 수 있게 애쓰기도 했다.

학적, 역사적 문제들을 이해하는 데 귀중한 통찰을 제공할 것이다." 나는 슈타흐에게 더 자세히 설명해달라고 부탁했다.

에스테르 호페는 1970년대에 마르가리타 파치[브로트에 대한 연구서를 쓴 독일-유대 문예학자]와 파울 라베를 비롯한 몇몇 연구자들에게 자료를 공개했지만, 그들이 그 자료를 가지고 "체계적으로" 작업할 기회를 얻은 것은 아니었습니다. 그들이 논문이나 저서에서 그 자료를 전혀 인용하지 않은 것은 그 때문입니다. 유일한 예외는 (내가 아는 한) 요아힘 운젤트[지크프리트 운젤트의 아들]였습니다. 그는 카프카의 친필원고 한 점을 구입한 뒤에야 비로소 막스 브로트의 몇몇 편지들을 베껴 갈 수 있었지요.

맬컴 파슬리가 금고 자료에 접근할 수 있었던 것은 S. 피셔 출판사가 '비평판' 출간에 필요한 카프카 원고의 사본을 얻기 위해 거금을 지불한 덕분입니다. 주석 작업에는 자택 자료가 매우 중요했을 텐데, 그 자료는 이용하지 **못했고요**.

1990년쯤부터 지금까지 주석 작업 중인 한스-게르트 코흐도 자택 자료를 **전혀** 이용하지 못했습니다. 본인을 위해서나 비평본을 위해서나 매우 중요했을 텐데 말이죠.

슈타흐가 카프카 전기 작업을 할 때 시간적으로 가장 앞서는 부분을 마지막에 집필했던 것도 바로 그 때문이다. 이 전기의 영어 번역자 셸리 프리시의 설명에 따르면 이러하다.

이러한 출간 순서—직관에 반하는, 그야말로 "카프카적인 kafkaesque" 순서—는 막스 브로트 문필 유산 관리권을 두고 이스라엘에서 수년간 이어진, 세간의 이목을 끈 법적 분쟁에 의해 결정되었다. 그동안 학자들은 해당 자료—대개 초기 카프카 자료—를 이용할 수 없었다.

『카프카: 초년』작업 중이었던 2013년, 슈타흐는 "에바 호페에게 초기 브로트의 일기를 조금만 보게 해달라고 부탁"했다가 거절당했다고 말한다. 에바는 나에게 그 말이 사실임을 확인해주었다. "나는 못 도와준다고 그 사람한테 말했지. 나한테는 이제 금고 열쇠가 없다고 했어."

소송에서 헬레르의 법리적 논거는 처음부터 이데올로기적 고려들과 뒤엉켰고, 카프카가 있어야 할 곳은 이스라엘의 공공기관이라고 주장하는 이스라엘의 거물들이 이 논거에 힘을 보탰다. 예를 들어『뉴욕 타임스』와의 인터뷰에서 벤구리온 대학교 교수인 카프카 학자 마크 겔버는 "시온주의에, 그리고 유대인들에 밀접하게 연결되어 있다는 점"이 카프카의 길 잃은 글이 이스라엘에 있어야 한다는 주장에 무게를 실어준다고 말했다.

———

에스테르 호페의 유언장을 문제 삼기로 한 이스라엘의 결정은 에바를 깜짝 놀라게 했을 뿐 아니라 독일 측 관계자들도 깜짝 놀라게 했다. '마르바흐 독일문학 아카이브Deutsches Literaturarchiv'

는―카프카 자료를 포함하는―브로트 유산을 사들이기 위해 호페가 사람들과 협상 중이었다. 그랬으니 이해 당사자의 자격으로 소송에 참여해 해당 문서에 대한 호페의 권리를 지지하는 일에 힘을 보탰던 것이다. 이 아카이브 기관은 현대 독일문학 아카이브로는 세계 최대 규모로서 독일에서 차지하는 위상은 국립도서관이 이스라엘에서 차지하는 위상과 비슷하다. 재원은 바덴-뷔르템베르크 주정부와 독일 연방정부에 의해 제공되고, '독일연구협회Deutsche Forschungsgemeinschaft'(주로 주정부 기금을 받는 기관)의 제3자 기금도 제공된다.

이스라엘 측 관계자들은 해당 문서에 대한 법적 소유권을 주장한 반면, 마르바흐 측은 그저 입찰권을 얻고 싶어 했다. 다시 말해 마르바흐 측은 이스라엘 측 주장을 자포자기의 전략(어쩌면 교활할 수도 있는 전략)이라고 보았다. 자연스러운 거래가 이루어질 수 있다면 호페는 해당 문서를 독일에 매각하리라는 것이 마르바흐 측 주장이었다.

갈등이 고조됨에 따라 마르바흐 아카이브 관장 울리히 라울프가 에바 호페에게 어머니 에스테르의 의도를 증언하는 편지―그녀가 "막스 브로트 유저를 마르바흐 측에 주겠다는 뜻을 여러 차례 밝혔"다는 내용의 편지―를 보냈다. 라울프는 독일 아카이브 기관들의 장점으로서 "최첨단 관리 및 검색 시스템"과 복원, 산화 방지, 디지털화를 위한 전문인력을 찬양하면서, 마르바흐 아카이브가 이상적인 환경―섭씨 18~19도(화씨 66도)와 상대습도 50~55퍼센트―에서 보관하고 있는 1,400명이 넘는 작가들의 유저에 카프카의 친필원고를 추가하고 싶다는 소망을 피력했다. 그

중에는 나치 정권에서 박해당한 끝에 망명 길에 오른 200명 이상
의 작가 및 학자의 유저들이 포함된 '헬렌 & 쿠르트 볼프 아카이
브'도 있었다.* 라울프는 마르바흐 아카이브에는 이미 세계적 규
모의 카프카 컬렉션—옥스퍼드에 이어 전 세계에서 두번째 규모
—이 있다고 덧붙였다.**

　에스테르 호페 유언 무효 소송이 제기되었을 때, 카프카 학
자 클라우스 바겐바흐는 "이스라엘 측이 정신이 나간 듯"하다고
말했다(바겐바흐 문서도 마르바흐 소장 자료다). 하지만 코펠만
파르도 판사의 법정에서 마르바흐 측은 공격적인 태도에서 점점
멀어졌고, 카프카를 둘러싸고 벌어질 전투가 제로섬 게임이 되어
야 하는 것은 아님을 강조했다. 마르바흐의 연구단장이었던 마르

* 　여기에는 한나 아렌트, 엘제 라스커-쉴러, 하인리히 만, 요제프 로트, 넬리 작스, 슈테
판 츠바이크의 유산들(전부 또는 일부)도 포함되어 있다. 현재 슈테판 츠바이크 유산은
예루살렘 국립도서관, 런던 대영도서관, 뉴욕 주립대학교 리드 도서관, 마르바흐 아카이
브 등 세계 곳곳에 흩어져 있다. 마르바흐 아카이브에는 마르틴 하이데거의 문서(1969
년에 한나 아렌트와 하이데거의 아들 헤르만을 통해 입수된 자료)를 비롯해 에리히 아우어
바흐, 한스-게오르크 가다머, 카를 야스퍼스, 마르셀 라이히-라니키 등의 문서들이 있
고, 발행인들(자무엘 피셔, 에른스트 로볼트 등)의 아카이브와 출판사들(주어캄프, 피퍼
등)의 아카이브도 있으며, 고트프리트 벤, 파울 첼란, 지크프리트 크라카우어, 마르틴 하
이데거, 헤르만 헤세, W. G. 제발트의 개인 장서도 있다.
** 　옥스퍼드 보들리언 도서관과 마르바흐 아카이브는 카프카가 가장 좋아했던 여동
생 오틀라에게 보낸 편지 및 엽서 100점 남짓을 2011년 4월에 공동 매입했다. 마르바흐
아카이브 단독 소장 자료에는 카프카의 『소송』「시골 교사」「화부」「기각」 원본 원고, 카
프카가 아버지에게 드리는 편지의 거의 완성된 초고 타자본(함부르크에 본사를 둔 호프
만 운트 캄페 출판사가 1982년에 경매에서 낙찰받아 마르바흐 아카이브에 영구 임대해준
자료), 그레테 블로흐에게 보낸 편지 20점 남짓, 그리고 막스 브로트, 펠리체 바우어, 밀
레나 예센스카 등에게 보낸 편지 몇 점 등이 있다. 마르바흐 아카이브에는 막스 브로트
가 여러 사람에게 보낸 편지가 120점 넘게 있는데 편지 상대 중에는 카프카, 아르투어 슈
니츨러, 펠릭스 벨취, 슈테판 츠바이크가 있고, 마르바흐 아카이브가 브로트로부터 받은
편지 두 점도 있으며(1961년 편지와 1967년 편지), 브로트의 첫 단편집 『죽은 자들에게
죽음을!』(1906)의 240쪽짜리 친필원고도 있다.

셸 레퍼는 "예루살렘 히브리 대학교 '로젠츠바이크 미네르바 연구소'와 우리 마르바흐 독일문학 아카이브는 2012년에 독일 연방 외무부 기금으로 이스라엘 아카이브 기관들의 독일-유대 컬렉션 관리에 협조하는 공동 연구 프로젝트를 출범시켰다. [⋯] 독일-이스라엘 관계라는 특수한 맥락에서 독일의 책임을 고려할 때, 협력적, 분권적 프로젝트들이 보다 적절하다"라고 지적했다.

에바의 시각은 비교적 비관적이었다. 에바는 2009년 독일 주간지 『디 차이트』와의 인터뷰에서 "마르바흐는 이스라엘의 뜻을 거스르지 못할걸요. 그 전쟁과 학살에 대한 가책이 이렇게 남아 있는데"라고 했다. 독일과 이스라엘에 대해 에바는 "그 두 문화―유럽 문화와 레반트 문화―는 애초에 함께할 수가 없어"라고 나에게 말했다.

마르바흐 아카이브는 호페 소송에서 이스라엘 최고의 지식재산권 전문가 중 한 명인 사아르 플리네르를 대변인으로 고용했다. 플리네르는 브로트가 1960년대에 마르바흐를 방문해 본인의 유산을 마르바흐에 두고 싶다는 뜻을 분명하게 밝혔다고 주장하는 마르바흐 친필원고 분관 책임자 울리히 폰 뷜로의 진술서를 법정에 제출했다. 그러면서 본 소송은 이스라엘 정부의 사유재산 압수를 위한 구실에 불과하다고 주장했다. 카프카와 브로트의 우정으로 시작된 일이 브로트의 재산이 되었고, 이어서 호페가 사람들의 가산이 되었고, 이제는 아예 국유재산이 될 참이라는 것이었다.

소송이 중반을 넘어선 시점에 플리네르는 본 사건의 기원적 관계―카프카와 브로트의 우정―를 지적했다. 그러고는 카프카

원고를 카프카 생전에 브로트가 직접 증여받은 것들과 카프카가
죽은 뒤에 브로트가 카프카의 책상에서 꺼내 간 것들로 구분해
줄 것을 요청했다. 플리네르의 주장에 따르면, 두 가지 중 후자는
실은 호폐가 사람들의 것도 아니고 국립도서관의 것도 아니었다.
그 문서가 누군가의 것이라면, 런던에 사는 카프카의 유일한 생
존 상속자 마이클 슈타이너의 것이었다.

몇몇 사람들은 전자―브로트가 카프카로부터 직접 받은 것
들―에 대한 브로트의 권리에도 이의를 제기했다. 예를 들어 카
프카 전기 작가 라이너 슈타흐도 그런 주장을 편다. 브로트는 카
프카가 자기에게 미완성 친필원고 여럿을 철저히 선물로 주었다
고 주장했지만 사실 카프카는 그것들을 그저 "영구 임대" 형식으
로 맡겼던 것뿐이다, 카프카는 훗날 브로트에게 그것들도 함께
태워 없애라고 분명하게 요구했다, 다만 브로트에게는 카프카의
유산을 위해 노력한 공이 있으니 브로트의 권리에 이의를 제기하
는 사람이 거의 없었다는 것이다. 마이클 슈타이너는 나에게 이
런 내용의 편지를 보내왔다.

그 소송에서 유일하게 '카프카 유산'을 거론했던 때는 소송 걸
린 문서 중에 프란츠 카프카가 막스 브로트에게 준 적이 없는
'카프카 유산'이 포함되어 있을지도 모른다는 맥락에서였습니
다. 우리가 그 목록을 입수하기까지 여러 해가 걸렸는데, 막상
입수하고 보니 전문가에 의해 작성된 목록이 아니었고, 그래
서 실제로 브로트에게 증여된 문서인가의 여부가 모호했습니
다(지금까지도 모호합니다). 그건 전혀 중요한 문제가 아니라

고 몇 년 동안 그 소송을 맡은 모든 판사들이 애써 강조했습니다. 브로트의 유언장에 브로트의 소유물로 기재되어 있는 문서들, 혹은 브로트가 생전에 증여했을 문서들은 이제 누구의 것이어야 하는가, 오직 그것만이 문제라는 것이었습니다.

———

코펠만 파르도 판사가 주재한 법정의 논쟁은 법정 밖에서도 이어졌다. 2010년 1월, 라이너 슈타흐는 베를린 일간지 『타게스슈피겔』에서 본인의 입장을 밝혔다.

마르바흐는 카프카와 브로트, 독일-유대 문학사에 정통한 학자들과 문헌들이 있는 곳이니, 브로트 유산을 보관하기에 적절한 장소일 것이다. 호페가의 두 딸이 마르바흐와 본격적 협상에 나섰다는 것이 이스라엘 국립 아카이브[원문 그대로]에 모종의 원한과 탐욕을 일깨웠다. 하지만 그 기관에는 빈, 프라하, 베를린을 아우르는 문화 공간에서 나온 독일어 텍스트의 언어와 배경에 정통한 인력이 부족하다. 이미 청년 시절부터 브로트는 하인리히 만, 릴케, 슈니츨러, 카를 크라우스, 베데킨트는 물론 야나체크 같은 작곡가들과 편지를 주고받았고, 카프카와 함께 그 편지들에 대해 논의하기도 했다. 브로트가 팔레스타인에 오기 수십 년 전에 있었던 일이다. 그런데 그것을 두고 이스라엘 문화재라고 하는 것은 내가 보기에는 완전히 잘못된 말이다. 지금 이스라엘에는 카프카 전집 하나 없고 카

프카의 이름을 딴 길 하나 없다. 브로트의 글을 히브리어로 읽
으려면, 중고서점에 가야 한다.[9]

실제로 모르데하이 나다브가 국립도서관 아카이브 분관을 설
립한 것은 마르틴 부버의 문필 유산과 이스라엘의 노벨상 수상
자 S. Y. 아그논의 문필 유산을 입수한 해인 1966년이 지나서였
다. 별도의 친필원고 및 문필 유산 분관들이 생긴 것은 실은 2007
년이 되어서였고 말이다.[10] 하지만 몇몇 이스라엘인들은 이스라
엘에 브로트 원고 관리에 필요한 전문 역량 및 자원이 부족하다
는 의견에 발끈했다. 오토 도브 쿨카 교수는 이스라엘 신문 『하아
레츠』와의 인터뷰에서 다음과 같이 밝혔다. "나는 히브리 대학교
에서 이스라엘 국내외의 동료 학자들과 함께 프라하의 유대 문화
및 역사를 모든 시대의 해당 언어—히브리어, 독일어, 체코어—
로 연구하고 있는 프라하 토박이로서, 이처럼 우리에게 1차 자료,
특히 카프카와 브로트의 유산을 학술적으로 관리할 능력이 없다
는 식으로 우리 연구의 합당함을 부정하는 위선적, 충격적 주장
에 강력히 항의한다." 2010년 『뉴욕 타임스』에서 쿨카는 다음과
같이 말하기도 했다. "그들은 자료가 독일에 있는 편이 더 안전하
리라고 말한다. 독일인들이 책임질 거라고 한다. 하지만 독일인
들은 카프카의 것을 제대로 책임진 역사가 없지 않은가. 독일인
들이 카프카의 여동생들[홀로코스트에서 살해당한 사람들]을
책임졌다고 할 텐가."[11]

2010년 2월, 이스라엘의 주요 학자 20여 명이 히브리어와 (약
간 어색하고 의고적인) 독일어로 공개 서한을 낼 때 쿨카도 참여

했다. "본 서명자들은 […] 이스라엘 학계에 대한 독일 언론의 보도 태도에 경악을 금치 못하노라. 우리가 브로트 아카이브에 대한 관심이 없기라도 하다는 것인가. 브로트 아카이브를 연구할 역사적, 어학적 능력이 부족하기라도 하다는 것인가. 브로트는 이스라엘 역사에서 없어서는 안 될 인물이 아니던가. 시온주의에 관한 무수한 저술을 집필한 작가이자 철학자가 아니던가. 나치를 피해 프라하를 떠나 이스라엘(당시 팔레스타인)에 정착했고, 그렇게 여기서 30년이 넘게 생을 영위하고 여기서 생을 마감한 작가이자 철학자가 아니던가."¹²

하이파 대학교에서 브로트를 주제로 박사논문을 쓴 누리트 파기가 이 공개 서한의 막후 주동자였다. 파기는 『하아레츠』와의 인터뷰에서 "브로트의 광범위한 작업들이 그 가치를 제대로 인정받지 못한 이유 중 하나는, 본인의 자료를 국립도서관에 내주라는 브로트 본인의 요청에도 불구하고 그의 아카이브—분량으로는 2만 페이지—가 그가 사망한 1968년부터 쭉 이용불가 상태였기 때문이다"라고 하며 다음과 같이 덧붙였다. "오랜 세월 동안 그에게 가해진 부당한 대접을 단번에 바로잡을 기회, 이스라엘의 연구자들과 기타 관련자들로 하여금 그의 업적과 유지遺志를 새로이 조명케 할 기회가 이렇게 주어진 것이다."

파기 본인이 나에게 들려준 이야기에 따르자면, 파기의 모친과 에바 호페는 벤 셰멘 청년 마을—1927년에 개교한 농업 기숙학교—의 동창이었다. 1960년대에 하이파의 어느 공공도서관에서 브로트의 소설들을 우연히 처음 접한 파기는 브로트가 시온주의로 돌아서면서 그의 글이 리얼리즘적 문체와 어휘로 바뀌었다는 점에 매료되었다. 또한 파기는 브로트를 더 큰 진실—파기의 표현에 따르면, "시온주의는 독일어로 쓰였다"는 진실—의 한 사례로 여겼다. 시온주의가 독일어로 쓰였다는 말은 시온주의 운동이 모종의 독일 문화—빈의 저널리스트 테오도르 헤르츨의 저술, 바젤에서 열린 초기의 시온주의 대회들, 로베르트 벨취의 『유대 평론』과 같은 시온주의 신문과 함께 시작된 문화—에 깊이 뿌리박혀 있다는 뜻이었다.

수년 전, 파기는 이스라엘 최고의 시인 중 한 명의 아들이 "이곳에 희망이 없다"고, 그래서 모친의 문필 아카이브를 이스라엘에 남겨놓는 것이 우려스럽다고 말한 적이 있다는 사실을 알게 되었다. 파기는 2011년에 다음과 같이 썼다. "브로트 아카이브를 이스라엘에 남겨놓는다는 것은, 우리가 이 나라에서의 현생과 미래를 믿는다는 증거가 될 수 있을 것이다. 그 아카이브를 여기 남겨놓는다는 것은, 시온주의 기획이 아직 많이 실현되지 못했다는 것과 그 실현에서 중유럽 유대인 문화Jewry의 유산이 중요한 역할을 하리라는 것을 우리가 잘 알고 있다는 증거가 될 수도 있을 것이다. 막스 브로트 아카이브를 이스라엘 땅에 남겨놓기 위한 전투는, 실은, 우리가 우리의 땅에서 우리의 미래를 위해 치르고 있는 대단히 중요한 전투다."[13]

취리히에서 활동하는 저명한 카프카 학자 겸 독일-유대 문예학자 안드레아스 킬허는 "전투"를 거론하는 파기의 글을 이스라엘 측이 본 소송에서 사용하는 "전쟁 레토릭bellikose Rhetorik"의 한 사례이자 "문화 전쟁의 한 제스처kulturkämpferischen Gestus"로 인용했다.

대립하는 두 학자의 의미론—"원한" "충격적 주장" "문화 전쟁"
—은 공동의 문필 유산을 둘러싼 독일 측과 이스라엘 측의 경쟁
의식을 엿보게 해주었다.

———

　텔아비브 가정법원의 2차 심리에서 코엔의 반대신문이 막 끝
나고 에바가 변론할 차례였다. 1차 심리 때 "함정"에 빠졌던 에바
와 그녀의 언니 루트는 일단 지식재산권 소송 분야에서 이스라
엘 최고 중 한 명인 아르난 가브리엘리를 찾아갔다. 가브리엘리
는 한때 엄마 에스테르의 변호인이었고, 논란이 되었던 예루살렘
시인 예후다 아미하이 아카이브의 예일 대학교로의 매각 때 협상
을 담당한 변호인이었다. 가브리엘리는 사건을 맡기를 거부했다.
에바에 따르면, 그가 사건을 맡기를 거부한 것은 루트가 그를 너
무 귀찮게 해서였다(그의 자택으로 끊임없이 전화를 건 것도 그중
한 예였다). 결국 에바는 우리 즈파트와 예샤야후 에트가르라는
두 명의 변호사를 선임했다. (즈파트는 1975년 당시 바르일란 대학
교에 재학 중인 스물네 살의 법학도이자 실로 판사를 돕는 사무원이
었다.)
　처음 시작부터 두 변호사는 국립도서관의 입장에 대해서 사유
재산의 국유화를 노리고 있다는 그림을 그렸다. 두 변호사는 실
로 판사의 1974년 판결—국가가 카프카 원고를 가져가려고 하는
것을 막은 판결—이 번복되어서는 안 된다고 주장했고, 그 당시
실로 판사는 본 법정에서와는 달리 에스테르 호폐의 증언을 직접

들을 수 있었다는 점을 코펠만 파르도 판사에게 상기시켰다. "도
서관 측 주장은 이미 법적으로 검토되었으며 […] 재검토의 여지
를 남기지 않는 식의 판결"이 내려져 있다는 것이었다.

우리 즈파트는 카프카 문서를 브로트 유산으로 보아서는 안 된
다고 지적했다. 그러면서 즈파트는, 브로트가 유언장에 카프카
문서에 대해서 따로 적어놓지 않았다는 사실로도 알 수 있듯, 카
프카 문서가 브로트 유산의 일부가 아니라는 것(브로트가 생전에
이미 카프카 문서를 에스테르 호페에게 증여했다는 것)을 브로트
본인도 잘 기억하고 있었다고 했다. 마지막으로 즈파트는 국립도
서관 측이 카프카의 보물을 놓고 에스테르 호페와 협상을 벌이던
때만 해도 합법적 상속자를 자처하는 기색은 전혀 없었다고 했다.

같은 맥락에서 슈물리크 카수토—에스테르 호페 유산의 국선
변호인이자 『약속어음에서 서명의 의미』(1997)의 저자—는 원
고를 가져가려는 국가의 행태가 "공공연한 가부장주의"라고 하
면서, "이스라엘은 민주국가를 자처하지만 그 행태는 민주국가
에 맞지 않는 행태"라고 했다. 그러면서 카수토는 다음과 같이 덧
붙였다. "유산을 물려받은 사람이 유산을 받기에 가장 '적당한' 사
람이었는가 하는 것은 우리가 정할 일이 아닙니다. 브로트가 본
인 유산을 진심으로 그 사람에게 물려주고 싶었는가에 의혹을 제
기할 자격 같은 것은 우리에게 없습니다. 그 의혹과 관련된 국가
당국의 주장, 즉 브로트가 호페 부인과 그렇게 깊은 영혼의 우정
으로 맺어져 있지 않았다면 본인 유산을 그런 부적당한 사람에게
물려주지 않았을 것이다, 그 '보물'을 더 적당한 상속자에게 물려
줄 수 있었을 것이다, 가장 적당한 상속자는 바로 이스라엘 당국

이다, 라는 주장은 옳을지도 모릅니다. 하지만 어쨌든 브로트는 호페 부인과 맺어져 있었습니다. 브로트는 그녀에게서 자신의 유일하게 남은 가족을 보았고, 자기의 전부를 그녀에게 주고 싶어 했습니다. 그의 유언은 지켜져야만 합니다."

계속해서 카수토는 브로트가 생전에 카프카의 친필원고를 에스테르에게 증여한 이상, 사실성de facto에 비추어서든 법리성de jure에 비추어서든 카프카의 원고는 브로트의 유산이 아니며 따라서 브로트의 유언을 어떻게 해석하든 카프카의 원고는 에스테르의 것이라고 주장했다. 그러면서 카수토는 브로트의 유언장은 그의 유산이 어떤 조건하에 어느 기관으로 가야 하는지를 결정할 권한을 분명히 에스테르 호페에게 넘겨주었다고 했다. 여기서 한 발 더 나아가 카수토는 국립도서관이 떳떳하고자 한다면, 에바 호페를 완력으로 제압하려고 하기보다는 협상을 통해 원고를 입수해야 한다고 했다. 국립도서관이 에바 호페의 원고를 보상 없이 가져간다는 것에 대해 카수토는 "터무니없다"고 일축했다.

하지만 텔아비브 가정법원의 1, 2차 심리는 좁은 의미의 법적 뒤엉킴을 뛰어넘는 커다란 질문, 즉 카프카의 유산과 브로트의 유산은 누구의 것인가 하는 질문에 침윤되어 있었다. 메이르 헬레르는 "서구 문명에 기여한 다른 많은 유대인들의 경우와 마찬가지로, 카프카는, 그의 유산은… [그리고] 그의 친필원고는 이곳 유대국에 있어야 한다고 우리는 믿는다"라고 했다. 브로트 유산의 국선 관리자인 에후드 솔(이스라엘의 유명 로펌 '헤르초크, 폭스 & 네만Herzog, Fox and Neeman' 소속)도 같은 내용의 변론—마르바흐 측과 국립도서관 측 사이에서 판결함에 있어 본 법정은 "유

대 세계와 이스라엘 땅에 대한" 카프카와 브로트의 태도를 고려
해야 하고 아울러 쇼아 이후 독일에 대한 브로트의 관점을 고려
해야 한다—을 되풀이했다. 카프카와 브로트 두 사람에게 유대
민족은 어떤 의미이며 유대 민족의 정치적 당위는 어떤 의미였는
가? 이것이 본 소송—그리고 판사들의 모든 판결—에서 가장 중
요한 질문이 된다.

4

약속의 땅에 추파를

센트럴 호텔 연회장, 프라하

1909년 1월 20일

팔레스타인으로 이주해 있거나, 아니면, 손가락을 타고 지도 위를 지나가고 있을 것입니다.

— 프란츠 카프카가 막스 브로트에게, 1918년 3월

신학자로서 새로운 영적 동력을 확보한 유대교의 사도 마르틴 부버가 프라하의 센트럴 호텔에서 강연 중이었다. 후고 베르크만이 이끄는 시온주의 단체 '바르 코흐바 협회'가 주최한 초청 강연이었다(베르크만은 1학년부터 12학년까지 펠릭스 벨취, 한스 콘과 함께 카프카의 동급생이었다).[14] 전승되는 18세기 하시디즘 설화들을 대중적인 앤솔러지로 엮어 펴낸 부버에게 이 강연은 유대교 개혁에 관한 세 번의 강연(1909년 1월과 4월, 그리고 1910년 12월)

중 첫번째 강연이었다.* 부버에게 이 강연이 프라하 시온주의자들과의 첫 만남은 아니었지만—그는 1903년에 바르 코흐바 협회 10주년 행사에 온 적이 있었다—가장 중요한 의미를 가질 만남이었다.

스물다섯 살의 막스 브로트도 강연장을 가득 메운 청중들 중 하나였다. 오프닝 무대에서는 열여섯 살의 여배우 리아 로젠이 매혹적인 목소리로 후고 폰 호프만슈탈의 시를 낭송했다(라이너 마리아 릴케가 1907년 11월에 빈에서 로젠에게 호프만슈탈을 소개해준 적이 있었다). 이어서 로젠은 리하르트 베어-호프만의 「미리암을 위한 자장가」를 불렀다. 다음은 그 가사의 일부다.

내가 얻었던 것 나와 함께 묻혔네.
물려준 이도 물려받은 이도 없네.**

오프닝 공연이 끝나고 드디어 부버가 무대에 올랐다. 브로트에게는 부버의 두 눈동자가 사나운 지성으로 불타는 것처럼 보였다. 유대인의 자결self-determination을 말하는 현자의 레토릭 앞에서, 영혼의 개혁을 말하는 뜨거운 웅변 앞에서 브로트는 전율했다. 부버는 물었다. 우리가 우리 스스로를 유대인이라고 부른다는 것

* 부버의 강연은 *Drei Reden über das Judentum*(Rütten & Loening, 1911)으로 출간된다.
** 후일 리아 로젠은 '빈 시립극단Wiener Burgtheater'을 비롯해 '베를린 라인하르트-앙상블Reinhardt-Ensemble Berlin'과 뉴욕의 이디시 극단에서 활동했고, 나중에는 영화 〈데어 샤일록 폰 크라카우〉(1913)에서 주연을 맡았다. 1928년에 팔레스타인으로 이주해 1972년 9월 텔아비브에서 사망했으며, 트룸펠도르 공동묘지에서 막스 브로트의 무덤과 그리 멀지 않은 곳에 묻혔다. 그녀의 유산 중 상당수(사진, 영화대본, 편지)가 예루살렘 국립도서관에 보관되어 있다(Arc. Ms. Var. 465).

은 무슨 의미인가? 우리가 유대인이려면 우리의 내적 삶은 어떠해야 하는가?

훗날 본인이 회고했듯, 브로트는 "관객 겸 논적"으로 강연장에 들어갔다가 시온주의자가 되어 강연장을 나왔다. 그때까지 그는 유대적 자기혐오를 느껴본 적도 전혀 없었지만, 특별한 유대적 자부심을 느낀 적도 없었다. 브로트에게 부버의 강의는 유대인의 삶과의 관계를 재조율하고 나아가 카프카와의 관계, 카프카의 글과의 관계를 재조율하게 해주는 지표가 되었다. 브로트의 "유대성을 얻기 위한 투쟁, 유대성을 드높이기 위한 투쟁"(브로트 자신의 표현)은 그렇게 시작되었다. 부버의 강연을 계기로 브로트는 본인과 다른 많은 독일어권 유대인들이 그저 막연하게 느끼고 있었던 좌절감—"독일 정신deutscher Geist"과 동일시하려는 시도가 실패했다는 느낌—을 표현할 수 있게 되었다. 브로트가 "내 문제로서의 유대인 문제die persönliche Jugenfrage"(로베르트 벨취의 용어)에 심취하기 시작한 것은 바로 그 실패 직후였다. 벨취는 브로트가 "거의 배타적이고 의도적으로 미학적 차원에만 몰두했던 데서 벗어나 유대 민족과의 철저한 동일시 쪽으로 방향을 틀었다"라고 전했다.[15]

그 문제의 첫 느낌은 이질감이었다. 파벨 아이스너에 따르면, "체코 프라하의 독일어권 유대인은, 말하자면, 이질성의 화신이자 이질적이고자 하는 의지의 화신이었다. 프라하 유대인은 자기가 살고 있는 나라 국민들의 적이었고, 그 어느 나라의 국민도 아니었다." 프라하 유대인 중에는 그런 이질성을 벗어나기 위해 다른 장소—주변성을 해소해줄 장소—로 떠나는 사람도 있었다

(프란츠 베르펠은 빈으로, 빌리 하스는 베를린으로, 루이스 D. 브란다이스의 부모는 미국으로 떠났다). 급진사회주의를 적극 수용하는 사람도 있었고(예컨대 에곤 에르빈 키쉬는 "나의 조국은 노동계급이다"라고 외쳤다), 세례를 받는 사람도 있었다. 프라하의 유대인들 가운데 일부는 시온주의를 진지한 헌신의 대상이 아닌 한창 유행하는 사조Mode-Zionismus로 받아들였다. 게르숌 숄렘은 그들을 가리켜 재채기 한 번에 떨어져 나갈 에취-시온주의자들 Hatschi-zionisten이라고 했다. 막스 브로트처럼 시온주의를 지극히 진지하게 받아들이는 사람도 있었다.

규모가 작다고 알려진 프라하 시온주의 모임들의 중심에는 바르 코흐바 협회가 있었다(바르 코흐바는 로마에 항거하는 유대인들의 최후 봉기를 이끈 지도자의 이름이다).* 특정 시간대에 특정 카페 천장이 무너진다면 프라하 시온주의 운동이 단번에 일소되리라는 흔한 농담이 있을 정도였다. 하지만 운동은 그렇게 작은 규모였음에도 불구하고 시온주의와 사회주의를 도취적으로 뒤섞는 데 크게 성공했고, 1918년 이후 시온주의자들은 두 차례에 걸쳐 프라하 시의회를 지휘하게 된다. 브로트는 시온주의 운동의 지도자들에 대해 이렇게 말한다.

인성 면에서 비할 데 없이 순수하고 정신력 면에서 더없이 강

* 시몬 바르 코흐바는 유대인들의 반反로마 봉기(132~35)를 이끌었고, 베이타르 Beitar(유대 산악 지대)에서 전투 중에 세상을 떠났다. 1897년에 나온 유명한 연극—체코의 시인 겸 극작가 야로슬라프 브르홀리츠키(1853~1912)의 작품으로, 유대인과 체코인이 궁지에 몰린 소수민족이라는 점에서 유사하다는 것을 암시하는 내용—의 주인공이기도 했다. 1910년, 바르 코흐바 협회에서 활동하는 멤버는 52명이었다.

한 청년들이었고, 내가 지금껏 살면서 다시 보지 못한 빛나는 모범을 보여주는 하나의 집단이었다. 바르 코흐바 협회는 그 중심 단체였다. […] 우리를 하나로 묶어주었던 것은 우리 과업이 인격적 희생과 실천을 통해 실현되어야 한다는 신념, 우리 과업이 선동적 논설이나 연설을 통해서가 아니라 대중의 한복판에서의 묵묵한 노력을 통해서 실현되어야 한다는 신념이었다. 가장 중요한 과제는 천시당하고 모독당하고 디아스포라로 인해 여러모로 망가진 유대 공동체의 도덕성을 회복하는 것이었다. […] 우리가 "저 멀리" 팔레스타인에 세우려고 했던 유대국은 정의와 개개인 사이의 이타적 사랑에 토대를 둔 나라여야 했고, 당연하게도 우리의 가장 가까운 이웃인 아랍인들에게 우정과 원조를 제공하는 나라여야 했다.

1900~1909년의 10년간, 브로트는 바르 코흐바가 체화하는 시온주의적 열정에 무관심했다. 브로트 본인에 따르면, 1905년까지 그는 테오도르 헤르츨—정치적 시온주의의 창시자—이라는 이름을 들어본 적도 없었다. (브로트 본인의 회고에 따르면, 프라하의 포드바바 구역에 살던 후고 베르크만의 거실 벽에서 헤르츨의 초상화를 처음 보았다고 한다. "저건 누구?" 브로트는 물었다.)

하지만 1909년부터 그는 유대인 정체성이 무엇을 의미하는가, 그리고 유대인 정체성에 어떠한 도덕적 헌신이 수반되는가 하는 질문에 대해 답을 찾기 시작했다. 오스트리아-헝가리 제국이 망하고 체코슬로바키아가 막 생겼을 때는 '바르 코흐바'의 졸업회원 alter herr으로 선출되어 '유대민족의회' 부의장을 역임했다. 그리

고 이 신생 공화국에서 체코 유대인들의 주요 대변자 중 하나로
활동하기도 했다(토마시 마사리크 대통령이 체코슬로바키아 유대
인들에게 자치구역을 내주었을 때도 브로트가 주요 협상자 중 하나
였다). 브로트 본인에 따르면, 자기가 그렇게 시온주의 활동에 매
진할 때 카프카의 단편 「가수 요제피네, 또는 쥐의 종족」에 나오
는 한 줄의 글이 자신의 이타적 심성을 북돋워주었다고 한다.

　고요하고 실망을 겉으로 드러내지 않고 당당한 이 종족은 겉
　보기와 달리 격식을 차리는 종족이라 선물을 줄 수 있을 뿐 선
　물을 받을 줄 모른다.

이 단편의 화자는 생쥐 가수 요제피네가 "우리 종족의 영원한
역사 속에서 작은 에피소드"라고 말한 다음, 쥐의 종족은 "역사학
자를 공포로 얼어붙게 하는 희생을 치르지 않은 것은 아니지만
어쨌든 간에 아직 살아남은 종족"이라는 말을 덧붙인다.
　브로트가 문화 시온주의에 기대를 건 데는 유대 민족에 대한
본인의 애착을 재검토한다는 목적과 함께 신생 국민국가들이 소
수민족들의 정체성을 파괴하는 경향을 비판하려는 목적이 있었
다. 브로트는 시온주 주간지 『자기방어』에 "내가 볼 때 '유대 민
족주의자Judisch-Nationaler'가 오늘날 통상적인 의미의 '민족주의
자'가 아니라는 데는 의문의 여지가 없다. '민족Nation'이라는 말에
새로운 의미를 부여하는 것이야말로 유대 민족주의 운동의 사명,
곧 시온주의의 사명이다"라고 썼다. 유대교 개혁―그리고 히브
리어 부활―은 이스라엘 땅에 뿌리박혀 있을 때만 개화될 수 있

으리라는 것이었다. 또한 브로트는 프라하 태생의 작가 아우구스테 하우슈너(1850~1924)에게 보낸 편지에 이렇게 쓴다. "이것 하나만은 짚고 넘어가야겠습니다. 유대 민족주의가 또 하나의 쇼비니즘 국가를 건설하는 민족주의여서는 안 됩니다. 만민을 화해시키는 유대인의 재능, 지금은 타락한 상태에 있는 그 재능을 회복시키는 민족주의여야 합니다."

합스부르크 왕조가 붕괴하고 민족주의가 점점 득세하면서, 브로트의 사명은 전에 없이 시급해졌다. "민족주의 문제를 진지하게 대하는 유대인은 다음과 같은 역설 속에서 움직이고 있다. 한편으로 그는 만민의 친교를 위해 민족주의에 맞서 투쟁해야 한다. […] 다른 한편으로 그는 청년 유대 민족주의 운동의 한복판에 서 있어야 한다."

1차 대전 중에 브로트는 전쟁을 피해 동유럽을 떠나온 난민들인 유대인 소녀들을 대상으로 세계문학 교실—지금의 "고전 읽기" 수업—을 열었다. 『유대인』 창간호에서 그는 그 경험을 가리켜 "이렇게 정신을 빼앗긴 시대"에 자기가 얻을 수 있는 "유일한 위안거리"라고 하면서 "그 소녀들에게서 매혹적인 생기와 소박함이 흘러나오지만, 그럼에도 그들은 철저하게 정신적이다"라는 말을 덧붙였다. 한 달 뒤에 나온 다음 호에서 그는 자기가 가르치는 학생들을 그들에 비해 피상적인 "서유럽 유대 소녀들"과 비교하면서 "우리 소녀들에 비하면 그 갈리시아 소녀들은 전체적으로 더 생기 있고, 정신적인 측면에서 더 실체적이고 더 건강하다"라고 했다.

브로트는 본인의 삶에서 점점 더 중요한 자리를 차지하고 있는

유대교를『이교, 기독교, 유대교』(1921, 영어본: 1971)라는 600쪽
짜리 논문을 통해 정당화했다. 이 작품opus이 매그넘magnum이든
아니든, 여기서 브로트는 현세에 대한 세 가지 태도—현세의 긍
정(이교), "내세"를 위해 이 죄 많은 세상을 부정("내 나라는 이 세
상에 속한 것이 아니오"의 기독교), 이 불완전한 세상의 구원 가능
성을 긍정(유대교)—를 구별하고 있다. 브로트는 이 마지막 태도
를 가리켜 현세의 기적Diesseitswunder이라고 한다. 로베르트 벨취
는 브로트에 따르자면 "이교는 현세Diesseits의 종교, 곧 인간이 현
세를 살아가면서 경험 너머를 무시하는 종교이고, 기독교는 내
세Jenseits의 종교, 곧 저 너머 세계의 종교이며, 유대교는 […] 두
세계를 모두 고려하면서 '은총'과 '자유'라는 두 대립항의 일치를
믿는 종교"라고 했다.

　브로트는 감각성과 정신성 둘 다에 끌렸으니 그의 선택은 유
대교였다. 그리고 그 선택에는 시온주의가 수반되었다.『이교, 기
독교, 유대교』끝부분에서 브로트는 "유대 종교는 몸을 잃었지만,
시온주의가 그 몸을 만들어주고 있다"라고 한다. 신흥 이교—브
로트가 "정치의 야수화"라고 부르는 경향—가 유럽을 집어삼키
려고 하는 지금, 시온주의는 그 경향을 피할 수 있게 해줌으로써
그의 삶을 구해주리라는 것이었다.

────────

　1912년 8월 13일, 카프카는 막스 브로트가 사는 프라하 스코렙
카 길에 있는 아파트에 한 시간 늦게 도착했다. 자신의 첫 작품집

이 될 『성찰』의 최종 목차를 의논할 생각이었다. 그런데 브로트의 아파트에 발을 들여놓은 순간, 그는 탁자 앞에 앉아 있는 스물네 살의 여성—브로트의 먼 친척—을 보게 되었다. 카프카는 그날 일기에 이렇게 적는다. "노출된 목선. 대충 걸친 상의. 가정주부 차림새로 보였는데, 알고 보니 전혀 그렇지 않았다. (나는 그렇게 그녀의 육체에 가까이 다가감으로써 그녀로부터 좀 멀어지고자 한다…) 거의 납작코. 금발에 뻣뻣한 머릿결, 두툼한 턱선. 나는 착석 중에 그녀를 처음으로 더 자세히 볼 수 있었는데 착석을 완료한 시점에 이미 확고한 판결을 내린 상태였다."

두 사람의 첫 대화 중에, 이 젊은 여성은 자기가 '카를 린트슈트룀 주식회사' 베를린 본점의 신형 녹음기 영업부에서 일하고 있다고 했다. 히브리어를 배운 적이 있다고도 했고, 본인의 시온주의적 성향을 밝히기도 했다(카프카는 "나는 그 점이 매우 좋았습니다"라고 했다). 카프카는 실례를 무릅쓰고 여름에 함께 팔레스타인 여행을 가자고 청했다. 그녀는 그러자고 했고, 두 사람은 약속의 악수를 나누었다. 그때 카프카의 재킷 호주머니에 『팔레스타인』1912년 8월호가 있었고, 거기에는 문화 시온주의자 아하드 하암이 쓴 팔레스타인 여행기의 독일어 번역문이 특집 기사로 실려 있었다. 그녀를 그녀의 숙소인 '줌 블라우엔 슈테른 호텔'(비스마르크가 1866년에 프러시아 왕국과 오스트리아 제국 사이의 강화조약에 서명했던 바로 그곳)까지 바래다주기에 앞서서 카프카는 그녀의 베를린 주소를 그 잡지의 속표지에 급히 받아썼다.

펠리체 바우어는 카프카가 아내로 맞지 않을 여자였다. 카프카는 그때부터 햇수로 5년 이상 펠리체에게 수백 통의 호들갑스러

운 구애 편지를 썼고(브로트에게 보내는 편지에 펠리체에게 보낸
편지의 일부를 옮겨 적기도 했고, 브로트로부터 받은 편지를 펠리
체에게 보내는 편지에 인용하기도 했다), 일단 구애에 성공하면 부
담스러워하면서 뒤로 물러났다. 그는 그녀를 사랑하기도 하고 그
녀로부터 도망치기도 했다. 프라하와 베를린은 기차로 여섯 시간
거리였고, 두 사람은 결국 두 번 약혼하고 두 번 파혼했다.

　시온주의에 대한 카프카의 양가감정은 펠리체에 대한—그리
고 그가 거리를 두고 사랑한 다른 여자들에 대한—그의 양가감
정의 서브텍스트로 읽힐 수 있는데, 그럴 경우 시온주의와 결혼
은 동일한 사안의 두 측면, 곧 "'우리'를 어려워하는 병"을 앓는 남
자가 "우리"를 말하는 두 가지 방식인 듯하다. 카프카와 펠리체가
처음으로 약혼했을 때 브로트는 두 사람에게 리하르트 리히트하
임*의『시온주의 강령』(1911)을 선물했다(브로트가 이 서브텍스
트를 간파하고 있었다는 뜻일까?). 카프카의 양가감정은 시간이
갈수록 점점 심해졌다. 펠리체의 친한 친구 그레테 블로흐에게
보낸 1914년 편지에서는 "나는 시온주의에 경탄하기도 하고 시
온주의를 혐오스러워하기도 합니다"라고 고백했다.

　카프카는 단 한 번도 팔레스타인에 가본 적이 없었지만, 브로
트의 아파트에서 펠리체를 만나고 5주 뒤에 펠리체에게 보낸 첫
편지의 첫 줄에서 작업 걸기의 첫수로 팔레스타인에 대한 판타지

* 리하르트 리히트하임(1885~1963)은 1911년부터 1913년까지 시온주의 단체의 기관
지『세계』의 편집장이었고, 1907년부터 1920년까지 '독일 시온주의 연합'의 의장이었다.
콘스탄티노플(1913~17)과 제네바(1939~46)에서 시온주의 단체의 특사로 활동하기도
했고, 독일 내 시온주의 운동의 역사에 대한 일련의 저서를 집필하기도 했다.

를 이용했다.

귀하가 저를 까맣게 잊었을 가능성이 높은 만큼, 저라는 사람
을 다시 한번 소개하겠습니다. 제 이름은 프란츠 카프카이고,
프라하의 브로트 선생님 자택에서 열린 저녁 모임에서 처음
뵙고 인사 올리고는, 언젠가의 탈리아 여행의 사진들을 탁자
건너편 귀하 앞으로 한 장씩 건네드리던 사람입니다. 지금 이
렇게 타자기를 두드리고 있는 손으로 귀하의 손을, 귀하가 내
년에 팔레스타인 여행에 동행하자는 약속의 증표로 내밀어주
셨던 그 손을 잡았던 그 사람입니다.

이 약속이 카프카의 안에 갇혀 있던 무언가를 자유롭게 풀려
나게 해주었다. 펠리체에게 이 편지를 쓰고 두 밤 뒤인 '속죄의 날
Yom Kippur' 전야에, 카프카는 무아지경 속에 밤 10시부터 아침 6
시까지 앉은 자리에서 「판결」이라는 그의 신기원적 단편을 토해
냈다. 그러고는 이 단편을 펠리체에게 헌정했다.
　캘리포니아 대학교 버클리 캠퍼스 교수인 주디스 버틀러는 팔
레스타인이 카프카에게는 "사랑하는 사람들이 가는 어느 먼 곳의
비유, 아직 알 수 없는 어느 미래, 알 수 없는 어느 목적지의 지명"
이라고 말한다. 두 사람이 편지를 주고받는 내내, 펠리체는 카프
카의 마음속에서 그 먼 곳과 동일시된다. 펠리체에게 보낸 1913
년 2월 편지에서 카프카는 젊은 시온주의자 지인을 우연히 만나
어느 중요한 시온주의 집회에 함께 가게 되었을 때의 이야기를
들려준다. 카프카는 "그 순간 그 특정인에 대해, 그리고 시온주의

일반에 대해 엄청나게 크고 말로는 표현할 수 없는 무관심을" 느꼈다. 그러면서 그를 따라 회합 장소까지 가기는 했지만 "그 카페의 문 앞까지"만 갔다. "그 안으로 따라 들어가는 일"은 불가능했다. 카프카는 실현의 문턱에서 망설이는 사람이었다. 펠리체와의 관계에서도 그랬고, 유대국의 야심 앞에서도 그랬고, 본인의 글쓰기 앞에서도 그랬다.

이런 망설임의 가장 생생한 표현은 1923년 겨울에 집필된 카프카의 후기 미완성 단편 「굴」에 나온다(브로트가 지은 제목이다). 이 단편에는 정교한 지하 요새를 건설하는 일에 일평생을 바친, 그리고 이제 그 요새와 자신을 동일시하고 있는, 오소리를 닮은 고독한 짐승이 등장한다. "굴의 연약함이 나를 연약하게 만들었다. 굴이 훼손되면 마치 나 자신이 훼손당한 듯 쓰라리다." 하지만 이 짐승은 이렇게 견고한 은신처에 숨어 들어가는 대신 밖에 남아 망을 보고 있다.

때로 나는 아예 굴로 돌아가지 않고 이렇게 입구 주변에서 지내는 데 적응하고 싶다는, 만약 내가 굴 안에 머물러 있었더라면 굴이 나를 안전하게 지켜줄 수 있었으리라는 데서 행복을 찾고 싶다는 유치한 욕망을 느낀다.*

펠리체와 두번째로 파혼한 뒤에도 카프카는 시온주의로 통하

---

* 「굴」을 쓰기 한 해 전인 1922년 7월, 카프카는 브로트에게 이런 말을 써 보냈다: "친애하는 막스, 나는 굴에 틀어박힌 낙심한 짐승인 듯 한자리를 맴돌거나 돌처럼 가만히 앉아 있습니다. 사방에 적들이 있습니다."

는 "입구 근처"에서 머뭇대는 이미지를 연애 관계에 갖다 붙였다. 1919년, 카프카는 율리에 보리체크—가난한 제화공 겸 시나고 그 수위를 아버지로 둔 수수한 여자—를 만났고 눈 깜짝할 사이에 그녀와 약혼했다. 브로트에게 그녀에 대해 설명하기를 "못 말리게 쏟아져 나오는 더없이 대담한 이디시 어휘를 무진장 소유한 여성"이라고 했다. (그녀의 혈통과 이디시 비속어에 매력을 느끼지 못한 카프카의 아버지는 율리에를 **낙오자**déclassé라고 여겼다). 율리에의 첫 약혼자는 1차 대전의 참호 속에서 사망했는데, 생전에 시온주의에 대한 브로트의 강연을 들은 적이 있는 청년 시온주의자였다. 율리에를 만나고 얼마 되지 않았을 때 카프카는 브로트에게 그의 1917년 에세이 「시온주의의 세 단계」[16] 한 부를 율리에에게 보내주기를 부탁하기도 했다.

───────

브로트 덕분에 카프카는 펠리체를 만나기 전부터 시온주의 서클들을 가장자리에서 접할 수 있었다. 1910년, 카프카는 브로트와 함께 바르 코흐바 협회의 집회와 강연에 참석하기 시작했다. 테오도르 헤르츨과는 달리 바르 코흐바 회원들은 유대국 건설이라는 정치 쪽보다는 유대 문화 부흥 쪽에 관심이 있었다. 그들은 시온주의를 그 자체로 지향되어야 할 목적으로 본 것이 아니라 영혼의 부활에 필요한 수단으로 보았다. 1916년 8월, 카프카는 펠리체에게 보낸 엽서에서 그 점을 넌지시 말했다. "지금 살아 있는 유대인들은 시온주의를 적어도 그 끝자락만큼은 만질 수 있는데,

그 시온주의는 더 중요한 곳으로 가기 위한 입구일 뿐입니다."

카프카가 이런 주제로 대화를 시작한 것은 그로부터 몇 년 전이었고, 대화 상대는 친구 후고 베르크만으로 그는 16세였던 1899년에 바르 코흐바에 들어가 18세에 회장으로 선출된 인물이었다. 1902년, 19세의 카프카는 친구가 이처럼 시온주의에 몰두하는 것에 의아함을 표시했다. 베르크만은 다음과 같은 반응을 보였다.

나의 시온주의를 향한 통상적 경멸은 당연하게도 당신의 편지에서도 나타나는군요. […] 당신이, 그토록 오랫동안 나의 학우였던 당신이, […] 나의 시온주의를 이해하지 못하겠다고 하니 나는 자꾸 의아해지지 않을 수 없습니다. 내 눈앞에 한 광인이 있고 그 광인에게 고정관념idée fixe이 있다면, 나는 그 광인을 비웃지 않을 것입니다. 그 광인에게는 그 관념이 생명의 일부니까요. 당신이 볼 때는 나의 시온주의 역시 그저 나의 "고정관념"이잖아요. […] 당신처럼 혼자 설 수 있는 힘이 나에게는 없습니다.

베르크만은 1920년에 프라하를 떠나 팔레스타인으로 갔고, 거기서 이스라엘 국립도서관 초대 관장을 역임했다. 막스 브로트는 이스라엘 국립도서관이 베르크만의 지휘로 "중동에서 가장 크고 가장 풍성하고 가장 현대적인 도서관"이 되었다고 말했다. 베르크만은 나중에 예루살렘 히브리 대학교 총장으로 임명되었다. 카프카는 베르크만의 팔레스타인 생활을 매우 관심 있게 지켜보왔다. 1923년, 베르크만이 케렌 하예소드Keren Ha-Yesod라는 시온 주의 단체에서 강연하기 위해 짧은 일정으로 프라하로 돌아왔다. 이때 카프카는 그에게 "당신이 그 강연을 한 것은 그저 나를 위해 서였군요"라고 했다.

이스라엘에 도서관이 생기기까지의 배경을 베르크만이 카프 카에게 들려주었을 수도 있다. 1872년, 발로진Volozhin의 요슈아 헤셀 레빈이라는 랍비가 "우리 민족의 책을 단 한 권도 빠뜨리지 않고 전부 모아놓을 도서관을 짓자"라는 성명을 예루살렘에서 발 행된 최초의 히브리어 주간지『하하바젤렛』에 실었다. 영국의 금 융가 겸 자선가 모세스 몬테피오레 경의 도움으로 기금이 생기고 위원회가 꾸려졌다(현대 히브리어의 아버지 엘리에제르 벤예후다 도 그중 하나였다). 1905년, 도서관 계획이 바젤에서 열린 '시온주 의 대회'의 후원 대상이 되었다. 하지만 아직은 시기상조였다. 국 립도서관이라는 기관이 있으려면, 한 나라에서 한 언어를 쓰는 국민이라는 실체가 있어야 했다.

1912년 1월, 카프카가 이디시어 민요에 관한 나탄 비른바움 —그로부터 20년 전에 시온주의라는 용어를 만들어낸 47세의 빈 작가—의 강연을 들은 것은 바르 코흐바에서였다. 라이너 슈 타흐에 따르면 카프카는 "비른바움의 강연을 더없이 열심히 경 청했다." 카프카가 펠릭스 잘텐이라는 시온주의자(후일 어린 이책『밤비』를 쓰게 될 작가)와 '세계 시온주의 기구World Zionist Organization' 사무총장 쿠르트 블루멘펠트의 강연을 들은 것도 바 르 코흐바에서였다. 카프카는 주요 문화 시온주의자인 다비스 트 리치—'유대 출판사Jüdischer Verlag' 창립자 겸『팔레스타인』편

집장—의 팔레스타인 유대 정착지에 대한 강연에도 귀를 기울
였다.

1913년 9월, 카프카는 빈으로 가서 제11회 '세계 시온주의 대
회World Zionist Congress'에 참가했다. 참가자는 수만 명이었고, 그
중에는 잘만 쇼켄(장차 카프카의 책을 펴내게 되는 발행인)과 다
비드 벤구리온(장차 이스라엘 초대 총리가 되는 인물)도 있었다.
(카프카에게 빈행의 주목적은 제2회 '국제 재난구호 및 사고예방 회
의'에 업무차 참석하는 것이었다). 대회장에서 카프카는 나훔 소콜
로프, 메나헴 우시슈킨, 아르투어 루핀을 비롯한 주요 시온주의
자들의 연설을 들었다. 대회 프로그램 중에는 노아 소콜로프스키
가 제작한 78분짜리 무성 다큐멘터리 영화의 프리미어 상영도 있
었다. 이 다큐멘터리에서는 신생 도시 텔아비브, 예루살렘의 주
요 지형지물, 유대Judea와 카르멜Carmel과 갈릴리 지역the Galilee
에 조성된 유대인 농업 정착지의 파노라마를 보여주었다.[17]

카프카는 대회장의 요란함 탓에 오히려 냉정해졌다. 브로트에
게 "시온주의 대회에서 나는 나와 전혀 상관없는 낯선 곳에 온 듯,
그럼에도 여러 가지 것들로 인해서 답답해지기도 하고 산만해지
기도 하면서 앉아 있었어요"라고 전하기도 했고, "이런 행사보다
더 쓸모없는 것을 생각해내기가 어려워요"라고 말하기도 했다.
일기에서 팔레스타인 여행자들Palästinafahrer—"걸핏하면 마카베
오*를 들먹이면서 그처럼 살고자 하는" 사람들—을 조롱하기도
했다.

* (옮긴이) 안티오코스 4세의 유대교 탄압에 반대하여 독립전쟁을 일으켰던 고대 이스
라엘의 마지막 독립 왕조의 이름이다.

프라하의 문화적 혼류에 휘말린 채, 카프카는 환경적 반유대주의 앞에서 브로트와 기타 시온주의자 친구들 못지않게 촉각을 곤두세우고 있었다. 유대인이 체코인에게는 독일인으로 보이고 독일인에게는 유대인으로 보인다는 것도 카프카는 그 친구들 못지않게 잘 알고 있었다. 테오도르 헤르츨은 1897년에 "프라하의 작은 유대인들이, 정직한 중류층 상인들이, 평화를 사랑하는 시민들 중에서도 특히 평화를 사랑하는 프라하 시민들이 대체 무슨 짓을 저질렀다는 것인가? […] 체코인이고자 애쓰는 사람들, 그들은 독일인들에게 얻어맞았다. 독일인이고자 하는 사람들, 그들은 체코인들에게 얻어맞았고 독일인들에게도 얻어맞았다"라고 썼다.[18]

브로트와 마찬가지로 카프카도 체코 신문 『농촌』에서 지긋지긋한 반유대주의 기사들을 수시로 접했고, 일상적 유대인 박해를 수시로 겪었다. 어느 저녁, 카프카가 직장 상사의 부인이 연 사교 모임에 가게 되었다. 그 부인에게 한 손님이 말했다. "저런, 유대인 분ein Herrn Juden을 저렇게 초대하셨네요."

카프카와 브로트, 이 두 프라하 작가는 기질도, 운명도 정반대였지만, 비균질적인 오스트리아-헝가리 제국이 서로 경쟁하는 민족주의들의 원심력에 의해 사방으로 흩어지던 그 시기에 두 사람은 그 제국 안에서는 체코인이라는 비주류, 체코인들 사이에서는 독일어 사용자라는 비주류, 독일어 사용자들 사이에서는 유대인이라는 비주류에 속한다는 괴로운 경험을 공유할 수밖에 없었

다. 제국이 붕괴하면서 점점 격화되는 **민족적**völkisch 반유대주의
를 두 사람은 그렇게 함께 경험하고 있었다.

1897년 12월, 프라하에서 14세의 카프카는 사흘간 일어난 폭
동—나중에 "12월 돌격Dezembersturm"이라고 명명되는 사건—
을 목격했다. 폭도들이 시나고그들을 파괴하고 유대인 상점들을
약탈하고 유대인 가정집들을 공격했다. 브로트가 살던 집도 그
중 하나였다. 후일 브로트는 "우리 집에서도 밤마다 창문이 깨졌
다. 우리는 무서움에 벌벌 떨면서 큰길로 창문이 나 있는 우리 방
에서 뛰어나와 부모님 침실로 뛰어 들어갔다. 나는 아버지가 침
대에서 어린 여동생을 안아 올리는 모습을 보았는데 아침에 보니
침대 위에 커다란 보도블록이 놓여 있었다."

그로부터 2년 뒤, 카프카는 레오폴트 힐스너 사건—1899년에
보헤미아 소도시 출신의 젊은 유대인 청년이 체코 가톨릭 여아를
의례 살인ritual murder한 죄로 기소된 사건—을 주시하고 있었다.
그의 친구 아브라함 그륀베르크가 쓴 1906년 포그롬pogrom의 목
격담을 읽기도 했고, 프라하의 시온주의 주간지 『자기방어』에서
키예프의 베일리스 인신공양blood libel을 다룬 기사들을 읽기도
했다.[19] 브로트에 따르면 카프카는 그 악명 높은 사건을 소재로 단
편을 쓰기도 했다(해당 원고는 그의 마지막 애인 도라 디아만트가
그의 부탁으로 불태웠다). 그는 티사 사건Tisza affair이라고 알려진
인신공양 사건을 극화한 아르놀트 츠바이크의 1914년 희곡 『헝
가리의 의례 살인』에 감동했고, 펠리체에게 "한 대목에서는 독서
를 중단하고 장의자에 앉아 소리 내어 울어야 했습니다. 그렇게
울어본 지 몇 년 만이었습니다"라고 했다.

1922년, 카프카는 집 근처에 있는 프라하 독일어 대학Deutsche Universität Prag의 학생들이 유대인 총장으로부터 졸업장을 받기를 거부하고 난동을 부리는 모습을 지켜보았다. 같은 해, 카프카는 한스 블뤼허의『유대인을 분리하라』―"유대인의 흉내 내기Jewish mimicry"를 규탄하고 유대인과 독일인의 분리를 권고하는 반유대주의 장광설―에 답변하고 싶다고도 생각했다.[20] 이 모든 광란의 혐오를 바라보는 카프카에게는 그 어떤 환상도 없었다. 예컨대 독일의 유대인 외무장관이었던 발터 라테나우가 1922년에 암살당했을 때, 카프카는 "그들이 그를 그때까지 살려두었던 것이 불가해합니다"라고 했다.

들끓는 반유대주의에 극히 민감했던 카프카는 베르크만과 브로트를 상대로 유럽 유대인들의 위태로운 지위 문제에 관해 끊임없이 대화를 이어나갔다. 1920년, 카프카는 브로트의 연구서『시온주의 안의 사회주의』를 읽었다. 하지만 두 친구와 달리 카프카는 그 문제에 대한 답을 시온주의 이데올로기에서 찾지 않았다. 37세의 카프카는 1920년 4월에 프라하에서 포그롬이 한창일 때 다음과 같이 썼다. "요새는 길에서 오후 내내 유대인 혐오로 목욕을 합니다. 일전에는 유대인들을 '비루먹은 새끼들Prašivé plemeno'이라고 부르는 소리를 듣기도 했습니다. 이렇게 미움을 받는다면 떠나는 것이 당연하지 않을까요(그 미움이 시온주의 때문이냐, 민족감정 때문이냐는 전혀 중요하지 않습니다). 떠나지 않고 버티는 영웅주의는 이런 욕실에서도 박멸당하지 않는 바퀴벌레들의 영웅주의입니다."

카프카는 1916년 9월 약혼자 펠리체에게 보낸 엽서에서, "이런 갖가지 불가사의를 품고 있는 보편적 유대교라는 어두운 복합체"를 언급했다. 그 불가사의들을 헤아려보기 위해, 그리고 그 불가사의들을 표현하는 문법을 공유하기 위해, 1917년에 카프카는 진지하게 히브리어 공부를 시작했다. 그 점에서 카프카는 후고 베르크만의 조언을 따르고 있었다. 베르크만은 "유대 민족에 대해 알고 싶은가? 유대 민족의 운명을 좌우하는 것은 무엇인가라는 토론에 참여하고 싶은가? 그렇다면 우선 유대 민족의 언어를 배워라!"라고 강조했다.

카프카의 히브리어 공부에는 모제스 라트가 집필한 유명한 교과서,[21] 그리고 두 친구 프리드리히 티베르거와 게오르크 (이르지) 모르데하이 란게르와의 회화 수업이 도움이 되었다.* 란게르는 동성애자였고 1915년에 친구였던 막스 브로트를 통해 카프카를 알게 되었다(그가 어느 하시드 랍비Hassidic rebbe의 제자가 되기 위해 중류층 가정을 떠난 것은 19세 때였다). 란게르는 『카발라의 에로스』(1923)의 저자였고(브로트는 이 책의 편집자이면서 이 책에 대한 열렬한 서평을 쓰기도 했다), 1929년에는 카프카를 추도하는 히브리어 시를 썼다. 1941년, 때 이른 죽음을 맞기 2년 전이

---

* 랍비의 아들이었던 티베르거는 두 시온주의 저널 『유대인』과 『자기방어』의 필자였고, 바르 코흐바 협회의 일원이었다. 그는 1939년에 프라하를 탈출해 예루살렘으로 갔다. 훗날 티베르거와 란게르 두 사람 다 자기의 개인 아카이브를 이스라엘 국립도서관에 두게 된다.

자 텔아비브에서 브로트와 그리 멀지 않은 곳에 살던 시기에 란 게르는 그의 학생 카프카가 히브리어로 말할 수 있다는 것에 얼마나 기뻐했는지를 떠올렸다.

> 맞다. 카프카는 히브리어로 말했다. 그의 마지막 몇 년간, 우리는 내내 히브리어로 말했다. 그는 자기가 시온주의자가 아니라는 말을 늘 달고 살았지만, 성인이 된 후에 배우기 시작한 우리말을 그는 정말 열심히 배웠다. 프라하 시온주의자들과 달리 그는 유창한 히브리어를 구사했고, 거기서 특별한 만족을 얻었다. 그가 남몰래 자부심을 느꼈다고 말하는 게 과장은 아니리라고 믿는다. […] 우리가 프라하에서 전차를 타고 있을 때였다. 바로 머리 위쪽 상공에서 비행기들이 날고 있었고, 우리는 그 비행기들에 대해 이야기하기 시작했다. 같은 전차에 탄 체코 사람들이 […] 무슨 언어로 말하고 있느냐고 우리에게 물어왔다. […] 우리의 대답에 그들은 깜짝 놀랐다. 히브리어로 비행기에 대한 이야기까지 할 수 있느냐는 것이었다. […] 그때 카프카의 얼굴은 기쁨과 자부심으로 너무나도 밝아졌다![22]

그러면서 란게르는 "그는 시온주의자가 아니었지만, 시온주의의 대원칙을 몸소 실천하는 사람들, 말인즉슨 **이스라엘 땅**Eretz Yisrael으로 이주하는 사람들을 마음속 깊이 부러워했다. 그는 시온주의자가 아니었지만, 우리 땅에서 생긴 모든 일이 그에게 깊은 감명을 주었다"라고 덧붙였다.

1918년, 카프카는 편지를 히브리어로 써서 주고받자고 막스 브로트에게 제안했다. 브로트도 간헐적으로 히브리어 공부를 하고 있었다. 훗날 브로트는 "용감한 시온주의자로서 나는 이 타지에서 히브리어 공부를 거듭 새로 시작했다. 해마다. 처음부터 다시. 하지만 나의 공부는 늘 같은 자리에서 막혔다. 늘 Hifil[히브리어에서 사동문을 만드는 동사]까지밖에 가지 못했다"라고 했다. 브로트의 1917년 시집 『약속의 땅』에는 「히브리어 수업」이라는 시가 있다. 이렇게 시작되는 시다.

서른이 되어서야
내 족속의 말을 배우기 시작했다.
30년 동안 귀머거리로 살아왔구나 싶다.

브로트는 카프카가 히브리어를 배울 때 "특별한 열성"을 보였다고 했다. "그는 히브리어를 깊이 공부함으로써 이 분야에서도 나를 훨씬 능가했다"라고 브로트는 회고했다.

1922년 가을, 카프카는 건강이 점점 악화되고 있었지만 푸아 벤토빔이라는 열아홉 살의 예루살렘 출신 학생으로부터 주 2회 히브리어 교습을 받았다. 이 "팔레스타인 여학생die kleine Palästinenserin"(카프카의 표현)은 당시 베르크만의 어머니가 운영하는 하숙집에 살고 있었다. 푸아의 부모가 러시아를 탈출하는 이주자 물결에 휩쓸려 팔레스타인으로 온 것은 1880년대였다. 저명한 히브리어 학자였던 푸아의 아버지가 예루살렘의 맹인 초등학교에서 학생들에게 글을 읽어주었는데, 푸아는 10년간 그 일을

도왔다. 1차 대전 직후에는 예루살렘의 히브리어 김나지움에서
첫번째 졸업반이었다. 후고 베르크만이 국립도서관에서 독일어
책 목록을 만들고 있었을 때 아직 고등학생이었던 푸아가 그 일
을 자청해서 돕기도 했다.

"그분의 괴로운 기침 발작이 이어질 때마다 나는 수업을 중단
하려고 했는데, 그때마다 그분은 나를 바라볼 뿐 아무 말도 하지
못했지만, 그 큰 검은 눈으로 가지 말아달라고, 한 단어만 더 말해
달라고, 그리고 한 단어만 더, 한 단어만 더 말해달라고 간청했다.
마치 그 수업을 통해 기적적으로 치유되기를 기다리고 있는 것
같았다"라고 푸아는 회상했다.

푸아의 도움을 받으면서 카프카는 히브리어 단어장을 둥글둥
글한 어린아이 필체로 채워나갔다(단어 옆에 파시즘, 결핵, 성스
럽다, 승리, 천재 등등의 독일어 해석을 달았다). "하나님이 너를 치
시리라" 같은 히브리어 숙어를 옮겨 적기도 했다. (국립도서관 '친
필원고 및 아카이브 분관'의 전前 관장 라파엘 바이저에 따르면, 내
가 국립도서관에서 열람한 18쪽짜리 단어장은 쇼켄가家에서 제공
한 자료라고 한다.) 훗날 푸아는 "그분은 확실히 나에게 어떤 끌림
을 느끼고 있었다. 하지만 그것은 젊은 여성을 향한 끌림이 아니
라 어떤 이상을 향한 끌림, 머나먼 예루살렘의 상상을 향한 끌림
이었다. 그분은 예루살렘에 대해 끊임없이 질문했고, 나의 귀향
길에 동행하고 싶어 했다"라고 회상했다. "내가 처음 그분을 만났
을 때, 이미 그분은 죽음이 머지않았음을 알고 있었지만, 삶을 간
절히 원하고 있었다. 그분은 여전히 팔레스타인을 꿈꾸고 있었
다. 그분이 나를 다소 신비로운 사람으로 보았던 것은 내가 그곳

에서 온 사람이기 때문이었다. [···] 이분이 감정적으로 익사 상태
에 있다는 것, 그래서 그렇게 허우적거리면서 손에 잡히는 것은
무엇이든 붙잡으려고 한다는 것이 나에게는 곧 분명해졌다."*

하지만 어디에도 속할 수 없음에서 비롯되는 글을 쓰는 카프카
는 집단에 속하게 해주겠다는 제안들로부터 거리를 두었다. '안트
워프 대학교 유대연구소' 소장이자 독일 문학 교수인 비비안 리스
카는 "그가 시온주의에 끌렸던 것은 소속을 원했기 때문이고 소
속에 수반된 자신감을 원했기 때문이다"라고 말했다. 독일의 주
요한 카프카 해석자 한스 디터 짐머만은 좀더 명쾌한 표현을 쓴
다. "그는 단 한 번도 시온주의자였던 적이 없다. 언젠가 카프카
본인이 말했듯, 그는 '고삐 풀린' 개인주의자였다."

1922년, 브로트는 카프카에게 마르틴 부버의 총편집과 잘만
쇼켄의 자금으로 발행되는 시온주의 월간지 『유대인』의 편집위
원 자리를 고려해볼 것을 제안했다. 그로부터 5년 전인 1917년,
카프카는 이 잡지에 두 단편—「학술원에 보내는 보고서」와 「자
칼들과 아랍인들」—을 실은 적이 있었다. 1916년 6월, 브로트는
공동체를 향한 깊은 열망, 뿌리 없는 고독으로부터 벗어나고 싶
다는 깊은 열망이 카프카를 모든 유대 작가 중에 "가장 유대적인"
작가로 만들어준다는 내용의 편지를 부버에게 쓴 바 있다.

카프카는 브로트의 제안을 거절했지만, 거절의 사유는 예상외

---

* 1983년 5월, 프랑스 철학자 자크 데리다가 '예루살렘 반 리어 연구소 Van Leer Institute
in Jerusalem'에서 카프카의 「법 앞에서」에 대해 강연했다(데리다는 이스라엘을 총 다섯 번
방문하는데, 그중 첫번째 방문이었다). 남편을 여의고 30년간 홀로 살아온 80세의 푸아
보행이 대단히 어려운 상태였음에도 강연에 와서 뒤편에 앉았다.

로 건강이 위태롭다는 것이 아니었다. "나는 실무에 한없이 무지하고 인간관계가 전혀 없는데, 나의 발밑에는 그렇게 단단한 유대적 발판이 하나도 없는데, 그런 내가 어떻게 그런 일을 고려할 수 있겠어요? 안 돼요, 못 해요."[23]

'약속의 땅'도 약속의 공동체도 끝내 닿을 수 없는 먼 곳이었다. 카프카가 함께 결핵을 앓던 로베르트 클롭슈토크에게 "히브리어란 무엇일까요? 그저 먼 곳에서 오는 소식 아닐까요?"라는 편지를 보낸 것은 1923년이었다.

———

생의 마지막 해, 카프카는 마침내 부모의 아파트에서 이사 나와 부모의 영향권에서 벗어났다. 1923년 9월부터 1924년 3월까지, 그는 베를린 외곽의 슈테글리츠 주거단지에서 "반쯤 시골풍halb ländlich으로" 살았다(카프카가 브로트에게 보낸 편지에 나오는 표현). 카프카가 이곳으로 왔던 것은 도라 디아만트와 함께 살기 위해서였다. 도라는 집안의 엄격한 하시디즘을 박차고 나온 여성으로 카프카보다 스물한 살 연하였다. 두 사람의 집을 여러 번 방문했던 브로트는 "폴란드 유대교ostjudischer 종교 전통이라는 도라의 풍부한 자산이 프란츠에게는 끝없는 기쁨의 원천이었다"라고 썼다. 카프카의 건강이 악화된 1924년 1월까지 도라와 카프카는 아르틸레리 슈트라세에 있는 '유대교 아카데미Hochschule für die Wissenschaft des Judentums'(현 레오 벡 하우스Leo-Baeck Haus)에서 초급 탈무드 수업을 들었다. 카프카는 이 기관이 "사나운 베를린 안에서, 그리고 내면의 사나운 곳들 사이에서 평화의 오아시스"가 되어주었다고 했다.

도라는 카프카가 Y. H. 브레너의 마지막 소설 『불모와 실패』[24]를 히브리어 원서로 하루 한 페이지씩 읽을 수 있도록 지도하기도 했다. "히브리 문학 가운데 가장 잔혹한 자학"이라는 평을 얻은 이 소설을 읽기로 했다는 것은 놀라운 선택이었다. 히브리 문단의 비극적 합리주의자 브레너는 "망명galut은 모든 곳에 있다"라고 역설했다. 브레너에게 '이스라엘 땅'은 또 하나의 디아스포라였다. 카프카는 브로트에게 "그런데 소설로서의 재미는 별로 없네요"라고 했다.

훗날 도라는 "카프카가 건강해지면 베를린을 떠나 팔레스타인으로 이주하자는 생각"을 카프카와 함께 끊임없이 주고받았다고 했다. 두 사람은 텔아비브에서 함께 유대인 식당을 열고 도라는 요리를 하고 카프카는 웨이터—관찰의 대상이 되지 않으면서 관찰할 수 있는 직업—를 맡는 상상의 나래를 펴보기도 했다(카프카의 18쪽짜리 히브리어 단어장에는 웨이터를 뜻하는 히브리어 meltzar도 포함되어 있다). 하지만 시온의 꿈은 실현되지 못한 꿈으로 남을 것이었다. 카프카가 팔레스타인으로의 이주를 상상하기 시작할 수 있었던 것은 그의 병이 너무 진척되어 팔레스타인행이 불가능해지고 나서였다.

1926년 7월, 후고 베르크만과 그의 아내 엘자(결혼 전 이름: 판타)는 마지막으로 자기들과 함께 예루살렘으로 떠나자는 간곡한 부탁을 건넨다. 카프카는 "또 한 번 유혹이 시작되었고 또 한 번 절대적 불가능성이 답했습니다"라고 했다. 베르크만 부부는 프라하를 떠나면서 대신 카프카의 사진을 챙겼고, 예루살렘에 도착해서는 그 사진을 응접실 피아노 위에 세워놓았다.

병세가 악화됨에 따라, 카프카는 시작만 하고 이루지 못한 일들을 떠올리기 시작했다. 1922년 일기에서는 "나의 생활방식 중에 나의 것이라고 내놓을 수 있었던 부분은 조금도 없었다"라고 고백했고, 곧이어 그의 삶이라는 원의 부서진 반경들의 목록을 작성했다. "반反시온주의, 시온주의, 히브리어, […] 결혼." 펠리체, 율리에, 밀레나, 도라와의 관계에서 그러했듯, 카프카는 결혼에 대한 불안 때문에 연인에게 거리를 두었다. 1921년 브로트에게 보낸 편지에서 "아무래도 나는 저 높은 곳에 있는 것들, 나의 손이 닿을 수 없는 것들만 사랑할 수 있는 모양입니다"라고 본인의 입으로 말하기도 했다. 팔레스타인—그리고 그곳의 언어로 부활한 히브리어—도 그 닿을 수 없는 먼 곳이었다. 결혼과 '약속의 땅'은 지연된 행복—기대되고 있는, 하지만 실현되지 않고 있는 행복—의 두 형태였다.

에바 호페는 그것이 오히려 다행이었다고 여겼다. 텔아비브의 후텁지근한 한여름 오후, 에바와 나는 '두브노프Dubnow 거리'를 따라 걷고 있었다. 에바는 메릴린 먼로가 선명하게 프린트된 티셔츠에 펑퍼짐한 주름치마를 입고 있었고, 비닐가방 세 개를 들고 있었다. 가방 안에는 자신의 출생증명서와 체코 여권을 포함해 나에게 보여줄 사진들과 서류들이 담겨 있었다. "나는 이스라엘인이고 유대인이지만, 이 나라를 사랑한다고는 말 못 하겠어."

나는 1960년 10월 이스라엘 신문 『마아리브』에 브로트의 인터뷰가 실렸더라, "카프카가 이스라엘 땅에 닿았다면, 히브리어로

홀륭한 작품들을 썼을 텐데!"라는 대목도 있더라고 전했다. 또 나
는 미국-유대 작가 니콜 크라우스가 곧 출간 예정인『어두운 숲』
이라는 소설은 카프카가 그때 그렇게 했다면 지금 어떻게 됐을까
하는 일종의 "가정법 과거what if"에 대한 상상인데, 이 소설의 화
자는 카프카가 전간기戰間期에 팔레스타인으로 왔다는 것, 그리고
이곳에 정착해 암셸Amschel(카프카 어머니의 외조부 이름)이라는
유대 이름으로 세간에서 잊힌 삶을 살고 있다는 것을 알게 되는
내용이라고 전해주었다.[25]

　　에바는 카프카를 본 적도 없지만, 나의 말에 대해서는 신랄한
의혹을 표했다. "카프카였으면 이런 데서 하루도 못 살걸." 정강이
로 해진 치맛단을 걷어차면서 에바가 말했다.

Science Fiction:
F.K. Tel Aviv 1957

이르지 슬리바,
〈공상과학: 1957년에
텔아비브에서 F. K.〉
(펜화, 2013)

이르지 슬리바,
〈파도 속의 프란츠 카프카〉
(에칭화, 2013)

5

1차 판결과 2차 판결

텔아비브 가정법원, 벤구리온 대로 38번지, 라마트간

2012년 10월

단테가 가톨릭 작가의 원형이고 밀턴이 프로테스탄트 작가의 원형이
듯 카프카는 유대 문학 작가의 원형이다.

— 해럴드 블룸, 2014년

　텔아비브 가정법원에서는 재판이 계속되었고, 이스라엘에 있
는 카프카 친필원고의 매각도 계속되었다. 2009년, 카프카 필적
의 자료 두 점이 스위스에서 경매되었고, 이스라엘 당국은 경악
했다. 두 자료 다 한때 에스테르 호페가 소유했던 것들이었다. 그
중 하나는 카프카가 브로트에게 보낸 여덟 장짜리 편지였다(날짜
는 1922년 9월, 낙찰가는 12만 5천 스위스프랑이었다). "고독이 경
악스럽다는 것, 혼자 있을 때의 고독보다 사람들 사이에서의 고

독이 경악스럽다는 것을 서서히 알아가고 있습니다." (클라우스 바겐바흐는 이 편지를 가리켜 "카프카가 쓴 가장 아름다운 글 중 하나"라고 했다.) 에스테르는 10년 동안 카프카 친필원고를 매각해 왔지만(1978~88), 그동안 국립도서관은 아무 이의도 제기하지 않았다. 그리고 2009년 매각 때는 이의를 제기했지만 매각을 막지는 못했다.

소송이 진행된 뒤로도 어떤 원고가 스피노자 길에 위치한 에바 호페의 자택에 있고 어떤 원고가 그녀의 은행 금고에 있는지 계속 불확실한 상태였다. 호페는 본인의 자택에 카프카 필적의 문서가 더 이상 없다는 내용의 진술서에 서명했다. 에바는 소송 중에 강도들이 그녀의 텔아비브 자택에 침입했다고 주장함으로써 카프카 문서의 운명을 둘러싼 우려를 가중시키기도 했다. 그때 그녀의 자택에서 만약 도난당한 것이 있었다면 그것이 무엇이었는지 오늘날까지도 불확실하다.

한번은 유산 목록 작성이 이루어지기도 했다. 1980년대, 에스테르 호페가 당시 취리히 '로베르트 발저 아카이브' 관장으로 재직 중이었던 스위스 문헌학자 베른하르트 에히테에게 본인 소유 문서 목록 작성을 의뢰한 것이다. 140쪽이 넘는 에히테의 문서 목록에는 약 2만 장의 문서가 등록되었다. 오늘날까지도 엄격하게 비공개로 관리되고 있는 이 문서 목록은 증거자료로 제출되지 않았다.

2010년, 텔아비브 가정법원의 코펠만 파르도 판사는 호페가家의 대여금고들―취리히 소재 은행에 네 개, 텔아비브 소재 은행(예후다 할레비 거리에 있는 '레우미 은행')에 나머지 여섯 개가 있

었다—의 개봉을 명했다. 취리히에서도 텔아비브에서도 에바가
개봉 현장에 참석하는 것은 불허되었다. 텔아비브에서 에바는 격
분한 상태로 금고실 진입을 시도했다. "내 거야, 내 거야!"라고 외
치면서. "야생동물 퍼포먼스였어"라고 에바는 그날을 회상하면
서 나에게 말했다.

취리히의 UBS 은행(반호프슈트라세 본점)에 있던 호페가의
대여금고들이 2010년 7월 19일 개봉되었다. '국립 아카이브'의 예
미마 로젠탈은 이타 셰들레츠키 교수에게 법정 관리단을 지휘해
스위스 대여금고들의 내용물을 검토하고 목록 작성을 지원하는
업무를 맡아달라고 요청했다. 법무부가 경비를 댈 것이었다. 셰
들레츠키는 히브리 대학교에서 존경받는 독일 문학 전문가로서
게르숌 숄렘 서간집의 편집자이자 엘제 라스커-쉴러의『작품들
과 편지들』비평판의 편집위원이었다. 그녀는 브로트가『노이에
취리히 차이퉁』에 연재한 키케로에 관한 소설(『가난한 키케로』,
1955)을 10대 후반에 읽은 기억이 있었다. 1943년 취리히에서 태
어난 셰들레츠키에게, 이 업무는 기묘한 귀향이었다. 유년기의
도시로 돌아와 엄마와 함께 윈도쇼핑을 다니던 바로 그 대로大路
를 밟은 것이었다.

여기서도 불청객 에바가 나타나 금고실 난입을 시도했다. 변
호사들이 브로트의 '비밀' 유언장(브로트의 1961년 유언장 이후의
것)을 수색 중이라는 의심도 있었고, 변호사 중 누군가가 친필원
고를 훔쳐 갈지 모른다는 걱정도 있었다. 스위스 은행의 점장은
에바가 제 발로 나가지 않으면 경찰을 부르겠다고 위협했다. 에
바는 요지부동이었다. "속으로는 떨고 있었지만, 그자들 앞에서

겁내는 내색을 하지는 않았어"라고 에바는 나에게 말했다. 셰들레츠키가 에바를 한쪽으로 불러내서 그녀의 흥분을 가라앉히는 데 성공했다. "에후드 솔은 내가 마치 사자를 길들이기라도 한 것처럼 나를 쳐다보더라고." 셰들레츠키가 나에게 말했다.

브로트 유산 관리자 에후드 솔은 다음과 같이 그때를 회상했다. "스위스에서는 안내자들이 우리를 거대한 금고실로 데려갔다. 거기서 우리를 기다리던 지점장과 직원들은 자기네가 역사적 사건의 증인임을 잘 알고 있었다. 우리가 금고 문을 열었을 때—변호사에게는 어울리지 않는 일이지만—우리 눈에서는 눈물이 흘러내렸다." 이스라엘 신문 『하아레츠』와의 인터뷰에서 한 발언이다. 인정사정없는 기소 전문 변호사라는 솔의 평판을 고려할 때, 눈물을 흘렸다는 말은 그때가 대단히 중요한 순간이었다는 선명한 증언이었다. (하지만 셰들레츠키는 이 이야기를 가리켜 "헛소리"라고 칭했다.)

네 개의 대여금고에서 브로트가 1950년대에 넣어두었던 원고들이 나왔다. 첫눈에 호기심을 자극하는 문서들이었다. S6588 금고에서 나온 갈색 봉투에는 브로트가 남긴 메모가 붙어 있었는데, 1947년에 작성된 이 메모에는 봉투 안에 들어 있는 세 권의 공책(카프카의 파리 일기)이 에스테르 호페의 것이라고 쓰여 있었다.

S6577 금고에서 나온 것들 중에는 갈색 서류철이 있었는데, 겉면에는 브로트가 흑색 잉크로 써넣은 "카프카의 『아버지에게 드리는 편지』, 원본(에스테르 호페의 소유물)"이라는 글이 있었고, 그 밑에는 청색 잉크로 "나의 소유물mein Eigentum. 일제 에스테르 호페, 1952년"이라고 쓰여 있었다.

S6222 금고에서는 두 개의 서류철이 나왔다. 첫번째 서류철의 겉면에는 브로트가 써넣은 "카프카가 내게 보낸 편지들의 원본, 나의 소유물. 이제 에스테르 호페의 것임"이라는 글이 있었다. 두번째 서류철의 겉면에는 "카프카—내가 프란츠에게 보낸 편지들—에스테르 호페의 것, 1952년 4월 2일, 텔아비브, 막스 브로트 박사"라고 적혀 있었다.

브로트가 봉투와 서류철 겉면에 써넣은 글들이 촬영되었고, 이스라엘 국립 아카이브의 일란 하라티가 내용물의 보존 상태를 점검했다. 브로트가 소유했던 카프카의 친필원고들을 생전에 에스테르 호페에게 증여했다는 것이 금고가 열림으로써 확인된 듯했다.

금고가 열림으로써 확인된 또 한 가지는 브로트의 수집 강박, 특히 카프카의 필적이 포함된 모든 것에 대한 수집 강박이었다 (브로트가 수집한 것들 중에는 카프카의 스케치와 낙서까지 있었다).[26]

보관물 목록을 작성하는 일을 맡은 셰들레츠키는 금고실에 있던 이스라엘 법조인들이 자기를 너무 재촉한다는 느낌을 받았다. 하지만 그 와중에도 중요한 자료를 찾아낼 시간은 있었다. 에스테르 호페가 카프카 비평판을 출간할 독일 편집진과 주고받은 편지들, 호페가 본인 소유의 카프카 문서를 "체계적이고 지속적으로" 공개했음을 증명함으로써 상대측 주장을 반박할 수 있는 편지들이었다. 믿어지지 않는 것은, 이 증거자료를 법정에 제출하라는 요청을 셰들레츠키는 단 한 번도 받지 않았다는 사실이다.

셰들레츠키 목록은 또 다른 의미에서 불완전한 자료였다. 자택에 남아 있는 친필원고들의 목록을 작성하기 위한 법원의 자택 수색 명령을 거부했다는 이유로 벌금 1만 5천 셰켈(약 4,200달러)을 냈다고 에바 호페는 나에게 말했다. 그런 식으로 수색하겠다고 하니 "게슈타포 전술"이 생각나더라고 에바는 덧붙였다.

텔아비브 금고와 취리히 금고의 보관물 목록은 불완전했음에도 거의 170페이지에 달했다. 편지가 약 2만 통이었고(그중에는 카프카의 마지막 연인이었던 도라가 브로트에게 보낸 약 70통의 편지도 포함되어 있었던 것 같다), 브로트의 미출간 일기들,* 카프카의 알려지지 않은 드로잉 24장,²⁷ 카프카의 단편소설들의 친필 원본이 있었다(그중에는 「시골의 결혼 준비」도 포함되어 있었다). 2011년 2월 하순, 이 목록이 코펠만 파르도 판사에게 제출되었다.

그동안 본인은 생계를 유지하기 위해 적선에 의지해야 했다고 에바 호페는 말했다. 본인도 엄마 에스테르와 마찬가지로 독일 정부 보상금의 수령자이기는 하지만, 엄마가 뇌졸중을 일으킨 뒤 이칠로프 병원에서 재활 치료를 받는 동안 에바 본인의 적금이 병원비로 거의 다 소진되었다고 했다. 소송 비용도 점점 불어나고 있었다. 에바가 경제적 곤란을 호소함에 따라, 변호사 우리 즈파트는 에바가 엄마의 유산 중 최소한 현금 유산이라도 사용할 수 있도록 상속 제한 조치를 해제해달라는 청원서를 제출했다(현금 유산에는 에스테르가 독일로부터 받은 보상금도 포함되어 있었

---

* 이 일기를 열람할 수 있었던 유일한 학자인 라이너 슈타흐는 "브로트의 글은 그림엽서의 언어로 작성된 비망록 메모 수준의 글, 형식에 대한 고려도 없고 저자라는 의식도 없는 글이었다"라는 말로 자료의 문학적 의의를 일축한다. 반면에 카프카의 일기는 문학 작가의 워밍업 같은 글, "문학 직전 단계"의 글이었다고 슈타흐는 말한다.

는데, 에바에 따르면 그때까지 쌓인 보상금은 약 400만 셰켈, 달러로
는 100만 달러가 넘는 액수였다). 2011년 8월, 텔아비브 지방법원
의 유디트 슈토프만 판사가 청원을 수리함으로써 에바와 에바의
언니 루트 바이슬러가 각각 100만 셰켈(대략 25만 달러)을 상속
받을 수 있게 되었다.

　은퇴한 재봉사 겸 아로마테라피스트인 루트에게는 너무 적고
너무 늦은 상속이었다. 소송에 시달리느라 제정신이 아니었던 루
트는 심리에 참석할 여력도 없었고, 심지어 법원규칙을 읽을 여
력도 없었다. 루트는 2012년 80세의 나이에 암으로 세상을 떠났
고, 그때부터는 동생 에바가 혼자 싸워야 했다. 루트의 변호사 하
렐 아슈왈은 『선데이 타임스』와의 인터뷰에서 "나는 나의 의뢰인
이 사망한 데 대한 책임을 국립도서관 쪽에 묻겠다. 그쪽의 행태
는 대단히 무자비하고 부적절했다. 그쪽이 그렇게 행동한 이유는
루트와 에바의 기력을 고갈시켜 소송을 포기하게 만들기 위해서
였다는 것이 나의 생각이다"라고 했다. 루트에게는 아나트와 야
엘이라는 두 딸이 있었다. 아나트 역시 소송의 시련이 엄마의 사
인이라고 보았다. 아나트는 『하아레츠』와의 인터뷰에서 "평생 건
강하던 사람이 갑자기 암에 걸려 죽다니… 엄마의 몸이 망가진
것은 전적으로 소송 때문이다"라고 밝혔다.

———

　2012년 10월, 루트가 세상을 떠난 지 반년 뒤이자 에스테르 호
페가 세상을 떠난 지 5년 뒤인 시점에 텔아비브 가정법원의 탈리

아 코펠만 파르도 판사는 59쪽짜리 판결문을 내놓았다. 도입부는 서정적이었다. "판사가 역사의 심층을 파고들어 수수께끼 같은 역사의 조각을 하나하나 들여다본다는 것이 흔한 일은 아니거니와 당연한 일도 아닐 것이다. 원고 측이 제기한 단순한 요청, 고故 에스테르 호페 부인의 딸들이 제기한 모친의 유언을 집행해달라는 요청은 20세기의 두 위인의 생애, 욕망, 좌절—아니, 두 위인의 영혼 그 자체—로 통하는 입구였다."

그로부터 40년 전에 에스테르 호페를 상대로 제기되었다가 실로 판사에 의해 종결되었던 소송을 재개하는 것을 정당화하면서, 코펠만 파르도 판사는 소설—카프카의 『소송』—의 한 대목을 인용하는 이례적 조치를 취했다.

실질적 무죄판결에서는 소송기록이 철저히 정리됩니다. 고소인이 사라지는 것은 물론이고 소송에서 판결까지 전부 없던 일이 되는 것이지요. 표면적 무죄판결은 다릅니다. 서류상 달라진 점은 무죄를 증명하는 서류, 무죄판결 서류, 무죄판결의 근거를 제시하는 서류가 추가되었다는 것뿐입니다. 그 외에는 크게 달라지는 것이 없고, 법원 자료실들 사이에는 상하의 연계가 있으니, 판결 서류들은 상급법원으로 전달되었다가 하급법원으로 되돌아왔다가 할 뿐입니다. 그렇게 크거나 작은 진폭 속에서, 그렇게 길거나 짧은 정체 속에서, 진자운동을 하는 것이지요. 소송의 향방을 예측하기는 불가능합니다. 밖에서 볼 때는 모두 잊힌 것 같고, 서류는 없어진 것 같고, 완벽한 무죄판결인 것 같기도 합니다. 하지만 내막을 아는 사람이라면 그렇게 생각하지 않을 것입니다. 서류가 없어지는 일은 일어나지 않습니다. 법정이 망각하는 것은 아무것도 없습니다.

'에스테르 호페의 권리를 인정한 1974년 판결을 망각한 것은 아니다. 하지만 예측할 수 없는 진자가 이제 다른 방향으로 움직이기 시작했다'라는 것이 코펠만 파르도 판사의 판결이었다. 모친의 유언에 대한 에바 호페의 공증에 무효 판결을 내린 것이었다. 카프카 친필원고들의 소유권이 브로트에게 있느냐에 대한 판결은 아니었지만, 어쨌든 이스라엘 정부의 주장, 즉 브로트가―카프카 문서를 포함한―본인의 유산을 에스테르 호페에게 상속할 때 그 상속은 증여가 아니라 신탁이었다는 주장을 받아들이는 판결이었다. 일정한 조건들이 충족되지 않는다면, 유증자의 증여 의도에도 불구하고 법적 효력이 없는 증여가 있을 수 있다.

브로트의 의도가 그 원고를 에스테르 호페에게 증여하는 것이었다 해도, 그 원고의 실질de facto 관리자는 브로트였다. 원고의 운명을 결정하는 사람은 브로트 혼자였다는 것이다. 브로트는 카프카 문서를 에스테르에게 증여하겠다는 메모에 서명한 뒤로도 자기가 그 소유자인 듯이 행동했다. 예를 들어 1952년 4월, 브로트는 런던에 사는 마리아나 슈타이너에게 편지를 쓰면서 카프카의 친필원고 중에 어떤 것이 본인의 것이고 어떤 것이 카프카 유족의 것인가를 정리했다. 호페에게 무언가를 증여했다는 언급은 전혀 없다. 1956년 8월, 브로트는 자기가 어떠한 조건들 아래에서 독일 학자 클라우스 바겐바흐에게 그 문서의 열람을 허용할 것인지를 명시하는 계약서에 서명했다(브로트의 자택에서만 열람해야 한다, 출판을 위한 열람이어서는 안 되고 오직 연구를 위한 열람이어야 한다 등등). 열람을 허용하고 조건을 정한 것은 에스테르가 아니라 브로트였다. 마지막으로, 브로트는 1961년 10월에 이스라엘 신문 『마아리브』와의 인터뷰에서 "[카프카의 친필원고들을] 어떻게 처리할지 아직 고심 중입니다"라고 했다. 기자가 자기도 그 문서를 구경하면 안 되겠느냐고 하자, 브로트는 "안 됩니다! 나는 그것들을 나의 은행 대여금고에 넣어놓았습니다"라고 답했다. 나와 에스테르의 금고라고 한 것이 아니라 나의 금고라고 한 것이다. (코펠만 파르도 판사는 에스테르 호페가 1973~74년 소송 중에 한 증언─카프카의 「시골의 결혼 준비」 원본과 「어느 투쟁의 기록」 원본은 "1947년 이후 쭉 나의 금고에 들어 있었고, 그분[브로트]이 작업에 필요하다고 해서 꺼내 주었다"─을 다루지 않았다. 1974년 1월 11일 재판 때도 호페는 이츠하크 실로 판사 앞에서 카프카의 『소송』 원고에 관해 다음과 같이 증언했다. "1952년인가에 그 원고를 증여받아서 나의 금고에 넣어두었다. 그분[브로트]이 나에게 증여한 것이다. 내가 그 원고를 그분의 집에서 가지고 나왔다. 그분이 그 원고로 작업하는 동안에만 원고를 그분에게 가져다드렸다.") 어쨌든 에스테르가 카프카의 친필원고 중에서 무언가의 매각을 시도했던 적은 브로트의 살아생전에는 한 번도 없었다. (에바 호페는 엄마가 브로트의 살아생전에 그 원고를 팔지 않았던 이유는 그저 브로트가 카프카의 글을 편집 출간하는 작업을 진행 중이었고, 그 작업을 위해 해당 원고를 열람 중이었기 때문이라고 주장했다.)

메셸레 법 제7권 제873조에 의거해(메셸레 법은 이슬람 법인 샤

리아를 기반으로 하는 오스만 제국의 민법으로, 이스라엘에서는 새
증여법이 통과된 1968년까지 이를 차용했다), 판사는 브로트로부
터 호페로의 증여가 불완전 증여 또는 미완료 증여였다는 판결을
내렸다.* (에바 호페는 엄마의 인생에서 가장 큰 의미였던 증여물
이 불완전한 것이었다는 식의 생각을 특히 심한 모욕으로 받아들였
다.) 코펠만 파르도는 카프카의 친필원고들은 브로트 문필 유산
을 떠난 적이 없다고 판결을 내렸다. 판사의 해석에 따르면, 브로
트의 유언은 "상속 순위" 원칙에 의해 제약을 받는 유언이었다. 다
시 말해, 에스테르 호페가 살아생전에 다른 조치를 취해놓지 않
았으니, 브로트 유산은, 브로트의 유언장에 명시된 그대로, 공공
도서관이나 공공 아카이브로 가야 했다. 에스테르에게는 문필 유
산이 어디로 갈 것인가를 결정할 권리가 있었지만, 권리를 행사
하지 않고 그 결정을 딸들에게 넘길 권리까지 가지고 있었던 것
은 아니었다.

이것이 코펠만 파르도가 판사로 담당하는 마지막 사건이 된다.
코펠만 파르도는 이렇듯 12년간 판사로 재직하면서 카프카 덕분
에 법조인 경력의 정점을 찍은 뒤 변호사로 돌아가 상속법과 가
족법 분야를 전문으로 하는 부티크 로펌을 열었다. '이 판사는 나
이 때문에 은퇴한 것이 아닌 것 같다. 판사를 그만두면 이 사건을

* 메셀레 법Mecelle law 제846조에 따르면, 받은 사람이 준 사람에게 "받았다"라고 하
면 증여가 유효한 것으로 간주된다. 현행 '이스라엘 증여법Israeli Gift Law'—오스만 법제
를 업데이트하기 위한 지속적 노력의 일환으로 1968년 10월 1일에 발효된 법—은 증여
가 불완전하거나 미완료인 경우라고 해도, 준 사람이 사망하면 받은 사람의 소유가 된다
고 규정하고 있다. 크네세트Knesset(이스라엘 국회)에 제출된 원래 법안에는 '증여법' 제6
조—서면 증여를 허용하는 조항—가 포함되어 있지 않았다. 이 조항은 전통적인 유대법
("Mishpat Ivri")의 민사 원칙들과의 일관성을 위해 2차 심의 중에 추가되었다.

잘못 처리한 데 따른 고소들로부터 벗어날 수 있을 테니, 그래서 은퇴한 것 같다'라고 에바는 나에게 말했다. 하지만 그러한 짐작은 코펠만 파르도가 내린 판결에서의 실책에서 비롯된 짐작이라기보다는 판결이 에바 본인에게 불행을 야기한 데서 비롯된 짐작인 듯했다.

국립도서관의 카프카 자료 관리 책임자인 아비아드 슈톨만은 판결을 환영하면서, "이스라엘이라는 국가와 유대인이라는 민족의 문화재를 수집, 보존, 개방한다는 본 도서관의 역할을 고려할 때, 우리는 이 판결을 큰 성공이라고 본다"라고 밝혔다. 벤구리온 대학교의 주요 카프카 학자 마크 겔버는 이 판결을 가리켜 "대단히 용감한 결정"이라고 했다.

소송 내내 에바는 브로트 문필 유산이 그 상업적 가치보다 훨씬 더 큰 가치를 지니고 있다고 말했다. 이 원고들과 문서들은 "내 몸에 붙어 있는 팔다리나 마찬가지"라고 주장하면서, 슈물리크 카수토의 중재안을 거부하기도 했다. 카수토는 "그녀는 전부 아니면 전무라는 접근방식을 선호했다"라고 전했다. 에바 본인이 들려준 이야기는 좀 달랐다. 에바는 코펠만 파르도의 판결이 나온 직후, 이 원고를 마르바흐 아카이브에 매각하겠다는 뜻과 그 수익을 국립도서관에 전달하겠다는 뜻을 밝혔는데, 국립도서관이 거절했다고 했다. "그러면서, 나한테 돈을 좋는다고 욕하다니!"라고 말하며 에바는 등을 꼿꼿하게 폈다.

2012년 11월, 가정법원 판결이 난 지 채 한 달도 지나지 않았을 때, 에바는 텔아비브 지방법원에 항소장을 제출했다. 에바는 "카프카 본인이 살아 있었어도 이렇게까지 카프카적인Kafkaesque 이야기를 지어내지는 못했을 거야"라고 했다. 에바는 자기 몸에 팔다리처럼 붙어 있다고 느껴지는 무언가를 잃고 싶지 않았던 것이다.

––––––––

소송은 가정법원에서 지방법원으로 옮겨졌고, 법정에서 엉뚱한 윤리적 변론이 들려오는 일이 점점 많아졌다. 이스라엘 국립도서관 측 변호인 메이르 헬레르가 텔아비브 지방법원 항소심 법정의 세 판사—이사야 슈넬레르, 하가이 브레네르, 코비 바르디—를 상대로 변론 중이었다. 헬레르는 독일이 아닌 이스라엘이 브로트 유산과 카프카 유산의 적소適所임을 강조했다. 카프카의 세계가 나치에 의해 파괴되었음을 감정적 언어로 역설하기도 했다.

카프카의 세 여동생—카프카의 조카 게르티 헤르만의 회상에 따르면, "그가 모종의 고귀한 존재이기라도 한 것처럼 오빠를 사랑하고 존경했던" 사람들—은 제3제국에 희생되었다. 엘리(카프카가 자기 자신을 떠올리게 했던 첫째 동생)와 발리(둘째 동생)는 1941년 말엽에 우치 게토Łódź ghetto로 옮겨졌고, 1942년 9월에 헤움노Chełmno의 가스실로 보내졌다. 막냇동생이자 셋 중 가장 활발했던 오틀라는 테레진 게토Terezin ghetto(프라하에서 남쪽으로 48킬로미터 떨어진 곳)에서 폴란드의 아우슈비츠로 옮겨졌고, 1943년 10월에 죽임을 당했다.[28] 헬레르가 여기에 덧붙인 대로, 브로트의 하나뿐인 남동생이자 카프카의 가까운 지인이었던 오토는 1944년 10월 하순에 테레진에서 아우슈비츠로 옮겨졌고, 거기서 아내와 딸과 함께 죽임을 당했다.

헬레르는 독일인들의 범죄에 희생당한 사람들을 더 많이 덧붙일 수 있었을 것이다. 카프카의 연인 밀레나 예센스카(빈의 유대인과 결혼한 체코의 반체제자)는 1944년에 라벤스브뤼크 수용소 Ravensbrück camp에서 죽임을 당했고, 카프카의 두번째 약혼자 율리에 보리체크는 1944년 아우슈비츠에서 죽임을 당했으며, 카프카가 가장 좋아한 삼촌 지크프리트는 1942년에 테레진으로 이송당하기 전날 밤에 스스로 목숨을 끊었고, 카프카의 친구 이차크 뢰비(이디시 극단의 배우)는 트레블링카에서 죽임을 당했다. 카프카의 고등학교 급우 중에서는 적어도 다섯 명이 수용소에서 죽임을 당했다.

카프카 본인은 인간이 해충처럼 제거되는 것을 보기 전에 세상을 떠났다. 하지만 헬레르는 만약 카프카가 1924년에 그렇게 세상을 떠나는 대신 50대 후반까지 살아 있었다면 유대인으로서 독일에 살해당했으리라고 주장했다. 독일은 제노사이드 범죄자들의 나라, 인간이 인간에게 저지르는 비인도적 만행이 전례 없는 무의식적 형태를 띠게 한 나라인데, 카프카 문서가 독일의 "소유물"이라니 터무니없는 말이지 않은가 하는 것이 헬레르의 결론이었다. 카프카가 독일어로 글을 썼을지라도 그의 사망 이후 독일어는 유대인 학살을 조직한 자들의 언어, 타락한 수용소 언어가 되었다는 것이었다.

쇼아가 "먹구름처럼 법정에 드리웠다"라고 에스테르 호페 유산 담당 국선 변호인 슈물리크 카수토가 말했다.

2015년 6월 29일, 텔아비브 지방법원의 세 판사는 2년 반에 걸친 심리를 끝내고 판결을 내렸다. 브레네르 판사, 바르디 판사, 슈넬레르 판사는 본 판결이 실로 판사의 1974년 판결, 곧 에스테르 호페의 권리를 인정한 판결에 얽매이지 않는다고 했다. 1974년 소송에서는 국립도서관이 소송 당사자가 아니었으니, 해당 판결이 본 소송의 선례가 될 수는 없다는 것이었다.

판사들은 항소심 원고 에바 호페가 "브로트의 유지遺旨를 받들기보다는 유산에 포함된 자산으로부터 이득을 보려는 동기로" 행동한 것처럼 설명했다. 예전에 에스테르 호페가 카프카의 원고들을 마르바흐 아카이브에 매각했던 일을 비난하기도 했다(이에 관한 상세한 논의는 14장을 보라).

브로트가 이 문서를 비서 호페에게 증여하기로 한 이유가 분명해진 만큼, 호페 세 모녀가 이 문서를 조각조각 공매에 내놓고 최고 입찰자에게 매각하리라는 것을 브로트는 상상하지 못했을 것으로 짐작된다. 브로트는 어느 신문과의 인터뷰에서 호언장담했다. "전 세계가 카프카를 뒤쫓고 있지만, 내 알 바 아니다. 나도 카프카의 작품들로 작업 중이지만, 이 작업에서 단 한 푼도 취하지 않을 것이다. 이 작업은 내가 이 뛰어난 친구에게 갚아야 하는 빚이다!" 이런 브로트를 상대로 그런 공매를 허락해달라고 했다면, 브로트가 과연 기꺼이 허락했을까?

　　카프카 문서가 다른 브로트 유산이었다면 브로트의 유일한 상속인인 에스테르 호페에게 갔을 것이다(브로트 유언 7조는 에스테르 호페가 브로트의 전 재산의 상속인임을 명시하고 있다). 하지만 판사들은 카프카 문서는 브로트의 **문필** 유산의 일부이기 때문에 이 문서에 대한 에스테르의 권리는 브로트 유언 11조에 의해 한정된다는 판결을 내렸다. 11조는 에스테르에게 브로트 유산의 처분에 대하여 "예루살렘 히브리 대학 도서관[이스라엘 국립도서관으로 개명되었다]이나 텔아비브 시립도서관, 아니면 이스라엘 국내 또는 해외의 다른 공공 아카이브들"과 합의를 볼 것을 지시하고 있었다.

　　아울러 이 지방법원 판사들은 '브로트는 카프카 친필원고 중에 카프카가 생전에 그에게 준 것들의 소유자로 간주될 수는 있겠으나 카프카 사후에 브로트 본인이 카프카의 책상 서랍에서 꺼내 간 것들의 소유자로 간주될 수는 없다. 하지만 후자의 소유권을 주장하는 개인이나 기관이 없으니, 후자는 브로트 문필 유산과 함께 묶여 처분될 것이다'라는 판결을 내렸다. 그러면서도 이 법정은 카프카의 상속인들을 찾아볼 것을 요구하지도 않았고, 카프카의 친필원고 중 어느 것이 전자이고 어느 것이 후자인지 목록을 작성하지도 않았다. (카프카의 조카들 중 넷이 홀로코스트에서 살아남았는데, 그중 여동생 오틀라의 두 딸 베라 사우트코바[1921~2015]와 헬레나 코스트로우호바 다비도바[1923~2005]는 프라하에 거주했고, 엘리의 딸 게르티 헤르만[1912~1972]은 캐나다로 피신했으며, 발리의 딸 마리아나 슈타이너[1913~2000]는 런던에 거주했다.)*

또한 이 지방법원 판사들은 브로트가 호페에게 원한 것은 브로트 유산이 온전히 통째로 도서관이나 아카이브관으로 옮겨지는 것이었으니, 호페에게는 브로트 문필 유산의 부분부분을 매각하거나 증여할 자격이 없다는 하급법원의 판결에 동의했다. 호페와 그녀의 승계인들에게는 브로트의 문학적 유산에서 나올 저작권료를 받을 자격이 있을 뿐이었다.

브레네르 판사는 지방법원의 소견을 다음과 같이 기록했다.

본 법정의 판사들은 에스테르 호페에게 카프카 친필원고를 매각, 처분, 상속할 권리가 없다는 하급심 판결을 만장일치로 지지했다. 본인은 하급법원의 판결을 유지한 본 항소심 판결이 항소심 법정의 문을 두드렸던 사람에게 구원을 안겨주지는 못했다고 하더라도, 사회와 역사가 카프카의 작품들을 판단하는 데 필요한 문호 개방의 기회를 제공했다고 믿는다. 생전의 카프카는 때로 그것들을 폐기되어 마땅한 "실패한 작품들"이라고 보았지만, 카프카가 세상을 떠난 지금, 그것들의 뛰어난 윤리적, 예술적 가치를 알아볼 기회가 마련된 것이다. […] 막스 브로트 본인은 자신의 문필 유산을 독일 소재 아카이브관으로 옮길 가능성을 아예 배제했을 것이다.

---

* 1936년 후반에 카프카의 여동생들을 만난 헬레네 질버베르크(1904~1992)에 따르면, 오틀라는 "카프카의 글이 세상 사람들의 눈앞에 무분별하게 공개되었다는 사실에 도무지 익숙해질 수 없었다. 오빠 프란츠가 유언을 남겼는데. 자기가 쓴 모든 것을 태워 없애달라는, 진심에서 우러나온, 반드시 따라야 하는 유언을 남겼는데. 그 마지막 소원을 들어주었어야 했는데. 그런 이유에서 오틀라는 막스 브로트에게 화가 나 있었다." 후일 질버베르크는 브로트의 카프카 전기를 프랑스어로 번역했다(Gallimard, 1945).

코비 바르디 판사는 짧은 동의 소견을 냈다.

막스 브로트가 카프카의 작품들이라는 "경이로운 보물"을 출간해야 한다는 본인의 지당한 의무를 그것들을 출간하지 말아야 할 이유—그리고 그것들을 출간하지 말라는 카프카 본인의 지시—보다 우선시했듯이, 이렇듯 우리가 사용할 수 있는 법적 도구들을 통해 카프카의 작품들을 세상에 공개하는 것은 우리의 의무이자 권리다.

본 항소법원의 판결은 "법률, 문학, 윤리, 정의를—그리고 내가 볼 때 카프카의 진정한 의사를—분명하게 통합하는 타당하고 정의로운 결론이다. 혹자는 우리의 판결이 잘못되었다고 주장할지 모르지만, 이것이 주목할 만한 카프카적인Kafkaesque 이야기라는 데는 모두가 동의할 것이다"라고 바르디는 덧붙였다.

이 56쪽짜리 판결문은 전문가 법률주의technical legalism에서 전면적인 민족주의 레토릭까지 다양한 영역의 언어를 오갔다. 이 판결문은 카프카가 본질적으로 유대 작가라는 것과 카프카의 문학 유산이 민족적 의의를 가지는 문화재로서 유대국에 남아 마땅하고 유대국에 의해 소유되어 마땅하다는 것을 확인하는 결론으로 마무리되었다.*

* 이스라엘 항소법원이 이 원칙을 언급한 것이 이때가 처음은 아니다. 2015년 11월, 예루살렘 지방법원은 예루살렘 '케뎀 경매회사Kedem Auction House'의 경매 예정 물건이었던 '이스라엘 독립선언서' 초고 12페이지(육필원고)의 매각을 중단시켰다. 판사들은 "이스라엘의 양도 불가능한 자산을 공적으로 보유함으로써 국가 동의 없는 국외 유출을 막기 위한" 판결이었다고 밝혔다. (경매회사는 "우리는 그렇게 양도 불가능한 자산을 국가

예상대로 국립도서관은 지방법원 판결을 환영했다. 관내 독일어 자료 분관의 수장인 슈테판 리트는 "이제 묻게 되는 커다란 질문은 다음과 같다. 호페가의 텔아비브 자택에서 우리는 무엇을 발견하게 될 것인가? 그리고 전 세계 곳곳에 또 어떤 자료가 숨겨져 있지는 않을까?"라고 했다. 아직 그가 나설 차례가 아니었다. 항소법원 판결 직후, 독일의 경찰이 막스 브로트의 원고들을 이스라엘로부터 밀반입된 물품이라는 혐의로 압류한 것이다.

에바 호페는 이제 이스라엘 대법원에 항소하는 길밖에 없다고 보았다. 그렇게 별다른 기대 없이 에바는 두번째이자 마지막으로 항소장을 제출했다. 대법원은 이미 판결의 향방을 암시해주고 있었다. 2015년 6월, 텔아비브 지방법원의 세 판사가 한창 카프카 사건에 대한 판결을 내리고 있을 때, 이스라엘 대법원은 '이스라엘 문화구역 빈Israelitische Kultusgemeinde Wien'—유럽에서 두번째로 큰 규모였던 전전戰前 유대인 공동체—과 관련된 심리를 진행하고 있었다. 2차 대전 이후, 이 공동체의 멤버들은 자신들의 대규모 장서를 위한 미래가 오스트리아에는 거의 없다고 보았다. (1935년부터 1938년 합병Anschluß까지 이 공동체의 지도자였던 모제스 라트는 카프카가 히브리어 독학을 시작할 때 사용했던 교과서

가 67년 동안 방치해왔다는 점이 이상하다고 생각한다. 각종 매체와 연구가 그 자산의 존재를 수차례에 걸쳐 고지했음에도 불구하고 국가는 지금껏 그 자산을 확보하기 위해 아무런 일도 하지 않았다. 해당 자료가 경매에 나왔을 때 비로소 국가는 그것의 존재를 기억했다"라고 반응했다.)

의 필자였다.) 1952년과 1953년, 이스라엘 국립도서관은 '이스라엘 문화구역 빈'의 소장 도서 중에서 최상급 장서를 골라 예루살렘으로 가져가도 좋다는 허락을 얻었다. 이 영구 임대 도서는 소장 도서의 75퍼센트에서 80퍼센트에 이르렀다. 한편, 18세기까지 거슬러 올라가는 이곳 공동체의 귀중한 전전戰前 비도서 자료들도 '유대 민족사 아카이브The Central Archives for the History of the Jewish People'에 영구 임대되는 형식으로 예루살렘으로 옮겨졌다. (1939년에 세워진 유대 민족사 아카이브는 2013년 1월에 이스라엘 국립도서관에 공식적으로 통합되었다.)

2011년 5월, 아리엘 무지칸트는 예루살렘에서 그 비도서 자료들의 반환을 요구하는 소송을 제기했다. 그는 1998년에 이스라엘 문화구역 빈의 대표자로 선출되어 7,500명의 회원들을 이끌고 있었다. 2012년 10월, 예루살렘 지방법원은 이스라엘이 유대 민족의 문화 중심지 역할을 하고 있다는 국립 아카이브 관리관 야아코브 로조비크의 주장을 받아들임으로써 이 소송에 기각 판결을 내렸다.

2015년 6월, 대법원은 그 판결을 유지했다.[29] 엘야킴 루빈스테인 판사는 "이 자료가 이스라엘로 옮겨졌던 것이 왜였는가 하면, 홀로코스트의 암흑기에 유럽 피점령지에서 나치와 나치 동조자들에 의해 자행된 만행 때문이었고, 이 자료가 내팽개쳐지지 않은 것이 왜였는가 하면, 홀로코스트의 잿더미를 떨치고 일어난 유대국 이스라엘 덕분이었다. 역사를 돌아본다면, 이 자료는 적법한 조국을 찾은 것이 아니겠는가?"라는 판결문을 내놓았다(이 판사가 그로부터 1년 뒤에 에바 호페의 상고심 판사가 된다).

무지칸트는 경악했다. "우리가 유대인으로서 이스라엘이라는 나라를 지지하는 만큼, 이 나라가 우리 재산을 빼앗아 가는 일은 결코 용납될 수 없다"라고 나에게 전화로 말하기도 했다. 이 통화에서 무지칸트는 이 경우의 이스라엘을 2차 대전 직후의 오스트리아와 비교하면서(당시 오스트리아는 유대 가정에게서 약탈한 재산을 반환하지 않으려고 했다), 유럽의 유대인들에 의해 창출된 문화는 유럽 유대인들의 것이라고 주장했다. 끝으로 무지칸트는 오스트리아 총리 크리스티안 케른에게 2017년 4월로 예정되어 있는 이스라엘 총리 베냐민 네타냐후와의 정상회담에서 이 문제를 거론해줄 것을 요청했다고 말했다.

하지만 이스라엘 대법원 판사 하난 멜체르—폴란드 출신 홀로코스트 생존자들의 아들—는 매우 큰 의의를 가지는 "문화재"의 경우에는 그 자산의 법적 소유자라고 해도 그 자산을 자기 마음대로 처분할 권리가 없다고 했던 루빈스테인의 판결에 동의했다. 그러면서 다음과 같은 소견을 적었다. "대부분의 경우 '문화재'는 매우 큰 가치를 가지고 있다는 것, 따라서 그런 문화재에 대한 점유적 또는 윤리적 권리를 소지한 사람이라 하더라도 그런 문화재의 손괴를 명할 수 없다는 것을 이 자리에서 강조하고자 한다. 유추를 사용하자면, 카프카의 글이 '문화재'로 인식되어왔음을 고려할 때, 자기 글을 태워 없애라는 카프카의 지시를 따르는 일은 정당화될 수 없었을 것이다." 이스라엘 문화구역 빈의 비도서 자료 소송이 브로트 문필 유산 소송과 대체 무슨 공통점이 있을까 싶지만, 대법원이 에바 호페의 항소를 심리하게 되었을 때, "문화재"의 어휘망이 결정적 역할을 하게 된다.

6

디아스포라의 막내아들:
카프카, 유대인의 사후생을 살다

슈튀들 요양소, 셸레젠, 체코슬로바키아

1919년 11월

시온주의자들은 멀리 날아가는 기도용 숄의 끝자락을 잡았지만, 나는
그러지 않았다.

— 카프카, 『청색 8절판 공책』, 1918년 2월 25일

죽은 카프카를 시온주의의 대의에 복무하게 만든 최초의 사람
들이 텔아비브의 그 판사들이었냐 하면 그렇지는 않다. 카프카
가 본질적으로 유대 작가라는 독해, 카프카의 작품들이 모세, 힐
렐, 마이모니데스의 가르침을 잇는 유대 문화의 기념비들이라는
독해를 최초로 시도한 사람들이 그 판사들이었냐 하면 그렇지도
않다.

그런 분위기를 처음 조성한 것은 카프카의 친구 펠릭스 벨취였다. 그는 1924년에 프라하의 시온주의 주간지『자기방어』에 실린 카프카의 전면 부고에서 "이 언어에 깃든 영혼은 […] 속속들이 유대인의 영혼이다"라고 썼고, 그로부터 2년 뒤에 카프카에 관한 에세이에서는 시작부터 이러한 대담한 주장을 내놓기도 했다.

카프카는 우리 일원이었다. 프라하 시민이었고, 유대인이었고, 시온주의자였다. 그의 시온주의는 외재적 형태와 행위로 존속한 것이 아니라 부지런한 히브리어 배우기로, 나아가 팔레스타인으로 이주하겠다는 확고한 의도로 존속했다. 외재적 형태나 행위 너머에 있기는 그의 다른 신념들도 마찬가지였다. 그의 모든 신념들은 유대 세계관Weltanschauung의 신념들과 연결되어 있었다.[30]

유대인들과 유대성으로 가득한 브로트의 소설들과 달리, 카프카의 픽션에는 유대교를 직접 언급하는 곳이 단 한 곳도 없다. 카프카의 지명 없는 픽션에는 유대인들이나 유대적인 어법도 나오지 않는다. 제임스 조이스나 마르셀 프루스트 같은 동시대 작가들과 달리, 카프카는 인물을 그릴 때 민족 정체성을 드러내지 않는 인물, 자신의 기원과 전통을 의식하지 않는 인물, 그리고 대체로 성씨 없는 인물을 그린다. 그들은 그저 "문지기" 아니면 "단식 광대" 아니면 "가부장" 아니면 "K"다.

이렇듯 그림의 윤곽이 희미하다는 것이 모종의 보편주의적 해석—카프카 자신이 유대인으로서 겪은 경험을 보편적 언어로 번역한 것이 바로 카프카의 예술이라고 보는 듯한 해석, 유대인의 상황을 현대인이 **보편적으로**überhaupt 겪는 곤경으로 보는 듯한 해석—에 힘을 실어주기도 했다. W. H. 오든은 1941년에 "카프카가 우리에게 중요한 이유는 그의 주인공이 겪는 곤경이 현대인의 곤경이기 때문이다"라고 했다. 한나 아렌트는 1944년에 카프카의 이름 없는 주인공들을 가리켜 "길거리에서 흔히 보거나 마주치게 되는 보통 사람이 아니라 휴머니티의 이상으로서의 '보통 사람'의 견본"이라고 했다.[31] 카프카의 전기 중 한 권의 제목이 **대표자**Representative Man인 것은 우연이 아니다. 영국의 카프카 연구자 줄리언 프리스는 "카프카는 무엇보다도 국제주의자였고 유럽인이었고 […] 독일어를 쓰는 모든 작가 중에 가장 세계시민주의적인 작가였다"라고 주장했다.[32]

하지만 카프카에게 보편주의로 가는 그 길이 유대 특수주의를 경유하는 길이었다면? 실제로 지금껏 많은 독자들의 해석 방향은 카프카의 작품에서 유대 형식들과 모티프들을 발굴하는 것, 그의 이야기를 현대 사회의 유대인이 겪는 경험의 알레고리로 읽어내는 것, 그의 인물들을 주류 사회에 동화된 유대인이든 주류 사회로부터 추방당한 유대인이든 전형적 유대인으로, 곧 "고독과 공동체 사이의 경계 지대"를 측량하는 사람들(카프카의 일기에 나오는 표현)로 그려내는 것이었다.

카프카를 이런 방향으로 읽은 최초의 독자이자 가장 유력한 독자는 카프카의 가장 가까운 친구 막스 브로트였다. 1909년과 1910년에 '바르 코흐바 협회'에서 마르틴 부버를 만나고 시온주의로 개종한 이후, 브로트는 카프카의 글에 모종의 유대적 조명을 비추기 시작했다. 1916년에 이미 브로트는 "그의 작품에 '유대인'이라는 단어는 한 번도 나오지 않지만, 그럼에도 그의 작품은 우리 시대의 가장 유대적인 자료에 속한다"라고 했다.[33]

훗날 브로트는 특히 『성』을 가리켜 "주류 사회에 동화되지 못하는 유대인, 낯선 환경에 뿌리내리고 싶어 하는, 그래서 낯선 사람들과 가까워져서 그들 중 하나가 되고자 애쓰지만 결국 실패하는 유대인이 느끼는 특별한 감정"을 전달하는 작품이라고 말한다. (브로트의 1911년 소설 『유대인 여성』은 테플리체라는 보헤미아의 온천 도시를 배경으로 하는 연애담인데, 이 소설에서 브로트는 주류 사회에 동화된 유대인이라는 인물형을 풍자하고 있다. 알프레트라는 이 인물은 "바그너 숭배자"로, "아리안적인 것을 철저하게 지향하고 모든 유대적인 것을 경멸스럽다고 여기는 청년 유대인 부류"다). 브로트는 『성』의 주인공을 잉여인간(이반 투르게네프의 1850년 중편소설 『잉여인간의 일기』를 통해 유명해진 용어)으로, 곧 신으로부터도 인간 사회로부터도 똑같이 멀어져버린 존재, 받아들여지려는 노력을 멈추지 않는 존재로 읽어냈다. (『성』의 방황하는 주인공은 "나는 농부들 편에 있는 것은 아니지만, 그렇다고 해서 성 편에 있는 것도 아니다"라고 한다.) 브로트는 "이것이 카프카의 종교적 사회주의가 의미하는 내용이다. 카프카의 인본주의적 유대교가 근본적인 의미에서 정의에 대한 요구라고 할 때, 카프카의 종교적 사회주의는 그 요구의 중요한 구성 요소다. 분열된 유대인, 주류 사회에 동화된 유대인이 그 요구에 전력하기란 불가능하다. 그것이 가능한 유대인은 내적으로 온전해진 유대인, 자기의 집, 자기의 '성'을 발견한 유대인뿐이다"라고 말했다. 더불어 이 미완성 소설에서 카프카는 "이 시대의 유대교가 처해 있는 총체적 상황에 대해서 100편의 학술논문보다 많은 것을 설명해 주었다"라고 말하기도 했다.[34]

브로트의 선례를 따르는 일부 독자들은 카프카의 우화에 나오는 동물들을 유대인의 망명, 타자성, 자기소외의 상징으로 해석하기도 한다. 그러한 해석에 따르면, 상징들—해충(「변신」), 원숭이(「학술원에 보내는 보고서」), 개(「어느 개의 연구」), 두더지(「굴」), 자칼들('밸푸어 선언'을 한 달 앞두고 발표된 「자칼들과 아랍인들」), 쥐들(「가수 요제피네, 또는 쥐의 종족」)—의 효과는 '유대인'이라는 단어가 발화되지 않은 덕에 더 강해진다.*

카프카는 1915년 9월 일기에서 "내 앞에서 획획 넘겨지고 있는 것은 성경책의 종잇장들이 아니다"라고 했다. 하지만 독일에서 태어나 이스라엘로 이주한 엄숙한 학자인 게르숌 숄렘 같은 독자는 카프카가 유대교의 거장 주석가라고, 대문자 법의 입법자 Lawgiver가 사라져버리고(카발라식으로 말하면 "얼굴을 감추고") 소송을 거는 자들과 소송에 걸린 자들만 남은 세계에서 대문자 법Law(그 도달 불가능성)에 사로잡혀 있는 작가라고 보았다.

* 이 맥락에서는 세 가지 예로 충분할 것이다. (1) 독일 비평가 귄터 안더스는 「거대 두더지」에서 카프카가 "서구에 동화된 유대인Bildungsjude, 곧 유대교와의 관계가 의심스럽게 된 유대인과 '정통파 동유럽 유대인Ostjude' 사이의 관계"를 분석하고 있다고 말한다. (2) 베냐민 하르샤브는 카프카의 「어느 개의 연구」를 가리켜 "교묘하게 감추어진 유대적 조건의 알레고리"라고 했다. 여기 등장하는 개는 세대를 거치면서 언어의 힘이 약해진다고 보면서 "참된 말씀"의 상실을 한탄한다. (3) 클레멘트 그린버그에 따르면, 카프카는 "역사가 유대인들을 위협한다는 것"을 보여준다. 「굴」의 동물 주인공이 상상하는 미지의 적들이 그렇고, 요제피네의 쥐 종족을 잡아먹는(다고 추정되는) 고양이들이 그렇다."

카프카는 그 누구보다 탁월하게 종교와 니힐리즘 사이의 경계
지대를 표현해냈다. 그렇기 때문에 카발라적 세계감Weltgefühl
을 (카프카 본인은 의식하지 못한 채로) 세속적으로 묘사해내
는 그의 글 앞에서 많은 현대 독자들은 정경正經과 흡사한 그 무
엇, 부서지는 온전함과 흡사한 그 무엇의 절대적 광채를 느낀
다.[35]

솔렘은 카프카가 독일 전통에 속한다기보다는 "유대 문학의
연장선상"에 있다고 확신하는 데서 한발 더 나아가, 카프카의 글
에 성경의 지위를 부여했다(예컨대 "정경正經과 흡사한 그 무엇의
광채에 휩싸인" 글이라고 독일-유대 발행인 잘만 쇼켄에게 말하기
도 했다). 솔렘의 동료 알렉산더 알트만에 따르면, "솔렘은 프란츠
카프카가 우리 시대를 가장 진실하게 대변하는 작가라고 보았다.
[…] 1930년대에 솔렘은 학생들에게 카발라 연구를 시작하기에
앞서 카프카를 먼저 읽어야 한다고 말했다."[36] 1974년에 '바이에
른 미술 아카데미Bayerische Akademie der Schönen Künste'에서 솔렘
은 유대교의 정전으로 히브리어 성경과 조하르Zohar(카발라의 걸
작), 그리고 카프카의 작품들의 세 가지를 꼽았다. 히브리어 성경
이나 조하르에 대한 해석이 계속 나오는 것에 못지않게, 아니, 어
쩌면 그보다 더 강도 높게, 카프카의 작품들에 대한 해석이 계속
나오고 있다.

독일-유대 사상가 마르가레테 수스만(1872~1966)은 1929년
에 쓴 에세이에서 카프카의 픽션을 가리켜 유럽 유대 사회의 붕
괴에 선행하는 유대 신정론Jewish theodicy의 최후 격발—성경의

「욥기」로부터 이어져 내려온, 신과의 싸움Hader mit Gott이라는 문학 전통의 최후 사슬─이라고 밝힌다. 수스만은 "신의 철저한 침묵이 세계에 어떠한 결과를 가져오는가"를 그리는 것이 카프카의 픽션의 궁극적 목표"라고 한다. 수스만에 따르면, 「욥기」와 마찬가지로 카프카의 픽션은 신의 숨어 있음에 직면한 유대 사회의 충격과 불가해한 고통을 표현하며, 카프카의 주인공들과 마찬가지로 욥은 자기가 짓지 않은 죄로 인해 고통받는 인물, "추방당한 유대인의 철저한 고난의 운명을 예표"하는 인물, 자기가 이해할 수 없는 소송에 걸려 있는 인물이다.[37]

최근에는 버클리에서 히브리 문학을 연구하는 주요 학자 로버트 올터가 카프카와 유대교의 주석 전통 사이에서 유사성을 끌어냈다.

카프카의 정신적 성향을 고려할 때, 만약 그가 한두 세기 먼저 태어나 유대교의 경건한 환경 속에서 성장하면서 최고 수준의 성서 교육을 받았다면, 그는 훌륭한 탈무드 학자 겸 일류 주석자 겸 탁월한 카발라 설법가가 되었을 것이다. […] 카프카는 미드라쉬의 거장들 이후로 성경의 가장 예리한 독자 중 하나였다.[38]

언젠가 솔 벨로는 "현대문학은 뭘까, 성서Scripture일까? 비평은 뭘까, 탈무드, 신학일까?"라고 물었다. 카프카의 일부 독자들의 시각으로 보면, 그 질문의 답은 '그렇다'이다. 이스라엘 판사들의 시각과 마찬가지로, 그런 독자들의 시각으로 보면, 카프카가 유대교의 경전들과 테마들을 차용했다고 여겨진다는 점이 카프카의 작품 세계 전체를 해독할 열쇠가 된다.

카프카 본인은 그런 독해들을 선뜻 받아들이지는 않았을 것이다. 카프카는 "사람들 무리가 시나이산 아래에서 배회한다"라고 썼다. 카프카의 작품들이 성경과 비슷해졌다는 말은, 카프카의 작품들이 품은 수수께끼를 더 이상 해독할 줄 모르는 사람들, 그러면서도 카프카의 작품들이 가진 권세를 여전히 경외하는 사람들이 카프카의 작품들을 열심히 지키고 있다는 뜻인 것 같다.

카프카는 유대 민족, 유대국 또는 유대인들과 대체 어떤 관계였을까? 그 관계는 카프카의 업적을 유대적 업적으로 간주할 수 없을 정도로 미미하고 유별난 것이 아니었을까? 카프카가 "유대 문화"의 시금석이라는 이스라엘 국립도서관의 주장을 평가할 수 있으려면, 우리에게 어떤 척도가 필요할까?

———

1919년 11월, 노동자재해보험공사에 다니고 있던 서른여섯 살의 카프카는 2주간의 휴가를 얻어 프라하에서 북쪽으로 약 32킬로미터 떨어진 보헤미아 휴양 도시 셸레젠으로 여행을 떠났다. 260명의 직원 중에 단 두 명뿐인 유대인 중 하나였던 카프카는 보험료를 산정하고 노동 현장을 시찰하고 무수한 청원에 답변하고 재해 예방에 관한 논문을 쓰는 업무를 담당했다. (당시 노동자재해보험공사였던 나 포리치 대로의 네오바로크 건축물은 지금은 '센투리 올드타운 호텔'이 되었다.) 카프카는 성실하고 명석한 직원이라는 평판을 얻었지만, 관료 사회의 노역은 그에게 쓰라린 상처를 입히고 있었다. 카프카는 "사무실에 나가면서 외적으로 나의 직무를 완수하고는 있지만 나의 내적 직무를 완수하고 있는 것은 아니고, 그 완수되지 않은 직무 하나하나가 사고로 이어지는데 그 피해는 전혀 복구되지 않고 있습니다"라고 루돌프 슈타이너에게 말했다.

카프카가 이번 휴가에서 숙소로 삼은 곳은 폐질환을 앓는 환자들이 요양을 겸하는 하숙집이었다. 막스 브로트가 찾아와 며칠간 카프카와 함께 지냈다(브로트는 프라하로 돌아오자마자 "당신과 함께한 시간이 무척이나 좋았습니다!"라고 쓴 편지를 보냈다). 브로트가 프라하로 돌아간 뒤 방에 틀어박힌 카프카는 한 통의 무자비한 편지를 단번에 써 내려갔다. 손으로 쓴 100장이 넘는 편지, 군데군데 울면서 쓴 편지였다. 수신자는 아버지였다.

프라하에서 주류 문화에 동화된 유대인들이 스스로를 독일 인구의 일부라고 간주했던 것은 요제프 2세—"모차르트 황제"—가 1781~82년에 종교 관용령Toleranzpatent, 즉 유대인에게 독일어 이름을 쓰고, 수염을 기르지 말고, 자녀에게 독일어 공교육을 시키라는 내용의 칙령을 내리고부터였다. 하지만 유대인들에게 온전한 시민적 평등은 1849년에야 비로소 허락되었다. 카프카의 부친 헤르만(히브리어 이름은 헤노흐)은 카셰르 푸줏간의 건장한 아들로서 시민적 평등을 얻은 보헤미아 유대인 1세대를 대표하는 듯한 인물이었다. 그는 도시에 살면서 직업을 가질 권리를 누렸다. 오스트리아-헝가리 군대에서 3년 동안(1872~75) 소대장으로 복무한 경험도 있었다. 그는 명령을 하는 데 익숙한 남자, 시골에서 살다가 출세하기 위해 수도 프라하로 올라와서 자수성가한 자아도취적 남자였다. 그는 "고급 잡화"라고 불리던 물건들—양산, 지팡이, 장갑, 토시, 단추, 펠트 슬리퍼, 레이스 속옷, 양말, 리본, 버클 등등의 장신구—을 취급하는 상점을 운영했다. 아들 프란츠의 눈에 비친 헤르만은 고압적인 아버지, 항상 엄하게 다그치는 아버지였다. 헤르만은 세상 물정 모르는 외아들이 너무 편한 인생을 산다고 생각했다. 그는 아들을 과소평가하면서 동시에 아들이 자기에게 감사해하기를 기대했다. 프란츠는 카프카라는 아버지의 가계를 "힘, 건강, 식욕, 우렁찬 목소리, 말발, 잘난 체, 속된 군림, 활동력, 태연함, 경험치, 베푸는 척"과 연결시켰다. 그러면서 이 편지에서 프란츠는 자기 자신을 "법들"에 따라서 살아온 겁먹은 아이, "오직 나를 위해 만들어져 있던, 하지만 무슨 이유에서인지 철저하게 준수하는 것이 그만큼 더 불가능했던 법들에 따라서 살아온" 아이로 묘사했다.

브로트가 카프카에게 들은 이야기에 따르자면, 그가 자기의 새로 나온 단편집 『시골 의사』를 아버지 헤르만에게 선물했을 때, 헤르만은 "침대 옆 탁자에 놔둬라"라는 말을 끝으로 그 책을 두 번 다시 화제에 올리지 않았다고 한다. 프란츠가 아버지로 인해 겪는 괴로움이 브로트에게는 오랫동안 짜증의 원천이었다. (헤르만 카프카는 언젠가 브로트를 가리켜 "성질 급한 미친놈meschuggenen Ritoch"이라고 했다.)

그 친구와의 무수한 대화에서 나는 그 친구가 아버지를 과대 평가하고 있다는 것과 그 친구의 자기 경멸이 어불성설이라는 것을 납득시키려고 애썼다. 그 일기에 대해서는 아직 모를 때였지만, 그 친구가 살아 있을 때 이미 나는 그 친구의 가장 깊은 상처에 대해서 알고 있었던 것이다. 하지만 다 소용없는 일이었다. (그 친구는 침묵을 선호할 때가 많았지만, 간혹 그 친구가 침묵을 깨는 경우에는) 그 친구가 쏟아내는 반론들이 실제로 나를 한동안 동요시키고 격퇴시킬 수 있었다.

브로트의 부모와 마찬가지로 카프카의 부모도 "1년에 네 번만 회당에 나가는 유대인"이었다. 그들이 회당에 나가는 날은 3대 축일과 프란츠 요제프 1세 탄신일(8월 18일)이었다. 아버지에게 쓴 편지(편지라기보다 부채 청산에 가까운 글)에서 카프카는 유대교 전통의 연속성에 닥친 위기를 묘사하고 있다. 카프카에 따르면, 1년에 네 번씩 억지로 회당에 갔을 때의 일들이 유대교에 대한 무관심을 야기한 원인이 되었다. 회당에 가는 일은 "그저 사교 행사," 아버지가 "백만장자 푹스의 아들들"에게 인사할 기회로 삼은 행사일 뿐이었다.

저는 그곳에서 그렇게 몇 시간씩 하품을 하거나 졸면서도(제가 그 정도로 따분했던 적은 나중에 댄스 교습을 받아야 했을 때 말고는 없었던 것 같네요), 그곳에 있을지 모르는 약간의 소소한 재미, 예컨대 언약궤 뚜껑이 열릴 때의 재미 같은 것을 얻기 위해 애썼는데, 그 뚜껑이 열릴 때면 항상 사격 게임장이 떠오르기는 했지만(거기서도 까만색을 맞히면 상자 뚜껑이 열리니까요), 그 상자에서는 항상 뭔가 재미있는 것이 나왔던 반면에,

언약궤에서 나오는 것이라고는 머리 없는 낡은 인형들뿐이었
지요. [⋯] 그곳에서 나의 무료함을 실질적으로 방해하는 것은
거의 없었지만, 굳이 하나를 꼽자면 성인식bar mitzvah이 있었는
데, 그것도 우스운 정도의 암기를 요구했을 뿐이었어요. [⋯]*

이러한 경험은 꽤 일반적이었다. 브로트 역시 자기가 받은 유
대교 교육을 가리켜 "습관적 반복에 불과한 일, 따분함, 시대에 완
전히 뒤떨어졌다는 느낌"이라고 하면서 조롱했다. 언젠가 한번
은 카프카와 브로트가 유대인 아들과 주류 문화에 동화된 부르주
아 아버지와의 관계에 대해서 토론을 벌인 적이 있다. 그때 카프
카는 브로트에게 "이 경우에 내가 선호하는 것은 정신분석학과
는 다른 통찰, 다수가 정신적 양분으로 삼고 있는 부성 콤플렉스
라는 것이 아버지와 관련된 문제가 아니라 아버지의 유대교와 관
련된 문제라는 통찰입니다. 아들이 유대교로부터 멀어지는 것을
대개의 아버지는 애매모호하게 동의하는데(기분 나쁜 것은 바로
그 애매모호함입니다), 독일어로 글을 쓰기 시작한 대개의 작가는
그렇게 유대교로부터 멀어지기를 원했지만, 그러면서도 그의 뒷
다리는 아직 아버지의 유대교에 들러붙어 있었고, 그의 앞다리는
그 어떤 새 땅도 발견하지 못하고 있었습니다"라고 했다.[39]
아버지에게 쓴 편지에서 어느새 검사의 역할을 맡은 카프카는

---

* 1896년에 프라하의 지고이네르 시나고그Zigeunersynagoge에서 카프카의 바르 미츠
바bar mitzvah가 예정되었을 때, 초대장을 받은 카프카의 부모는 이 의식을 가리켜 "견진
성사Confirmation"라고 했다. 그로부터 15년이 흐른 뒤, 1911년 욤 키푸르Yom Kippur 전
야제 때, 부친과 함께 시나고그에 간 카프카는 바로 이틀 전에 방문했던 살롱 수하Salon
Suha라는 유곽의 소유주 가족을 몇 줄 건너에서 목격했다.

"아버지와 자식들 사이에서 계류 중인 이 끔찍한 소송"에서 아버지에게 바로 그 혐의를 제기한다.

아버지는 그 작은 시골 마을에서 나올 때만 해도 유대교를 어느 정도 품고 있었는데 그때 이미 그 정도가 미미했던 데다 도시 생활, 군대 생활 탓에 그나마도 점차 사라지게 되었지만, 어쨌거나 젊었던 시절의 흔적과 기억만으로도 모종의 유대인 생활을 영위하는 데는 빠듯하게나마 충분했지요. 특히 아버지는 타고나기를 아주 튼튼하게 타고나서 그런 종류의 도움을 크게 필요로 하지도 않을 뿐 아니라 성격상 종교 문제와 사교 문제가 완전히 뒤섞여 있는 경우가 아니라면 종교 문제로 고민할 줄 모르는 사람이니, 그런 아버지에게는 그런 유대교만으로 충분했던 것입니다.

계속해서 카프카는 "아버지와 제가 유대교 안에서 서로를 발견할 수 있었으리라"고 생각해볼 수도 있었겠다고 하면서도, 아버지가 물려준 유대교의 희미한 흔적이라는 것이 "아무것도 아닌 것, 장난감 같은 것, 장난감도 못 되는 것"이었다고 한다. 아버지의 유대교는 "아버지에게서 저에게로 전해지는 동안 전부 소진"되었다는 것이다.* 이 편지에서 카프카는 아버지의 암기식 종교

---

* 계승된 전통의 얄팍함을 느끼는 것은 카프카 세대에게는 흔한 일이었다. 카프카의 친구 로베르트 벨취는 카프카가 『아버지에게 드리는 편지』를 쓰기 2년 전인 1917년에 "유대 공동체는 '생명력'을 잃고 스스로 무너져 무기력에 빠졌지만, 유대 프라하das jüdische Prag는 우리 안에서 계속 되살려지고 있다"라고 주장했다.

의 무가치함을 묘사하기 위해 Nichts(아무것도 아닌 것)라는 단어를 세 번 사용한다. 스위스 문학비평가 장 스타로뱅스키는 "카프카는 유대교라는 땅에서 추방당하고도 그 땅의 소식을 계속 궁금해하는 망명자다"라고 말한다.

카프카의 픽션은 너무 늦게 온 사람들, 옛 진실에서 의미를 찾을 수 없게 된 사람들로 가득하다. 거기서 전통은 권위를(또는 해독 가능성을) 상실하기 일보 직전이다. 전통은 지리멸렬하게 와해되고 있다. 바라고 있던 계시는 결코 오지 않는다. 그것은 현실에서도 마찬가지였다. 그의 아버지가 물려준 전통은(아들인 그가 쓴 편지처럼) 도착하기 전에 무의미해진 메시지였다.

아직 부모와 함께 살고 있던 프란츠는 그 편지를 차마 전하지 못하고 있었다. 그 편지는 글을 통한 퇴마 주문, 또는 오이디푸스의 강력한 기소장이었다(그런 의미에서 플로베르가 아버지에게 바친 다정한 헌사였던 유작 『친근한 추억들, 메모들, 생각들』의 거울상에 가까웠다). 브로트에 따르면 프란츠는 그 편지를 아버지 헤르만에게 전해달라고 어머니 율리에 뢰비에게 부탁했다. 하지만 프란츠의 어머니는 신중하게도 그 편지를 아들에게 반려한 뒤 그 편지에 대해 함구했다. 카프카는 그 편지를 책상 서랍에 넣어두었고, 그 편지는 카프카 사후에 브로트에 의해 발견될 때까지 거기에 그대로 있었다.

카프카가 보았을 때 종족으로서의 유대인은 대대로 이어져 내려온 법을 충실히 지키는 사람들이었지만, 부성적 형식에 갇혀 있는 유대교의 메시지는 해독 가능성—그리고 전달 가능성—을 잃은 상태였다. 그는 유대교의 메시지가 집적된 전통들 속에서 자신의 모습을 발견하는 데 실패했다. 하지만 그의 자율권은 바로 그 실패에서 시작된다. 여기서 유대교 전통의 단절은 카프카의 글에서 출현하는 감각—전통적 권위 구조의 점진적 소멸(아버지의 말씀이 전해지지 못하게 된 상황)이 현대 생활의 한 부분이라는 감각—과 관련되어 있다. 카프카가 볼 때 모더니티는 전통 개념 그 자체—그리고 전통의 질서 안에서 우리에게 주어진 자리—에 문제를 제기한다.

카프카는 스스로를 "조상도 없고 아내도 없고 후손도 없는" 남자로 그리고 있었다. 언젠가는 펠리체에게 부모가 자녀를 유대교 신앙 속에서 양육할 때 부딪히게 되는 장애물에 대해 이야기하기도 했다. "아이들에게 […] '나의 혈통, 교육, 기질, 환경으로 인해 나는 너희의 신앙과 아무런 가시적 관계도 없단다'라고 말해줄 수밖에 없을 것입니다. […] 아이들이 질문하면 당신은 최소한 슬픈 대답이라도 해줄 수 있겠지만, 나는 그런 대답조차 해줄 수 없을 것입니다."

카프카 자신도 피해 갈 수 없는 질문이었다. 1914년의 한 일기에서 카프카는 "내가 종족으로서의 유대인과 무슨 관계가 있겠는가? 나 자신과도 아무런 관계가 없는데"라고 자문했다.

———

마르틴 부버의 1909~10년 프라하 강연은 카프카에게 별다른 인상을 남기지 못했다. 펠리체 바우어에게 보낸 편지에서 카프카는 "나를 내 방에서 끌어내려면 부버 정도로는 어림도 없어요. 부

버의 강연을 전에 들어본 적이 있는데, 고지식하다는 인상을 받
았어요"라고 했다. 하지만 1910년 5월을 기점으로 그는 (브로트
와 마찬가지로) 의외의 곳에서 생기의 원천을 발견했다. 그것은
바로 한 이디시 극단이 한때 프라하의 게토 지구였던 지겐 광장
에 위치한 카페 사보이에서 선보인 공연들이었다. 브로트는 비교
적 "학술적으로" 활동하는 바르 코흐바 협회와 달리 "이 극단은
유대성의 진정한 구현이라는 인상, 충격적이고 섬뜩한 동시에 불
가사의하게 매력적이라는 인상을 안겨주었다"라고 했다.

이렇듯 카페 사보이에서 공연하는 삼류 이디시 극단에 매료될
당시의 카프카는 28세로, 아버지의 죽어가는 유대교에 대한 고
소장을 작성하기 8년 전이었다. 이 극단의 총 여덟 명의 단원들은
리비우Lvov(렘베르크Lemberg) 출신 배우들이었다. 그때부터 2년
동안 카프카는 브로트의 초대로 총 20회의 공연을 보았다(통속
극, 최루성 연극, 오페레타, 코미디였다). 그가 본 열네 편의 연극들
중에는 제이컵 고딘의 연극(1세기 후반에 배교자가 된 엘리샤 벤
아부야에 관한 작품), 아브롬 골트파덴의 역사극들(〈슐라미트〉와
〈바르 코흐바〉), 지크문트 파인만의 〈총독〉이 있었고, 『자기방어』
에 실린 한 평론에서 "품위 있다고는 할 수 없는 카바레"라고 표현
한 공연도 있었다.

카페는 저속했고, 문지기는 비상근 포주였다. 하지만 카프카는
그 벌레스크burlesque 공연들이 "양쪽 뺨에 경련을 초래할 정도"로
웃겼다고 했다. 녹색 무대막이 올라가고 배우들이 좁은 무대 위
를 활보할 때, 때때로 그들은 마치 관객의 존재를 모르는 듯, 마치
무대막이 걷힌 것을 모르는 듯, 그 마법의 원 안으로 빨려든 존재,

자기 연기로 충분한 존재, 자기 연기에 매료된 존재인 듯했다.

카프카는 이 극단의 배우들과 공연들에 대한 눈부신 설명으로 일기의 100페이지 이상을 채우게 된다(이 부분이 카프카의 일기에서 가장 매력적인 부분들 중 하나다). 이 극단의 공연들은 **파토스** pathos의 스펙터클 그 이상이었다. 카프카는 이 극단의 진실함과 "생기Urwüchsigkeit" 그리고 이디시어의 아이러니한 표현 양식—고상한 표현과 저속한 표현이 맞부딪히고 성서적 표현과 세속적 표현이 맞부딪히는 양식—에 깊은 감명을 받았다. 여기서 카프카는 자의식으로부터 자유롭고 생기 넘치는 동유럽 유대 문화—아버지의 유대교를 구성하는 부자연스러운 속성들로부터 자유로운 문화—를 처음으로 일별했다.

이 극단의 배우들이 그것을 전달하려고 한 것은 아니다. 그들은 무대를 이용해 관객을 가르치거나 어떤 메시지를 전달하기를 원치 않았다. 그들은 교육자가 아니었다. 하지만 극장의 전달 논리에 속하는 무언가가 카프카를 사로잡았다.

카프카 학자 리치 로버트슨은 "문화적 조우의 역사가 세대별 차이를 보여준다고 할 때, 그 차이가 가장 급격하게 드러난 경우는 서유럽 유대인이 자기 세대의 동유럽 유대인을 대하는 태도에서의 급변인 듯하다"라고 한다. 솔 벨로의 단편소설 「사촌들」(1975)에서 화자는 "게토 지구에서 계시록 지대까지의 가까움, 악취를 풍기는 길거리와 오래된 설거지 접시들로부터 벗어나고자 하는 정신의 수월한 떠오름, 초월로의 직접적인 상승. 물론 그런 것들은 동유럽 유대인들의 상황이었다. 서유럽 유대인들은 박식한 독일인들처럼 우쭐거리고 있었다"라고 한다.

카프카가 보기에 이 극단의 두 배우는 동유럽과 서유럽의 극명한 대비를 구현하는 존재였다. 그를 열병에 빠뜨린 첫 대상은 밀리 치시크라는 30세의 배우 겸 가수였다. "어제는 그이의 얼굴보다 몸이 더 아름다웠다. […] 그이는 나에게 인어, 사이렌, 켄타우로스 같은 어떤 이중적인 피조물을 연상케 했다." 그녀의 과장된 연극적 제스처들은 그를 얼어붙게 만들었다. "질이 조금 떨어지는 보디스의 움푹한 부위를 손으로 누른다. 경멸을 표할 때는 어깨와 둔부를 잠깐 씰룩거린다. […] 걸을 때는 약간 위엄 같은 것이 있다. 긴 두 팔을 쭉 뻗어 올려 천천히 흔드는 습관 때문이다. 특히 유대 찬가를 부를 때는 팔과 엉덩이를 함께 움직인다. […]" 카프카는 무대 뒤에서 밀리를 만났을 때 그녀의 눈을 쳐다볼 수 없었다고, "그이의 눈을 쳐다보았다면 사랑한다고 말하는 것이나 마찬가지였을 테니" 그럴 수 없었다고 일기에 썼다. 한번은 공연이 끝난 뒤 카프카가 그녀에게 꽃을 선물했다. "그이를 향한 나의 사랑이 꽃다발로 조금이나마 달래지기를 기대했건만, 아무런 효과도 없었다. 유효한 방법은 문학 아니면 동침뿐이다."

이 극단에서 카프카의 시선을 끈 두번째 단원은 바르샤바 태생의 하루 벌어 하루 먹고사는 이차크 뢰비라는 배우였다. 어느 날 밤, 뢰비가 무대에서 연기 대신 낭독을 선보였다. 그중에는 I. L. 페레츠의 단편소설과 숄렘 알레이헴의 촌극들이 있었고, 1903년 키시네프 포그롬에 관한 H. N. 비알릭의 준열한 시 「학살의 도시」를 이디시어로 번안한 작품도 있었다. 카프카는 "그 낭독을 듣고 집으로 돌아오던 그때 이미 나는 나의 여러 면이 하나로 통합되었다는 느낌을 받았다"라고 적었다. 세월이 흐른 뒤, 이디시어 작가 아이작 바셰비스 싱어는 자크 레비로 개명한 뢰비를 만났던 일을 회고했다. 싱어에게 그 고령의 배우는 이렇게 말했다. "[카프카가] 무대 뒤로 찾아왔습니다. 나는 그를 본 순간 그가 천재라는 것을 직감했습니다. 그때만 해도 나는 고양이가 후각으로 생쥐를 찾아내는 식으로 천재를 찾아낼 수 있었거든요."*

가난한 친척들 때문에 난처해하는 자수성가한 인물처럼, 헤르만 카프카는 아들이 사귀기 시작한 동유럽 유대인 친구들을 경멸했다. 그는 뢰비를 부랑자, 저급한 오스트유데Ostjude(동유럽 유대인)로 간주했다. 카프카가 뢰비를 집으로 초대했을 때, 헤르만은 "이 집에 아무나 드나들 수 있게 된 상황에 관해 이야기하면서 빈정거리듯 몸을 떨고 입을 찡그렸다."

아버지에게 보내려 했던 그 편지에서 카프카는 아버지가 그 이디시 배우를 그렇게 경멸했던 일을 비난한다. "그 사람을 잘 알지도 못하면서, 아버지는 악랄하게 그 사람을 해충에 비유했어요, 어떤 식으로 악랄했는지는 이미 잊어버렸지만요."(여기서 카프카는 1912년 후반에 집필해 브로트의 도움으로 1915년 가을에 출간한 중편소설「변신」의 첫 문장에서 등장인물 그레고르 잠자를 묘사하기 위해 사용한 바로 그 Ungeziefer[해충]라는 단어를 사용한다. "어느 날 아침에 뒤숭숭한 꿈에서 깨어난 그레고르 잠자는 자기가 흉측한 해충으로 변해 있음을 알게 되었다." 뢰비는 1942년에 '트레블링카 강제수용소'로 끌려가게 된다.)** 카프카는 "아버지가 유대

* 뢰비는 또한 막스 브로트의 열성팬이었다. 뢰비가 1934년에 한 말에 따르면, 브로트는 "처음으로 내게 이디시 문학의 발췌문, 노랫말, 이야기를 가지고 무대에 올라가보라고 말해준 사람"이었다.

교에서 불쾌감을 느끼게 된 것, 아버지가 유대교 경전을 읽을 수 없게 된 것, 아버지가 유대교를 '혐오'하게 된 것은 내가 그렇게 중간에 끼어 있어서였지요"라고 덧붙인다. 한때는 아들이 유대교를 받아들일 가능성을 아버지가 차단했는데, 이제는 아버지가 유대교를 받아들일 가능성을 아들이 차단하고 있었다.

이디시 극단은 아버지의 말이 절대적 권위가 아님을 아들에게 가르쳐주었다. 다시 말해, 이디시 극단은 유대성에 대해 생각해 볼 또 하나의 길—부계의 유산을 물려받는 길과는 다른 길—을 카프카 앞에 열어주었다.

이디시 극단과의 만남 이후, 아버지 목소리의 반향들은 점점 희미해졌고, 카프카는 아버지로부터 받지 못한 자양분을 스스로에게 주기 시작했다. 그는 시온주의 정기간행물인『유대 평론』과『자기방어』를 구독했다. 그는 성경을 마르틴 루터의 번역본으로 읽었고, 탈무드 문학을 야콥 프로머의『유대교의 구조』(1909)를 통해 배웠고, 하인리히 그레츠의『유대인의 역사』(1888~89)를 "게걸스럽게 그리고 만족스럽게" 탐독했다. "나의 유대성에 안정을 되찾을 시간을 주기 위해 이곳저곳에서 멈추어야 했다"라고 그는 밝혔다. 또한 그는 이디시어에 대해 프랑스어로 읽기도 했다. 예컨대 메이어 이세르 피네스의 이디시 문학사(『유대-독일

** 「변신」을 영어로 옮긴 여러 번역자들(데이비드 와일리, 요아힘 노이그로셸, 스탠리 콘골드 등등)은 그레고르 잠자를 해충으로 그리면서 독일어 Ungeziefer의 축자적 의미를 보전한다. 콘골드는 중세 전성기 독일어에서 Ungeziefer가 "제물로 바칠 수 없는 불결한 동물"을 뜻했음을 지적한다. 지그리트 바이겔에 따르면, "Ungeziefer는 분명한 심상을 동반하지 않는 집합명사다. roach[바퀴벌레] 또는 beetle[딱정벌레]로 번역되기도 하지만, 꼭 그런 종류의 벌레라기보다 모든 종류의 해충을 의미할 수 있다."

문학의 역사』, 1911)를 읽었고, 이 책을 다 읽은 뒤에는 1912년 1월 일기에 "500페이지를 게걸스럽게 읽었다. 이런 종류의 책을 이렇게 철저히, 빠르게, 즐겁게 읽은 것은 처음이다"라고 썼다. 그는 Wos mir seinen, seinen mir/Ober jueden seinen mir(우리는 그런 사람들이다/그래도 우리는 유대인이다)라는 이디시어 관용구를 포함해 이 책의 여러 구절들을 일기장에 옮겨 적었다.

카프카는 주류 사회에 동화된 부르주아 유대인들이 이디시어를 얼마나 고자세로 대하는지, 바로 그런 아버지 덕분에 잘 알고 있었다. 그들은 이디시어를 독일어와 히브리어의 "혼종어 hermaphrodite"로 보고 멀리했다. 예를 들어 『유대인의 역사』에서 그레츠는 이디시어를 가리켜 "웅얼웅얼하는 횡설수설lallendes Kauderwelsch"이라고 했다.

이디시어와의 조우라는 대사건이 카프카와 그가 물려받은 모국어Muttersprache인 독일어의 관계를 바꾸어놓았고, 카프카는 자기가 독일어에 속한 존재인가—또는 독일어가 자기에게 속한 언어인가—를 재검토해보지 않을 수 없었다. 그는 1911년 10월 24일 일기에 다음과 같이 썼다. "어제 문득 이런 생각이 들었다. 어머니는 나의 사랑을 더 받아야 하고 나는 어머니를 더 사랑해야 하는데도 왜 그러지 못했을까, 바로 독일어 때문이었구나 하는 생각. 유대인 어머니는 'Mutter'가 아니구나 하는 생각." 그의 정확한 모어 구사력에도 불구하고, 모친에 대한 사랑을 표현하는 그의 모어는 왠지 거짓말처럼 들렸다. 브로트에게 보낸 어느 편지에서 카프카는 "우리 어머니들은 독일인이 아니었지만 우리에게 들려오는 우리 어머니들의 말은 독일어잖아요?"라고 했다. 브로트에게 보낸 다른 편지에서 카프카는 유대인이 독일어를 사용하는 것은 "제대로 취득하지 않은 남의 재산fremde Besitz, (비교적) 신속히 절취한 재산을 차지하는 것, 공공연히 차지하든 은밀하게 차지하든 자학하듯 차지하든 어쨌든 남의 재산을 차지하는 것입니다. 아무 오류 없는 독일어를 구사할 수 있다 하더라도, 독일어는 여전히 남의 재산이지요"라고 했다.[40] 그에게 독일어는 온전한 소유권을 주장할 수 없는 언어 유산이었다.

그런 그에게 비교적 미천한 또 하나의 언어 유산이 주어졌다. 새로 사귄 "없어서는 안 될 친구" 이차크 뢰비에게 팔레스타인 이민을 권유하고 있던 카프카는 바르 코흐바 협회를 설득해 이디시어 낭독의 밤이라는 후원 행사를 열도록 했다. 행사장은 마이젤 대로에서 '스타로나바 회당Altneu-Synagoge'을 마주 보는 '프라하 유대인 회관Jüdisches Rathaus'의 연회장이었다. 행사를 직접 기획한 카프카가 뢰비의 무대를 소개할 것이었다. 행사를 앞둔 날의 일기에서 카프카는 "총에서 총알이 발사되듯 나에게서 소개말이 발사될 것"이라고 했다.

1912년 2월 18일 일요일 밤, 카프카가 무대에 올랐다. 무대 앞에 앉아 있는 관객들과 무대 옆에서 순서를 기다리고 있는 뢰비를 중재하는 무대, 이디시어 공연의 일부라기보다 독일어로 이디시어를 소개하는 무대였다. 무대 형식은 강연이었고(1953년에 막스 브로트가 이 강연을 "이디시어에 대한 강연"[41]이라는 제목으로 출간한다), 강연 내용은 독일어를 사용하는 관객들을 위한 조언, 종족으로서의 유대인의 과거, 표면적 해방의 저변에 깔려 있는 그 과거를 두려워하지 말라는 조언이었다.

나는 [동유럽 유대인 시인들의 시적 영향력이] 그 가치에 맞게 제대로 전해지기를 바랍니다. 하지만 지금 같아서는 그럴 수가 없습니다. 지금은 여러분 가운데 많은 분이 이 알 수 없는 언어에 불안해하면서 표정이 굳어져 있으니까 말입니다. [⋯] 여러분은 이 언어를 여러분이 지금 생각하는 것보다 훨씬 더 잘 이해할 수 있습니다. 여러분은 순식간에 이디시어에 빠져들 수 있습니다. 여러분은 곧 언어에 사로잡힐 텐데—언어가 전부입니다, 단어도, 하시디 선율도, 이 동유럽 유대인 배우[뢰비]의 존재 자체도 전부 언어입니다—그렇게 된다면 여러분이 이전의 안온함으로 돌아가는 일은 없을 것입니다. 그렇게 된다면 여러분은 진정한 언어적 합일을 느끼게 될 것입니다. 그 합일의 느낌은 두려움—언어에 대한 두려움이 아닌 여러분 스스로에 대한 두려움—을 안겨줄 정도로 강력한 느낌일 것입니다.

나중에 카프카는 "Mameloshn"(모어)에 관해 강연하는 동안 "자랑스럽다는 초현실적인 느낌"이었다고 기록했다. 이번만은 그도 자기가 한 일을 돌아보면서 긍정적인 평가를 내렸다. 프랑스의 에세이스트 겸 번역자 마르트 로베르에 따르면, 평소 카프카는 독일어를 사용하는 유대인이라는 자신의 위치에 대해서 적잖은 불편을 느끼고 있었지만, 그 행사에서만큼은 "자기 능력을 믿었고 자기의 자연스러운 진행을 자랑스러워했다." 카프카의 대중 강연은 이때가 처음이자 마지막이었다. 아버지 헤르만은 왕림

하지 않았다.

하지만 나중에 이스라엘 법정들의 판결은 카프카와 유대성의 관계뿐 아니라 카프카와 유대국의 관계—두 관계 모두 양가적이다—에 의거해 내려지게 된다.

7

마지막 집합:
이스라엘의 카프카

오펜바흐 서고, 미군 주둔지, 독일

1946년 7~8월

나는 누군가의 되살아난 기억이다.

— 카프카의 일기, 1921년 10월 15일

이스라엘에서 소송이 벌어지면서, 법의 여러 딜레마가 드러나는 것을 넘어, 디아스포라 문화를 대하는 이 나라의 애매모호함이 극명하게 드러났다. 이스라엘은 소송 내내 애매모호했다. 마치 이스라엘이 이스라엘 건국 이전에 유대인에 의해 만들어진 모든 문화 산물에 대한 소유권을 주장할 수 있기라도 하다는 듯,* 유

* 시온주의 성향이 전혀 없었던 폴란드 유대인 작가 겸 화가 브루노 슐츠(카프카의『소송』을 유제피나 젤린스카와 함께 폴란드어로 옮긴 번역자이기도 하다)의 경우를 생각해

대인과 관계된 모든 것이 유대인의 국가에서 비로소 최고의 성과를 얻게 되기라도 한다는 듯, 유대 문화가 예루살렘에 집합하는데 어떤 목적론적 추진력이 작용하기라도 한 듯 굴었다. 소송기록에서 국립도서관의 진술 내용을 보면, 카프카를 마치 근대 유대 문화 업적의 시금석인 듯 그려놓았고, 이스라엘이라는 나라를 디아스포라 업적들의 상속자로 그려 놓았다. 국립도서관 이사회 의장 다비드 블룸베르그는 이런 표현을 쓰기도 했다. "도서관은 유대 민족의 소유물인 문화재를 포기할 생각이 없습니다."

국립도서관 중앙열람실 외벽을 보면, 1899년에 쓰인, 다음과 같은 명문銘文이 있다. "우리 거룩한 성 예루살렘에 큰 집이 지어

보자. 1942년 길거리에서 어느 SS 장교의 총격으로 사망하기 직전, 슐츠는 드로호비치 Drohobycz(당시 폴란드, 지금은 우크라이나 서부)의 고향 마을 어느 주택의 아이 방에 환상적인 프레스코 벽화를 여러 개 그렸다. 약 1만 5천 명에 이르던 드로호비치의 유대인 공동체는 전쟁이 끝날 무렵에는 400명으로 줄어 있었다. 슐츠의 벽화는 폐가에 방치되었고, 그렇게 영원히 소실되었다고 여겨졌다. 2001년 2월, 베냐민 가이슬러라는 독일 다큐멘터리 영화 감독이 아버지 크리스티안과 함께 드로호비치를 여행하던 중에 이 벽화들을 발견했다. 얼마 후, 보이치에호 흐무진스키가 지휘하는 폴란드-우크라이나 사업단이 벽화 복원 작업에 나섰다. 하지만 2001년 6월에 벽화를 뜯어내 야드 바셈Yad Vashem[홀로코스트 박물관]으로 공수하는 이스라엘 전투팀의 비밀작전이 수행되었고, 야드 바셈은 공수받은 작품들에 대한 "도덕적 권리"를 주장했다. 이 전개에서 폴란드인들은 폴란드-유대 유산의 합당한 관리자가 아니라는 함의에 불쾌감을 느낀 폴란드 당국은 이스라엘인들이 중재 노력들을 손상시키는 동시에 예술작품들 그 자체를 손상시켰다는 비난을 가했다. (슐츠의 현존 편지들과 드로잉들의 대부분은 아담 미츠키에비치 문학박물관과 유대 역사 연구소 박물관에 보관되어 있다. 두 곳 다 바르샤바에 있다.) 홀로코스트 박물관은 그 비난에 대해 폴란드가 반환을 요청한다면 대대적인 결과를 감당해야 하리라는 경고로 맞섰다. "야드 바셈의 의견은, 만약 폴란드가 자국 자산이라고 자처하고 있는 것들에 관심을 가져야겠다고 느끼고 있다면, 유대 유산, 특히 홀로코스트 시대의 유대 유산에 속하면서 지금 폴란드 전역에 흩어져 있는 자산—문화 자산과 기타 자산—과 관련된 논의가 촉발될 수 있으리라는 것이었다." 이와 관련해서는 『뉴욕 리뷰 오브 북스』에 실린 대립적 공개 서한 두 편—"Bruno Schulz's Frescoes"(2001년 11월 29일), "Bruno Schulz's Wall Paintings"(2002년 5월 23일)—참조.

져 지극히 높으리로다. 이스라엘이 한 백성이 된 날로부터의 모든 성령 열매가 이 집에 쌓여 있으리로다. 우리 랍비들이, 현자들이, 이 나라의 모든 빛 받은 이들이 이 집으로 물밀듯 모여들리로다." 이스라엘이 귀환국이라면, 시온주의의 깃발을 내건 "망명객들의 집합"은 유대인들의 물리적 귀향이었을 뿐 아니라 유대 도서들을 위한 피난처가 되겠다는 열망이기도 했다. 국립도서관은 처음 세워질 때부터 이런 열망을 품고 있었다.

히브리 대학교가 설립된 것은 1925년이었고, 당시 '유대 국립·대학 도서관JNUL'이라고 불렸던 현現 국립도서관이 동東예루살렘 스코푸스산 꼭대기 신축 건물로 이전한 것은 그로부터 5년 뒤였다. 1933년 이래 이 나라의 모든 출판물은 2부씩 이곳에 입고되어야 한다고 법으로 정해져 있다. 1948년 이스라엘 독립전쟁 발발로 스코푸스산 지역과 예루살렘의 나머지 지역이 분리됨에 따라 이곳의 주요 소장 자료가 테라 상타 칼리지—서西예루살렘에 있는 프란치스코 수도회 건물—로 옮겨졌다. 이 도서관이 히브리 대학교 기바트 람 캠퍼스에 있는 위풍당당한 현재 건물로 이전한 것은 그로부터 12년 뒤였다. 그러고 나서 2007년에 크네세트가 국립도서관법을 통과시키면서 기관명이 JNUL에서 이스라엘 국립도서관으로 변경되었다.

지금 이곳 입구에서 방문객을 맞아주는 것은 농밀한 파랑과 찬란한 빨강이 숨 막히게 상호작용하는, 모르데카이 아르돈의 사상 최대 규모 중 하나인 스테인드글라스 창이다. 아르돈은 이 걸작을 이사야의 평화 비전에 바치고 있다. "'법'은 시온에서 나오고 주의 말씀은 예루살렘에서 나올지니 […] 칼을 두드려 밭 가는 쟁기

로 만들고 창을 두드려 풀 베는 낫으로 만들지어다. 나라가 나라
에 칼로 대적하지 말며 이제 두 번 다시 전쟁을 배우지 말지어다."
가운데 창은 예루살렘 성곽을 「이사야서」 사해 두루마리의 형태
로 바꾸어놓는다. 예루살렘에서 더 현실적인 것은 석벽이 아니라
말씀이라는 듯.

간신히 멸망을 피하고 살아남은 문화, 그 문화를 위한 안전한
피난처가 되는 일을 이 도서관은 이사야의 비전이 실현될 그날
까지 감당해야 한다. '로젠베르크 국가통솔 대책위원회Einsatzstab
Reichsleiter Rosenberg'(나치 독일의 약탈 담당 국가기구, 1940년 7월
설립)가 약탈한 유대인 재산 중에 장서와 아카이브 들이 있었다.
그중에는 멸망한 문화의 큐레이팅을 전담하는 반유대주의 박물
관들을 위해 약탈한 것들도 있었다. 종전 직후에는 그렇게 약탈
된 도서 수백만 권이 유럽 곳곳에 흩어져 있는 상황이었다. 프랑
스 유대인들에게서 빼앗은 도서 약 40만 권은 오스트리아 카린티
아에 있는 탄첸베르크성에서 발견되었다.* 빈의 경우에는, 몰수
도서 33만 권(빌뉴스에 있는 YIVO의 유명한 장서들 중 일부 포함)
이 구舊 은행 건물에 보관되어 있었고, 오스트리아 유대인들로부

---

* 프랑스(15만 7천 권), 소련(6만 4천 권), 네덜란드(9만 권), 벨기에(1,124궤짝) 등등
의 피점령국으로부터 온 책들이었다. 1947년, 지폰 비젠탈이 세 랍비와 함께 탄첸베르크
를 방문했다. "갑자기 뒤에서 털썩 하는 소리가 들렸다. 세 랍비 중 한 명이 바닥에 쓰러
져 울부짖기 시작했다. 그는 기도서를 손에 든 채 이야기했다. '이럴 수가, 이건 우리 집에
있던 기도서야. 이건 내 누이가 쓴 글이야: 당신이 누구든 만약 이 기도서를 발견하신다
면, 부디 나의 사랑하는 형제 호슈트 자이트만 랍비Rabbi Hoschut Seitmann에게 전해지
게 해주세요. 학살자들이 마을에 들어왔어요. 지금 옆집에 들어갔어요. 몇 분 후면 여기
로 들이닥치겠지요. 부디 우리를 잊지 마시길, 그리고 우리를 학살한 자들을 잊지 마시
길.'" Evelyn Adunka, *Der Raub der Bücher: Plünderung in der NS-Zeit und Restitution nach
1945*(Czernin Verlag, 2002) 참조.

터 훔쳐 온 도서 수만 권은 호프부르크성 지하실에 처박혀 있었
다. 이탈리아 트리에스테의 구舊 중앙 시나고그 건물은 유대인 이
주민들로부터 약탈한 도서를 보관하는 창고가 되어 있었다. 베를
린의 경우, '국가보안본부Reichssicherheitshauptamt'에만 도서 수십
만 권이 보관되어 있었다.[42]

1946년에 이스라엘 신문『하아레츠』의 독일 특파원 로베르트
월시가 쓴 기사에 따르면, 프랑크푸르트 근교의 오펜바흐에 있는
I. G. 파르벤 소유의 5층짜리 철근 콘크리트 건물이 세계 최대 규
모의 유대 도서 보관처가 되었다. 거기서 작업자들은 하루 평균
3만여 권의 도서를 분류했다. 도서 반환으로 인해 수많은 정치적,
행정적, 외교적 어려움이 유발되는 면도 있었지만, 적의 포로가
된 사람들을 구해내듯 책을 "구해내는" 유대교의 오랜 전통이 도
서 반환을 뒷받침하는 면도 있었다.

1945년 예루살렘에서는 일군의 독일 에미그레들(후고 베르크
만, 마르틴 부버, 게르숌 숄렘, 유다 마그네스 포함)이 국립도서관
의 부속 기관으로 '디아스포라 보물 인양 위원회'를 설립했다. [히
브리어로 오츠로트 하골라Otzrot Ha-Golah(디아스포라 보물)라고
불린] 이 위원회는 "이렇게 전 세계를 위해 간신히 구출해 온 유
대 문화 유물들을 예루살렘에 있는 히브리 대학교와 JNUL에 보
관해야 한다는 것은 역사적 정의가 요청하는 바"이며, 히브리 대
학교는 "그런 의미에서 유대 민족의 대변인으로 간주되어야 한
다"는 시각을 표명했다. 히브리 대학교 총장인 유다 마그네스는
거기에 이렇게 덧붙였다. "우리는 나치의 박해를 피해 탈출한 인
명을 흡수함에 있어 주요 국가의 자리를 지켜야 한다. […] 아울

러 우리는 말살된 독일 유대인 혈통이 뒤에 남긴 이 정신적 재화를 맡아 관리해야 한다."

이듬해에 도서관 측은 저명한 카발라 학자이자 국립도서관 히브리어 분관 책임자(카프카의 친구인 후고 베르크만의 도움으로 얻은 직위)이던 숄렘을 유럽으로 보내 상속인 없는 도서들과 미출간 원고들을 구조해 오게 했다. 숄렘은 이 기억의 조각들을 송환해 오기 위해 전력을 다했다. 숄렘은 이 과업이 연합군 측으로 넘어갈 경우 도서가 예루살렘이 아닌 뉴욕에서 발이 묶일까봐 걱정스러웠다. 뉴욕은 한나 아렌트, 살로 W. 바론, 호레이스 칼렌, 막스 바인라이히 같은 저명한 학자들이 '유럽 유대 문화 재건위원회'를 설립한 곳이었다.[43]

프라하에서 숄렘은 테레지엔슈타트Theresienstadt에서 옮겨 온 3만여 권의 목록을 꼼꼼히 살폈다. 1946년 7~8월에 오펜바흐 서고를 시찰하면서, 그는 자기가 구조한 것들을 라벨이 안 붙은 궤짝 속에 집어넣고 송장에 가짜 이름을 기입한 뒤 그 궤짝들을 밀반출하기 위해 미국 유대인 군인 한 명과 공모했다. 그렇게 오펜바흐를 떠난 노아의 방주는 일단 파리로 갔다가 결국 예루살렘에 도착했다. 연합군 측이 공식적으로 외교적 차원의 소를 제기했음에도, 오펜바흐 도서는 지금까지 이스라엘 국립도서관에 머물고 있다. 그것들이 구조되어 살아남아 있다는 사실이 말살된 것들의 존재를 더욱 생생하게 만들었다.

유대국은 한편으로는 시온주의로서 망명자들과 그들의 문화를 한곳에 모으고 디아스포라 유대 문화의 산물들에 대한 소유권을 주장하지만, 그와 상반된 방향의 충동을 따르기도 한다. 오직 이스라엘 안에서만—그리고 오직 히브리어로만—유대인으로서 역사 속에 다시 입장할 수 있다는 관념에 의지해 디아스포라가 취해왔던 그 모든 역사적 형태를 벗어버리고자 하는 충동이 그것이다. 시온주의자들은 망명을 구원받아야 할 타락한 상태, 극복해야 할 무언가로 보았다.

그렇다면 국립도서관이 8년간의 법적 공방 내내 전형적인 디아스포라 작가이자 이스라엘이 건국되기 사반세기 전에 죽은 작가인 카프카를 "한곳에 모아놓아야" 한다고 주장했다는 것을 어떻게 설명해야 할까? 카프카가 이스라엘 정전에 올라간 적도 없고 국가 부흥 운동에 이용된 적도 없다는 사실을 고려한다면 질문은 더 어려워진다(마르바흐 변호인단은 이 사실을 서슴없이 지적했다). 독일, 프랑스, 미국, 그리고 그 밖에 여러 나라에서 카프카 광풍이 불었던 것과 달리, 이스라엘에서는 그런 일이 한 번도 없었다.

마르바흐 아카이브 측은 소송 내내 이스라엘이 카프카 비즈니스의 후발 주자라는 식의 교묘한 암시를 흘렸다. 이스라엘은 주요한 카프카 연구기관이나 중요한 카프카 해석 학파를 자랑할 수 있는 나라가 아니다. 카프카의 이름으로 상을 주는 나라도 아니다(반면에 프라하에서는 엘리아스 카네티, 필립 로스, 이반 클리

마, 엘프리데 옐리네크, 무라카미 하루키, 아모스 오즈 등등이 카프
카 상을 받았다). 지금까지 이스라엘의 그 어떤 도시도 길에 카프
카라는 이름을 붙인 적이 없다. 베를린, 뮌헨, 프랑크푸르트, 하노
버, 뉘른베르크, 도르트문트, 쾰른, 카를스루에, 빌레펠트, 보트로
프, 뮈리츠, 빈 등등의 도시에 카프카라는 길이 있는 것과 대조적
이다. (내가 이 대목을 쓰고 있을 당시, 히브리 대학교의 오토 도브
쿨카는 새로 지어 2020년 완공 예정인 새로운 국립도서관 앞 광장의
이름을 '카프카 광장'으로 하자고 예루살렘 시당국에 청원하는 중이
었다.)*

이스라엘 문학비평가들은 카프카에 대한 글을 상대적으로 거
의 안 썼고, 쓰는 경우에도 그의 작품의 '유대적 속성'을 강조하는
경향을 보였다.[44] (게르숌 숄렘의 지배적 영향 아래 있는 곳이었던
만큼, 이곳에서 그는 소설가가 아닌 신학자로 읽혔다.) 브로트가 죽
고 여러 달이 지난 1969년 4월, 예루살렘 국립도서관은 텔아비브
에 소재한 독일 대사관의 제의로 카프카 전시회를 열었다. 독일
학자 클라우스 바겐바흐의 지휘 아래 베를린과 뮌헨에서 열렸던
전시의 재개막이었다. 국립도서관 관장 이사하르 요엘은 개막 당
시 이렇게 말했다. "우리는 오리지널 전시와는 달리 카프카의 유
대적 측면을 좀더 강조해줄 여러 전시물을 추가함으로써 전시의
질을 높이는 것이 적절하리라고 생각했다." 이스라엘에서 최초의
카프카 학회가 열린 것은 카프카 탄생 100주년이었던 1983년이
었는데, 행사를 제의하고 행사 기금을 마련한 것은 이번에도 이

* 텔아비브 북동단에는 볼품없는 현대식 아파트 건물들 사이에 '막스 브로트 길'이라는
좁은 길이 있다. 에스테르 호페는 1999년 도로 명명식에 귀빈으로 참석했다.

스라엘 측이 아니라 텔아비브에 있는 오스트리아 대사관이었다. 이스라엘에서 이스라엘 측(히브리 대학교, 예루살렘 레오 백 연구소, 벤구리온 대학교)이 주최하는 최초의 카프카 학회는 1991년이 되어서야 열렸다.

스코틀랜드에서 번역자로 활동한 윌라 & 에드윈 뮤어는 1920년대 후반에 카프카를 영어권 독자들에게 소개했다.* 유럽에서도 카프카 저작의 번역들이 그와 비슷하게 일찍 나왔다.** 이스라엘에서는 카프카의 소설들이 단편적으로 그리고 비교적 뒤늦게 히브리어로 번역되었으며, 대부분 잘만 쇼켄의 지시에 따라 이루어졌다.*** 브로트의 카프카 전기는 독일어로 1937년에 나왔는

---

* 해럴드 블룸은 브로트로부터 큰 영향을 받은 뮤어 부부의 번역들을 가리켜 "거의 완벽하게 상응하는 영어"라고 했다. 1946년, 카프카에 대한 비평서 한 권이 영어로 출간되는데(에인절 플로레스 편집, 뉴디렉션스 출판사), 여기에는 W. H. 오든, 알베르 카뮈, 그리고 당연히 막스 브로트를 포함하는 작가들의 에세이 40편이 실렸다.

** 프랑스어로는 「변신」이 1928년, 『소송』은 1933년(둘 다 알렉상드르 비알레트 번역), 「판결」은 1930년에 나왔다(피에르 클로소프스키 & 피에르 레리스 공역). 『소송』이 이탈리아어로 나온 것은 1933년(알베르토 스파이니의 번역이었고, 그로부터 수십 년 뒤 프리모 레비의 번역으로 다시 나왔다), 폴란드어로 나온 것은 1936년(브루노 슐츠 번역), 일본어로 나온 것은 1940년이었다(모토노 고이치 번역). 카프카의 단편소설들이 처음으로 루마니아어(파울 첼란 번역)와 페르시아어(사데크 헤다야트 번역)로 나온 것은 1940년대였다.

*** 쇼켄은 1945년에 이츠하크 셴하르(쉰베르크)에게 『아메리카』(실종자) 번역을 의뢰했고, 1951년에는 예슈룬 케셰트(야콥 코펠레비츠)에게 『소송』 번역을 의뢰했다. (후자의 번역이 지나치게 조잡하다고 생각한 숄렘은 쇼켄을 설득해 출간을 막았다.) 『성』은 1967년에야 비로소 시몬 산드반크의 번역으로 출간되었다. 카프카의 일기들은 1978~79년에야 비로소 하임 이사크의 번역으로 출간되었다. 히브리어가 바뀌면서, 기존 히브리어 번역들의 업데이트가 필요해졌다. 이 일은 아브라함 카르멜(크레펠)에게 주어졌고, 그의 번역들은 1990년대에 출간되었다. 마지막으로 1990년대 말, 암 오베드Am Oved 출판사에서 일라나 함메르만이 새로운 카프카 번역본 시리즈를 시작했다. 2014년, 그녀의 아들 요나탄 니에라드가 독일어로 1952년에 출간된 카프카의 『밀레나에게 보낸 편지』를 재번역했다(히브리어 초역은 1976년 에드나 코른펠드).

데 히브리어로는 1955년이 될 때까지 나오지 않았다(번역자는 에드나 코른펠드였다).

독일에서는 2차 대전이 일어나기 전에 카프카 전집이 출판되었다. 1982년부터 2004년까지는 국제 협업으로 카프카 저작물의 독일어 비평판이 만들어졌다(발행처는 S. 피셔 출판사였고, 재원은 독일 정부였다). 카프카 저작의 최초의 프랑스어판(마르트 로베르 편집)은 1963년부터 1965년 사이에 여덟 권으로 나왔다. 최초의 스페인어판 전집(다비트 포겔만 등 번역)은 1960년에 나왔다. 세르보크로아티아어로 된 일곱 권짜리 카프카 전집은 1978년에 나왔다. 반면에 이스라엘에서는 지금까지도 히브리어판 카프카 전집이 없다. (내가 이 대목을 쓰고 있는 지금, 예루살렘의 국립도서관은 독일어 비평판 카프카 전집을 소장하고 있지 않다).

———

혹자의 시각에 따르면, 카프카가 유대국에서 냉대받은 바탕에는 나치의 만행과 결부되어버린 독일의 언어와 문학에 대한 반감이 있었다.

1942년, 독일어로 강연해달라는 초청을 받고 텔아비브의 '에스테르 영화관'에 간 아르놀트 츠바이크(이스라엘에서 거의 무시당하는 또 한 명의 유명 작가)는 우익 활동가들에 의해 폭력적으로 저지당했다. 당시 츠바이크는 볼프강 유르그라우와 공동으로 『오리엔트』—독일어로 현지 기사를 싣는 단명한 주간지—를 편집하고 있었다.[45] 엑실프레세 *Exilpresse*(독일어권 망명 언론)의 외딴

구석에서 발행되는 이 신문의 필자 중에 막스 브로트도 있었다. 1943년 2월, 『오리엔트』를 인쇄해주던 하이파의 '리히트하임 프레스'가 누군가의 방화 공격으로 파괴되었다.

1952년 9월 10일, 격론을 거듭한 협상 끝에 이스라엘 외무장관 모셰 샤레트와 서독 총리 콘라트 아데나워는 이스라엘과 서독 간 배상 합의서에 서명했다. 배상금은 신생국이 예컨대 '전국 용수로 National Water Carrier' 같은 주요 인프라 계획들의 재원을 마련하게 해주었다. 이스라엘 경제가 극심한 궁핍에 시달리고 있고 국민들이 엄혹한 긴축 조치들과 배급제도에 매달려 있었음에도, 장차 이스라엘 총리가 될 메나헴 베긴을 따르는 많은 이스라엘 사람들은 독일에게서 "피 묻은 돈"을 받는 것에 맹렬히 반대하는 입장이었다.

배상받는 것에 반대하지 않는 사람들도 문화 교류가 정상화되는 것은 용인할 수 없다는 입장이었고, 이스라엘 정부는 독일과의 문화적, 문학적, 교육적 교류에 엄격한 제약을 부과했다. 독일어로 된 영화는 이스라엘의 "영화와 연극을 관리하는 부서"에 의해 상영 금지 처분을 받았다(이 검열 위원회는 독일과 이스라엘이 문화 교류에 관한 협약을 마무리 지은 1989년에 비로소 폐지되었다). 1958년 7월 16일, 이스라엘 내무장관은 크네세트 연설에서 이렇게 발표했다.

독일어로 된 공연물은 어떤 공연물이든, 독일어가 불과 얼마 전에 유대 민족의 3분의 1을 무참히 제거한 나라의 언어임을 잊을 수 없는 이스라엘 대중의 감정을 상하게 한다는 것, 그것이 본 부서의 의견이다.

1965년, 서독 총리 루트비히 에르하르트와 이스라엘 총리 레비 에슈콜은 국교를 맺고 대사를 교환했다. 소규모 저항은 그때까지도 계속되었다. 일부 키부츠들kibbutzim은 독일어 사용을 금지했다. 예를 들어, 독일 작가 귄터 그라스가 1967년 3월과 1971년 11월에 이스라엘을 방문했을 때, 그가 참석하는 공개 행사들이 시위대로 인해 차질을 빚었다. 전前 베를린 주재 이스라엘 대사 아비 프리모르에 따르면, "이스라엘 시위대가 겨냥한 것은 그라스 개인이 아니었다. 그들의 분노는 그의 문학과는 아무 관계도 없었다. 그들이 반대한 것은 독일이 이스라엘과 문화적으로 국교를 맺고자 한다는 점이었다."

일군의 이스라엘 사람들에게 그것은 시기상조였다. 이스라엘 작가 아하론 아펠펠드는 1997년에 이렇게 썼다. "이미 말했듯, 나의 모어는 독일어, 내 어머니를 살해한 자들의 언어였다. 유대인들의 피로 물든 언어를 다시 사용하겠다는 것인가?"[46]

1964년, 히브리 대학교의 게르숌 숄렘은 시인 겸 에세이스트 마르가레테 수스만의 90세 생일 기념 논문집에 실을 "독일인과 유대인의 대화"에 관한 글을 청탁받았다. 그의 신랄한 답변은 많은 것을 말해주었다.

물론 유대인은 독일인과의 대화를 시도해보았다. 그러면서 모든 가능한 논점들과 입장들을 동원해보았다. 요구해보거나 애원해보았고, 굽실대보거나 반항해보았다. 그러면서 가능한 어조들을 감동적일 만큼 존엄한 어조에서 비참하리만큼 비굴한 어조까지 모두 동원해보았다. […] 아무도 이 외침에 응답해주지 않았다. […] 유대인은 열과 성을 다해 줄기차게 대화를 시도했지만, 상대가 유대인에게 생산적이라고 여겨질 수 있을 만한 어조, 다시 말해 유대인으로서 무엇을 포기해야 했느냐고 묻는 대신 유대인으로서 무엇을 줄 수 있느냐고 묻는 어조로 유대인에게 응답해온 적은 한 번도 없었다. 독일인과 유대인의 대화라는 그 유명한 대화에서 유대인이 누구를 상대로 이야기했냐고? 유대인은 오직 자기 자신을 상대로 이야기했다.[47]

독일어를 쓰는 숄렘 같은 학자들이 히브리 대학교에서 교편을 잡는 경우가 1925년 개교 당시부터 대단히 많았음에도, 1973년이 될 때까지 이 학교에는 독문과가 없었다. 1934년에서 1954년까지 이 학교는 독일어 과목을 개설해주지 않았다. (텔아비브 대학교 부속 '독일 역사 연구소'[나중에 '미네르바 연구소'라고 불리게 된다]는 1971년 10월에 '폭스바겐 재단' 기금으로 세워졌다. 이런 종류로는 이스라엘 최초였다). 1977년에 히브리 대학교에 처음으로 독어독문학 전임 교수 자리가 생겼다(마찬가지로 폭스바겐 재단 기금 덕분이었다). 하이파 대학교는 함부르크에 본사를 둔 차이트 기금의 지원으로 2001년에야 비로소 '부세리우스 현대독일 역사·사회 연구소Bucerius Institute for Research of Contemporary German History and Society'를 설립했다. 오늘날에도 만약 독일에서 오는 기금이 끊긴다면 이스라엘의 독일 관련 학과들은 기타 인문학과들과 함께 고사할 것이다. 예를 들어 2010년에 히브리 대학

교에 생긴 '마르틴 부버 인문학 펠로십'은 '독일 연방교육연구부'
의 자금으로 운영되고 있다.

─────────

이스라엘에서 카프카의 사후생이 왜 힘들었는지를 설명하는
두번째 시각에 따르면, 그것은 독일적 속성에 대한 거부감 때문
이라기보다는 이스라엘 건국 이전의 **갈루트**galut(디아스포라) 문
화 전반에 대한 혐오감 때문이었다. 니콜 크라우스의 소설『어두
운 숲』(2017)에서 화자는 그것을 이런 식으로 표현한다. "시온주
의는 어떤 끝─디아스포라의 끝, 과거의 끝, 유대 문제의 끝─을
전제하는 데 비해, 문학은 끝없는 것들의 영역에 머물며, 글 쓰는
사람들은 끝에 가닿을 가망이 없다."

히브리 작가 M. Z. 파이어베르크의 대표적 중편소설『어디로』
에서는 중심인물이 바로 그런 끝을 요구한다. "갈루트의 촛불을
꺼, 새 촛불을 밝혀야 해!" 1938년, 새로운 팔레스타인 산문의 첫
앤솔러지가 예루살렘에서 출간되었다. 히브리 대학교의 근대 히
브리 문학 교수 요세프 클라우스너가 쓴 권두 에세이는 당시의
분위기를 어느 정도 포착하고 있다.

새로운 유대인, 어른 유대인이 우리 앞에 있다. [⋯] 전형적 유
대인의 비겁함은 없어졌고, 두 뺨 위 드리웠던 창백함은 사라
졌고, 약했던 손바닥은 이제 약하지 않다. 과도한 영성은 개에
대한, 경찰관에 대한, 비유대인에 대한 두려움과 함께 현세를

떠났다. 굽었던 등은 점점 꼿꼿해졌고 앞으로 숙여져 있던 몸은 이제 바로 세워졌다.

오스트리아 태생의 역사가 유트 텔러는 1953년에 이스라엘에서 쓴 글에서 이렇게 말했다.

사브라sabra[이스라엘에서 태어난 사람]가 볼 때, 약 반세기 전의 유대인의 삶은 생경하다. 그는 유대인이 굴욕적인 삶을 살았다는 이야기를 줄곧 들어왔고, 유대인의 삶의 "비참함"을 보여주는 끔찍한 증거를 오래된 히브리 문서에서 계속 발견한다. 그는 자국의 문학을 그런 불쾌한 상황 속에서 창조된 문학과 동일시하기를 거부한다.

마지막으로, 이스라엘 사람들이 보았을 때 카프카는 시온주의자들이 맹렬하게 거부하는 정치적 무기력과 수동성—내가 감당할 수 없는 일이라는 느낌에서 비롯되는 비관주의—을 대표하는 작가였던 것 같다. '이스라엘 상'을 받은 학자 모셰 이델은 수상작 『옛 세계들, 새 거울들』(2009)에서 이렇게 썼다. "카프카가 프라하 등등의 장소에서 가장 깊은 고독을 느끼고 있었던 시대에 이스라엘 땅에서는 새로운 형태의 삶이 만들어지고 있었다." 만약 카프카가 히브리어를 쓰면서 키부츠에 사는 작가였다면, 절망에 빠지는, "하지만 그저 기분으로서의 절망에 빠지는" 독일-유대 작가들 중 하나로 전락하지는 않았을 것이라고 이델은 추측한다.[48]

1921년 10월 일기에서 카프카는 자기가 "고독과 공동체 사이의 경계 지대"—자기 추방과 전통 거부를 특징으로 하는 모종의 무인 지대—에 서식하고 있다고 말했다. 카프카 소설 중 다수가 패배한 외톨이의 비극, 소외당하거나 스스로를 소외시키는 인물들의 비극이다.

카프카의 모티프들—치욕스러움과 힘없음, 사회적 무규범과 심리적 소외, 심신의 쇠잔을 초래하는 죄와 자책—은 바로 이스라엘 건국 세대들이 극복하고자 한 고민들이었다. 신생국의 에토스는 히브리 시인 다비드 시모니(1891~1956)의 말로 표현되었다. "슬퍼하지 말라, 울지 말라, / 지금 같은 때에. / 머리 숙이지 말라, / 일하라! 일하라!"

이스라엘 문학비평가 단 미론은 2010년에 이렇게 썼다. "카프카는 쥐들, 두더지들의 편이었고, 동굴이나 땅굴로 숨어드는 그들의 본능을 공유했다." 권력 앞에서 뒷걸음질 치고 권력의 접근을 두려워하는 사람이었던 그의 이야기는 권력을 추구하는 사람들을 위한 이야기가 아니었다. 1차 대전 때 "허약 체질 탓에" 군복무 부적합 판정을 받은 건강염려증 환자의 소설, "누가 밖에서 문을 두드릴 때마다 소스라치게 놀라는" 인물이 나오는 소설(예컨대 『성』)은 유대국을 지키기 위해 목숨을 거는 전우들에게는 와닿지 않았다.[49]

카프카의 글에서, 모자라고 약한 아들은 아버지가 내리는 판결에 굴복한다. 예컨대 「판결」은 오이디푸스식의 부친 살해로 끝나는 것이 아니라 아버지가 내린 선고를 순순히 따르는 아들의 자살로 끝난다. 신생국에서는 자립적, 개인주의적 성향의 아들들이

무기력한 아버지들을 타도하고 망명기의 수동성과 비관론을 탈
피하면서 새출발에 나서고 있었다. 이스라엘 작가 아모스 오즈의
표현대로, 그들은 과거가 자기의 일부이기는 하지만 자기가 과거
의 일부인 것은 아니라는 느낌을 가지고 있었다. 역사를 만드느
라 한창 바쁜, 카프카가 살았던 시공간에서는 다른 민족들이 역
사를 만들어가고 있었고 유대 민족은 역사의 수레바퀴에 깔려 찌
그러져 있었다. 분주히 역사를 만들어가는 사람들이 그런 시공간
을 살았던 카프카에게 호의를 가져주기를 기대하기란 불가능한
일이었다. 신경증을 앓는 작가였든, 신경증을 다루는 작가였든,
불착non-arrival의 작가였던 그가, 오래 염원했던 목적지에 도착해
서 새출발을 염원하는 사람들 사이에서 독자를 찾기는 힘든 일이
었다.

　표현을 바꾸면, 게토의 사슬을 끊고 떠나와서 '약속의 땅'을 상
속받은 선봉대는 자기를 못 들어오게 하는 사회에 필사적으로 섞
여들고자 하는 끈 떨어진 떠돌이의 정신—에리히 헬러의 용어를
쓰자면, "상속권을 잃은" 디아스포라 정신—에서 영감을 찾는 부
류가 아니었다. 프라하에서 공부한 학자 헬러는 이렇게 쓴다. "카
프카는 자기를 적으로 삼는 세계와 자꾸만 한편이 되려고 애썼
다." 내 집에 왔다는 의식을 함양하기 위해 분투하는 개척자들이
카프카에게서 뿌리 없는 겁쟁이 유대인의 전형—저주받은, 방황
하는 유대인—을 발견했던 것은 바로 그 때문이었다.

　마르틴 부버가 1909~10년에 프라하에서 했던 연속 강연—청
년 막스 브로트를 강렬하게 매료시킨 그 강연—이 그들의 태도
에 본보기가 되어주었다는 것은 자못 아이러니하다. 두번째 강연

"유대교의 의미Der Sinn des Judentums"에서 부버는 "이러한 앎―
삶과 동떨어져 있는, 극히 불안정한, 마치 신체로부터 유리된 듯
한―이 왜 이렇게 크게 자랐느냐 하면, 우리가 수천 년간 건강한
삶, 한곳에 매인 삶, 자연의 리듬을 따르는 삶을 알지 못했던 탓"
이라고 말했다. 세번째 강연 "유대교와 인류Das Judentum und die
Menschheit"에서 부버는 유대인의 유랑기를 "무익한 영성의 시대"
라 칭했다.

카프카보다 아홉 살 어렸던 독일-유대 비평가 발터 베냐민은
카프카에 대한 이해는 "그가 실패자였다는 단순한 사실을 아는
데서" 시작한다고 언젠가 말했다. 농업, 도시계획, 사회복지 실무
들을 중시했던 이스라엘 첫 세대는 카프카의 상상력에 포함된 마
조히즘의 요소들이나 그의 실패자 감성을 포착하기에는 역부족
이었다. 카프카의 이야기들은 여호수아와 다윗 왕을 요제프 K나
그레고르 잠자나 단식 광대보다 가깝게 여기는 이스라엘 유대인
정신과는 어울리지 않았다.

이스라엘은 과거와 단절하고자 하는 나라였다. (브로트의 소설
『사랑의 요술나라』는 이 정서를 잘 잡아낸다. "자기혐오, 자기 파괴,
스스로를 갉아먹는 아이러니로 그토록 괴로워하는" 이 유대인들은
"모종의 새로운 의식을 손에 넣어야 한다"고 가르타/카프카의 남동
생은 주장한다.) 이스라엘 작가 아하론 아펠펠드는 필립 로스와
의 대담에서 이렇게 말했다. "홀로코스트 생존자로서 이 나라[이
스라엘]에 온 대개의 아이들과 마찬가지로, 나도 나의 기억으로
부터 도망치고 싶었다. 달라지기 위해, 장신과 금발과 강함을 갖
추기 위해, 그 모든 속성을 완비한 비非유대인goyim이 되기 위해,

우리들은 무엇이든 하지 않았는가." 신생국은 정상화를, 디아스포라는 비정상성을 대표했다.

너무 당연한 말이겠지만, 예지력 또는 통찰력은 여러 다른 차원들을 갖고 있다. 히틀러가 집권하기 12년 전, 일리야 에렌부르크는 소설 『율리오 유레니토』(1921)에 이렇게 썼다.

가까운 장래에 '유다 부족을 박멸하는 장면들을 선보이는 엄숙한 공연'이 펼쳐질 것이다. […] 이 포그롬은, 점잖은 계층이 선호하는 전통적인 유대인 청소법 외에도, 시대정신에 맞게 복원된 유대인 화형, 유대인을 산 채로 파묻는 암매장, 유대인의 피를 들판에 흩뿌리는 방법, 그리고 그 밖에 "수상한 자들을 숙청하는 각 나라의" 온갖 현대적인 방법들을 포함하게 될 것이다.

반면 카프카의 예감들은 다른 차원, 좀더 본질적인 차원의 예지력으로 이해되었다.[50] 예를 들면 조지 스타이너는 『소송』이 "은근한 사디즘을, 전체주의가 사생활과 성생활 안으로 슬며시 들여보내고 있는 히스테리를, 살인자들의 익명적 권태를 예시하는" 작품임을 논증한다. 또 하나의 예를 들면, 스타이너는 우리에게 다음의 사실을 감안해줄 것을 요청한다. "카프카가 1912년에 「변신」에서 해충이라는 단어를 사용했을 때 그 명시적, 암시적 의미는 그로부터 한 세대 뒤에 나치가 그 단어를 사용하게 되었을 때와 정확하게 같은 의미였다. […] 수백만 명의 사람들이 Ungeziefer(해충)라고 불리리라는 예고는 '변신'이라는 문자 그대로의 악몽으로부터 왔다."

아펠펠드를 비롯한 생존자들이 보았을 때, 카프카의 그 대단하다는 예지력은 작가에 대한 호감도를 그다지 올리지 못했다. 쇼아가 끝난 뒤, 카프카의 상상 속 유형지와 그곳의 고문 기구가 만들어내는 참혹한 장면들은 이스라엘 평자들에게는 묘하게 한물간 느낌을 주었다. 그들은 그 참혹한 장면들에 실제로 일어난 일들을 맞세웠다. 엘리 위젤은 "아우슈비츠에 관한 소설이 있다면 그것은 소설이 아니거나 아우슈비츠를 다룬 소설이 아니"라고 주장했다. 많은 이스라엘 첫 세대 사람들이 볼 때, 진짜 참혹한 일들은 다큐멘터리 형식으로 기록될 수 있을 뿐, 소설 형식으로는 기록될 수 없었다. 예술은 끔찍한 만행을 제대로 다루지 못하는 듯했다. 실화가 실화의 제약을 벗어난 소설을 격파한 듯했고, 치밀어 오르는 외상적 기억이 허구를 밀쳐낸 듯했다. 작가가 누구든, 심지어 카프카라고 해도, 작가의 상상이 과거에 자행된 일들을 고스란히 떠올려주기를 바랄 수는 없는 일이었다. 많은 이스라엘 사람들은 우상을 새기지 말라는 엄숙한 계명의 새 버전을 주창했다. 쇼아라는 사건에는 사건 자체 이외의 그 어떤 재현도 필요치 않다, 문학적으로 상상된 우화들과 상징들을 가지고는 쇼아를 재현할 수 없다는 것이었다.

유머와 경악을 넘나드는 카프카 특유의 언어가 이스라엘의 정상급 우화 소설들 사이에서 희미하게 (그럼에도 확실하게) 메아리친 것은 사실이다.[51] 악몽 같은 단편들이 실려 있는 S. Y. 아그논의 『행동의 서』(1932)에서도, 제자리를 잃고 갈 곳 몰라 하는 아하론 아펠펠드의 장편들에서도 그 메아리를 들을 수 있다. 그리고 무엇보다도 A. B. 예호슈아의 「만조」(1960)에서, 그리고 초기 단편들이 실린 『노인의 죽음』(1963)과 『숲을 마주하고』(1968)에서 그 메아리를 들을 수 있다(여기서 배경은 알아볼 수 있는 시공간이 아니다). 예호슈아는 나에게 이렇게 말했다. "나는 1950년대에 카프카를 만나면서 충격을 받았다. 그의 모든 문장에서, 특히 그의 아포리즘에서 형이상학의 전류가 흐르고 있었다. 카프카는 내게 처음이자 가장 중요한 영향을 준 작가였다. 여기에서 활동하는 동세대 작가 중에서는 아마 내가 그를 가장 가깝게 느꼈던 것 같다. 카프카는 내가 이스라엘 1948 세대 작가들의 사회 리얼리즘으로부터 해방될 수 있게 해주었다." 예호슈아는 카프카의 독자로서도 하이파 대학교의 카프카 교수자로서도 그의 작품을 유대적 사안의 상징으로 환원시키고 싶다는 유혹을 느끼지 않았다. "내가 어떻게 카프카를 받아들일 수 있었느냐 하면, 그의 글을 유대적·전기적 맥락으로부터 분리한 덕분에 받아들일 수 있었다. […] 나는 카프카를 카뮈, 베케트, 이오네스코와 하나로 묶었다." 예호슈아는 예루살렘 레하비아구區 세파르디 시나고그에서 후고 베르크만과 아는 사이가 되었다. 예호슈아는 베르크만이 카프카와 아는 사이였다는 것을 알고 있었고, 바로 그런 이유에서 예호슈아는 "인간 카프카"에 대해 질문하기를 꺼렸다. 예호슈아는 "어떻게 보면 내가 무의식적으로 카프카 글을 카프카라는 유대인 남자와 구분하고 싶었던 것 같다"라고 말한다.

규칙을 증명하는 예외는 이스라엘 생존 작가들 중 가장 강한 디아스포라 정체성을 가진 작가다. 아하론 아펠펠드(1932년생)는 1950년대에 카프카를 읽기 시작했다. 아펠펠드는 텔아비브 대

학교의 미하엘 글루즈만에게 이렇게 말했다. "그의 독일어가 내
가 속속들이 알고 있는 독일어라는 것을 나는 금방 알 수 있었다."
아펠펠드는 필립 로스에게 이렇게 말했다.

작가로서 그는 처음 접했을 때부터 친근한 작가였다. 그는 나
의 모어인 독일어로 나에게 말했다. 독일인들의 독일어가 아
니라 합스부르크 제국의 독일어, 빈과 프라하와 체르니우치의
독일어, 그 왜 있잖은가, 유대인들이 애써 만들어낸 그 특별한
음색을 띠는.
　놀랍게도 그는 나의 모어로 말했을 뿐 아니라 내가 속속들
이 알고 있는 또 하나의 언어인 부조리 언어로 말했다. 나는 그
가 무슨 말을 하는지 알고 있었다. 나에게 그것은 전혀 비밀스
러운 언어가 아니었고, 나는 아무 설명도 필요없었다. 나는 수
용소와 삼림지의 세계로부터 온 사람, 부조리를 상징하는 세
계로부터 온 사람이었고, 그런 나에게는 그 세계의 모든 것이
익숙했다. […]
　그의 작품은 있을 곳 없음과 내 집 없음을 그리고 있었지만,
그 가면 뒤에는 유대인 남자가 서 있었다. 주류 사회에 절반쯤
동화된 가정에서 자라났다는 것, 껍데기만 남은 유대적 가치
를 버리지 못하고 있다는 것, 무익하게 방황하는 내면을 품고
있다는 것은 나와 마찬가지였다.
　놀랍게도 그의 무익한 방황은 자기부정이나 자기혐오로 귀
결되는 대신 모든 유대적인 것들—특히 동유럽 유대인, 이디
시어, 이디시 극단, 하시디즘, 시온주의, 그리고 위임통치령 팔

레스타인으로의 이주 방안까지 ─에 대한 모종의 강렬한 호기
심으로 귀결되었다. […]

50년대는 내게 모색의 시기였는데, 그때 내가 홀로 밝혀
보려고 했던 좁은 길에 빛이 되어준 것이 카프카의 저작들이
었다.

디아스포라와 유대국 사이에 참호를 파라는 과제가 새 나라의
걸출한 작가들에게 맡겨졌다. 그중 다수는 카프카의 영향력을 배
척하고 그와의 모든 관련성을 부정했다. 예를 들어, S. Y. 아그논
─최고의 히브리어 소설가이자 이스라엘 유일의 노벨문학상 수
상자─은 카프카보다 네 살 어렸다. 아그논은 자명하게 드러나
는 영향력들에도 불구하고 카프카와의 밀접한 관련성을 인정하
기를 끈질기게 거부했다. (일찍이 1928년에 게르숌 숄렘은 아그논
의 저작이 『소송』 다시 쓰기의 대표작이라고 주장했다. 숄렘의 히브
리 대학교 동료이자 히브리어 문학비평의 창시자인 게르숀 샤케드
는 카프카를 가리켜 아그논의 "디아스포라 버전"이라고 칭했다.)[52]
아그논은 왜 그랬을까? 카프카를 디아스포라 작가로 보았기 때
문에? 그는 이유를 말하지 않았다. 1962년에 아그논은 이렇게 말
했다. "내 아내이신 분은 자주 내게 카프카의 짧은 이야기를 읽어
주시려고 했지만 성공하지는 못했다. 그분께서 한두 페이지를 읽
어주시고 나면, 내가 귀를 닫고 듣지 않았다. 카프카는 내 영혼의
뿌리를 공유하는 작가가 아니니, 설사 그가 성서의 시편을 쓴 열
명의 현자만큼 위대한 작가라 해도, 내 영혼의 뿌리를 공유하지
않는 그를 나는 받아들이지 않는다. […] 나는 카프카가 위대한

작가임을 알고 있지만, 내 영혼은 그를 낯설어한다."

———————

우리의 질문으로 돌아가자. 이런 모든 정황에도 불구하고, 이스라엘 국립도서관은 왜 그토록 고집스럽게 카프카의 친필원고를 가지겠다고 했던 것일까?

거창하게 홍보되고 있는 이스라엘의 세대교체의 부산물이라고 설명될 수 있는 문제는 아니다. 이스라엘의 홀로코스트 생존자들 중 마지막 사람들이 세상을 떠나기 시작하면서, 포스트-쇼아 시대의 금기였던 것들이 힘을 잃고 수십 년간의 신중한 입장에 변화가 생긴 것은 사실이다. 독일 문화에 대한 흥미가 최근에 수면 위로 떠올라 힘을 얻고 있는 것도 사실이다.[53] 베를린이 제공하는 세계시민주의에 이끌려 이민을 떠난 이스라엘 동포들이 오늘날 그곳에서 히브리 유치원들을 운영하고 히브리어 문학 잡지를 내고, 프렌츨라우어 베르크에서 이스라엘 레스토랑들을 열고, 슈프레강 변에서 텔아비브 스타일의 리조트를 경영하고 있는 것도 사실이다. 텔아비브 '괴테 인스티튜트'의 독일어 강좌들이 계속 수강인원 초과인 것도 사실이다. 하지만 이러한 사실들 중 어느 것도 카프카를 소유하겠다는 국립도서관의 뒤늦은 고집을 설명해주지는 않는다.

밀레나 예센스카에게 보낸 편지에서 카프카가 한 말보다 더 좋은 대답을 찾기란 결국 불가능할 것 같다.

유대인들은 왜 자기 손에 쥐고 있는 것, 자기 입에 넣어져 있는 것밖에는 자기 소유라고 믿지 못하는가, 나아가, 그들이 살아갈 권리를 얻는 것은 왜 손댈 수 있는 재산이 있을 때뿐인가, 그리고 한 번 잃은 것을 다시 얻을 기회가 왜 그들에게는 없는가, 그들을 버리고 떠난 것은 왜 그렇게 행복하게 영영 멀어져가는가. 그 이유는 다른 무엇보다도 그들이 불안정하다는, 그들은 따로 있을 때도 불안정하고 사람들 사이에 있을 때도 불안정하다는 점을 통해 확실히 납득될 수 있을 듯합니다.

버클리의 주디스 버틀러는 또 다른 종류의 불안정이 작용하고 있을 가능성을 시사한다. 작고 불안정한 나라인 이스라엘은 문화적 위신을 잃지 않기 위한 전투에서 점점 궁지에 몰림에 따라 카프카를 자기편으로 끌어들이기를 원하게 된다는 것이다. 버틀러는 이렇게 말한다. "그것이 가치 있는 자산인 만큼, 많은 사람들이 인정하듯 상당히 망가진 상태인 이스라엘의 국제적 위신을 높여준다. 카프카의 국제적 위신이 이스라엘의 국제적 위신이 된다는 것이다."

그런 경우라면, 제기될 질문은 자명하다. 현대인의 무력함을 그린 문학, 자신이 통제하지도 납득하지도 못하는 세계에 종속된 현대인을 그린 문학이, 어떻게 문화적 선망과 국민적 열망의 대상이 될 수 있다는 것인가?

카프카의 주요한 히브리어 번역자 중 한 명으로 손꼽히는 시몬 산드반크는 국립도서관 송사의 원인이 "문학 그 자체와 아무 상관 없는 애국주의"에 있다고 나에게 말했다. 그렇기는 해도, 이스라엘이 작가들의 명성을 확보하고 싶어 하는 유일한 나라냐 하면 그렇지는 않을 것이다.

이스라엘 평자들은 왜 카프카 저작 앞에서 흥분하는가? 그것이 유대인의 저작이기 때문인가? 그런 시각은 그것의 보편적 의의를 무시하는 시각이고, 그런 의미에서 자기네 자산의 가치를 떨어뜨리는 시각이 아닌가? 카프카—독일 최고의 모더니스트가 유대인이었다는 사실을 영원히 상기시켜줄 작가—를 독일 측이 갖고 있게 하는 것이 가장 큰 승리일 수도 있지 않았겠는가? 국립도서관은 그 가능성을 못 본 것인가? 우리 소유가 항상 우리 생각대로 득이 되는 건 아니다. 카프카는 언젠가 브로트에게 이렇게 털어놓았다. "내가 소유한 모든 것은 항상 내게 해가 되며, 내게 해가 되는 것은 더 이상 내 소유가 아닙니다."

이 소송 이야기는 카프카의 많은 소설과 마찬가지로 아직 완성되지 않았고 끝내 완성될 수 없을 것이다(카프카의 진실은 편린의 형태로 종결된 저작들에서만 실현될 수 있었다). 하지만 이 소송 이야기를 통해 분명해지듯, 예루살렘은 또 한 번 디아스포라 문물의 적법 상속인 겸 근원이어야 했다. 적어도 이 도시의 법정들과 국립도서관의 시각으로 보았을 때, 이스라엘은 다른 곳에서 시작된 이야기가 끝나는 곳이어야 했다.

오펜바흐 서고의 일반 기록물 분류실, 독일, 1946년

(야드 바셈)

8

카프카의 마지막 부탁,
브로트의 첫번째 배신

카프카의 거처, 오펠트 하우스, 구시가 광장 12번지, 프라하

1924년 6월

살아 있는 동안 삶을 감당하지 못하는 사람은 자기 운명에 대한 비관
을 약간이나마 막아낼 손이 필요하다. [⋯] 하지만 다른 손으로는 그
폐허 밑으로 보이는 것들을 기록할 수 있다. 남들과는 다른 것을, 그리
고 남들보다 많은 것을 볼 수 있으니까. 그런 사람은 마치 죽은 사람처
럼 살아 있다. 아직 안 죽은 사람이라는 말이 딱 어울린다.

—카프카의 일기, 1921년 10월 19일

현세의 아비들[가부장들]이 저 내세의 안식을 소망하며 살아갔더라
면 거기서 안식할 수 있었으련만, 그들이 성자라는 이름을 얻는 것은
그들이 죽는 때, 곧 그들의 무덤이 여기 지상에서 돌문으로 닫히는 때
였다.

—핀하스 벤 하마, 4세기

임종의 침상. 수척하고 기운 없는 모습. 말을 하거나 뭔가를 삼키기도 어려울 정도. 죽도록 멎지 않는 기침 사이로 급하고 스산한 숨소리. 그런 상태로 카프카는 종이쪽지에 글을 끄적거리는 방식으로 도라 디아만트와 의사들에게 무언가를 전했다. "이런 쪽지들은 그저 힌트를 줄 뿐이었다. 나머지는 그의 친구들이 짐작해야 했다"라고 막스 브로트는 말했다.

그렇게 쇠약해져가는 동안, 카프카는 자신의 마지막 단편집이자 더없이 냉엄한 단편집『단식 광대』의 교정쇄를 검토했다. 브로트가 출판사를 재촉해 출간 일정을 앞당긴 것이었다. 표제작에서는 카프카의 수척한 주인공이 서커스단 우리 안에서 죽도록 굶고 있는데, 관객도 없고 찬사도 없다.

단식 광대가 속삭였습니다. "다들 나를 용서해줘." 그의 말을 알아들은 것은 한쪽 귀를 창살에 갖다 댄 단장뿐이었습니다. "그러지 뭐. 용서할게." 이렇게 말한 단장은 손가락으로 이마를 두드림으로써 단원들에게 단식 광대의 상태를 넌지시 알렸습니다. 단식 광대는 고백했습니다. "나는 늘 당신들이 내가 굶고 있는 것에 감탄해주기를 바랐거든." 단장은 선선히 대꾸했습니다. "우리 모두 정말 감탄하고 있어." 단식 광대가 말했습니다. "안 돼, 감탄하지 마." 단장이 말했습니다. "그러면 이제 감탄 안 할게. 그런데 왜 안 돼?" 단식 광대가 말했습니다. "나는 굶을 수밖에 없어서 굶는 거야. 먹을 수가 없으니까 굶는 거야."

카프카의 연인이자 체코어 번역자였던 밀레나 예센스카는 언젠가 브로트에게 쓴 편지에서, 카프카의 "금욕은 전적으로 비非영웅적인, 바로 그렇기 때문에 오히려 더 크고 더 숭고한" 금욕이라고 말했다.

카프카가 일찍이 브로트에게 털어놓았듯, 그는 본인의 폐출혈 증상을 형벌인 동시에 해방으로 여기고 있었다. 그는 1917년에 브로트에게 쓴 편지에서 이렇게 말했다. "지금 나는 마치 엄마의 치맛자락에 매달리는 어린아이처럼 결핵에 매달립니다." 브로트는 일기에서 카프카의 병을 묘사하며 이렇게 적었다. "카프카는 그것이 심리 현상인 것처럼 묘사한다. 마치 결혼을 모면하기 위해 병이 생겼다는 듯." 카프카가 진단명을 알려주었을 때, 브로트는 이렇게 말했다. "당신은 당신의 불행 속에서 행복해합니다." 카프카에게 알리지 않고 의사들을 찾아다닌 사람, 카프카가 후두질환 전문의들에게 진찰을 받아야 한다고 우긴 사람, 그를 그런 병원들에 데려가서 그가 진찰받는 동안 기다려준 사람이 브로트였다. 카프카는 3인칭으로 자기 이야기를 하면서, 브로트 앞에서 자기가 죽음을 두려워한다는 것을 인정했다. "그는 죽는 것에 대한 끔찍한 두려움을 가지고 있는데, 그 이유는 그가 아직 삶을 경험해보지 못했기 때문입니다."

마지막까지 자기 글이 모자라다고 확신한 카프카는 자기 안에 있는 모든 것을 표현할 시간을 얻을 수 없었다. 그는 마흔한 살 생일을 얼마 앞두고 빈 외곽의, 열두 개의 병실이 있는 사설 요양원에서 세상을 떠났다. 그로부터 일주일 뒤인 1924년 6월 11일 수요일 오후 4시에 수수한 장례식을 마치고 그는 '프라하 신新유대인 공동묘지'에 묻혔다.

그는 살아 있는 동안에도 사후생의 분위기를 자아내는 사람이었던 듯하다. 그는 일기에서 죽음과 "자아탈각Selbstabschüttelung"을 자주 숙고했다. 프라하 태생의 작가 프란츠 베르펠은 1915년 11월에 카프카에게 이렇게 썼다. "친애하는 카프카. 당신은 너무 순수하고 참신하고 자주적이고 완벽한 사람이라서 당신을 대할 때는 이미 고인이 된 불사의 존재를 대하듯 해야 할 것만 같습니다." 밀레나 예센스카는 카프카의 부고를 듣고는 그가 "이 세상을 너무 과도하게 통찰했던 탓에 이 세상을 감당하지 못한" 사람이었다고 말했다.

카프카가 글을 써서 명성을 얻거나 상을 받은 적은 한 번도 없었다. 당대 독자들로부터 인정받은 적도 없었고, 후대 독자들의 평가가 더 나을 것이라고 기대해본 적도 없었다. 그는 널리 알려져 있지 않았고, 단 한 편의 장편소설도 완성해내지 못했다. 책으로 출간된 극소량의 글들은 이렇다 할 반응 없이 재고로 묻혔다. 예를 들어 그의 두번째 단편집 『시골 의사』(1920년에 쿠르트 볼프가 출간했다)는 달랑 한 명의 서평가에 의해 언급되는 데 그쳤다. 카프카는 이러한 상황을 바꾸어보려고 시도하지 않았으니, 그의 책을 펴낸 출판사들과 그를 널리 알리려고 애쓰는 브로트로서는 유감스러웠다. 1921년 11월, 쿠르트 볼프는 카프카에게 편지를 보냈다.

저희가 관계하는 저자들 중에 저희에게 바라는 점과 궁금한 점이 당신만큼 없는 분은 찾기 힘듭니다. 출판된 책의 외적 운

명에 당신만큼 무관심한 분이 없다는 인상을 저희는 받고 있
습니다. […] 앞으로 언젠가 저희에게 짧은 단편 모음들과 함
께 긴 연작이나 장편 같은 것도 보내주실 수 있다면—그런 식
으로 마무리 단계에 있거나 마무리가 끝난 원고들이 얼마나
많은지 당신에게 직접 들어 아는 것도 있고 막스 브로트로부
터 들어 아는 것도 있습니다—저희가 한층 더 특별한 사의를
표하겠습니다.

카프카는 끝내 이 편지에 답장을 보내지 않았다.

브로트는 카프카의 때 이른 죽음을 "참사"라는 말로 표현했다.
브로트에게 카프카—그가 "현세의 기적Diesseitswunder"이라고 부
른 남자—와의 22년 우정은 "정신생활 전반을 떠받쳐주는 척추"
였다. 그는 친구의 묘 앞에서 친구를 "셰키나Shekhina[신적 현존]
의 빛을 밝힌" 예언자로 추앙했다. 그가 장례를 마치고 시내로 왔
을 때, 구 시청사 남쪽 벽의 중세 시계—'허영' '탐식' '색욕' '죽음'
의 형상을 좌우에 거느린—가 오후 4시에 멈추어 있었다. "시곗
바늘이 계속 그 시각을 가리키고 있었다." 브로트의 기록이다.

장례식이 끝난 뒤, 브로트는 카프카의 부모 헤르만과 율리에로
부터 아들의 책상을 살펴봐달라는 부탁을 받고 그들이 사는 오펠
트 하우스 맨 위층을 방문했다. 전기 작가 라이너 슈타흐에 따르
면, 헤르만 카프카는 "막스 브로트를 프란츠의 유저 관리자로 지
정하는 계약서에 서명했다." 브로트는 심이 부러진 연필들, 목깃
단추들, 카를스바트 문진 등의 잡동사니 아래에서 다량의 아카이
브—카프카의 미출간 공책들, 미완성 초고들, 일기들—를 발견

했다.

이렇게 서랍들에서 쏟아져 나온 문서들 사이에서 브로트는 날
짜가 적히지 않은 쪽지들—펜으로 쓴 쪽지 한 장과 연필로 쓴 쪽
지 한 장—도 발견했다. 카프카가 남긴 문서들을 태우라고 지시
하는 쪽지들이었다. 첫번째 쪽지는 이렇다.

가장 친애하는 막스에게

　내 마지막 부탁입니다. 내가 남기고 가는 것 중에 […] 공책
과 원고와 편지(받은 것과 쓴 것 모두), 그리고 스케치 등등은
읽지 말고 남김없이 불태워 없애주기 바랍니다. 더불어 당신
이 가지고 있는 글, 그림 전부, 그리고 다른 사람이 가지고 있는
글, 그림 전부(당신이 나 대신 돌려달라고 부탁해주세요) 역시
그렇게 해주기 바랍니다. 나한테 받은 편지를 당신에게 넘겨
주지 않겠다고 하는 사람이 있으면, 직접 불태워 없애겠다는
약속이라도 받아내주기 바랍니다.

당신의 프란츠 카프카

연필로 쓴 두번째 쪽지는 이렇다(브로트는 이것이 시간적으로
먼저라고 생각했다).

친애하는 막스에게

　다시 몸을 추스르고 일어나기가 이번에는 좀 힘들 것 같습
니다. 폐열 증상이 한 달째니까 폐렴이 왔을 가능성이 농후하
고, 글에 무슨 힘이 있다 하더라도 내가 이런 글을 씀으로써 그

가능성이 사라지지는 않을 것입니다. 그런 연유로 이제 그 가
능한 사태에 대비해 내가 쓴 글 전부에 대한 마지막 유언을 남
기겠습니다. 내가 쓴 글 중에 괜찮은 것은, 단행본에서는 「판
결」「화부」「변신」「유형지」「시골 의사」, 단편으로는 「단식
광대」뿐입니다. […] 이것들 외에 내가 써낸 출판물은 전부
[…] 예외 없이 불태워 없애줄 것, 가능한 한 당장 그렇게 해줄
것을 당신에게 부탁하는 바입니다.

프란츠

브로트는 이 지시 앞에서 큰 놀라움을 표할 수 없었다. 카프카
가 자기 글을 높이 평가하지 않는다는 것을 그는 너무나 잘 알고
있었다(카프카는 자기 글을 "낙서들"이라고 불렀다). 카프카의 일
기는 그가 **작가살이**Schriftstellersein라고 부르는 것에 집착하는 대
목들과 자기의 글쓰기 작업이 얼마나 "무감각"하고 "관성적"인지
모르겠다고 자기 비하적으로 한탄하는 대목들로 가득하다(그는
자신의 작업을 "빈약한 문서 작업"이라고 표현했다). 예를 들어, 그
의 1915년 3월 13일 일기는 이렇다.

입맛이 없어서. 저녁에 귀가 시간이 늦어질까 봐 걱정되어서.
하지만 무엇보다도, 내가 어제 아무것도 못 썼고 내가 점점 퇴
보하고 있고 지난 6개월간 고달프게 얻은 것을 전부 잃어버릴
위험에 처해 있다는 생각이 들어서. 그 증거는 내가 한 페이지
반을 형편없는 이야기나 썼다는 것. 그렇게 한 편의 신작을 최
종 폐기했다는 것. […]

또 한 예로, 카프카는 「변신」의 결말에 "근본적 결함"이 있다고 보았다. 한편으로 카프카는 "내가 내 머릿속에 가지고 있는 터무니없는 세계"를 의식하고 있었다. 다른 한편으로 그는 "내면세계는 삶이 될 수 있을 뿐, 글이 될 수 없음"을 인지하고 있었다. (그는 이런 편지를 썼다. "나는 그저 줄곧 전해질 수 없는 것을 전하려고 하고 있습니다.") 1910년에는 이런 일기를 썼다. "내 글에서 어떤 단어가 다른 단어와 어울리는 경우는 잘 없다. [⋯] 내 의심이 모든 단어를 원 안에 가두고 있다."

1917년, 프랑크푸르트에서 브로트가 독회에서 읽을 만한 글을 보내달라고 청해왔을 때 카프카는 이런 답장을 썼다. "내가 보내드릴 수 있을 것 같은 글들은 내게는 아무 의미도 없고, 나는 그저 그 글들을 썼던 그때를 존중할 뿐입니다." 나중에는 막스의 아내 엘자도 사람들 앞에서 낭독할 만한 글을 보내달라고 카프카에게 부탁해왔다. 그는 이런 답장을 썼다. "옛날 고생의 흔적들을 들추어내라니 왜입니까? 내가 지금까지 그것들을 불태워 없애지 않아서입니까? [⋯] 그렇게, 심지어 예술적으로도 망한 작업들을 보관하는 게 무슨 의미가 있겠습니까?"

도라 디아만트는 카프카가 죽기 몇 달 전에 있었던 일에 대해 이렇게 말했다. "그는 자기가 써놓은 것들이 전부 불타 없어지기를 바랐다. 자기 영혼이 그 '유령들'에게서 벗어나 자유로워질 수 있도록. 나는 그의 뜻을 존중했다. 그가 누워 있는 동안 나는 그가 보는 앞에서 그의 물건들을 태워 없앴다."[54]

카프카는 여기서 우리의 추측을 유도한다. 그가 브로트에게 남긴 마지막 지시를 우리는 삶이 곧 삶에 대한 심판이었던 문학 예술가 특유의 제스처라고 이해해도 될까? 카프카가 판사이자 피고로서 자기 자신에게 유죄를 선고한 것이라고 이해해도 될까?

『소송』마지막 장면에서 요제프 K는 "칼을 내 손으로 쥐고 […] 내 몸 안으로 찔러 넣는 것"이 낫겠다는 생각을 한다. 결국 그는 자기 손으로 자기 자신을 처형하지는 못한다. "그는 이번 업무에서 자기가 적임자임을 증명하고 관청 업무 일체를 인수하는 데 완전히 성공하지는 못했으며, 그 책임은 그의 업무 인수에 필요했을 힘을 남기지 않았던 그에게 있었다." 카프카의 마지막 판결은 사문서(편지와 일기)와 작품(미완성 소설들)을 막론하고 그가 쓴 것들을 파기하라는 것이었지만, 그 역시 요제프 K와 마찬가지로 판결을 이행할 힘이 없었다. 카프카는 자기 포기라는 판결에서조차 우유부단함에 시달리는 작가인 듯했다. 그는 판결의 이행을 브로트에게 넘겼다. 브로트는 두 사람이 처음 친구가 된 때부터 줄곧 카프카의 자기 비난이 심해도 너무 심하다고 느낀 사람이었다.*

---

* 스티븐 소더버그의 1991년 영화 〈카프카〉에서, 석공 겸 조각가 비즐벡―브로트의 대역―은 카프카를 묘비 밑 땅굴로 들어가게 한다. 절반쯤 무덤에 들어간 카프카가 비즐벡을 돌아보면서 한 가지 부탁을 들어달라고 한다. "나중에 내가 안 보이거든, 내 집으로 가서 내 공책들을 찾아서 없애줘. 내가 쓴 글들은 그냥 다 불태워줘." 비즐벡은 "희한한 부탁도 다 있네"라고 대꾸한다. "나의 마지막 부탁이야." 비즐벡은 "그렇다면 그 진위가 의심스러운데"라고 한다. 카프카가 말한다. "진정한 친구라면 들어주겠지." 비즐벡이 답한다. "꼭 그렇지는 않아. 마누라라면 들어주겠지만."

　이런 딜레마에 직면해야 했던 사람들은 브로트 전에도 있었고 브로트 후에도 있었다. 전설에 따르면, 로마 시인 베르길리우스는 『아이네이스』를 불만스러워했던 나머지 기원전 19년에 임종 자리에서 원고를 불태우라고 명령했다. 그의 유산 관리인들이 그 명령을 따르지 않은 모양이다. 1865년 10월, 새뮤얼 클레멘스는 형 오리온과 형수 몰리에게 자기 원고들과 관련해서 이렇게 썼다. "차라리 불쏘시개로 사용하세요. 우리 협상에서 내 쪽의 요구는 내가 땅에 심긴 뒤에 '마크 트웨인의 유고 및 미공개 편지'라는 얼토당토않은 책이 출간되는 일이 안 생기게 해달라는 것입니다." 영국 시인 필립 라킨은 1985년, 숨을 거두기 사흘 전에 자기 일기들을 전부 태워 없애라고 비서에게 지시했다. 비서는 헐 대학교 보일러실에서 지시를 따랐다. 블라디미르 나보코프는 1977년에 세상을 떠나면서 상속인들에게 자필 색인 카드 138장—그의 마지막 소설이자 미완성 소설인 『오리지널 오브 로라』의 초고에 해당한다—을 태워 없애라는 유언을 남겼다. 나보코프의 아내 베라는 남편의 마지막 작업을 차마 없애지 못했다. 그로부터 30년 뒤, 드미트리 나보코프—생존해 있던 유일한 상속인—가 자료의 출간을 허락했다. 마지막으로, 「누가 버지니아 울프를 두려워하랴?」로 가장 많이 알려져 있는 극작가 에드워드 올비는 2016년 죽기 전에 유언장에 이렇게 썼다. "내가 만약 사망 시에 미완성 원고를 남기게 될 경우, 내 유언 집행자들은 그 원고들을 남김없이 폐기해야 함을 이렇게 알린다."[55]

위의 유언 집행자들과는 달리, 브로트는 카프카의 "진정한 의
도"를 파악하는 일에 본질적으로 수반되는 어려움들과 씨름했
다. 카프카는 브로트에게 쓴 편지에서 그 점을 인정했다. "감추기
는 나의 평생 직업이었습니다." (1914년에 카프카가 가장 아끼는
여동생 오틀라에게 썼던 대로, "나는 내가 하는 말과 다른 글을 쓰고,
내가 생각하는 것과 다른 말을 하고, 내가 생각해야 하는 것과 다른
것을 생각하고, 그렇게 점점 더 안으로 들어가 가장 어두운 곳에 당
도합니다.") 브로트가 친구의 유언을 거역하는 것을 스스로 정당
화하면서 내놓은 주장은, 카프카가 자기 글에 과한 기대를 걸었
다는 것(카프카는 "기도 형식"으로서의 글쓰기에 대해 말한 적이 있
다), 그가 자기 예술에 난감하리만치 높은 기준—브로트 본인의
표현에 따르면, "가장 높은 종교적 기준"과 "터무니없는 자기비
판"—을 설정했다는 것이었다. 그는 카프카의 쪽지들을—어디
까지나 쪽지였을 뿐, 법적 구속력이 있는 유언장은 아니었다면서
—"일과성 우울증"의 부작용으로 간주했다.

카프카의 글을 출간하려면 매번 빼앗아야 했고 달라고 빌어야
할 때도 많았는데, 그렇게 싸웠던 경우를 하나하나 떠올리다
보니 그의 유고를 출판하기로 결정한 내 마음이 점점 홀가분
해진다. 그는 싸울 때마다 화를 냈지만 책이 출간되고 나면 상
황에 순응한 모습, 비교적 행복한 모습을 보였다.

카프카는 자기 글을 비밀로 하겠다는 의도가 있어서 출간을 꺼
린 것이 아니라 자기 글이 불완전하다는, 실현된 내용과 실현되

지 못한 내용 사이에 헤아릴 수 없는 간극이 있다는 판결을 내렸기 때문에 출간을 꺼린 것이라고 브로트는 이해했다. 실제로 카프카 사후에 브로트가 제일 먼저 지면에 실은 카프카 저작물은, 카프카가 자신의 저작을 출간하지 말라고 요청한 두 개의 쪽지들이었다. 친구의 저작을 출판함과 동시에 그러지 말라는 친구 본인의 요청을 지면에 실음으로써, 브로트는 자기가 친구에게 진정한 의리를 지키고 있음을 증명하고 싶어 했다.[56]

1921년, 카프카가 일괄 소각 요청 이야기를 처음 꺼냈을 때, 브로트는 이렇게 대답했다고 한다. "내가 지금 미리 말해두겠는데, 만약 나중에 진심으로 그런 부탁을 하게 된다 해도, 나는 그 부탁을 들어주지 않을 것입니다." 브로트 본인의 기록이다. 카프카가 세상을 떠난 뒤, 브로트는 이렇게 주장했다. "프란츠는 내 거절의 진정성을 확신했을 터인 만큼, 본인이 말하는 조치가 절대적이고 최종적으로 진지한 조치였으려면, 다른 유언 집행자를 지정했어야 했다."

그렇다면 왜 카프카는 자기의 마지막 부탁을 하필 브로트에게 들어달라고 했을까? 자신의 미완성 작품이 저자인 본인 허락 없이 출간되기를 바라서였을 가능성도 있다. 아니면 자기가 불태워 없애고 싶어 하는 문서들에 접근할 권한을 가진 사람이 브로트밖에 없다는 단순한 이유에서였을 가능성도 있다. 이미 가지고 있던 원고 외에 카프카가 쓴 글들을 카프카의 가족들, 그리고 카프카와 편지를 주고받았던 사람들을 상대로 받아낼 수 있는 위치에 있는 사람은 브로트밖에 없었다.

결국 브로트는 유고 처형자라는 주어진 역할을 따르기보다는 유고 관리자라는 역할을 스스로 떠맡는 편을 선호했다. 그는 카프카의 명시적 지시를 어기는 것을 정당화하기 위해 그의 지시를 지키는 것보다 중요한 이중적 의리—후대 독자들에 대한 의리와 카프카의 진정한 유지遺志에 대한 의리—에 호소했다.

———————

카프카가 죽은 직후, 브로트는 사랑하는 친구를 부활시키기 위해 "생명을 가진 문학작품"(브로트의 표현)의 집필에 착수했다. 그는 이 소설에 대해 이렇게 말했다. "무엇보다도 나는 나 자신을 위해 이렇게 새로운 방식으로 그를 부활시키고 싶었다. 내가 이 책 속에서 살아가는 한, 이 책 작업에 몰두하는 한, 카프카는 죽은 존재가 아니라 나와 함께 다시 사는 존재였다."

이 실화소설 『사랑의 요술나라』(1928, 영어본: *The Kingdom of Love*, 1930)*에서 리하르트 가르타는 카프카를 거의 투명하게 반영한 인물—"완전한 금욕"의 삶을 살기를 원하는 키가 크고 감정이 섬세한 남자—이다. 가르타는 "가녀린 슬픔"을 내비치는 동시에 "강하고 은근한, 거부할 수 없는 에너지"를 뿜어낸다고 브로트는 쓴다. "그는 부처, 예수, 모세처럼 제자들 앞에서, 사람들 앞에서 말하는 사람이 아니었다. 안에 있는 말을 밖으로 꺼내지 않는 사람이었다. 그들이 보았던 것보다 더 깊은 근원적 신비를 볼 수 있는 사람이라서 그랬던 것 같다."

---

* 체코 태생의 작가 밀란 쿤데라는 "미적으로 카프카의 예술과 완전히 상반된 이 나이브한 소설, 이 졸작, 이 소설처럼 꾸며진 과장된 이야기"를 무가치한 작품으로 일축했다.

소설의 플롯이 시작되는 것은 "우리 시대의 성자" 가르타가 결핵으로 사망한 뒤다. 하지만 그는 그의 친구인 서른네 살의 화자 크리스토프 노비, 여자를 품에 안는 것이 "모종의 구원"이라고 느끼는 남자의 기억 속에 늘 현존한다. 학창 시절, 가르타와 노비는 "허영과 가식이라고는 전혀 찾아볼 수 없는 너무 멋진 우애"를 쌓은 관계였다. "두 사람은 서로에게 아무런 비밀이 없었다." 두 사람이 속한 교우 집단에서 가르타는 천재, 노비는 범재라고들 쑥덕댔다. "크리스토프가 기꺼이 동의했을 견해였다. 하지만 그는 그 친구를 그렇게 사랑하고 추앙하는 자기가 왜 그 친구와 비교당해야 하는지 이해할 수 없었다." 가르타는 자신의 아이러니한 성향에도 불구하고 노비에게 안정과 위안의 원천이 되어주었다. 가르타는 그에게 "세계의 소란을 차분히 바라볼 수 있다"는 느낌을 갖게 해주었다. 노비는 가르타에 대해 이렇게 말한다. "그가 하는 행동 전부가, 세세한 하나하나까지, 심지어 그가 머리 빗는 모습만 보아도 [⋯] 올바르고 철저하고 금욕적이고 의문의 여지 없이 자연스러운 생활방식을 따르고 있다는 확신에 기반해 있다."

노비는 가르타의 죽음과 화해하지 못한다. 노비는 이렇게 말한다. "그 놀라우리만치 순수한 금욕 속에서 그는 무無로 건너갔다. 나는 그에게 경고를 보냈고, 그를 위해 싸웠다. 그가 극단적 완벽을 추구하다가 죽음에 이르렀다는 데는 의심의 여지가 없다." 가르타로부터 유고에 대한 책임을 넘겨받은 것이 노비였는데, "가르타는 그에게 책임을 넘기면서 모든 유고를 폐기하라는 기묘한 단서 조항을 덧붙였다."

이 책의 저자가 친구의 유언을 거역한 것과 마찬가지로, 이 책의 주인공 노비 또한 "자기가 가르타의 글에 매겨놓은 엄청난 가치를 고려해" 가르타의 유언을 거역한다. 노비는 가르타에 대해 이렇게 말한다. "그는 스스로에게 최고의 수준을 요구했다. 그는 아직 그 수준에 이르지 못했으니, 그 높은 수준으로 가는 과정일 뿐이었던 그의 글들은 그에게 아무 가치도 없었다. 그에게는 그것들을 그렇게 경멸할 자격이 있었다. 오직 그에게만 있는 자격이었다." 노비는 가르타의 문서들을 본인의 금고에 보관하기로 마음먹는다. "이제 우리 시대에 영성이 계시되려면 그런 불완전한 형상으로밖에는 계시될 수 없을 것"이라는 결론을 내린 뒤였다.

친구가 살아 있을 때 구하지 못한 노비는 가르타가 죽은 뒤에라도 구하고자 한다. "죽은 친구의 정신적 유산을 위한 싸움"을 시작하기 위해 노비는 가르타의 남동생을 찾아 팔레스타인으로 가는 기선에 오른다. 그는 길보아산Mount Gilboa 근처 이즈레엘 골짜기Jezreel Valley의 한 공산주의 정착촌의 개척민이자 "가르타가 숭배했던 금욕의 한 고귀한 사례"였다. (브로트는 다른 지면에 이렇게 썼다. "카프카의 근본적 성향은 개척민chalutz이었다." 1918년, 카프카는 「무산 노동자들」이라는 글에서 사회주의적 키부츠에서 검박하게 영위되는 삶—주식은 빵과 물과 대추야자—에 대한 자신의 비전을 그린 적이 있다. 카프카는 이렇게 썼다. "가져온 재산을 국가에 헌납하면 국가가 병원들[과] 농장들을 건설한다.")*

* 프랑스 아나키스트 작가 앙드레 브르통이 1948년에 파리에서 행한 어느 강연에서 이 텍스트에 대해 논의했다.

가르타가 팔레스타인에 정착하고 싶다고 고백한 적이 있다는 사실(물리적으로는 시온 땅에 들어오지 못했지만 시온주의자였다는 사실)뿐 아니라 그가 다량의 히브리어 원고—"독일어 원고 못지않게 많은"—를 남기고 죽었다는 사실이 소설의 마지막 장면에서 남동생에 의해 밝혀진다."* 노비는 친구의 유고를 편집하기 위해 유럽으로 돌아가기로 마음먹는다.

양심의 가책에 사로잡힌 상태에서 브로트는 이 소설을 저승으로 떠난 카프카의 은총을 비는 도구로 사용했다.

---

* 카프카의 마지막 연인 도라 디아만트에 따르면, "독일어는 지나치게 현대적인 언어, 지나치게 새로운 언어다. 카프카의 완전한 세계는 더 오래된 언어를 그리워한다. 카프카에게는 옛 의식, 옛것들, 옛 공포가 있었다." 인용문 출처는 J. P. Hodin, "Memories of Franz Kafka," *Horizon*, 1948년 1월.

9

카프카의 창조주

독일인 문화와 유대인 문화가 형성되는 데 결정적으로 작용했던 양자의 풍요로운 문학적 공생 관계는 나치즘의 발흥으로 인해 끝장나고 말았다. 유대인 작가들과 독일어 사이의 길고 열렬했던 연애 관계도 마찬가지였다. 1935년 7월 22일, '독일문학원Reichsschrifttumskammer'이 슈츠슈타펠 집단지도자SS-Gruppenführer 한스 요스트(1890~1978)가 신임 원장으로 부임한 직후에 게슈타포에 제출한 문서에 따르면, 유대인이 경영하는 베를린의 '쇼켄'이라는 출판사가 브로트 편집의 카프카 전집을 유통 중인 정황이 포착되었다(두 작가 모두 그해 4월에 작성된 나치 블랙리스트에 올라 있었다). 독일문학원—문학비평가 조지 스타이너가 "'아리안 문명'의 공식 유곽"이라고 일컬은 기관—의 이 문서는 이 두 유대 작가가 관여한 모든 책을 압수할 것을 권고하고 있었다.

그때까지 11년 동안 브로트는 카프카의 마지막 지시를 따르는 대신 원고를 지키고 카프카를 망각에서 구해내는 일에 이례적인 열정으로 투신했고, 그 과정을 거치면서 20세기의 가장 중대한 유고 편집자로 변모했다. 브로트가 독점권을 주장하는 셈이었다. 작가 카프카는 브로트의 신성화 작업을 통해 정전화되었고(살아 있을 때와 비교할 수 없는 높은 자리를 얻었다), 이로써 모종의 성 상聖像—독일어권에서 **시인 숭배**Dichterverehrung라고 불리는 행태의 대상—으로 굳어졌다. 브로트는 1937년에 나온 자기 친구에 대한 전기에서 이렇게 썼다. "카프카의 생애와 작품은 영성의 범주 아래에서 고찰되어야 한다(문학의 범주는 적절하지 않다)."

후대의 카프카 독자들은 바로 이 지점에서 브로트에게 문제를 제기했다. 블라디미르 나보코프는 「변신」에 관한 강의록에서 이렇게 썼다. "릴케 같은 시인들이나 토마스 만 같은 소설가들은 [카프카와] 비교하면 난쟁이들, 성자 흉내꾼들이나 마찬가지다." 하지만 나보코프는 이 작가를 신성화하는 브로트의 행태를 배격했다. "문학의 범주가 아닌 영성의 범주가 카프카 저작의 이해에 적용될 수 있는 유일한 범주라는 막스 브로트의 의견을 나는 철저하게 거부하고자 한다. 카프카는 무엇보다도 예술가였으며, 모든 예술가가 어떤 의미에서 성자라고 주장하는 것이 불가능하지는 않다 하더라도(나 자신도 매우 분명하게 그렇게 느낀다), 나는 카프카의 천재성을 종교와 연결시켜서 해석할 수 있다고는 생각지 않는다."[57] 나보코프에 뒤이어 많은 평자들이 브로트의 유고 편집 작업을 비난해왔다. 카프카 저작의 피상적 이해에 일조하는 작업이었다는 비난도 있었고, (카프카의 예술 세계는 그 세계에 아무 사심 없이 헌신했던 그에게 끝까지 어느 정도 이질적인 것이었다는 듯) 오해로 점철된 작업이었다는 비난도 있었다. (예를 들어 카프카는 "브로트가 숭배했던, 그럼에도 이해하는 데는 철저하게 실패했던" 예술가라고 남아공 소설가 J. M. 쿳시는 말했다.)

카프카의 명성이 그가 완성하지도 않았고 출간을 허락하지도 않았던 텍스트들에 의지하고 있다고 한다면, 우리가 아는 카프카는 브로트의 창작품—사실상 그의 창작품 중 가장 고차원적이고 영속적인—이라고 할 수 있다. 브로트는 카프카의 마지막 부탁을 배신함으로써 그의 유산을 두 번—한 번은 물리적 소멸로부터, 또 한 번은 무명성으로부터—구해냈다. 카프카의 사후 명성—한나 아렌트의 표현을 빌리면, "시대를 앞서간 사람들의 씁쓸한 보상"—은 브로트의 소행이었다. 유다가 없었다면 십자가 수난도 없었으리라는 말이 있다. 브로트가 없었다면 카프카도 없었으리라는 말도 있을 수 있다. 우리가 카프카의 목소리를 들으려면 브로트를 통과할 수밖에 없다. 알게 모르게 우리는 카프카를 읽을 때 브로트처럼 읽게 된다.[58]

창작에 소유의 의미가 포함되어 있을까? 브로트가 카프카를 만들 때 브로트 본인이 가지고 있는 유대성의 이미지에 따라 만들었다면서 브로트를 비난하는 평자들이 있다. 예를 들어, 카프카 전기 작가 라이너 슈타흐는 "카프카의 진실성의 윤리와 브로트의 정체성 정치 사이의 건널 수 없는 간극"을 이야기했고, 아울러 "브로트가 카프카를 '잘 안다'는 착각에 계속 빠져 있었다"는 것이 어떤 의미인지 말했다. 리치 로버트슨(옥스퍼드 독일 문학

교수 겸 '옥스퍼드 카프카 연구소'의 공동 소장)은 "카프카와 시온
주의 운동과의 관계를 단순화"하려는 브로트의 시도들을 지적하
면서 이렇게 쓴다. "카프카 저작을 해석할 때 그[브로트]는 그저
본인이 하고 싶은 말을 하는 경향을 너무 많이 드러낸다." 뉴욕 지
식인 어빙 하우는 브로트가 쓴 카프카 전기가 "너무 많은 브로트
와 너무 적은 카프카"를 담고 있다고 말했다. 독일 최고의 카프카
권위자 클라우스 바겐바흐에 따르면, "브로트는 현대 유대교를
시온주의와 연계해 재활성화한다는 목표를 가지고 있었고, 카프
카 저작을 점점 그 목표를 달성하기 위한 도구로 삼기 시작했다."
『파르티잔 리뷰』의 공동 편집장 윌리엄 필립스 또한 "카프카로부
터 유대적 초영혼을 착즙"하는 브로트의 무성의한 작업을 조롱했
다.[59]

　1924년 카프카가 세상을 떠났을 때, 브로트는 본인의 문학적
위세의 정점을 찍고 있었다. 1925년, 16세기의 어느 가짜 메시아
를 다룬 브로트의 소설『레우베니: 유대인의 왕』(1925, 영어판:
Reubeni: Prince of the Jew, 1928, 이 영어판은 크노프에 의해 미국에
서 출간되었고, 같은 해에 이츠하크 람단에 의해 히브리어로 번역되
었다)이 '체코 상'을 수상했다(브로트는 영광스러운 수상으로 받
아들였다).* 하인리히 하이네에 관한 그의 영향력 있는 전기는 폭

---

* 프리드리히 토르베르크는 이 소설을 가리켜 "우리 시대에 나온 중요한 유대 소설 중
하나"라고 했다. 실존 인물인 다비드 하레우베니는 1520년대에 한 아랍 공국—성경에
나오는 레우벤Reuben 지파와 갓Gad 지파의 후손들로 이루어진 나라—의 군주를 자처
하면서 교황 클레멘트 7세를 만났다. 그로부터 십여 년 뒤, 그는 종교재판에서 이단 혐
의를 받아 스페인에서 화형을 당했다. 레우베니의 출생에 대해서는 알려진 바가 없지만,
브로트는 추방 위기에 놓인 프라하 유대 공동체에서 레우베니가 성장기를 보냈다고 상
상한다. 브로트의 소설에서 이 "유대인의 왕Fürst der Juden"이 권력에 대해서 사색한다:

넓은 찬사를 받았다. 슈테판 츠바이크는 브로트의 초기 소설들의 점묘법적 인물 묘사에 찬사를 보냈고, 그를 "독일어권에서 가장 훌륭한 세밀화 화가들 중 한 명"이라고 추어올렸다.

만약에 그에게 카프카 저작물의 관리인, 편집인, 발행인—카프카의 사후 명성 큐레이터—이라는 역할이 없었더라면, 브로트는 사람들의 기억에서 사라진 지 이미 오래였을 것이다. 1937년에 나온 카프카 전기를 제외하면(영어로는 그로부터 10년 뒤에 출간되었다), 브로트 본인이 집필한 책들은 대개 사람들의 기억에서 사라졌다. 지금까지 브로트에 대한 전기가 영어로 나온 적도 없고, 브로트의 자서전이 영어로 나온 적도 없다. 이스라엘에서 히브리어로 번역되었던 그의 책 몇 권은 절판된 지 이미 오래다.[60] 독일 태생의 작가 하인츠 퀸은 이렇게 말했다. "진지한 독자들 사이에서도 카프카의 절친이었다는 점을 제외하고는 그의 이름을 기억할 이유가 없었다."

친구의 글을 홍보하고 출간해서 세간의 주목을 받게 하겠다는 브로트의 결심은 친구의 죽음 앞에서 오히려 더 강해졌다. 게오르크 (이르지) 모르데하이 란게르는 원고 구조자의 헌신적 태도를 이렇게 회상했다(1941년에 쓴 글이고, 그로부터 15년 전에 있었던 일이다).

"저 민족들이 저렇게 강성한 것, 저렇게 하나님의 사랑을 받고 있는 것은 […] 악의 본능까지 동원해 하나님을 섬기기 때문이다." 허구의 인물 레우베니가 화형 선고를 받을 때, 브로트의 소설 속 화자는 카프카의 『소송』을 되풀이한다: "고소당한 자는 기소 내용에 대해서도, 심지어 누가 고소했는지에 대해서도 들을 수 없었다."

그[브로트]가 그 저작들의 믿음직스러운 관리인이었다는 것,
그것들을 매우 소중히 여기고 눈동자처럼 간수해주었다는 데
는 말이 필요 없지 않겠는가. 보라, 어느 날 저녁 한 유명한 작
가가 브로트를 방문했으니, 브로트는 그에게 카프카의 친필원
고를 보여주고자 했다. 그를 제외하고는 누구에게도 쉽사리
보여주지 않았는데 원고가 상할지 모른다는 단순한 이유 말고
는 없었다. 그는 손님에게 보여주기 위해 원고를 서류철에서
막 꺼내는 참이었다. 하지만 그 순간 발전소 사고로 정전이 되
면서 집에 전기가 나가고 그렇게 동네 전체에 전기가 나갔으
니, 귀한 손님은 실망을 안고 돌아갈 수밖에 없었다. 단 한 글자
도 보지 못한 것이다.

독자들이 오래 기다릴 필요는 없었다. 카프카가 죽고 3년 뒤,
브로트는『프라거 아벤트블라트』와『프라거 타크블라트』에 실
리는 일급 문화비평가가 되어 죽은 친구 카프카의 책상에서 구해
냈던 문서들을 정리하고 그 친구의 미완성 소설 세 편을 얼기설
기 엮어 신속하게 연속으로 출간한 것이다. 브로트는 1960년 회
고록에서 "지금은 카프카가 썼다고만 하면 단어 하나까지 누가
와서 채 가지만, 처음에는(카프카가 죽은 직후에는) 전작을 내주
겠다는 곳을 찾기가 너무 어려웠다"라고 밝혔다. 1925년, 그는 베
를린의 아방가르드 출판사(설립 4년 차였던 '디 슈미데')를 구슬려
『소송』—카프카의 미완성 필사본을 브로트가 출판될 수 있게 손
질한—을 출판했다. 1926년에는 뮌헨의 출판인 쿠르트 볼프를
설득해『성』—마찬가지로 카프카가 미완성으로 남겨두었던—

을 펴내게 했다.[61] 그 후에 볼프는 『성』을 1500부 찍었는데 몇 권 팔지 못했다고 불평했다. 하지만 한 해 뒤, 브로트는 볼프를 설득 해 카프카의 첫 소설을 출판했다. 카프카가 1912년에 집필을 시 작하면서 붙였던 가제는 『실종자』였으나, 브로트는 카프카가 대 화 중에 이 책을 자기의 "미국 소설"이라고 자주 지칭했다고 주장 하면서, 책 제목을 『아메리카』로 변경했다. 브로트는 "다름 아닌 바로 이 소설이 […] 카프카 이해의 새로운 방식을 보여줄 것"이 라는 기대를 밝혔다.

계속해서 브로트는 자기가 충분히 감당할 수 있겠다는 자신감 을 가지고 카프카의 유고 단편집 두 권―『만리장성을 쌓을 때』 (윌라 & 에드윈 뮤어에 의해 *The Great Wall of China*로 영역, 1933) 와 『어느 투쟁의 기록』(타니아 & 제임스 스턴에 의해 *Description of a Struggle*로 영역, 1958)―을 편집해서 내놓았다. 브로트는 이 두 권에 이어 카프카의 일기, 편지, 아포리즘 선집도 펴냈다.

어디까지가 카프카이고, 어디서부터가 브로트인지 우리가 확 실히 말할 수 있을까? 브로트는 카프카가 무제로 남겨둔 글들에 제목을 만들어 붙였고, 카프카가 번호 없이 낱장으로 남긴 글들 에 순서를 만들어 엮었다. (예를 들어 『소송』을 요제프 K의 처형 장 면으로 끝낸 것은 브로트의 아이디어였다.)[62] 카프카의 텍스트가 변경 내지 수정이 불가능한 텍스트가 아닐까 하는 생각에 시달려 본 적이 한 번도 없었던 브로트는 여러 편을 한 편으로 합치기도 하고 잘라내고 싶은 부분들을 잘라내기도 했는데, 미묘하면서도 의미심장한 방식으로 그렇게 했다. 그는 문장들을 재배열했고, 카프카의 느슨한 구두점과 특이한 철자 습관들을 깔끔하게 고쳐

놓았고, "문법 오류Sprachunrichtigkeiten"(브로트의 표현)와 프라하 구두어를 바로잡았고, 문단 구분들과 식자공을 위한 메모들을 어설프게 건드렸으며, 친필원고 위에 붉은색으로 무언가를 써넣었다. 그는 카프카의 일기에서 성과 관련된 언급들, 외설적 언급들, 듣기 싫은 언급들을 검열했고, 아직 살아 있는 사람들에 관한 언급들을 아예 삭제했다. (프라하 태생의 역사가 사울 프리들랜더는 브로트 버전의 일기와 나중에 나온 비평판 일기 간의 불일치들을 전기『프란츠 카프카: 수치와 가책의 작가』에서 검토했다.) 때로는 카프카의 단편「어느 투쟁의 기록」의 경우처럼 브로트가 두 필사본 버전을 하나로 뒤섞어놓기도 했다. 카프카의 8절판 공책들 중 한 권에는 카프카가 단편소설 한 편의 초고 전체를 가위표로 지운 부분이 있다. 브로트는 그 부분에「프로메테우스」라는 제목을 붙여서 출간했다. 신시아 오직은 이렇게 논평했다. "브로트는 구조자였지만, 자기 손에 들어온 모든 것을 조작했다."*

체코 태생의 작가 밀란 쿤데라가『배신당한 유언들』(1993)에서 주장한 바에 따르면, 브로트는 현대 사회에서 수난당한 성자

---

* 2010년『뉴욕 타임스』의 한 기고문에서, 뉴욕 시립대학교의 명예교수 즈비 헨리 수빈은 그러한 조작의 한 예를 전했다.

1957년, 어머니를 따라 텔아비브의 하비마 극장에 있는 브로트의 지하층 사무실을 방문했는데, 그때 브로트는 자기가 카프카 문서 중에 어떤 것을 살려내야 할까 정하는 중이며, 따라서 "전쟁터의 군의관과 마찬가지로 감상에 빠질 여유가 없다"라고 말했다. 그때까지 브로트를 소중한 스승이자 멘토로서 "세상에서 가장 윤리적인 사람"이라고 여기고 있었던 어머니는 큰 충격을 받게 되었고, 브로트에게 카프카와 레기나Regina—어머니의 가장 친한 친구—가 지속적으로 주고받았던 편지들을 고의적으로 폐기했다는 비난을 가하기도 했다. 그런 이유에서 나는 브로트가 카프카의 명성과 유산을 자기가 창조한 이미지대로 보존하기 위해 여러 가지 조작을 자행했다고 믿는다.

라는 신화를 전파했을 뿐 아니라 카프카의 미완성 저작들과 일기들, 그리고 그가 아버지에게 쓴 전달되지 못한 편지와 그의 연서들까지 무차별적으로 출판했고, 이로써 카프카의 배신자가 되었다. 쿤데라에 따르면, 브로트는 이렇듯 무분별한 짓을 저지름으로써 "죽은 친구의 유언을 거역한 사례—저자의 유언을 회피하고자 하는 사람들을 위한 판례—를 만들어냈다."

하지만 만약에 브로트가 저자의 유언에 따라 그의 원고들을 태워 없앴다면, 카프카 글의 대다수는 영영 사라졌을 것이다. 우리에게—그리고 에바 호페에게—우리의 카프카가 남아 있는 것은 브로트의 불복 덕분이다.

———

막스 브로트는 카프카의 미완성 소설 세 권이 좀더 주목받지 못한 것에 실망을 느끼고 있었다. 1931년부터 그는 베를린 출판인 구스타프 키펜호이어(1880~1949)가 카프카의 나머지 문필 유산에 관심을 갖게 하려고 애썼지만 결국 실패했다. 1933년의 나치 집권 탓이었다. 그러는 사이에, 잘만 쇼켄(1877~1959)이라는 고압적 독학자 겸 백화점 거물이 베를린의 예루살렘 슈트라세에 출판사를 설립했다. (브로트가 쇼켄을 처음 알게 된 것은 쇼켄이 마르틴 부버와 공동으로 시온주의 저널 『유대인』을 창간하던 1915년, 또는 그 이전이었다.) 1934년, 브로트는 쇼켄을 "유대 도서 후원자"라고 칭하며 카프카 저작의 해외 판권을 사 가라고 제안했다.

이 제안은 처음에는 '쇼켄 출판사'의 편집장 람베르트 슈나이

더의 거절에 부딪혔다. 나중에 뉴욕 '쇼켄 북스'의 주필이 되는 아서 새뮤얼슨에 따르면, 슈나이더는 주저하다가 겨우 마음을 바꾸었다. "편집위원 중 하나였던 모리츠 슈피처의 압력 때문이었다. 독일 유대인들에게 닥친 새로운 국면에 모종의 의미를 부여하면서 독일 문화에서 유대인이 담당하고 있는 핵심적 역할을 부각시키는 목소리를 카프카에게서 보자는 것이 당시 슈피처의 주장이었다."[63]

당시 서른네 살이었던 슈피처는 수년 전 프라하 루체르나 궁전 Lucerna Palace에서 열린 한 모임 —'청년노동Ha-Poel Ha-Tzair'이라는 시온주의-평화주의 단체가 주최한 회합—에서 카프카를 만난 적이 있었다. 단체 창립자 A. D. 고르돈(1856~1922)이 1920년 봄에 프라하를 방문했다. 슈피처가 이 저명한 시온주의 지도자를 카프카에게 소개했다. 카프카는 초면인 사람을 만나면 "거의 물리적으로 수축하는" 사람이었다고 슈피처는 회상했다. 슈피처는 『유대인』에 게재되었던 카프카의 첫 두 단편소설을 읽은 이래 줄곧 카프카가 발표하는 모든 글을 손에 넣고 싶어 하던 독자였다.

1934년 2월 22일, 카프카의 어머니는 브로트의 교섭에 따라 카프카 저작물의 해외 판권을 쇼켄 출판사에 이양한다는 계약서에 서명했다(카프카의 아버지는 1931년에 사망했다). 2차 대전 발발 이전에 독일에서 카프카의 책이 약간이나마 팔렸던 것은 쇼켄 덕분이다. 1934년에 '쇼켄 문고Schocken Bücherei' 총서로 나온 카프카 선집(『법 앞에서』)의 추천사에서 헤르만 헤세는 카프카를 가리켜 "니체의 동생"이라고 표현했다.

하지만 나치의 올가미가 죄어오면서, 독일 내 "아리아인" 출판

인이 유대인 작가의 책을 출간하는 것과 유대인 출판인이 비非유
대인 작가의 책을 출간하는 것이 금지되었다.*『튀코 브라헤가 구
원받기까지』를 제외한 브로트의 모든 책이 1933년에 독일에서
블랙리스트에 올랐다. 하지만 그때까지만 해도 카프카 저작은 정
권에 의해서 금서로 지정될 정도로 알려져 있지 않았다. "유대인"
작가의 책이니까 "아리아인" 출판인을 통한 출간은 불가능할 것
이라고 여겨지는 정도였다.

그러다가 1935년 7월에 게슈타포 지침들이 나오면서 상황이
변했다. 같은 달에 카프카 저작의 쇼켄판 네 권 중 첫 권에 대한 열
광적 서평이 나왔다는 것이 상황 변화를 가속화한 듯하다. 망명
저널 『수집』에 실린 글에서 스물여덟 살의 작가 클라우스 만(토
마스 만의 아들)은 이렇게 썼다. "베를린의 쇼켄 출판사가 펴낸 프
란츠 카프카 전집은 오늘날 독일 땅에서 나오고 있는 가장 가치
있고 가장 의미 있는 출판물이다. [⋯] 현시대의 가장 순수하고
가장 기이한 문학작품이다." 이 출판사는 독일에서 살아남은 최
후의 문화 수호자 중 하나라고 만은 덧붙였다.[64]

1936년 가을, 독일 내 규제들을 피하기 위해 슈피처는 요제프
슐레징거라는 믿을 만한 변호사의 도움으로 카프카 저작의 판권
을 프라하의 '하인리히 메르시 출판사Heinrich Mercy Verlag'에 이
양했다(율리우스 키틀 나흐폴거, 켈러Julius Kittl Nachfolger, Keller 회

---

* 1935년, 쇼켄 출판사는 그때까지만 해도 19세기 오스트리아 작가 아달베르트 슈티
프터의 책을 (문고 총서 중 한 권으로) 펴낼 수 있었다(카프카 전기에서 브로트는 카프카
가 가장 좋아한 작가 중 하나로 슈티프터를 꼽았다). 하지만 슈티프터는 유대인이 아니었
기에, 그로부터 얼마 후 쇼켄에서는 이 책의 출간을 중단해야 했다.

사를 배본사로 이용했다). 이 협약에 따라, 손실은 전부 쇼켄이 메우기로 했고, 판권은 쇼켄의 요청이 있을 시 곧 반환하기로 했다. 메르시 출판사는 카프카 전집 중 5권과 6권을 펴냈다. 이 협약은 1939년에 프라하가 독일에 점령당하고 쇼켄 출판사가 강제 청산당할 때까지 유지되었다. (슈피처는 그해 3월에 예루살렘으로 피신했다).[65]

1935년, 잘만 쇼켄은 베를린에 있던 소장 도서를 예루살렘으로 밀반입하는 데 성공했다. 그의 컬렉션에는 히브리어 필사본 수백 편, 독일 시인 하인리히 하이네의 원고와 편지 4500페이지 이상, 노발리스의 철학적 저작물 필사본 거의 전부, 쇼펜하우어, 베토벤, 슈베르트의 서명과 필사본, 그리고 6만 권 이상의 희귀본 (괴테, 횔덜린, 레싱, 클라이스트, 실러, 호프만슈탈, 릴케 등등의 초판)이 포함되어 있었다.[66] 그로부터 5년 뒤인 1940년, 쇼켄은 카프카 저작을 포함한 재고를 체코 창고에서 팔레스타인으로 옮겨 오려고 했다. 그런데 영국이 체코슬로바키아를 적국으로 분류하고 있던 탓에 영국 위임통치령 팔레스타인이 선적 허가증을 내주지 않았다. 율리우스 키틀사가 1939년 여름에 게슈타포에게 장악되었으니, 카프카 초판을 포함해 재고 전체가 이미 파기되었으리라는 것을 쇼켄은 모르고 있었다. 그렇게 재고는 소실되었지만, 쇼켄의 판권은 그대로 유지되었다.*

* 2차 대전 종전 직후, 잘만 쇼켄은 평소 기백대로 뉴욕에서 '쇼켄 북스'를 설립했다. 쇼켄의 의도는 유대교에 관한 필독서 총서를 내는 것이었으니, 애서가의 취향과 사업가의 수완이 결합된 기획이었다. 쇼켄의 신설 출판사는 초기에 난항을 겪다가—한나 아렌트는 쇼켄을 가리켜 "유대인 비스마르크"라고 했고, 게르숌 숄렘은 쇼켄이 미국에서 만인을 적으로 돌리는 데 성공한 미숙한 불행아라고 했다—카프카를 사업의 중심

게르숌 숄렘은 1937년에 잘만 쇼켄에게 보낸 편지에서 이 출판인의 60세 생일을 축하하면서 카프카 저작 출간 결정을 치하했다. 카프카는 "현대인의 심성으로 카발라적 세계감의 세속화된 표현"을 우리에게 각인시킨 작가라고 숄렘은 썼다.

하지만 그러한 설명을 카프카의 독자들에게 전달하는 과정에는 결함이 있었다. 1937년 6월, 모리츠 슈퍼처는 숄렘에게 브로트의 카프카 편집은 "당연히 엉터리"라고 하면서 "우리끼리 하는 말이지만, 올바른 카프카 편집본이 나오려면 브로트가 원고에서 손을 떼고 물러날 때까지 기다려야 할 것"이라는 불만을 전했다.

에 놓기 시작했다. 예컨대 쇼켄의 초창기 기획 중 하나는 막스 브로트의 타자본을 원본으로 삼은 카프카의 『일기』 영어판—원어인 독일어로는 아직 출간되지도 않은 책—이었다. 1946년, 쇼켄 북스는 카프카의 소설들을 기존에 있었던 뮤어 번역으로 재발매함으로써 전후戰後 미국에서 카프카 열풍을 일으키는 데 일조했다. 1951년, 잘만 쇼켄은 카프카의 작품에 대한 독일 저작권을 고트프리트 피셔—전쟁 중에 나치에 의해 폐업당했던 S. 피셔 출판사라는 저명 출판사의 소유주—에게 팔게 된다. 피셔는 "새롭게 재개업한 우리 출판사는 카프카 덕분에 단번에 대중의 시선을 끌었다"라고 말했다. 최근 S. 피셔 출판사는 라이너 슈타흐의 세 권으로 된 카프카 전기의 결정판—*Kafka: Die Jahre der Entscheidungen*(2002), *Kafka: Die Jahre der Erkenntnis*(2008), *Kafka: Die frühen Jahre*(2014)—을 출간했다.

잘만 쇼켄, 1950년경
(로테 야코비)

마지막 기차:
프라하에서 팔레스타인까지

오스트라바, 체코-폴란드 국경 지대

1939년 3월 15일

일단 카프카라는 수레바퀴에 깔린 사람에게는 세상 탓이라는 흡족한
판결을 받을 가능성이 사라지는 만큼 세상과 싸우지 않을 가능성도 사
라진다.

— 테오도어 W. 아도르노, 「참여」, 1962년

카프카가 죽고 15년이 흐른 1939년 3월 14일 화요일 오후 9시,
54세의 막스 브로트와 그의 아내 엘자는 프라하의 윌슨역 2번
플랫폼에 서 있었다. 체코 사람들에게는 '빌소노보 나드라지
Wilsonovo nádraží'로 알려진 이 역에 이름을 준 미국 전 대통령 우
드로 윌슨의 동상은 길 건너 높은 대臺 위에서 역을 마주 보고 있

었다. 막스와 엘자의 코트 주머니에는 영국발 팔레스타인행 이민 비자가 들어 있었다. 그날 하루 동안 정말 많은 일이 있었다. 그날 아침, 부부는 "지크 하일Sieg Heil!"을 연호하는 나치 청년들이 사열종대로 프라하 도심 대로들을 행진하는 모습을 지켜보고 있었다. 그날 저녁, 히틀러에게 소환당한 체코슬로바키아 대통령 에밀 하하가 베를린에 있는 국가수상부에 가 있었다. 체코-폴란드 국경을 넘을 수 있을지 어떨지 알 수 없는 채로 브로트 부부는 기차에 올랐다. 체코 유대인들의 막판 탈출 경로 마련을 위해 애쓰고 있던 세 사람—야코브 에델스테인(프라하의 팔레스타인 공관 책임자), 프리츠 울만(시온주의 단체의 지도자이자 유대인 원조 단체 위원장), 로버트 J. 스토포드(영국 재무부 소속 프라하 주재 연락장교, 재무 및 난민 업무)*—이 배웅을 나왔다.

막스 브로트가 그로부터 25년 전에 1차 대전을 경험하면서 깨달았던 것은 프라하 유대인들의 지위가 극도로 취약하다는 것, 그리고 정치란 무시하고 싶어도 무시할 수 없는 무언가라는 것이었다. 당시 서른 살이었던 브로트는 고상한 지식인들과 "지성인들Geistigen"이 그들의 존재와 그들의 근사한 사상을 정치 현실로부터 위험하리만치 유리시키고 있다고 느꼈다. 브로트는 자신의 회고록에서 이렇게 회상했다. "우리는 응석받이 세대였다. […] 바그너 음악에 대한, 유대교의 토대와 기독교의 토대에 대한, 인상파 회화에 대한, 그리고 그 밖에 많은 것에 대한 논쟁이 우리에

* R. J. 스토포드의 사문서와 일기가 런던 임페리얼 전쟁박물관에 소장되어 있는데 (catalogue number 12652), 이를 보면 체코슬로바키아를 탈출한 난민들을 위한 그의 영웅적 헌신을 짐작할 수 있다.

게는 훨씬 더 중요한 가치를 가지고 있었다. 그런데 그 태평기가 하룻밤 사이에 갑자기 끝나버린 것이다. 한 세대 전체가 그토록 인정사정없이 사실의 홍수에 휩쓸린 경우는 전무후무했다." 그때까지만 해도 "전쟁"은 지나간 시대의 단어, 격세유전되는 중세 형질의 메아리인 듯했다. 『이교, 기독교, 유대교』에서 그는 결정적이었던 1914년에 대해 이렇게 쓴다. "그때까지 우리 문인들은 하는 일이 너무 없었으니, 그리고 현실의 위력에 대한 우려가 너무 없었으니 […] 우리는 악령에게 급습당한 것이었다."

이번에는 산산조각 나는 사회에 급습당하지 않기로 작정한 브로트였다. 그가 『인종론과 유대교』(1934)라는 팸플릿의 필자로서 독일의 새로운 인종주의를 공격했던 것은 프라하발 마지막 기차에 오르기 5년 전이었다. 하지만 반유대주의와 인종주의적 집단사고는 수그러들 줄 몰랐다. 1938년 9월 말, '뮌헨 협정'으로 나치 독일이 체코슬로바키아 영토의 일부를 합병할 수 있게 된 직후, 브로트는 떠나기로 결심했다. 『프라하의 막스 브로트: 정체성과 매개작용』의 저자 가엘 바소뉴는 이렇게 쓴다. "그는 자기가 사랑하는 문화—독일 문화—로부터 버림받았다고 느꼈다."

속담에도 나오듯이, 망명자란 피난을 떠날 때 장서를 챙기는 사람이다. 플랫폼에 서 있던 그때, 브로트는 되는 대로 묶여 있거나 낱장으로 흩어져 있는 카프카 문서—일기들, 여행기들, 초고들, 정서한 원고들, 스케치들, 수백 통의 편지, 카프카가 히브리어를 열심히 공부할 때 사용한 얇고 검은 공책들—로 가득 채워진 부피가 크고 가죽이 갈라진 여행 가방을 든 난민이었다. (브로트는 본인의 원고는 트렁크에 넣어두고 나중에 화물선으로 운반되도록 했다.) 브로트는 카프카 필적이기만 하면 알 수 없는 편린에 불과한 종이 쪼가리 하나까지 꼼꼼하게 챙겨 왔다. 영국의 극작가 겸 시인 벤 존슨에 따르면, 셰익스피어는 "단 한 줄도 지운 적이 없는" 작가였다. 카프카는 그런 작가가 아니었다. 여행 가방 속 종잇장들은 카프카 필적의 온갖 표시들—굵은 가위표로 지워진 문단들, 낙서들, 곳곳의 약칭들, 실패한 시작들, 재시도들—을 드러내 보이고 있었다.

———

카프카에게 선견지명이 있었다고, 예언하는 능력까지는 아니더라도 거의 점치는 능력이 있었다고 여긴 사람들이 있다. 밀레나 예센스카는 카프카에 대해 이렇게 말했다. "다른 사람들이 진실로부터 귀를 닫은 채 안심하고 지내는 곳에서 그는 임박한 위험 신호를 들었다." 밀레나는, 그가 진실을 따라다녔다기보다는 진실이 그를 따라다녔다고 믿었다. 카프카라는 이름은 공적 영역과 사적 영역을 불문하고 도처에 침투해 있는 익명적 관료주의로 인한 인간성 말살의 대명사가 되어왔다. 그는 개인을 하찮은 존재로 만들고, 인간을 주체에서 사물로 격하시키고, 공포를 평범한 일상으로 만들어버리는 비이성적 국가권력의 정수를 보여준 작가라고 일컬어진다. 독일-유대 사회비평가 테오도어 W. 아도르노는 이렇게 말했다. "카프카의 글이 전체적으로 드러내고자 하는 중요한 지점은 '사람은 자기 자신이 아니다, 사람은 사물이다'라는 것을 사람들이 알게 되는 지점이다."

이러한 시각에 따르면, 카프카는 전체주의하에서 개인적 자유가 좀먹는 모습—임의적 체포, 전시용 재판, 자수, 불가해한 법정, 교도 명목으로 자행되는 고문, 범죄에 선행하는 처벌 등등의 그로테스크한 일상(표현을 바꾸면, 사법적 폭력)—을 예견 또는 예표한 작가였다.

초기 독자들 중에는 카프카의 글에 공포스러움이 가득한 만큼, 여기에 그려져 있는 것이 파시즘의 시스템이라고 이해하는 경우도 있었다. 회고록『프라하 서클』에서 브로트는 이렇게 쓴다. "프란츠의 편지와 일기에서 표출되는 불안angst은 합당한 이유에서 비롯된 불안이다. 곧 닥쳐올 히틀러 체제의 만행들에 대한 불안. 그가 일종의 영적 투시력을 통해 내다보았던, 미리 그려보기까지 했던 불안." 그가 다가올 일들을 예감하고 있었을까? 독일의 극작가 베르톨트 브레히트는 강한 긍정의 대답을 내놓는다.

곧 만들어질 정치범 수용소들을, 곧 닥쳐올 법적 안정성의 와해를, 곧 생겨날 국가기구 지상주의를, 수많은 개별자들의 공허하고 동기 부여가 잘 되지 않는 삶을, 카프카는 탁월한 상상력으로 묘사해냈다. 모든 것이 가위눌린 꿈속 장면인 듯, 모든 것에 악몽의 불명확함과 불충분함이 깃들어 있다.

1938년 6월, 브로트가 프라하를 탈출하고 1년이 채 지나지 않았을 때, 발터 베냐민은 게르숌 숄렘에게 보내는 편지에 이렇게 썼다. "[카프카의 세계는] 그의 시대—인류의 상당수를 제거하려고 하는 시대—가 갖지 못한 부분을 정확하게 보충해줍니다.

카프카 개인의 경험에 상응하는 경험이 상당수 대중의 경험이 되려면 그렇게 제거당하는 경험이 선행되어야 할지도 모릅니다."

일부 독자들에 의해 20세기의 전체주의적 격변들을 예고하는 것으로 여겨진 글들이 이제 바로 그 격변들로 인해 위협당하고 있었다. 나치가 카프카의 유언을 이행하게 되는 사태—카프카가 남긴 글들이 나치에 의해 유대 도서 화장터 중 한 곳에서 불타 없어지는 사태—가 벌어지는 것을 브로트는 좌시하지 않을 것이었다.

———

오후 11시에 윌슨역을 출발한 브로트 부부의 기차는 바로 얼마 전에 '독일국방군Wehrmacht' 주둔지가 된 시골 지역을 간신히 통과했고, 3월 15일 오전 4시에 체코-폴란드 국경 지대에 위치한 오스트라바에 정차했다. 기차가 서서히 정차하는 동안, 브로트는 객실 창문으로 밖을 내다보면서 부동자세의 독일 병사가 플랫폼을 지키는 모습을 지켜보았다. 브로트에 따르면, 그 병사는 "고대 로마 군단병의 조각상" 같은 모습이었고 "솔직히 매우 아름다웠다." 브로트는 군단병이 한 명이 아니라는 것, 완전무장한 독일국방군 병사들이 플랫폼마다 도열해 있다는 것을 알아차렸다. 막스 브로트는 그때를 이렇게 회상했다. "그 장면이 왜 나를 공포로 몰아넣지 않았는지 그 이유를 설명하기가 어렵다. 그때 내가 너무 피곤해서, 비몽사몽 상태라서 그랬던 것 같고, 아울러 그때 나와 가장 가까운 위치에 서 있던 젊은 병사가 너무 아름다운 인간의

귀감이라서 그랬던 것 같다. 그것이 늘 나의 약점이었다. 아름다
움은 어떤 형태의 아름다움이든 나에게 환희를 불러일으키니, 아
름다움은 내 인생에서 최소 한 번 이상 나를 철저한 괴멸 직전까
지 데려갔다."

브로트 부부의 기차 객실에는 펠릭스 벨취와 그의 아내 이르마
도 타 있었다. 초등학교 때부터 막스와 알고 지냈던 펠릭스는 친
구가 커다란 여행 가방을 계속 곁눈질하는 모습을 지켜보았다.
"나는 거기서 눈을 떼지 않았다"라고 훗날 브로트는 말했다. 브로
트는 카프카의 첫 소설 『아메리카』에 등장하는 카를 로스만을 생
각하고 있었는지도 모른다. 유럽을 떠나 '신세계'로 오는 이 인물
은 "바다를 건너는 내내 여행 가방을 지켜보느라 거의 한숨도 못
자"는데, 뉴욕항에 도착하자마자 잠깐 한눈판 사이에 여행 가방
을 잃어버린다. 그때 이미 브로트는 여행 가방의 내용물에 부적
─그가 떠나온 곳에 닥칠 불운한 운명으로부터 그를 보호해줄
무언가─의 의미를 부여하고 있었던 것 같다.*

그 기차는 나치가 국경을 봉쇄하기 전에 마지막으로 체코-폴
란드 국경을 통과한 기차로 기록된다. 같은 날, 그 기차가 폴란드
크라쿠프로 진입할 때, 절망스러운 헤드라인 기사가 브로트의 눈
에 들어왔다. 이제 체코슬로바키아는 없었다. 그에게 그토록 소

---

* 그로부터 십여 년 뒤, 브로트는 동급생이었던 빅토르 마티아스 프로이트─시온주의
자로서 '바르 코흐바 협회'의 초기 멤버이자 큰 사랑을 받은 교사─에 대한 책(『우등생에
가까운』, 1952)을 쓴다. 영국으로부터 팔레스타인 이민 비자 발급을 거부당한 프로이트
는 1943년 7월 프라하에서 테레진으로 추방되었고, 1944년 10월 테레진에서 아우슈비
츠로 보내졌다. 프로이트 또한 성스러운 책이 자기를 보호해준다는 믿음을 지니고 있었
다. 그가 강제이송 열차에 타기 전에 마지막으로 이렇게 말했다고 한다. "나에게는 나쁜
일이 일어날 수 없다. 성경과 괴테의 시집이 나의 주머니에 있으니까."

중했던 나라인데, 그는 그 나라에서 기쁨과 슬픔을 알게 되었는데, 그 나라는 이제 없는 나라였고, 그는 무국적 난민이었다.

3월 17일 오후, 브로트 부부는 다른 체코슬로바키아 난민 160가구와 함께 흑해 연안의 루마니아 콘스탄차 항구에 도착했다. 그들은 베사라비아Bessarabia라는 낡은 루마니아 여객선 228호 객실을 예약해놓은 상태였다. 그들을 실은 기차는 부두까지 직행했고, 그들을 실은 배는 이스탄불, 아테네, 크레타, 알렉산드리아를 경유해 텔아비브에 닿았다.

브로트가 처음 팔레스타인을 구경했던 것은 그로부터 11년 전이었다. 1928년에 6주 일정으로 방문했을 당시, 그의 방문지는 '베이트 알파 키부츠Kibbutz Beit Alfa'와 거기서 가까운 '헤프치바 키부츠Kibbutz Heftziba'였다(두 곳 다 체코슬로바키아, 독일, 폴란드 이민자들에 의해 1922년에 건설되었다).* 전쟁 전 팔레스타인에서 브로트 글이 출판된 적도 있었다. 『튀코 브라헤가 구원받기까지』는 1935년에 (폴란드 태생의 시인 모르데하이 템킨의 번역으로) 히브리어로 출판되었다.

그 당시의 브로트는 알리야aliya(팔레스타인 이민)를 행할 생각이 없었다. 그는 1920년에 이렇게 썼다. "그런다고 디아스포라가 없어지지는 않는다. 팔레스타인이 적정 인구를 유지하려면 유대 혈통의 8분의 1밖에 수용할 수 없기 때문이다." 1922년, 브로트는 "팔레스타인에 대한, 정확히 말하면, 팔레스타인이 유대인 구원을 독점하는 것에 대한 깊은 의구심"을 느끼고 있음을 밝히는

* 체코 대통령 토마시 마사리크의 '베이트 알파 키부츠' 방문은 전년도 4월에 이루어졌다. 국가 정상이 영국 위임통치령 팔레스타인을 방문한 것은 그때가 처음이었다.

글을 발표했다. (평생 글 고치는 편집인이었던 브로트는 1966년에 이 글을 재출간하면서 위 대목을 삭제했다.) 마크 겔버에 따르면, 브로트는 "무기한 디아스포라 상태에서 유대인 민족주의자로서의 삶을 살겠다"고 마음먹은 상태였다. (그로부터 수십 년이 흘러 1957년, 브로트는 친구 프리츠 본디—'NO Scarpi'라는 필명으로 활동한 프라하 태생의 번역자—에게 이렇게 말했다. "이스라엘은 디아스포라 유대인들이 없으면 존재할 수 없고, 디아스포라는 이스라엘이라는 나라가 없으면 존재할 수 없다.")

그럼에도, 2차 대전이 일어나기 직전까지도, 팔레스타인은 브로트의 1지망이 아니었다. 브로트는 회고록에 이렇게 쓴다. "[팔레스타인 친구들은] 나의 알리야를 말렸다. 그곳에는 고학력 전문직 종사자들, 그중에서도 특히 나이 많은 사람들에 대한 수요가 없다는 이유로. 그곳에 필요한 인력은 건장한 청년들, 개척자, 행동가, 기술자, 양계업자, 농부 들이라는 이유로." 1939년 초, 브로트는 옛 지인이던 독일의 소설가 겸 노벨상 수상자 토마스 만에게 절박한 어조로 편지를 썼다. 브로트는 곧 닥쳐올 참사를 감지하면서, 너무 늦기 전에 미국으로 이민을 떠나기로 마음먹었음을 공언했다. 그는 나치당 일간지 『푈키셔 베오바흐터』에 자기를 공격하는 글—"내[브로트]가 수십 년 전에 썼던 청년기 저작 중에서 몇몇 관능적인 대목"을 들이대면서 그의 체면을 깎아내리고자 하는—이 실렸다고 언급했다.

거의 동결된 쿼터에도 불구하고 선견지명을 발휘해 미국으로 탈출하는 데 성공한 유럽 유대인 에미그레들의 이름, 곧 알베르트 아인슈타인, 한나 아렌트, 레오 슈트라우스, 헤르베르트 마르

쿠제, 테오도어 W. 아도르노, 막스 호르크하이머, 그리고 그 밖에 전후戰後 미국 문화에 엄청난 공헌을 하게 되는 한 무리의 음악가들, 화가들, 조각가들의 이름을 브로트는 익히 알고 있었다. 미국 대학교에 초빙될 수 있게 주선해줄 것을 이제 브로트가 만에게 부탁하고 있었다. (만은 프린스턴에서 교수직 제안을 받은 상태였다.) 브로트는 자기가 미국 대학교에 제공할 수 있는 것들—체코 정치 강좌, 시온주의 강좌, 음악 강좌, 그리고 유일무이한 가치를 지닌 보물 하나—을 열거했다. 그는 만에게 이렇게 썼다. "아직 발표되지 않은 프란츠 카프카 유고Nachlass를 전부 다 가져가겠습니다. 그리고 거기서 그것들을 편집해서 카프카 아카이브를 마련하겠습니다."

브로트로부터 이런 청탁을 받았을 때, 토마스 만은 소설 『로테, 바이마르에 오다』를 막 마무리하고 있었다. 이 소설에서 작가는 괴테가 이런 경고를 하게 만든다. "독일 사람들은 자기네들의 가장 저열한 측면을 일깨우고 자기네들의 죄악을 지지하고 독일 국적을 배척과 야만의 구실로 삼으라고 가르치는 발광하는 악당이 나타날 때마다 그자에게 경건하게 헌신한다." 신흥 나치의 잔혹함을 너무나 잘 알고 있었던 만은, 브로트가 뉴욕 공립도서관에서 일할 수 있도록 손써보려고 했다. 1939년 2월 27일 자 편지에서, 만은 그곳 도서관장 H. M. 리덴버그에게 브로트가 "비非쿼터 외국인"으로 미국에 들어올 수 있게 주선해달라고 도움을 청했다.

나는 브로트 박사를 수년간 알아왔고 존경해왔습니다. 그는 지금 54세입니다. 지금까지 20년이 넘는 세월 동안, 그는 자기 나라를 위해 작가로서뿐 아니라 공직자로서, 그리고 아울러 『프라거 타크블라트』 편집장으로서 일해왔습니다. 재능 있고 교양 있는 사람인데, 지금은 그가 유대인이기 때문에 자기가 생각하고 믿는 바를 글로 써낼 수 없게 되었고, 독일 언론의 조롱과 비방에 시달리는 중입니다.[67]

그러면서 만은 리텐버그에게 한 가지 중요한 사실을 전했다.

그[브로트]는 자기 수중에 있는 프란츠 카프카의 단행본 및 친필원고 컬렉션을 기꺼이 제공하겠다고 합니다. 명성 있는 기관에서 그것을 받아주고 그 대가로 그 컬렉션의 책임자나 보조자로 근무할 수 있는 자리를 주겠다고 할 경우, 다시 말해 그가 이 나라에 들어오는 것을 가능하게 해줄 경우라면 말입니다. […] 프란츠 카프카 같은 매우 유명한 작가의 원고 및 단행본을 소장할 수 있는 기회이니만큼, 이 컬렉션을 극단적 상황으로부터 탈출하기 위한 현실적 도구로 이용해야 하는 한 개인의 인간적 비극은 차치하고라도 고려해볼 만한 기회라고 생각되며, 저의 그런 생각에 귀하도 동의하리라고 믿습니다.

브로트가 자서전에서 풀어낸 이야기는 좀 다르게 흘러간다. "히틀러주의의 위해危害가 서서히 정도를 더해가고, 프라하에 머물러 있는 것이 고문과 죽음을 뜻하게 되었을 때, 토마스 만은 내가 무슨 부탁을 한 것도 아니었음에도 나를 책임져주었다. 만이 중재에 나서준 덕에 모든 일이 잘 풀렸고, 미국 대학교에서 교수 자리가 나를 애타게 기다리는 상황이 되었다. 나의 최종 선택은 내 인생의 수호신을 따라 팔레스타인으로 가는 것이었다." 만이 브로트에게 신시내티의 '히브리 유니온 칼리지' 자리를 얻어준 것은 사실이지만, 임용 통지서가 프라하에 닿은 것은 브로트가 이미 탈출한 뒤였다. 프랑스 그르노블 스탕달 대학교의 가엘 바소뉴에 따르면, 브로트는 텔아비브에 도착한 이후에도 계속 미국 대학교 자리를 알아보려고 애썼다.

브로트는 카프카 원고로 미국을 유혹해보려고 애썼지만 여의치 않았다. 여행 가방을 움켜쥔 그와 엘자는 어쩔 수 없이 텔아비브로 향했다. 끝내 팔레스타인에 도착하자마자 브로트는 이렇게 말했다. "나에게 계획은 하나밖에 없다. 그것은 이 나라를 그리워한 내 친구 프란츠 카프카를 이 나라가 기억할 수 있게 애쓰는 것이다."

───────

브로트는 성자가 된 카프카의 유품을 '약속의 땅'으로 가져와서 무엇을 할 생각이었을까?

1940년 5월 5일, 독일이 벨기에, 프랑스, 룩셈부르크, 네덜란드를 침공할 태세를 갖추고 있을 때, 텔아비브의 브로트는 예루살렘의 히브리 대학교 총장에게 보낸 편지에 이렇게 썼다.

우리가 살아가는 격동의 시대가 나로 하여금 당신을 상대로 시급한 요청을 하게 만듭니다. 대단히 중요한 원고가 들어 있는 내 가방을 당신에게 맡겨도 되겠습니까? 이 가방 안에는 프란츠 카프카의 유고, 내 작곡들, 내 미발표 일기들이 들어 있습니다. 당신도 이해하겠지만, 이 가방, 나에게 너무나 소중한 이 가방을 이런 시대에 사적인 장소에서 안전하게 보관하기는 불가능합니다. 나는 당신이 이것을 안전하게 맡아주었으면 합니다. 지금 시대에 안전이라는 것이 가능하다면 말입니다.

브로트와 히브리 대학교 사이의 협상은 지지부진하게 진행되다가 중단되었다. 1940년 9월 9일, 이탈리아 공군이 텔아비브 주거 지역들에 폭탄을 떨어뜨려서 53명의 어린이를 포함해 137명이 살해되었다. 이 사건이 있은 후, 브로트는 자기 보물을 미국 대학교나 히브리 대학교 같은 곳에 기탁하는 대신 예루살렘 밸푸어 길에 위치한 쇼켄 도서관의 방화 금고에 넣어두기로 마음먹었다.[68] 1940년 12월 6일 자 문서에서, 잘만 쇼켄은 카프카 원고가 쇼켄 도서관 금고 안에 있으며, 그 금고 열쇠는 브로트가 단독 소유한다는 것을 확인했다.

그 확인은 거짓으로 밝혀졌다. 쇼켄이 금고 열쇠를 복제한 정황, 그리고 쇼켄이 카프카 자료를 브로트의 허가 없이 급하게 촬영한 정황이 있었다. 1951년 2월 22일 자 편지에서, 브로트는 쇼켄을 상대로 금고 열쇠 복제 건에 대해 항의하고 나섰다. 브로트가 원고 반환을 요구했을 때, 쇼켄은 계속 꾸물거렸다. 에바 호페는 나에게 이렇게 말했다. "그렇게 계속 시간을 끌면 막스가 지쳐서 포기할 줄 알았던 거야."

1951년 4월 26일, 브로트는 카프카의 조카 마리아나 슈타이너에게 편지를 보냈다. 쇼켄이 약속을 깨고 여벌의 금고 열쇠를 챙겼더라는 말을 하기 위해서였다. 슈타이너(결혼 전 성: 폴라크)는 1939년 4월에 남편, 아들과 함께 런던으로 탈출해서 그곳에 정착해 있었다. 1952년 4월 2일, 브로트는 다시 마리아나 슈타이너에게 편지를 보냈다. 브로트 본인이 쇼켄의 직원 한 명을 대동하고 금고를 열어보았으며 "모든 것이 아무 이상 없이 잘 들어 있더라"라는 말을 하기 위해서였다. 브로트의 보관물 목록에 따르면, 다음의 원고들이 포함되어 있었다.

1. 카프카의 미완성 소설 세 편의 친필원고:『소송』『성』『아메리카』
2. 「어느 투쟁의 기록」「굴」「단식 광대」「작은 여자」「블룸펠트」「가수 요제피네, 또는 쥐의 종족」을 포함한 카프카의 단편소설 여러 편의 초고
3. 카프카의 일기들(4절판 공책 열세 권)과 여행기들
4. 카프카의 청색 8절판 공책들(카프카의 아포리즘과 단편 들로 가득한 공책 여덟 권)
5. 카프카가 아버지에게 드리는 편지의 원본(타자 원고)
6. 카프카의 히브리어 연습장
7. 카프카가 브로트에게 보낸 편지들

브로트는 카프카가 아버지에게 드리는 편지와『소송』및「어느 투쟁의 기록」원고가 "나의 재산"이라고 주장했다. 카프카가

브로트에게 보낸 편지들은 "카프카 유고가 아니지만, 내가 한시
적으로 거기 넣어놓은 것"이고, "그 외에는 전부 카프카의 상속인
들의 것"이라고 브로트는 덧붙였다.

2015년 8월, 텔아비브 지방법원의 판결이 나오고 한 달 뒤, 마
리아나의 아들 마이클 슈타이너—런던의 일급 로펌에서 파트너
변호사로 오래 일했다—는 모친의 유언 집행자 겸 유산 신탁관
리인의 자격으로, 그리고 '카프카 유산' 대리인의 자격으로 호페
사건 담당 이스라엘 측 변호인들에게 편지를 보냈다. 슈타이너는
브로트가 1952년에 보내온 편지에서 주장한 내용을 언급하며 다
음과 같이 이야기한다.

내 어머니는 평생 동안 그 주장들을 인정했고, '카프카 유산' 측
도 동일한 입장을 채택하고 있습니다. […] 내가 본 지면을 빌
려 분명히 밝히고 싶은 것은, 카프카가 사람들은 늘 막스 브
로트에게 감사해왔다는 것입니다. 그가 카프카의 문학적 명성
을 위해 애써준 모든 것에 대해, 카프카 사후에 그가 보여주었
던 사심 없는 행동에 대해, 그가 카프카가를 도와준 것, 특히 쇼
켄을 비롯한 출판인들과의 협상을 도와준 것에 대해 감사하
고 있습니다. […] 2010년, 나는 '국립도서관' 측으로부터 정보
를 제공해달라는 연락을 받았고, 앞으로 진행될 소송에서 '카
프카 유산' 측이 공동소송인으로 참가하지 않겠느냐는 문의도
받았습니다. 하지만 실로 판사에 의해 확정되었던 막스 브로
트 유언장 해석이 이토록 긴 시간이 흐른 뒤 어떻게 또 한 번 소
송의 대상이 될 수 있다는 것인지 나로서는 이해할 수 없는 일

이었습니다. 나는 메이르 헬레르['국립도서관' 측 변호인]에게
내가 제공할 수 있는 모든 정보를 제공했고, 아울러 '카프카 유
산' 측이 과거에 취했던 방향을 설명한 뒤, 법원 명령에 따라 작
성된 목록의 사본을 열람하게 해줄 것을 요청했습니다. 브로
트의 1952년 4월 편지와 비교해보기 위함이었습니다. 아울러
나는 '카프카 유산' 측의 시각, 곧 브로트 본인이 자기 것이 아
님을 인정한 모든 품목을 본 측의 소유물로 보는 시각을 분명
히 밝혔습니다. 이 범주 안에는 상기 편지에서 문서화되지 않
은 카프카의 원고들도 포함될 수 있습니다. 브로트가 모종의
이유로 그것들의 존재를 문서화하지 않았을 수 있습니다. 내
가 열람을 요청했던 목록은 결국 제공되지 않았습니다. 본 시
점에는 제공되어야 하리라 생각됩니다.

같은 편지에서 마이클 슈타이너는 이렇게 덧붙였다. "[1956년
에] 쇼켄은 그 원고들을 내 어머니나 막스 브로트 어느 쪽에게도
알리지 않은 채 스위스 금고로 옮겼습니다. 그 일이 있기 전에 브
로트가 이미 원고 일부―그가 1952년 4월 편지에서 본인 소유
라고 주장했던 것들―와 편집 작업을 위해 필요했을 수도 있는
기타 보관물들을 꺼내 갔던 것 같습니다." 시간은 그때로부터 60
년이 넘게 흘렀지만, 그 일화는 에바 호페의 기억에 거의 그대로
남아 있었다. 쇼켄가家 놈들은 "징그러워"라고 그녀는 나에게 말
했다.
 1961년 4월, '카프카 유산' 측 대표인 맬컴 파슬리 경은 브로트
가 카프카 유산에 귀속된다고 인정한 원고―스위스 은행 금고에

들어 있던—를 반환받아 옥스퍼드 보들리언 도서관에 기탁했다.
해당 원고는 파슬리가 스위스에서 옥스퍼드까지 본인의 소형 자
가용으로 운반했다.*

* 카프카의 조카 마리아나 슈타이너도 보들리언 도서관에 1969년 8월에는 「변신」 친
필원고를, 이듬해에는 프라하에 있는 사촌들이 소유하고 있던 카프카 편지 한 상자를
기탁했다. 카프카의 또 한 명의 조카 게르티 카우프만—카프카의 동생 엘리의 딸—은
1972년에 자기 몫의 유산을 보들리언 도서관에 유증했다. 1989년에는 잘만 쇼켄의 손녀
미리암 쇼켄이 또 한 뭉치의 카프카 문서를 보들리언 도서관에 기증했다. S. 피셔 출판사
에서 출간된 카프카 저작의 비평판은 이 옥스퍼드 문서들에 토대를 두고 있다. 마리아나
슈타이너는 2000년 사망 시에 자기 몫의 친필원고들을 보들리언 도서관에 유증했다. '슈
트룀펠트 출판사Stroemfeld Verlag'는 보들리언 도서관에 소장되어 있는 카프카 원고들
의 영인본을 롤란트 로이스와 페터 슈텡글레의 편집으로 출간했다.

막스 브로트, 프라하, 1937년 2월
(체코슬로바키아 통신사)

II
===

마지막 곡예사:
카프카, 독일에 가다

테오도어 아커만 고서점, 루트비히 슈트라세 7번지, 뮌헨

1982년 11월

인류를 통틀어 독일 민족과 유대 민족은 서로 매혹하고 서로 배척함에
있어 타의 추종을 불허한다.

—모제스 헤스, 1862년

예로부터 유대인들은 독일이 천천히 자기 방식대로 가지게 되었을 것
들을 독일에 강요했고, 독일은 이방인들에게서 온 것들이라는 이유에
서 그것들을 반대했습니다.

—프란츠 카프카가 막스 브로트에게, 1920년

카프카 탄생 100주년을 얼마 앞둔 1982년 11월, 뮌헨의 유서
깊은 서점 '테오도어 아커만'(1865년 설립)의 점장 베르너 프리치

는 일생일대의 매각 제안을 받았다. 프리치가 제안자의 신원을
공개하지 않으면서 밝힌 매각 제안 내용에 따르면, 카프카의 가
족과는 다르게 작가의 개인 장서(약 279권)는 나치 정권하에서
큰 손상 없이 살아남았다는 것이었다. 이 컬렉션은 그때껏 모호
하기만 했던 질문—카프카의 정신적 동반자는 누구였을까?—
에 광명을 던져 줄 듯했다. 프리치는 이 책들을 위르겐 보른 교수
에게 보여주고 진품으로 감정받은 다음, 보른이 소속된 부퍼탈
대학교의 '프라하 독일문학 연구소'에 비공개 금액으로 매각했다.

카프카 장서의 다수는 독일 고전—괴테, 실러, 쇼펜하우어(카
프카는 쇼펜하우어 전집 중 아홉 권을 갖고 있었다), 프리드리히 헤
벨의 저작들—과 세계 고전의 독일어 번역본들—셰익스피어 아
홉 권, 도스토옙스키의 소설 여러 권[69]—이었다. 카프카 장서에
서 유대 서적의 비중은 그리 크지 않았다. 그중 일부만 소개하자
면, 테오도르 헤르츨의 일기들, ("베를린에 거주하는 히브리 작가
중 독일 문학계에서 존경받은 최초의 작가"라고 일컬어지는) M. Y.
베르디체프스키가 엮은 유대 민담집 여러 권, 리하르트 리히트하
임의 『시온주의 강령』(원제는 *Das Programm des Zionismus*, 브로트
로부터 받은 선물), 모제스 라트의 히브리어 교재(1917), '바르 코
흐바 협회'에서 간행된 앤솔러지 등이 있었다. 브로트의 저서 『이
교, 기독교, 유대교』도 있었다(1921년 판본이었고, "나의 카프카가
건강해지기를, 막스"라는 헌사가 적혀 있었다).

장서의 구성은 이스라엘에서 진행된 브로트 유산 관련 소송 내
내 마르바흐 아카이브 측이 내세운 입장(카프카의 문화적 정전이
유대 전통이 아닌 독일 문학으로 이루어져 있었다는 데는 반론의 여

지가 없다)을 뒷받침한다. 유대교가 카프카에게 이질적, 후천적 참조 틀이었다면, 그의 선천적 본향은 독일 문학에 있었다. 카프카가 숭배한 작가들로는 알레만 방언으로 옛이야기를 쓰는 루터주의자 요한 페터 헤벨(카프카는 그의 「뜻밖의 재회」를 가리켜 "세상에서 가장 경이로운 이야기"라고 했다),[70] 하인리히 폰 클라이스트(특히 『미하엘 콜하스』와 『O 후작부인』), 빈 극작가 프란츠 그릴파르처(특히 그의 일기들과 『가난한 음유 시인』)가 있었다. 독일 문단의 동세대 작가들 중에서는 후고 폰 호프만슈탈, 로베르트 발저, 토마스 만을 존경했다.

하지만 그중에서도 카프카는 최고의 고전주의 작가 괴테를 가장 높이 평가했다. 카프카 전집 독일어 비평판의 편집인 중 하나였던 마르트 로베르에 따르면, 청년 카프카는 "바이마르에서 '약속의 땅'을 찾고자 했고, 괴테는 그의 성경이었다."[71] 1912년 여름, 카프카와 브로트는 6일간 바이마르로 여행을 떠났다. 반세기가 넘는 시간 동안 그곳, 바이마르에서 살았던 작가에게 경의를 표하기 위함이었다. 브로트는 그때를 이렇게 회상한다. "카프카가 경건한 얼굴로 괴테에 대해 이야기하는 것을 듣는 일은 매우 특별한 경험이었다. 행복한, 순수한 시대를 살았던, 신적인 존재와 직접 소통했던 조상에 대해 이야기하는 어린아이 같았다."

그럼에도 카프카는 괴테를 독일의 국민 시성으로 떠받드는 행태를 조롱하지 않을 수 없었다. 그의 친구 오스카 폴라크는 1902년에 괴테 국립박물관을 순례하던 당시 카프카로부터 "국립"이라는 단어에서 "더없이 미묘한, 더없이 놀랍게 미묘한 아이러니"가 느껴진다고 실토하는 편지를 받았다. 폴라크가 괴테의 서재,

곧 작가의 지성소에 다녀왔다고 말했던 것에 대해 카프카는 이렇게 답변했다. "우리는 다른 사람의 지성소에 들어갈 수 없어요. 거기에는 본인밖에 못 들어가요." 우리가 가질 수 있는 시성 괴테의 기념품은 "시골길에 찍힌 그의 외로운 발자국"밖에 없다고 카프카는 말한다.

카프카는 독일어를 쓰는 대학에 다녔고, 독일어로 된 법학을 공부했고, 독일어로 된 문학을 탐독했다. 좀더 간단명료하게 말하자면, 카프카 예술의 금욕적 음악은 독일어와 불가분의 관계였다(후자는 전자의 가능성의 조건이었다). 그의 완벽하게 검량된 문장들의 동선과 동력은 모종의 필연을 품고 있었으니, 카프카는 바로 그 필연을 틀림없고 허물없는 산문―군더더기 없는 정밀함, 낭비 없는 간소함, 명쾌함의 산문, 곧 과잉과 해이를 인정사정 없이 깎아버린 독일어―으로 벼려냈다. (그의 픽션 안에서는 술집 여급들이나 소작농들조차 완전무결한 독일어―아무 억양 없는 표준어―를 사용한다.) 한나 아렌트는 그의 아름답게 치밀한 언어를 가리켜 "20세기의 가장 순수하게 독일적인 산문"이라고 했다. 그 언어는 "연기 없는 깨끗한 불꽃"이라고 브로트는 말했다.

카프카는 독일어로만 가능한 것일까? 마르바흐 아카이브 측 변호인들은 카프카가 독일인이라는 생각을 흘렸다. 그의 언어는 독일어이고 그의 예술은 독일어로밖에 표현될 수 없으니 그는 독일인이 아니겠느냐는 것이었다. 그들은 최초로 그러한 관점을 주장한 사람들도 아니었고 그러한 관점을 가장 설득력 있게 주장한 사람들도 아니었다. 신시아 오직은 이렇게 쓴다. "그의 언어는 독일어였고, 어쩌면 그것이 요점일 것이다. 카프카는 독일어로 숨

쉬고 독일어로 생각하고 독일어로 소망을 품고 독일어로 괴로워했다는 사실, 그리고 그곳이 프라하—독일어를 혐오하는 도시—였다는 사실이야말로 그가 써낸 모든 글의 최종적 주석일지도 모른다." 오직은 이렇게 덧붙인다. "'나는 문학으로 구성되어 있어 문학 없이는 아무것도 아니'라는 그의 의미심장한, 심지어 의기양양한 말이 무슨 뜻이었는가 하면, 독일적 표현과 독일적 본질, 뿌리로서의 독일과 뿌리내린 장소로서의 독일이 그를 만들어냈고 그를 사로잡고 있었다는 뜻일 수밖에 없었다."

그가 그것의 소유주였는가는 완전히 다른 문제다. 브로트에게 보낸 편지에서 카프카는 유대인들이 써내는 독일어 산문을 이렇게 묘사한다. "아무리 생각해보아도 있을 수 없는 문학입니다. 독일 아이를 유괴해서 급히 대충 훈련시켜 서커스에 투입한 것 같은 집시 문학Zigeunerliteratur이에요. 누군가는 줄타기 곡예를 해야 하니까요." 카프카가 독일어를 완벽하게 구사하는 것과 그가 그 있을 수 없는 외줄을 타면서 추락에 대한 불안을 느끼는 것, 두 가지는 서로 분리될 수 없다.

———

독일문학 아카이브는 카프카의 유고를 손에 넣을 희박한 가능성을 위해 법정에서 8년 동안이나 싸움을 이어나갔다. 그 이유는 무엇일까? 자국의 억압된 과거를 극복하고자 하는 독일의 기획에 카프카가 등장하는 방식들이 그것과 관련이 있을까?

"한 나라가 자국 문학을 통해 얻게 되는 긍지"가 있음을 카프카도 인정했다. 국립이라는 이름이 붙은 도서관은 마르바흐에 있는 것이든 예루살렘에 있는 것이든 다른 어느 곳에 있는 것이든, 중립적 판단이나 자의적 선택의 결과들이 보관되어 있는 장소가 아니다. 그곳은 한 나라의 기억을 기리는, 그리고 그 기억이 계속 이어지고 있음을 기리는 성지다. 기독교 교회는 성물들이 있어 축성되고 유대교 회당은 언약궤가 있어 축성되는 것과 마찬가지로, 성인의 유해가 있는 곳으로서의 아카이브는 다른 나라들로부터 구별 지어지고자 하는 한 나라의 노력에 참여한다. 아카이브의 정당성은 그 안에 있는 것들에서 나오는 만큼 아카이브는 일종의 회막會幕이다. 우리가 서고나 아카이브 안에 있을 때 마치 교회에서처럼 속삭인다면, 그 이유가 바로 여기 있다.

아카이브는 작가를 모종의 성자로 번역해놓은 곳이기도 하지만, 개인적 차원과 사회적 차원이 합류하는 곳, 생명 없는 유고에 집단의 상징적 의미가 주입되는 곳이기도 하다. (물성을 띠는 다른 모든 것과 마찬가지로, 문서 또한 한 개인 또는 한 집단의 배타적 소유물이 될 수 있다.) 아카이브의 큐레이터들은 아무리 겸양을 발휘한다 해도 보호자 겸 보존자 역할만을 담당하는 것이 아니라 특권적 해석자 역할—무언가를 포함하거나 배제하고, 무언가를 진품으로 인증하고, 무언가에 중요한 가치를 부여하는—을 담당하게 된다. 무엇을 보관할 것인가, 어떻게 배치할 것인가, 누구에게 개방할 것인가를 그들이 결정한다. "시작, 기원, 첫째"를 뜻하는 그리스어 'arkhe'에서 유래한 "아카이브"라는 단어 자체가 이 방향을 가리킨다. 아카이브를 관리한다는 것은 권력의 한 형태다.

독일의 경우가 특히 그러하다. 1871년에 비스마르크의 프로이센이 여러 군소국을 통일하기까지 이 땅에는 "독일Deutsche" 민족을 자처할 수 있는 민족이 없었다. 작센, 바이에른, 슈바벤, 프로이센, 동프랑크 등등의 갈래가 있을 뿐이었다. 한 유명한 말장난에 따르면, 독일인의 정체성은 정체성을 찾아 헤맨다는 것밖에 없다. 흔히 하는 말로, 독일 민족은 정치적 분할에도 불구하고 문학에서 민족적 정체성을 발견했다. 문인과 학인Dichter und Denker(시인들과 철학자들)의 나라—독일인이 된다는 것이 무슨 의미인가라는 답 없는 질문에 몰두하는 나라—인 이곳에서 독일인으로서의 정체성을 긍정하려면 독일 문학을 지향할 수밖에 없었다. (하인리히 만이 1910년에 말한 것처럼, 독일인들은 작가가 독일인이라면 그 작가의 사상을 받아들이지 않고서도 그 작가를 국민적 양심의 수호자로 간주하고 존경하는 것이 완벽하게 가능하다.)

언어와 문학은 소통의 도구 역할을 했을 뿐 아니라 "독일인"의 정체성을 제련하고 독일이라는 상상적 공동체의 구성원들을 확정하는 국민 통합의 용광로 역할을 했다. 독일 문학은 통일된 독일 국가가 있기 한참 전부터 있었다(유대 문학이 유대국이 있기 한참 전부터 존재했던 것과 마찬가지다). 독일에서 국가의 토대가 된 문헌은 국가의 탄생을 선언하는 텍스트(예컨대, 미국의 헌법과 독립선언문)가 아니라 국가가 탄생하기 한참 전에 나온 텍스트다(나중에 이스라엘에서 국가의 토대가 되는 문헌과 마찬가지다).*

---

* 예컨대, 1995년 10월 5일에 당시 총리였던 이츠하크 라빈에게 베냐민 네타냐후가 했던 발언을 참조: "당신은 성경이 우리의 토지대장이 아니라고 말했습니다. 하지만 나는 다르게 말하겠습니다. 성경은 우리의 토지대장이 맞고, 우리의 통치율령이 맞고, 우리의

독일어 운문과 산문의 거장들—루터, 괴테, 실러, 클라이스트, 하이네—은 1870년의 근대 독일 수립보다 먼저다.

1889년 1월, 독일 철학자 빌헬름 딜타이는 "우리의 국민적 의식 함양"을 위한 독일어 아카이브를 설립, 지원할 것을 국가에 요청함으로써 커다란 파장을 불러일으켰다.[72] 시의적절한 요청이었다. 그해 말, 실러의 유산이 그로부터 4년 전에 설립된 괴테 아카이브의 일부가 되었다. 그때부터 문학은 독일인들로 하여금 **국민정신**Volksgeist을 받아들이게 하는 통합의 역할을 했고 지금도 하고 있다(특히 독일에서 문학은 다른 나라에서는 상상할 수 없을 만큼 국민 통합에서 큰 역할을 해왔다).

바로 이런 이유로 제3제국은 독일 문학을 전쟁에 동원한 정권이자 독일 문학을 문젯거리로 만든 정권이었다.[73] 같은 이유로 제3제국의 몰락은 단순한 정치적 위기 그 이상을 초래한 사건, 다시 말해 **정신**Geist과 **권력**Macht, 문학과 권력/정치의 상호작용에 대한 재검토를 요구하는 사건이었다. 전쟁이 끝난 뒤, 잔해의 그림자 밑에서, 일부 독일 작가들은 독일 문학이 길을 잃은 상태이자 재설정을 필요로 하는 상태라는 것을 느끼고 있었다. (독일어는 "그 자체의 답 없음을 가로지르면서 나아가야 했다"라고 전쟁 생존자였던 시인 파울 첼란은 말했다.) 서독에서 0시Stunde Null*라고 불리게 된 시점이 지난 뒤, 그들은 새로 시작할 수밖에 없음을 예감하고 있었다. 베를린에 사는 문학 연구자 부부인 지그리트 바

땅문서가 맞습니다. […] 성경은 우리의 시온주의적 존립의 토대입니다."
* (옮긴이) 독일 나치 정부가 연합군에 항복함으로써 2차 대전이 종식된 1945년 5월 8일 자정을 가리킨다.

이겔과 그녀의 남편 클라우스 브리글레프의 자택에서 대화를 나
눌 때 그들이 나에게 들려준 설명에 따르면, '그루페 47Gruppe 47'
이라는 이름으로 느슨하게 묶일 수 있는 일군의 독일 작가들은
이른바 **전후 문학**Nachkriegsliteratur을 주창한 저명한 좌익 작가들
로서 급진적인 새로운 시작—**전통과의 단절**Traditionsbruch—을
촉구했다.[74] 그들은 과거와 똑같이 쓰기—아무 일도 없었던 것처
럼 쓰기, 반독 선전가들이 참상을 과장했을 뿐이라는 듯이 쓰기
—를 거부했다. 대신에 그들은 문학을 자기네 나라가 초래한 트
라우마들을 직시하는 데 필요한 버팀목으로 삼고자 했다.

1947년부터 1967년까지 연방공화국, 즉 서독에서 가장 명망
있는 작가들—하인리히 뵐, 귄터 그라스, 마르틴 발저—은 결코
없던 일이 될 수 없는 과거로부터 눈을 떼지 않고 있었다. 그라스
는 억압된 과거의 극복Vergangenheitsbewältigung을 위한 몸부림이
야말로 자기 글의 궁극적 목적일 뿐 아니라 독일 문학 그 자체의
궁극적 목적임을 선언했다.

마르바흐 문학 아카이브는 바로 이런 환경이 조성되던 1955년
에, 독일 시인 프리드리히 실러의 탄생지인 마르바흐(인구 1만 5
천 명)의 외곽에 설립되었다. (1934년 6월 21일, 실러 탄생 175주
년을 맞아, 이 시인을 국가사회주의와 "영원한 독일 정신"의 기수로
받드는 약 1만 5천 명 규모의 히틀러 청소년단이 마르바흐를 행진했
다.)[75] 아카이브관은 네카어강을 굽어보는 작은 언덕의 플라타너
스 숲에 아늑하게 자리 잡고 있다. 아카이브관 뒤편에는 '관사'라
고 불리는 스위트룸 서른 개로 이루어진 공동주택이 연구자들에
게 숙소를 제공하고 있다. 아카이브관 가장 가까이에는 돔을 얹

은 실러 박물관—1903년에 개관해 1934년에 지금의 규모로 확장되었다—이 이 시인의 성유물(그의 데스마스크, 조끼, 장갑, 양말)을 위한 집이 되어주고 있다. 아카이브관에서 잔디밭을 통과하면 '현대문학박물관Literaturmuseum der Moderne'(일명 LiMo)의 원격제어 설비를 갖춘 전시실들—조도를 낮춘 인공조명 아래, 다양한 아카이브 컬렉션으로부터 선별된 자료들이 전시되어 있는—이 방문객들을 부르고 있다. 상설 전시—작가별, 테마별 구성이 아닌 연도별 구성을 따르는—에는 카프카의 고등학교 졸업시험 합격증(1901), 『소송』(1914~15)과 미완성 단편소설 「시골교사」(1915)의 원본 원고들, 막스 브로트에게 보낸 편지(1917), 밀레나 예센스카에게 보낸 편지 세 통(1920)과 엽서 한 장(1923), 그리고 심지어 그가 사용하던 숟가락들 중 하나까지 포함되어 있다. 실러나 괴테 같은 작가들을 숭배하던 옛 관행이 현재로 옮겨져 카프카 같은 모더니즘 작가들에게 이식된 것은 이런 맥락 속에서다.

카프카의 과거가 독일의 현재를 침해하게 된 것도 이런 맥락 속에서다.

———

2017년 6월, 나는 마르바흐 아카이브 관장 울리히 라울프와 동석했다. 이곳 관장으로 임명되기 전에 라울프는 『프랑크푸르터 알게마이네 차이퉁』의 문화면 기자로, 그리고 『쥐트도이체 차이퉁』 편집장으로 일했다. 또한 그는 "하이데거와 문학"을 테마로 한 두꺼운 책을 공동 편집했고, 슈테판 게오르게―일부 국가사회주의자들이 중요한 유력 인사로 추앙했던 독일 시인―를 다룬 저서를 출간해 상을 타기도 했다. 라울프는 2004년 11월에 마르바흐 아카이브로 부임해 올 때 이 기관의 인지도를 높이겠다는 야심을 지니고 있었다. (그의 자리는 2019년 1월에 슈투트가르트 대학교 현대독일문학과 학과장이던 잔드라 리히터로 교체되었다.)

라울프는 웃으면서 또 한편으로는 노려보는 표정으로 대화를 시작했다. 그는 이렇게 말했다. "혹시 제가 망쳐드릴 수 있는 일이 있을까요?"

이스라엘에서 소송하는 내내 자기는 처음부터 "확실한 중립"을 원했다고, 자기네 측 변호사 사아르 플리네르에게도 옵저버 역할에 머물 것을 지시했다고 그는 말했다. 라울프는 원치 않게 상황에 떠밀려 주목을 받게 된 사람을 자처했다. 본인의 의도는 더없이 선했음에도 자기도 모르게 논란에 휘말리게 되었다는 식이었다.

2010년에는 중립 정책이 이미 무너진 뒤였고, 라울프는 아카이브관에 가해지는 혹평―처음에는 이스라엘에서의 혹평, 나중에는 국제적 차원의 혹평―에 우려를 느끼고 있었다. 그는 그렇게 논란이 생긴 것에 충격을 받았다고 밝혔다. 그는 이렇게 말했다. "이스라엘 측의 분위기가 바뀌었다고 할까, 이스라엘에서 국가 문화유산에 대한 인식이 새롭게 높아졌다고 할까."

그해, 라울프는 에바 호페와 국립도서관 측 변호인들을 각각 만나볼 생각으로 이스라엘에 왔다. 이스라엘 측을 달래기 위해 라울프는 브로트 유산의 공동소유 체제를 제안했다. 이 체제는 카프카가 가장 아꼈던 여동생 오틀라에게 1909년 9월부터 1924년 1월 사이에 보낸 편지와 엽서 100점을 대상으로 마르바흐 아카이브와 옥스퍼드 보들리언 도서관 사이에 도입될 파트너십과 비슷한 형태였다. (두 기관은 이 편지들을 2011년 4월에 비공개 금액으로 공동 매입한 상태였다.) 이미 마르바흐 아카이브와 예루살렘 국립도서관은 자료 분류 사업 여러 건을 공동으로 진행하는 중이었다.* 하지만 라울프에게 있는 유연성이 협상 상대에게는 없었고, 협상안은 받아들여지지 않았다.

얼마 후, 소송의 여파로 또 한 번 불유쾌한 놀라움을 겪어야 했다고 라울프는 나에게 말했다. 당시 그는 독일에서 가장 큰 규모의 자선단체 중 하나인 '알프리트 크루프 폰 볼렌 운트 할바흐 재단'으로부터 아카이브관을 위한 후한 연구비를 타내기 일보 직전이었다. 마르바흐 아카이브가 카프카 친필원고 컬렉션 전체를 필름화, 디지털화할 수 있었던 것은 2001년부터 2008년까지 '크루프 재단'으로부터 따낸 16만 9천 유로의 연구비 덕분이었다. 그런데 카프카 소송이라는 배경막이 생기면서 신규 자금이 들어오지 않게 된 것이다. 재단의 복잡한 과거 때문이었다. 재단 설립자—철강 및 무기 제조업자 알프리트 크루프—는 2차 대전 당시, SS로부터 공급받은 집단수용소 수감자들을 자기 공장에 투입해 혹

---

* 독일 외무청Auswärtiges Amt이 후원한 이 공동 사업들은 "카이로 게니자Cairo Geniza"의 선구적 연구자인 주요 근동학자 S. D. 고이타인의 문서, 근동학과 설립자 겸 초대 학과장 요제프 호로비츠의 문서, JNUL 관장 쿠르트 보르만의 문서, 영국 위임통치령 팔레스타인과 이스라엘에서 독일어로 활동한 작가 네티 볼레슬라프의 문서, 히브리대학교 이슬람문화학과 교수로, 유대-독일 근동학자인 마르틴 플레스너의 문서를 포함하고 있다. 이 컬렉션들은 모두 예루살렘의 국립도서관에 각기 소장되어 있다.

독한 조건하에서 노동하게 했다. 1948년, 그는 뉘른베르크에서 열린 미국 군사재판에서 반인륜적 범죄로 유죄판결을 받았다. 크루프 재단이 아무 경고 없이 신규 지원을 취소하더라고, 그러면서 재단의 이름과 평판을 지켜야 할 필요성을 언급하더라고 라울프는 말했다. 재단이 이스라엘의 문화유산을 빼앗아 오는 짓을 지원했다는 식의 이야기는 아무리 에두른 이야기라도 절대 흘러나와서는 안 된다는 것이었다.

2012년에는 애초에 소송에 말려들었던 것을 후회했다고, 그래서 플리네르에게 소송을 취하할 것을 지시했다고 라울프는 말했다. 라울프는 이스라엘 국립도서관과의 장기적 파트너십과 우호적 사업 관계가 단기적 이익보다 중하다고도 했고, "연구 논리"가 "취득 논리"보다 선호된다고도 했다. 여기에 이해관계가 있다면, 그것은 국경을 초월한 이해관계라는 것이었다. 그런데 왜 플리네르가 2016년 대법원에 마르바흐 아카이브 측 변호인으로 출석했느냐고 내가 물었다. 만약 그때 플리네르가 자기에게 조언을 구했다면 "대법원에 출석하지 말라고 했을 텐데"라고 라울프는 말했다.

나는 근본적인 이중성을 감지했다. 한편으로 라울프는 아카이브관의 우두머리—문학의 나라에서 문학의 가격을 관리하는 은행장들 중 한 명, 문학이라는 자본 겸 위신의 값이 얼마인지를 가늠하는 일과 "문화산업"이 어떻게 문학을 상품화할 수 있는지를 이해하는 일의 전문가—로서 일생일대의 기회를 잡기를 원했다. (괴테는 언젠가 "지식 상품의 세계 시장"에 대해서 말한 바 있다.) 독일과 이스라엘 양측이 드러낸 책정 의지는, 그것이 고상한 것이었든 저열한 것이었든, 카프카 저작을 값나가는 상품으로 변환시키고자 하는 의지였다.

다른 한편으로 그는 유대국의 문화유산을 "빼앗아 오는" 것처럼 보일 위험을 감당할 수 없었다. 라울프는 이렇게 말했다. "만약에 에바가 승소해서 우리에게 연락해왔다면, 우리가 매우 곤란했겠지요." 나는 만약에 에바가 브로트 유산을 마르바흐에 매각하겠다고 연락해왔다면 당신은 어떻게 했을 것 같냐고 물었다. 라울프는 이렇게 대꾸했다. "그렇게 됐다면 나는 잠을 설쳤을 것 같습니다."

대화 내내, 그는 마르바흐 아카이브가 본건에서 철저하게 사심 없는, 중립적인, 심지어 소극적인 옵저버 역할을 했고 오직 이스라엘 측만이 이해관계에 따라 움직였다고 확신하는 모습을 보였고, 독일이 인간의 정신이 참된 조국으로 삼는 나라라는 식으로 말했다. 힘의 자리, 주류 문화의 자리에 앉아 있는 쪽이라는 것이 그런 데서 드러난다. 자기 잇속을 다 채운 사람들만이 "사심 없이" 말하기가 가능하고, 문학 자본을 축적해놓은 사람들만이 문학의 순수하고 변치 않는 보편성에 대한 확신이라는 호사를 누리는 것이 가능하다. (한 동료로부터 들은 농담에 따르면, 독일 사람이 분명한 이해관계를 가질 방법은 이스라엘 사람으로부터 자기 이해관계를 글로 써낼 것을 강요당하는 방법뿐이다.) 무언가를 원하면서 동시에 내가 그것을 원하고 있다는 것을 자인하지 않으려고 한다? 그런 일은 충분히 있을 수 있는 일이다. 하지만 솔직히 말하자. 플리네르가 대법원에 출석해서 소를 내고 변론하는 것을 라울프가 몰랐다? 그렇게 하라고 한 적이 없었다? 그런 일은, 아무리 좋게 말한다 해도, 좀처럼 일어날 수 없었을 일이다.

————

이해관계를 초월해 있다는 인상을 주고 싶어 했던 것은 독일이라는 나라 자체였을까? 정치, 그중에서도 문화정치가 미학의 한 형식이라면, 사심 없어 보이는 모습은 고상한 취향과 연결된다. 전후 시대의 독일이 이해관계를 자인하기를 불편해했다는 것은 주권의 선용과 악용에, 그리고 국가의 잠재적 폭력성에 이중적 태도를 갖고 있었다는 사실과 연결될 수 있을지 모른다. 유명한 이야기지만, 독일도 다른 국가들과 마찬가지로 국익을 추구하는 국가라는 것을 전후 시대의 독일은 좀처럼 인정하려고 들지 않았다. 오늘 국익을 꺼내 보이는 일이 내일 급박하게 진군할 군화 소리를 예고하게 될지도 모른다는 듯.

이스라엘에서 공판에 참여한 독일 측은 독일을 대리하는 것이 아니라 문학 그 자체를 대리하는 정직한 중개인으로 보이고 싶어 했다. 독일이 유럽 보편주의의 대표 국가로서 이스라엘의 특수주의에 맞서고 있다는 식, 유럽 문화는 영원한 빛이고 다른 문화들은 그 빛의 굴절들이라는 식이었다. 2011년에 나온 본 소송에 관한 다큐멘터리 영화 〈카프카의 마지막 이야기〉(감독: 자기 보른슈타인)에서 울리히 라울프는 카프카의 소속에 대해 이렇게 말한다. "그는 어디에도 속해 있지 않으니, 온 세상에 속해 있다."

굳이 말할 필요도 없지만, 마르바흐는 "온 세상"이 아니다. 유대인은 아무리 오류 없는 독일어를 구사한다 해도 진짜 독일어를

구사할 줄은 모른다느니, 유대인은 독일 산문이라는 비옥한 대지
에 침입한 밀렵꾼이거나 기껏해야 식객이라느니, 유대인이 독일
식 표현을 사용하는 것은 타인의 재산을 도용하는 것이나 마찬가
지라느니 하는 오랜 낭설들이 난무한 나라가 독일이고, 마르바흐
는 전후 보상, 곧 "**억압된 과거의 극복**Vergangenheitsbewältigung"의
일환으로 그런 낭설들의 극복을 원했던 그 독일 안에 있다. 이런
낭설들이 암시하는 관점에 따르면, 유대 작가는 근본적으로 창
조력이 없는 존재, 칸트, 실러, 괴테의 언어를 흉내 낼 수밖에 없
는 존재였다. (마르틴 부버의 월간지 『유대인』에 실린 카프카의 단
편 「학술원에 보내는 보고서」에는 말하는 원숭이가 등장한다.*) 독
일 작곡가 리하르트 바그너는 악명 높은 에세이 「음악에 나타난
유대교」(1850)에서 이렇게 쓰고 있다. "유대인들은 수 세대에 걸
쳐 한 나라에서 살지만 그 나라 언어로 말할 때 늘 외국인처럼 말
한다. […] 유대인들이 이 언어에서, 이 예술에서 할 수 있는 것은
말 따라 하기, 곡 따라 쓰기뿐이다."[76] 독일 역사가 에두아르트 마
이어(1855~1930)는 1896년의 저서 『유대교의 출현』에서 아리안
족의 창조력을 셈족의 모방성에 대비시키고 있다. 유대인은 또

---

* 「학술원에 보내는 보고서」에서 카프카는 화자 원숭이가 자기를 들여다보는 사람을
내다보는 장면을 그린다. "그는 나를 이해하지 못했습니다, 그는 나라는 존재의 수수께
끼를 풀고 싶어 했습니다." 막스 브로트는 이 단편(『유대인』 1917년 11월호에 게재)을 가
리켜 "지금까지 나온 글 가운데 동화작용Assimilation에 대한 가장 기발한 풍자"라고 했
다. 번역자 피터 워츠먼은 이 단편을 가리켜 "적대적이고 종종 험악해지는 사회에서 살
아가기 위해 아리아인의 방식들을 모방하고자 하는 동화 유대인들assimilated Jews의 노
력들에 대한 인유"라고 했다. 우리는 카프카가 러시아 시온주의자 막스 만델스탐의 팸플
릿─주류 사회에 동화된 유대인의 "모방 능력"과 원숭이의 능력 사이의 유사성을 다룬
글─을 읽었다는 것을 알고 있다.

다른 언어(히브리어, 이디시어)를 쓸 수 있다는 이유에서, 또는 "유대적" 억양이 있는 독일어를 쓴다는 이유에서 독일인이 아니라고 여겨졌다. 유대인이 아무리 모방의 명수라고 해도 독일 언어와 독일 정신의 순수성을 가질 수는 없다는 뜻이었다.

일부 유대인 작가들은 유대인의 모방성이라는 신화를 내면화했다. 문화적 시온주의를 선도했던 아하드 하암은 「모방과 동화」(1893)라는 글에서 이런 주장을 펴기도 했다. "유대인들은 모방 성향을 가지고 있을 뿐 아니라 모방 재능도 가지고 있다. 그들은 무엇을 모방하든 제대로 모방한다." 독일-유대 철학자 프란츠 로젠츠바이크가 저술한 『구원의 별』(1921)에 따르면, 자기네만의 어법을 가지지 못한 유대인들은 주류 사회로부터 빌려온 언어들을 사용해왔다. 히브리어, 그들의 신적 언어는 오직 신에게만 속해 있는 언어였다.

모방자까지는 아니라고 할지라도, 유대인들은 독일 문학과 독일어의 청지기일 뿐이라고 생각되었고, 유대인들 스스로 그렇게 생각한 경우도 있었다. 1912년, 문학 연구자인 시온주의자 모리츠 골트슈타인이 권위지였던 『쿤스트바르트』에 「독일-유대 파르나소스」라는 에세이를 실었다. 그것이 엄청난 논란을 불러일으켰다. 그는 이런 주장을 폈다. "우리 유대인들은 우리에게 지식재산을 관리할 권리와 능력을 인정해주지 않는 나라의 지식재산을 관리해주고 있다." 그로부터 수십 년 뒤, 막스 브로트도 독일어 청지기로서의 유대인들에 대해 말했다. 그가 마르틴 부버에게 보낸 편지에는 이런 말이 있다.

우리 유대인들은 독일어를 다루는 방식에 있어 진정한 독일인, 예컨대 게르하르트 하우프트만, 로베르트 발저와 전혀 다르고, 헤르만 헤세 같은 범속한 작가와도 분명 다릅니다. 우리에게 이 언어는 그저 맡겨진 언어일 뿐이니, 순수하게 언어적인 차원에서 우리는 창조력이 없는 사람들입니다.

카프카를 (독일어를 지키는 유대인 청지기로서, 그리고 나치에 희생당했을 시점이 오기 전에 사망한 유대인으로서) 다시 독일의 울타리 안으로 데려온다는 것은 과거의 도덕적 오점을 제거하는 방법이자 추락한 위신을 회복하는 방법이며, 히틀러와 괴벨스의 허무주의적 악다구니로 오염되기 전의 독일어를 되찾아올 방법이라는 인식이 있었던 듯하다.* 카프카의 마지막 소송에 양념이 되어줄 또 하나의 아이러니—자기 비난을 예술의 경지로 끌어올린 작가를 자기변명의 수단으로 이용한다는—가 여기 감추어져 있다.

서독은 국가사회주의라는 근近과거와의 전투에 카프카를 동원했다.[77] "0시" 이후, 나치적 사고를 떨쳐냈음을 증명하기 위해서 죄책감에 사로잡혀 있던 주류 문학이 반反전체주의적인 비주류 사상의 문화적 상징—프라하의 유대인—을 적극적으로 받아들

---

* 슈투트가르트 대학교의 하인츠 슐라퍼가 독일 문학에 대한 짧은 역사서에서 말하고 있듯, 20세기 독일 작가 중에는 유대인이 압도적으로 많다. "우리가 '독일인'을 특정 종족으로 이해하는 대신 특정 문화 성향으로 이해한다면, 해방 이후의 유대인들은 더 독일적인 독일인들이라고 여겨질 수 있다. 독일 문학은 유대인들의 추방과 학살로 그 지위와 성격을 상실할 수밖에 없었다." Heinz Schlaffer, *Die kurze Geschichte der deutschen Literatur*, Hanser, 2002 참조.

인 것이다. 체코 작가 겸 카프카 학자 알레나 바그네로바에 따르면, 독일에서 카프카의 적극적 수용은 "세련된 변위 메커니즘ein raffinierter Verdrängungsmechanismus"의 역할을 해왔다. 철학자(그리고 한나 아렌트의 첫 남편) 귄터 안더스(1902~1992)는 여기서 한 걸음 더 나아가 "1950년 이후 독일인들 사이에서 터져 나온 열띤 호기심"에 대해 이렇게 말한다.

히틀러 정권에서 벌인 극악 범죄들의 주모자들이나 공모자들, 자기가 무슨 짓을 했는지 너무나 잘 알고 있었던, 그러면서도 기소나 처벌을 피할 수 있었을 뿐 아니라 자기가 옳다고 믿으면서 자아도취적인 삶을 계속 살아갈 수 있었던 자들은 (그럴 수 없었던 자들은 극소수였다) 완전히 상반된 인물형을 공급받았다는 것을 고맙게 여기지 않았을까. […] 카프카를 우상화함으로써 그자들은 수백만 명에 이르는 그의 일족이 살해당했다는 사실관계를 오히려 말소시킨 것이었다.[78] (원저자의 강조)

그것을 "카프카 병Kafka-Seuche"이라고 지칭하면서, 안더스는 이렇게 덧붙인다. "그 병에 걸린 독일인들은 과거에 소극적으로 공모했던 자들, 승전국이 짊어지운 죄를 자기는 적어도 문학의 형태로는 인정할 수 있다는 것, 그리고 그렇게 자기 죄를 인정함으로써 예술적 숭배의 형태로 속죄할 수 있다는 것을 자기 자신에게까지 입증하고 싶어 하는 자들이었다."

전후 시대의 독일인들이 카프카를 기분 좋은 면죄부로 여겼으리라는 생각은 (만약 그 생각이 맞다면) 마르바흐에서 행해지는 독일-유대 연구들에 대한 간접적 힌트가 될지도 모른다. 벤구리온 대학교의 마크 겔버는 2004년에 텔아비브에서 한 강연에서 이렇게 말했다.

아카이브를 방문하는 학자들은 매일 입구에서 방명록에 서명할 때 자기가 사는 도시나 지역, 날짜, 특정 연구 주제를 함께 기록하게 되어 있습니다. 그들은 원한다면 다른 동료 학자들과 동질감을 느낄 수도 있고 다른 동료 학자들의 연구 주제로 추정되는 것에 친밀감을 느낄 수도 있는 만큼, 잠깐 쉴 때 또는 다른 만날 기회가 생길 때 대화를 나누기도 쉽습니다. 2003~2004년에 장기 연구 방문자로 마르바흐에 갔을 당시, 나는 독일-유대 문학 연구 분야에서 작업하는 학자들의 압도적 비율을 깨닫지 않을 수 없었습니다. 내가 그때 정확한 기록을 남기지는 않았고, 얼핏 터무니없는 소리로 들릴지도 모르지만, 그 기간에 방문한 학자들의 3분의 1에서 2분의 1 정도가 파울 첼란의 시에 대한 연구를 비롯해 독일 문학과 쇼아에 관련된 연구를 하고 있었다고 해도 과언이 아닐 것입니다. 다른 4분의 1은 독일-유대 문학사나 문화사에 나오는 주요 인물이나 주제를 연구하고 있었던 것 같은데, 지금은 예컨대 카프카와 발터 베냐민이 매우 인기 있는 듯합니다. […] 독일 문학의 중요한 신전 중 하나인 그 기관의 제단이라 할 수 있는 그곳에서 독일 문학 연구의 자리를 독일의 유대인 문학 연구가 차지하게 된 듯했습니다.

이스라엘에서 소송이 진행되는 내내, 독일 측은 이스라엘 측을 카프카 학계의 지각생으로 여겼다. 하지만 다르게 보자면 독일 측이야말로 지각생이었다. 2차 대전 당시부터 1980년대까지 독일에서는 카프카의 유대성을 거의 무시하고 있었다. 귄터 안더스는 1951년에 독일어로 쓴 글에서 그 좋은 사례를 제공하고 있다. "카프카가 유대 종교와 유대 신학의 계승자라는 것은 전면적으로 그리고 절대적으로 부정확한 주장이다."

카프카의 유대성을 다룬 첫 독일 학회는 카를 에리히 그뢰징거와 한스 디터 짐머만의 주최로 1986년에 프랑크푸르트에서 열렸다. 슈투트가르트 태생의 학자 그뢰징거(1942년생)는 이런 주장을 폈다. "카프카는 심판에 대해서, 죄에 대해서, 속죄에 대해서, 변론에 대해서 말할 때 직접적으로 유대 신학의 맥락을 염두에 두고 있었다." (그러고는 이 주장을 그의 책 『카프카와 카발라』에 집어넣었다.) 하르트무트 빈더를 포함해 여러 주요 독일 학자들이 그 획기적이었던 학회에 참석하기를 거부했다고 그뢰징거는 내게 말해주었다. 학회에 참석한 학자들도 발표를 들으면서 당혹스러워했다. 그뢰징거에 따르면, "그들은 카프카가 유대인이라는 것을 인정했지만, 그의 유대성을 어떻게 해석해야 할지 알지 못했다. 자기네가 소유하고 있는 위대한 독일인 작가를 빼앗기면 안 된다는 생각뿐이었다." 그들은 카프카가 유대화되는 사태, "유대인화"되는 사태가 올까 봐 걱정되는 듯한 반응을 보였다.

독일 문학비평가들은 카프카의 명예를 회복시키기 위해, 그리고 그에 대한 소유권을 주장하기 위해 공을 들여왔다. 빌헬름 엠리히는 1958년에 나온 그의 기념비적 연구서들(『프란츠 카프카』

와 『프란츠 카프카의 현세 비평』)에서 카프카가 독일 고전주의를 완성했다고 하면서 아울러 이런 주장을 폈다. "그는 평생 동안 경애했던 독일 인본주의의 고전주의적 유산을 시적으로 쇄신했다." 1960년대를 시작으로 독일에서는 카프카 단편집의 보급판(파울 라베가 편집한 『단편 전집』)이 100만 권이나 판매되었다.

최근에 독일 주간지 『디 차이트』 증보판에 고등학생들을 대상으로 중세, 바로크(1600~1720), 계몽주의(1680~1789), **질풍노도** Sturm und Drang(1760년대 후반~1780년대 초반), 바이마르 고전주의(1772~1805), 낭만주의(1790년대~1880년대), 비더마이어(1815~48) 등의 일반적 항목을 따르는 독일 문학사가 실렸다. 시대별 항목들 사이에서 한 작가가 한 항목을 차지하고 있다. **모던** Moderne과 **표현주의**Expressionismus 사이로 카프카가 독일 정전에 영원히 들어와 있는 것이다.

유대인들과 독일인들은 "많은 공통점을 갖고 있습니다. 공부 열심히 하고 일 잘하고 부지런하고 남들에게 심한 미움을 사는 사람들입니다. 양쪽 다 추방당한 사람들입니다"[79]라고 카프카는 언젠가 말했다. 하지만 카프카가 편지나 일기에서 독일을 언급하는 경우는 거의 없으며, 아주 간혹 언급하는 경우에도 아무 사심 없이 언급한다. 그가 잠시 도라 디아만트와 함께 베를린에 산 적이 있었고, 그의 책을 펴낸 모든 출판사가 독일에 있었음에도, 그는 독일인도 아니고 비非독일인도 아니었다. 카프카는 밀레나 예센스카에게 이렇게 쓴 적이 있다. "나는 독일인들과 어울려 살아본 적이 없어요." (밀레나와 주고받은 편지 중에 남아 있는 것은 카프카가 보낸 것들밖에 없다. 밀레나는 그 편지들을 1939년, 게슈타포에게 체포되어 라벤스브뤼크 강제수용소로 보내지기 직전에 두 사람의 공통된 친구인 빌리 하스에게 주었다. 카프카가 죽은 직후에 그녀는 자기가 카프카에게 보냈던 편지들을 불태워줄 것을 브로트에게 부탁했었다.) 필립 로스는 이렇게 말한다. "카프카가 독일어로 글을 쓴 것은 맞지만, 그는 결코 독일인이 아니었다. 본질적으로 카프카는 독일어를 사용하는 프라하 시민이었고 프라하 유대인들의 아들이었다."*

* 이 책을 준비하는 동안 나는 '왜 체코인들은 이스라엘에서 진행되는 소송에 참여하려고 하지 않는가? 브로트가 프라하에서 가지고 나간 친필원고들에 대한 소유권을 체코인들은 왜 주장하지 않는가?'라는 질문을 때때로 받았다. 실제로 체코어는 카프카의 작품들을 번역한 첫 언어였다. 1920년에 『아메리카』의 첫 챕터인 「화부」가 나왔고, (프랑스어 본이 출간되기 7년 전인) 1923년에 『소송』이 나왔고, 1935년에 『성』이 나왔다. 카프카를 주제로 한 세계 최초의 학술논문(마틸다 슬로트카의 「프란츠 카프카의 작품에 나타난 고독감과 합일감」)은 체코어로 집필되어 1939년에 프라하 카렐 대학교에 제출되었다.
　2차 대전 이후, 프라하의 공산당 당국은 카프카의 도시 프라하에서 카프카의 책들을 금서로 지정했다. 프라하 작가 이반 클리마는 훗날 이렇게 말했다. "기만을 토대로 만들어진 정권, 겉치레를 요구하는 정권, 국민의 동의를 요구하되 내적 신념에는 신경 쓰지 않고 외적 동의만을 요구하는 정권, 자기 행동의 의미를 궁금해하는 국민을 두려워하는 정권이라면, 이렇게까지 진실한 작가, 매우 흥미로울 정도로, 아니 무서울 정도로 철저히 진실한 작가를 용납하기는 불가능하다."
　그런 까닭에 카프카는 1963년까지 자기 고국에서 거의 알려져 있지 않았다. 1963년에는 동구 블록 전역의 마르크스주의 지식인들이 카프카 탄생 80주년을 기념하기 위해 프라하 근교의 리블리체성에서 이틀간의 열띤 컨퍼런스를 개최했다. (막스 브로트는 이 해에는 건강상의 이유로 초대에 응할 수 없었지만, 그다음 해에는 프라하 체코 문학박물관의 카프카 전시회 오프닝 행사 기조연설을 위해 이스라엘에서 건너왔고, 1966년에 저서 『프라하 서클』 홍보차 또 한 번 건너왔다.) 이 심포지엄은 소비에트 블록에서 카프카의 평판을 복원시킨다는 목적, 그늘에 가려져 있던 이 저자를 새롭게 조명한다는 목적을 가지고 있었다. 오스트리아 공산당원 에른스트 피셔는 참가자들에게 이렇게 말했다. "강제 추방당한 카프카의 작품들을 되찾아옵시다! 카프카에게 영주권을 줍시다!"
　혹자는 이 컨퍼런스를 1968년의 짧았던 '프라하의 봄'의 촉매로 보았다. 1969년부터 1989년까지 체코슬로바키아를 이끌었던 구스타우 후사크는 프라하의 봄이 "카프카와 함께 시작되어 반혁명과 함께 끝났다"라고 말했다고 전해진다.
　밀란 쿤데라는 "1968년, 러시아인들이 이른바 반혁명을 진압하기 위해 내 나라를 점

카프카는 사후생에서와 마찬가지로 현생에서도 환원적으로 단순하게 정의되는 경우가 많았다(카프카 본인의 복잡한 자기 정의들을 배신하는 방식이었다). 생이 몇 달 남지 않았을 때, 카프카는 베를린에서 여동생 엘리에게 다음과 같은 편지를 썼다.

최근에 있었던 나의 연애담이에요. 식물원에 가서 볕이 드는

령했다. 그들의 공식 성명들은 체코슬로바키아 반혁명의 첫번째 신호가 카프카 복권이었다고 떠들어 댔는데, 그냥 멍청한 소리였다기보다는 의도치 않게 의미심장한 이야기였다! 카프카 작품은 체코 지식인들이 전체주의의 저능함에 맞서 간직해온 주요 가치들을 이미 오래전부터 상징해왔으니 말이다"라고 쓴다. 서독 작가 하인리히 뵐은 소비에트 탱크들이 1968년 8월 프라하의 봄을 진압하기 위해 밀려들어 올 때 놀라운 장면을 목격했다. "한 탱크가 카프카의 생가 앞에 멈추더니 포신으로 카프카의 흉상을 정조준했다."

그로부터 몇 달, 아니 몇 년의 시간은 리블리체 컨퍼런스가 공산 정권에서 어떠한 분노를 불러일으켰는지에 대한 많은 예를 제공해주었다. 1968년 9월, 동독에서는 집권당 기관지가 이 컨퍼런스를 가리켜 "수정주의적이고 부르주아적인 이데올로기의 영향력을 보여주는 중대 사건"이라고 했다. 1970년, 체코슬로바키아에서는 『시온주의를 조심하라』라는 소책자가 출간되었다. 이 소책자에 긴 글을 실은 예브게니 예프세프(스바토플루크 돌레이스의 필명)는 1941년부터 1944년까지 반反시온주의 성향의 프라하 주간지 『아리안 투쟁』의 편집장을 역임했고 나중에 비밀경찰이 되는 인물이다. 반시온주의적 논점과 반反모더니즘적 논점이 뒤섞인 이 글에서, 예프세프는 카프카의 글을 가리켜 "퇴폐적"이고 "열등한" 글이라고 했고, 이 컨퍼런스를 가리켜 "사전에 계획된 체제 전복적 정치공작"이라고 했다. 마지막으로 1972년, 프란티셰크 J. 콜라르라는 체코 공산당 문학비평가는 한 체코 잡지에 이런 글을 썼다.

시온주의가 1968년 체코슬로바키아에서 일어난 일들에 미친 영향—특히 시온주의가 그 일들을 초래한 방식—을 논하려면, "카프카주의Kafkaism"와 그에 연계된 "소외" 개념에 대한 상세한 분석이 있어야 한다. 카프카주의—이 나라가 수상쩍게 들여온 서구의 유행 이데올로기—를 퍼뜨리는 자들은 항상 이 이데올로기의 유대적 기원과 유대주의적 기원을 강조해왔다.

요즘 프라하는 카프카를 키치로 상업화하기도 하고, 카프카의 이미지를 기념품 가게의 머그잔, 냉장고 자석, 티셔츠, 그래피티에 그려 넣기도 하고, 카프카라는 이름을 구시가의 관광객용 카페들에 갖다 붙이기도 한다. 두 기념물—야로슬라프 로나가 제작한 3.7미터 높이의 청동 프란츠 카프카와 11미터 높이의 크롬 도금된 움직이는 카프카 머리—은 관광객들에게 사진 촬영의 기회를 제공한다.

곳에 앉아 있었는데 […] 하교하는 소녀들이 지나가고 있었어요. 그중에 예쁘고 늘씬한 금발의 천진난만한 소녀가 있었는데, 그녀가 나를 보고 요염한 미소를 짓더니 작은 입을 뾰족하게 내밀면서 큰 소리로 무슨 말을 하는 거예요. 물론 나도 과하게 다정한 미소를 지었고, 나중에 그녀와 그녀의 친구들이 자꾸 내 쪽으로 고개를 돌릴 때도 계속 그런 표정이었는데, 그러는 동안에 그 애가 나한테 무슨 말을 했던 건지 서서히 깨닫게 됐어요. 그 애가 나에게 했던 말은 "유대인"이었어요.

우리는 이 유대인이 두 불가능 사이에서 위태로운 줄타기를 하고 있었다고 말해볼 수 있다. 카프카는 언젠가 막스 브로트에게 이렇게 썼다. "유대 작가들의 삶에서는 세 가지가 불가능합니다. 글을 안 쓰기가 불가능하고, 글을 독일어로 쓰기가 불가능하고, 글을 독일어가 아닌 다른 언어로 쓰기가 불가능합니다. 여기에 네번째로 불가능한 것을 추가해보자면, 글을 쓰기가 불가능합니다." 그렇게 불가능으로 뒤엉킨 매듭을 카프카는 풀려고 하지도 않았고 풀겠다고 말하지도 않았다.

12

로럴과 하디

> K는 길을 잃었다는 느낌, 너무 멀리 낯선 곳까지 와버렸다는 느낌을
> 떨칠 수 없었다. 이때껏 누구도 이렇게 멀리까지 와보지는 않았을 듯
> 했다. 공기 성분마저 고향과는 다른 듯한 낯선 느낌, 숨이 쉬어지지 않
> 을 정도로 낯선 느낌이었다.
>
> ─카프카, 『성』

막스 브로트가 텔아비브에 도착한 직후, 임시로 킹 솔로몬 호
텔에 묵고 있던 그를 여러 무리가 인사차 방문했다. 첫번째 무리
는 히브리 작가 대표단이었다. 그 무리 중 하나였던 63세의 러시
아 태생의 시인 샤울 체르니초프스키가 그를 따로 불러냈다. "환
영사는 이제 충분히 들으셨겠고. 근데 혹시 돈 좀 필요하지 않으
신지?" 아닌 게 아니라 브로트는 자기가 송금해놓은 돈이 런던을

경유해 입금되기까지, 그리고 그가 프라하에서 보내놓은 두 "컨테이너"—그의 책들, 가구들, 아끼는 피아노 등등의 해상 화물—가 도착하기까지 대출로 생활해야 했다.

두번째 무리는 선봉장이라 할 '하비마 극단'(1917년에 모스크바에서 창단, 1931년에 텔아비브에 정착, 1958년에 이스라엘의 국립극단으로 공인)의 대표단이었다.[80] 수년 전 이 극단이 1928년 2월 프라하에서 S. 안스키의 『악령』으로 일류 공연을 선보였을 당시 브로트가 관심을 표해준 바 있었다. 이제 이 극단의 대표들이 브로트에게 자리를 제안해줄 차례였다.

텔아비브에 도착했을 때, 브로트의 나이 55세였다. 마지막 세대의 프라하 유대인 저자를 대표하는 이 유명 인사는 어떤 구세대적인 중후함 탓에 낡아 보이는 스리피스 정장 차림으로 이 도시의 중심부에서 고독한 분위기를 자아냈다. 무사히 텔아비브에 도착해서도 잃어버린 세계에 대한 애도의 끈을 놓지 않았던 브로트는 자기의 젊은 날을 떠올리게 해주는 추억의 물건—금색-적색-흑색으로 이루어진 '독일학생연합' 문장紋章으로, 그가 카프카를 처음 만난 것이 바로 이 단체의 행사에서였다—을 상의 옷깃에 꽂았다. 이제 프라하는 맹목적 민족주의의 홍수에 잠겨 있었지만, 그의 마음속에서 프라하라는 세계는 아직 건재했다. 우렁찬 동시에 잠잠한 세계였다.

브로트가 살아가게 된 나날의 현실은 프라하에서 지지했던 고매한 시온주의와는 공통점이 거의 없었다. 그는 햇빛의 채찍질에 시달리는 도시의 "혹독한 고습도"를 원망했고, 자신의 중유럽 감성이 텔아비브의 문학 풍토와 맞지 않는다고도 느꼈다. 프라하에 있을 때는 명성을 쌓기가 쉬웠는데, 여기서는 히브리의 발걸음을 따라가는 것, 독일적 중유럽을 안고 중동의 일원이 되는 것이 어렵기만 했으니, 텔아비브 문학계에서는 선명한 족적을 남기지 못했다. 인맥을 활용할 기회를 놓친 적이 없는 브로트가 히브리 창공의 가장 밝은 별들—S. Y. 아그논, 나탄 알테르만, 하임 하자즈—을 만나고 다니지 않은 것은 아니었다. 그는 시인 신 샬롬과 작가 아하론 메게드(『다바르』 신문의 문학 담당 편집장)를 친구로 삼았다. 그는 마르틴 부버와 늘 연락하면서 지냈고, 부버가 이스라엘 외무장관으로 임명되었으면 하는 마음도 가볍게 밝혔다. 하지만 이스라엘로 이주해서도 독일어를 사용하는 다른 작가들과 마찬가지로(여기에는 베르너 크라프트, 일라나 슈무엘리, 루트비히 슈트라우스, 샬롬 벤호린도 포함되었다), 그는 자기가 현역이라고 느끼지 못했다(그가 한때 차지했던 공론장 지식인으로서의 역할이 그에게 다시 주어지지 않았다). 달라진 것은 음향 환경이었다.

어떤 시에서 로버트 로웰은 이렇게 쓴다. "재능은 가방처럼 들고 다닐 수 없다네." 프라하에서 브로트의 재능은 칭찬에 익숙해져 있었다. 텔아비브에서 브로트의 책들은 대부분 무관심에 시달렸다. 『튀코 브라헤가 구원받기까지』 등 그의 몇몇 역사소설들은 그가 팔레스타인으로 이주해 오기도 전에 이미 나와 있었다. 하지만 브로트 스스로가 자기 저술의 핵심이라고 생각하는 철학적 저작이나 종교적 저작은 어느 하나 히브리어로 번역되어 있지 않았다. 1942년, 브로트는 그것과 관련해 이스라엘 비평가이자 번역가 도브 사단에게 불만을 표했다.

어째서 나의 『이교, 기독교, 유대교』와 『현세의 기적: 유대교
의 이념과 실현』을 히브리어로 출판하지 않느냐는 당신의 질
문에, 내 책들의 히브리어 출간이야말로 내가 가장 바라마지
않는 일이라고 나는 대답하겠습니다! 나는 여기서 히브리 출
판사들을 상대로 많은 노력을 기울였지만, 전부 실패하고 있
습니다. 정말이지 내 잘못이 아니라 그들 탓입니다!

신 샬롬에게 보낸 1948년 편지에서 브로트는 히브리 대학교가
자기를 홀대한다고 불평했다. "나는 취리히와 바젤의 대학교들로
부터 카프카에 대해 강연해달라는 요청을 받던 사람입니다(예루
살렘의 대학교는 그런 요청을 해볼 생각을 한 번도 안 하더군요!)"[81]
브로트는 히브리 문학자들이 자기를 대할 때 인간으로서는 환대
하지만 저자로서는 냉대한다면서 신 샬롬에게 이렇게 불만을 표
했다. "사람들이 나를 훌륭하게 여기는 경우는 내가 아무것도 안
하고 있는 경우―예컨대 60세 생일―로 한정됩니다."
히브리 문학―여전히 Y. H. 브레너와 M. Y. 베르디체프스키
의 낭만주의에 머물러 있는―은 속도 면에서 낭만주의에서 벗어
난 지 오래였던 유럽 문학과 전혀 달랐다. 시간이 더 흘러 1960년
대 중엽, 예루살렘 시장 테디 콜레크는 브로트를 '예루살렘 국제
도서전 상賞' 심사위원으로 임명했다(히브리 시인 아브라함 슐론
스키, 그리고 유대계 알자스 시인 클로드 비제와 함께였다). 하지만
전반적으로 이스라엘 문학계는 브로트처럼 히브리어를 안 쓰는
유대 작가들에게 그다지 관심이 없었다. 아하론 아펠펠드는 브로

트에 대해 이렇게 말했다. "여기서 브로트는 외국인이었다."

브로트가 이 언어를 배우려고 애써보지 않은 것은 아니지만 성과가 없었다.* 그의 회고록에 나오는 내용에 따르면, 히브리어로 예술에 대해 강연할 때가 이 오래된 동시에 새로운 언어로 채소를 구입할 때보다 수월했다. 브로트는 평생 히브리어를 쓸 때 로마 알파벳으로 썼다. 예컨대 국립 아카이브에는 브로트가 코헨 씨에게 보내는 이런 메모가 보관되어 있다. "Ledaavoni hagadol, hineni assuk joter midaj. Bilti-efshari li leharzot al Kafka"(대단히 유감스럽게도 나는 너무 바쁩니다. 내가 카프카에 대해 강연하는 것은 불가능합니다). 에스테르 호페의 두 딸에게 소품 시를 지어줄 때, 또는 히브리어 강의에 대비해 강의록을 준비할 때도 마찬가지였다. '하비마'의 스타 여배우 한나 로비나—"히브리 연극의 퍼스트레이디"—는 하이파에서 브로트와 함께 슈테판 츠바이크의 저작들을 낭독하는 모종의 공동 무대를 마친 뒤 브로트에게 다가와 이렇게 말했다. "당신의 에세이는 탁월했고, 당신의 히브리어는 아름답습니다. 다만 마음에 걸리는 한 가지는 당신의 시선이 왼쪽에서 오른쪽으로 움직이는 것이 보인다는 점입니다."

하지만 브로트는 과거에 붙들려 있기를 거부했다. 전에 프라하에서나 이제 텔아비브에서나 그는 자칭 "독일어를 쓰는 유대 시인"으로서, 히브리어가 유대 문학을 하기에 적절한 유일한 언어

---

* 1941년, 자기 저서들의 번역과 출간을 놓고 이스라엘의 '모사드 비알릭' 출판사(1935년 창립)와 언쟁 중이었던 브로트는 폴란드 태생의 편집장 피셀 라호베르에게 편지할 때 독일어로 했다. "독일어로 쓰는 것을 양해해주시기 바랍니다. 히브리어 철자법은 내게 아직 힘에 부칩니다."

라고 생각하지 않았다.

어떤 작가들, "외국 땅에서 나그네가 된" 작가들은 이주와 망명이라는 핸디캡에 시달린다. 또 어떤 작가들은 "머나먼 저곳"과 "이곳" 사이의 틈새에서 자기만의 참된 기준을 찾는다. 단테의 『신곡』, 볼테르의 『캉디드』, 빅토르 위고의 『레 미제라블』, 하인리히 하이네의 『독일: 겨울 이야기』는 다 망명기에 창작되었다. 폴란드 시인 체스와프 미워시는 「망명에 대하여」라는 에세이에서 이렇게 쓴다. "주위 공간과의 조화를 상실했다는 점, 세계를 편하게 느낄 수 없다는 점, 망명자를, 난민을, 이민자를 그토록 힘들게 하는 그 점이 역설적이게도 그를 현대 사회의 구성원으로 만들어준다. 그가 예술가라면, 바로 그 점을 통해 모두가 그를 이해할 수 있게 된다."

브로트의 왕성한 생산력은 새 나라에서도 막힘없이 발휘되었다. 그는 자기 소설 『레우베니』를 희곡으로 각색했고, 1940년 6월 1일에 하비마에서 이 극의 초연 연출을 맡았다. 그는 성경에 나오는 사울 왕에 관한 4막짜리 비극을 1942년에 썼다(그가 시인 신 샬롬과 함께 다시 쓴 버전은 1944년에 출간되었다). 그는 작곡가 마르크 라브리, 그리고 신 샬롬(샬롬 요세프 샤피라의 필명)과 공동으로 역사상 최초의 히브리 오페라 「경비병 단」을 위한 2막짜리 대본의 창작을 맡았다(1945년에 초연되었다).[82] 그는 예수를 향한 유다의 절망적 사랑에 관한 역사소설을 집필했다(이 『스승』이 독일어로 출판된 것은 1951년이었고, 히브리어로는 『어린 누이』라는 제목으로 1956년에 나왔다). 그는 두 권으로 된 철학적 저서(『현세와 내세』, 1947)의 집필에 매진했다.* 아울러 그는 이스라엘 최초의 종합적 음악 연구서(『이스라엘 음악』, 1951)를 집필했다.

그는 히브리 노조 신문 『다바르』에 예술과 문화에 관한 고정 칼럼을 썼다(칼럼명은 작은 장부라는 뜻의 'Pinkas Katan'이었다). 이 지면에서 그는 주로 히브리어로 된 셰익스피어 공연들을 리뷰했고, 어쩌다 한 번씩 카프카 유산에 대한 자기의 지속적 헌신에 대해 언급했다. 그는 1941년 11월 14일 자 칼럼에 이렇게 쓰고 있다. "나는 카프카 아카이브를 설립하기를 원했고, 아울러 카프카 저술을 전파하고 우리의 카프카 이해를 증진하고 카프카의 미출간 원고를 출간할 '프란츠 카프카의 친구들'이라는 협회를 설립하기를 원했다. 이 계획들 중 어느 하나 구체화되지 않고 있다. 분명 전쟁 때문이다."

브로트는 (진심으로 구체화되기를 원했던) 하비마 전속 연구원 자리를 받아들였다. 초봉은 그리 높지 않았다(월 15팔레스타인파운드였다). 그의 업무 중 상당량은 제출된 작품을 검토하고 반려 공문을 작성하는 것이었다. 예컨대 1945년 4월, 그는 극단 전속 평론가 겸 극작가 게르숀 K. 게르슈니에게 이렇게 썼다. "나는 당신의 희곡 『봉기의 깃발』을 매우 흥미롭게 읽었지만, 유감스럽게도 제작은 불가능합니다. 그 끔찍한 사건들은 우리에게 너무

---

* 『현세와 내세』 두번째 판본은 에피그램으로 카프카를 인용했다: "사람은 무너질 수 없는 무언가에 대한 영원한 믿음이 없으면 살 수 없다. 무너질 수 없는 그것에 대해서뿐 아니라 자기에게 그런 믿음이 있다는 것 자체에 대해서 영원히 모르고 살 수는 있지만."

나 가깝고, 우리는 아직 그 사건들을 마주하는 데 필요한 시간적 거리를 두지 못했습니다. 그러한 이유로 인해서 본 극단에서는 당분간 바르샤바 게토에 관한 희곡들을 공연하지 않는다는 원칙이 정해졌습니다."[83] 그 외에도 브로트는 성경 속 테마를 다루는 투고 희곡들에 파묻혀 있었던 것 같다. "나는 '모세' 다섯 작품, '아합 왕' 열 작품, '에즈라' 열두 작품을 반려했다. 그러고 나니까 차라리 내 집무실 출입문에 성경의 무대용 각색에 열광하는 것보다는 성경을 직접 읽는 편이 낫다는 안내판을 걸어두라고 하고 싶었다."

극단 경영 세력의 반발에도 불구하고, 그는 극단이 펼치는 전후 시대의 지평을 아하론 아슈만, 숄렘 알레이헴, S. 안스키 같은 유대 작가들의 민속풍 희곡 그 너머로 확장했다. 브로트가 극단에 들어오기 전에 하비마 레퍼토리에서 셰익스피어 극은 〈베니스의 상인〉과 〈좋으실 대로〉 두 편뿐이었다. 극단에 들어온 브로트는 런던의 연출가 줄리어스 겔너를 초청해 셰익스피어의 〈한여름 밤의 꿈〉(1949)과 〈리어 왕〉(1955)을 연출하게 했다.[84] 영국인 연출가 피터 코는 〈줄리어스 시저〉(1961)를 연출했다. 또 한 명의 영국 연출가 타이런 거스리는 소포클레스의 〈오이디푸스 왕〉(1947)을 무대에 올렸다. 오스트리아-스위스 연출가 레오폴트 린트베르크는 브레히트의 〈억척 어멈〉(1951)을 올렸다.

텔아비브 대학교 극예술과 교수 프레디 로켐은 이렇게 쓰고 있다. "브로트는 국내외 작가들과 극단 사이의 중개인이라는, 영향력은 미미하다 해도 꽤 편한 역할을 찾았다." 브로트는 회고록에 이렇게 밝힌다. "내가 하비마에서 일하기로 한 것은 전적으로 옳은 결정이었다. 이 선도적 히브리 극단이 심각한 위기를 겪던 시기에도 나는 결코 그 결정에 대해 의혹을 느끼지 않았다. 나는 늘 하비마를 신뢰했고, 하비마도 나를 신뢰해주었다."

하비마의 신뢰가 그의 신뢰에 상응하는 정도였는지는 또 다른 문제다. 에바 호페가 보았을 때, 하비마 극단은 브로트의 국제적 연줄을 써먹기만 했고, 그가 받아 마땅한 대접을 끝까지 해주지 않았다. 예컨대 그는 어떤 희곡을 무대에 올릴지를 결정하는 회의에서 끝까지 투표권을 얻지 못했고, 그의 추천들이 기각되는 경우도 있었다. 에바는 이렇게 말했다. "그분은 이 나라에 와서 너무 실망했던 거야. 처음 왔을 때는 엄청나게 기대했었는데, 따귀를 맞은 꼴이었지." 홀대의 증거 또 하나는 하비마 아카이브의 브로트 자료에 닥친 운명을 통해 짐작할 수 있다. 브로트는 하비마 앞으로 희곡이 제출될 때마다 색인 카드에 시독자 소견서—극으로 제작할 것인가 여부에 관한 그의 견해—를 (독일어로) 작성했다. 브로트 사후에 건물 보수공사 중에 하비마는 바로 이 브로트 아카이브—독일인들이 **카드서랍장**Zettelkasten이라고 부르는 상자에 담긴 색인 카드 거의 400장—를 폐기 처분한 듯하다. 오랫동안 소실된 것으로 여겨졌던 이 자료는 2016년 말에 텔아비브 대학교의 톰 레위 교수에 의해 재발견되었다. 루마니아 태생의 배우이자 히브리 연극 사학자 시몬 레브아리—텔아비브 대학교 '이스라엘 공연예술 자료 관리 센터' 설립자—가 아카이브 폐기물을 싣고 쓰레기 하치장으로 가는 트럭을 멈춰 세우고 브로트의 메모들을 구출했다고 레위가 내게 말했다. 그전까지 내내 텔아비브 대학교의 미분류 상자들 속에서 잠자던 종이들이었다.

어느 날 예루살렘에서 열린 한 만찬 모임에 참석했을 때였는데, 히브리 대학교에 다닌다는 한 독일인 대학원생이 이스라엘 국립도서관보다는 차라리 마르바흐 아카이브 사서들이 브로트 유산을 잘 관리할 것이라고 말했다. 나는 그 이유를 물었다. 그가 해준 이야기에 따르자면, 2013년 그는 스코푸스산에 남아 있는 히브리 대학 도서관 폐기도서 선반에서 예사롭지 않은 책과 마주쳤다. 막스 브로트가 쓴 하인리히 하이네의 전기(1934)의 저자 소장본(독일인들이 'Handexemplar'라고 부르는)이었다. 깜짝 놀란 그 학생이 책 속에서 발견한 것은 브로트의 필적으로 쓰여 있는 100개가 넘는 주석들, 교정들, 수정 사항들이었다. 그 책이 왜 폐기되어 있는지 사서는 그에게 답변해주지 못했다. 또 다른 방문자의 일화에 따르면, 2014년 국립도서관에 있었던 비슷한 용도의 퇴출도서 선반에서 브로트 소설 여러 권의 초판본을 발견했다고 한다.

────────

새 나라에서 카프카의 기억을 판촉하겠다는 자신의 약속에 내내 충실했던 브로트는 극단에서 주 2일 일하고, 나머지 시간은 카프카 원고를 편집, 필사, 발표하는 일에 썼다. 그런 만큼 카프카 이름이 나올 때면 어김없이 브로트 이름이 따라 나온 시기였다. 뉴욕 문학비평가 어빙 하우는 1947년에 이렇게 썼다. "세간에서 볼 때, 브로트는 그저 카프카 신화에 나오는 한 인물이 되어왔다. 독자적인 존재감은 없어졌다."

잘만 쇼켄에게 보낸 1951년 2월 22일 자 편지에 브로트는 이렇게 쓰고 있다. "내 가장 간절한 소망은 내가 독일어로 쓴 카프카 전기가 독일에서 유통되는 것을 보는 것입니다." 그는 텔아비브에 와서 카프카에 대한 전기 외에 카프카에 대한 연구서 세 권을 더 썼다(전부 독일어로 썼다).[85] 체코 작가 밀란 쿤데라는 브로트가 잇따라 쏘아 올린 이 삼부작을 가리켜 "그야말로 연속 사격"이라고 했다.

이스라엘 작가 아하론 아펠펠드는 브로트가 라하비아의 한 스터디 그룹 앞에서 강연하기 위해 텔아비브에서 예루살렘으로 왔던 어느 날 저녁을 기억하고 있다. 아펠펠드는 이렇게 말한다.

브로트는 말하기를, 카프카가 왜 유대 작가였는가 하면, 그의 부모와 그의 가까운 친구들이 유대인이었다는 이유 때문만도 아니고, 그가 유대적 창조력을 향한 깊은 열망—이디시어 감각, 이디시어로 된 시와 극에 대한 감각, 히브리어와 유대적 사유에 대한 감각—을 지니고 있었다는 이유 때문만도 아니다. 카프카가 유대 작가였던 것은 그 차원을 넘어선다. 카프카가 왜 유대 작가로 간주되어야 하는가 하면, 그의 저작의 본질 자체가 유대적이기 때문이다. 『소송』에 나오는 그 사람, 고소당한, 하지만 그 어떤 범죄도 저지르지 않은 사람—불안에 시달리면서 끝없이 이 법정 저 법정에 서야 하는 사람—은 누구였는가? 그 사람이 박해당한 유대인이 아니라면 누구였겠는가?

한편, 이 신생국의 학계 기득권층은 브로트가 카프카를 현대판 성자로 그려내는 것을 못마땅해했다. 바르일란 대학교의 저명한 문학비평가 바루흐 쿠르츠바일(1907~1972)은 브로트가 카프카를 "구원의, 그리고 시온주의의 예언자"로 둔갑시키고자 하는 "사이비 종교적 독해들"을 내놓는다는 이유로 브로트를 지탄했다. 브로트에 맞서 쿠르츠바일은 카프카가 "유대교를 의미 없어 한 유대인"이라고 주장했다. 히브리 대학교에서 어마어마한 인물이 되어 있던 게르숌 숄렘은 브로트의 1937년 카프카 전기를 아둔하고 감상적인 성자전─브로트의 딜레탕트 독법(비평적 거리를 두지 못하는 것)과 어중간한 교양인의 우쭐거리는 진부함으로 인해 전기로서의 권위를 상실한─이라고 묵살함으로써 친구 발터 베냐민과 연결될 지점을 만들고 있었다. 1920년대 중반부터 카프카의 저작들을 공부했던 베냐민은 저자에게 깊은 친화력을 느끼는 학생이었다. 베냐민이 숄렘에게 이렇게 썼다. "그[카프카]와 브로트와의 우정은 내가 보기에는 무엇보다 그가 자기 삶의 여백에 그려 넣기로 한 물음표입니다." 하지만 그는 모종의 대답을 모색했다. 베냐민은 1939년에 숄렘에게 이렇게 썼다. "브로트와의 우정에 대해 내가 무슨 말을 할 수 있을까요. '로럴이었던 카프카가 자기에게 어울리는 하디를 찾아야 한다는 의무감에 시달렸다'는 생각이 들 때는 진실에 가까워졌다고 느끼게 됩니다."* 카프카는 "익살을 직업으로 삼은 사람들─어릿광대들─과 마주칠" 운명이었다고 베냐민은 덧붙였다.

---

* (옮긴이) 로럴과 하디는 20세기 초 활동한 뚱뚱이와 홀쭉이 콘셉트의 코미디 콤비다. 200편 이상의 영화에 출연하며 큰 사랑을 받았는데, 극 중에서 보여준 이들의 우정이 큰 매력 요인이었던 것으로 평가받는다.

브로트가 옛 친구 한스-요아힘 쇼엡스(1909~1980)에게 설명한 것처럼,[86] 그가 제2의 조국이 된 나라의 언어, 문학 풍토, 문화적 기득권층으로 인해 어려움을 겪고 있었음에도 불구하고, 대재앙 이후의 유럽으로 돌아간다는 것은 상상도 할 수 없는 일이었다. 쇼엡스는 1930년대 내내 카프카의 유대적-신학적 의의를 다룬 중요한 에세이 여러 편을 발표한 독일-유대 종교사 연구자였다. 브로트가 카프카의 첫 유고 단편집(『만리장성을 쌓을 때』, 1931)을 편집할 때 잠시 협력하기도 했다. 두 사람은 카프카 저작을 읽을 때 유대 신학에 비추어 읽어야 한다는 데 동의했음에도, 시온주의 문제에서는 의견이 달랐다. 1932년 8월, 쇼엡스는 브로트에게 이렇게 썼다.

시온주의가 문제가 될 경우, 우리는 그 어떤 소통도 할 수 없을 것입니다. 시온주의자가 되는 데 필요한 구체적 경험은 나에게 허락된 적이 없고, 민족의 일원으로 뿌리내리는 일völkische Verwurzelung과 관련된 모든 것은 나와는 거리가 멉니다. […] 시온주의가 객관적인 의미에서 유대교로의 회귀라는 것을 의심하는 데는 그럴 만한 이유가 있습니다. 좋게 말해 그저 서유럽 제국주의—세속화 이후의 서유럽 사상—의 뒤늦은 만개에 불과하다고 볼 수도 있겠습니다. 시온주의는 종교운동이 아닙니다. 시온주의의 유대 민족 개념은 종교적인 것을 얼마나 세속화하는지, 신의 민족이 현세의 민족으로 바뀌게 되고

이로써 유대인의 현실이 왜곡됩니다.

브로트의 답장은 신속했다.

우리의 차이가 이렇게 엄청나게 벌어진 만큼, 정말 유감스럽게도 내가 처음 당신에 대해서 가지게 되었던 호의적 감정을 유지하기가 힘들어집니다. 카프카 편집과 관련해, 아직 당신 손에 있는 원고들을 돌려주기 바랍니다. 나는 카프카 전집을 쇼켄 출판사에서 내려고 합니다. 당신이 편집에 협력해준 만큼 여기서 나올 책에서도 당신의 작업 기여분을 명시하도록 하겠습니다.

프로이센의 애국주의자였던 쇼엡스는 전쟁 중에 스웨덴에 피신해 있었다. 모친은 아우슈비츠에서, 부친은 테레지엔슈타트에서 살해당했음에도, 쇼엡스는 1945년에 독일로 돌아와 에를랑겐 대학교에서 신학을 가르쳤다. 1946년 6월, 브로트는 쇼엡스에게 이렇게 썼다.

독일 민족이 a) 그 살인범 무리를 권좌에 앉힌 것, b) 그자들에게 수백만 명의 공범자를 공급한 것은 인류사에서 최악의 범죄입니다. 결코 용서받을 수 없는 범죄, 형이상학적 바닥에 떨어진 범죄입니다. 그런 이유에서 나는 당신이 어떻게 그 파렴치한 민족verruchten Volk 사이에서 살아가면서 가르치고 싶어 할 수 있는지 이해를 못 하겠습니다.

1948년 5월 15일, 다비드 벤구리온이 건국을 선언하자마자 이라크, 이집트, 요르단, 시리아 군대가 침공해 왔다. '이스라엘 독립전쟁'의 발발로 브로트는 제네바에서 무작정 기다릴 수밖에 없게 되었다(1939년에 유럽을 떠났던 그는 처음으로 유럽을 다시 찾아갔다가 이제 스위스를 떠나 귀국하는 길이었다). 아랍 공군에 의한 공습과 "섬멸"이 임박했다는 우려 속에서 브로트는 5월 22일에 작가 헤르만 헤세에게 호소문을 써 보냈다. 브로트가 당시 거의 일흔한 살이던 노벨상 수상자에게 요청한 내용은 "유대 역사 속의 이 비극적인 순간에 목소리를" 높이는 일, "인류의 양심을 깊은 잠에서 깨우는" 일을 위해 당신의 국제적 명성을 이용해달라는 것이었다. 브로트는 이 전쟁으로 인해 사람들뿐 아니라 카프카 원고를 비롯한 문화재들도 위험해진다고 덧붙였다. 그로부터 사흘 뒤, 헤세가 스위스에서 답장을 보내왔다. 그는 브로트의 구조 신호를 그 "아름다움과 고매함"에도 불구하고 거절했다.*

'이스라엘 독립전쟁'과 전후의 몇 달 동안, 브로트는 자신의 불안을 『우남보』라는 소설에 집어넣었다(책은 독일어로 1949년, 영어로 1952년에 출간되었다). 소설에서 다정한 주인공 헬핀 Helfin(돕는 사람)은 이상하게 생긴 "뚱보"에게서 파우스트적 거래를 제안받는다. 동시에 두 개의 인생—하나는 팔레스타인에서

---

* "나는 지식인들이 세속의 지배자들에 맞서 취하고 있다고 자처하는 그 모든 정신적 조처가 […] 정신을 한층 더 훼손시키고 타락시키는 부적절한 조처라고 생각하고 있습니다. […] 우리가 할 일은 훈계하는 것이 아니라, 당부하는 것이 아니라, 간청하는 것이 아니라, 이 생지옥의 한가운데에서 견뎌내는 것입니다."

개척민 겸 군인으로 사는 인생, 다른 하나는 유럽에서 영화 제작자로 사는 인생—을 살면서 각각의 인생에 "동일하게 현존하게" 해줄 "중복화 기계"를 주겠다는 것. (브로트는 소설 제목과 그 기계 이름에, 하나를 뜻하는 **우노**uno와 둘 다를 뜻하는 **암보**ambo를 조합해 붙였다.) 소설의 저자가 해야 했던 양자택일의 선택을 소설 속 주인공 헬핀은 하지 않아도 되었다.*

브로트는 텔아비브를 선택했다. 1948년 7월, 브로트는 스톡홀름에서 망명 생활을 한 독일-유대 문학비평가이자 옛 친구 발터 베렌트존(1884~1984)에게 이렇게 썼다. "이제 우리 스스로 일어서 있으니 유대인의 본질, 유대인의 특성에 대한 남들의 판단을 갈구할 필요가 없습니다. 좋은 일입니다."

———————

새 나라가 브로트를 인정해주지 않았다지만, 그의 도착 10년 만인 1948년, 그는 비알릭 상을 수상했다. 시인 H. N. 비알릭의 이름을 딴 이 상은 히브리 문학에 수여하는 최초의 상이자 이 나라에서 가장 권위 있는 문학상이었다. 정확히 말하면 브로트에게 수여된 것이 아니라 그의 800쪽짜리 역사소설 『갇혀 있는 갈릴레오』에 수여된 것이었다. 심사평에 따르면, "기원이 되는 유대 정

———————

* 『우남보』는 엇갈리는 서평을 받았과. 허버트 호워스는 『코멘터리』에 실린 서평에서 "멀어지는 옛 유럽을 비판의 시선과 동경의 시선 둘 다를 통해 바라보려고 하는 사람이라면, 이 책이 최선일 수 있다"라고 했다. 『뉴욕 타임스』 서평자는 이 소설이 "이스라엘의 대의를 옹호하는 것"에 주목했고, 거기서 "무겁고 끈질긴 프로파간다 톤"을 들었다.

신과 영원한 이스라엘 민족의 이상들이 책 전체에 스며들어 있다." 이 책은 도브 사단(1902~1989)—당시 '암 오베드' 출판사의 편집위원이었고, 나중에 크네세트 의원을 지낸 인물이자 이 책이 나오고 수십 년 뒤(1980) 본인의 업적으로 비알릭 상을 받게 되는 인물—에 의해 독일어에서 히브리어로 번역되어 있었다.

시상식은 1949년 1월 11일에 비알릭의 텔아비브 자택이었던 건물의 화려한 1층 응접실에서 거행되었다. 벽면은 로열블루색으로 칠해져 있었고, 기둥들은 이스라엘 열두 지파를 묘사하는 다채로운 카르투슈 문양의 타일로 장식되어 있었다. 스물네 살이라는 이른 나이에 카메리 극단의 라이징스타였던 독일 태생의 여배우 오르나 포라트가 비알릭의 에세이 「히브리의 서」[87] 발췌문을 낭독함으로써 그날 밤 행사의 막을 열었다. 이어서 브로트가 수상 연설을 했다.

내가 한 친구에게도 말한 것처럼, 오늘은 나의 대축일입니다. 비알릭 상 덕분에 이제는 나도 히브리 작가들 사이에서 가족으로 받아들여지게 되었다는 생각이 듭니다. 내가 현세에서 이 영광보다 더 가치 있게 여기는 것은 아무것도 없습니다. "저는 저의 백성과 한데 어울려 잘 지내고 있습니다"[「열왕기하」 4장 13절]라는 성경 구절을 나 자신에게 적용할 기회가 오늘 밤 나에게 주어졌습니다. […] 나는 이 책을, 사상의 자유에 관한 이 책을, 내가 "고향 땅으로 돌아온 아들들" 중 한 아들로서 집필한 이 책을, 내 민족에게, 지금 이 시간에도 자신의 온전한 자유를 위해 싸우고 있는 내 민족에게 바치겠습니다.

나중에 밝혀지듯이, 히브리 가족으로 받아들여지고 싶다는 브로트의 소원을 들어주기로 한 결정에 히브리 작가들이 만장일치로 찬성한 것은 아니었다. 시상식이 거행된 날로부터 8일 뒤, 히브리 작가 협회 회장이자 히브리어 아카데미 의장인 다비드 시모니(이듬해의 비알릭 상 수상자)가 반대 의사를 표했다. 독일어로 쓴 작품은 어떤 경우에도, 진정한 히브리 문학만을 위한 상을 받아서는 안 된다고 그는 말했다. 시모니와 그의 협회 회원들은 『갇혀 있는 갈릴레오』를 상을 받을 만한 소설로 대하는 대신 범죄의 죄체corpus delicti로 대했다.

시모니의 반대론은 브로트에 대한 인신공격을 피하면서 제기되었지만, 언론에서 논란이 불거졌다. 2월에 이사크 뢰브 바루흐(브로코비치)(1874~1953)라는 번역가는 자기가 왜 격분했는지 설명하기 위해 우익 일간지 『헤루트』의 지면을 빌렸다. 바루흐는 사단이 번역한 이 독일어 소설을 "언어 쓰레기"라고 일축했다. 브로트의 수상을 당장 취소함으로써 파멸의 첫발을 물리지 않으면 이디시어 사용자가 수상 자격을 주장하는 끔찍한 광경을 머지않아 목도하게 되리라고 그는 우려했다.

물론 브로트의 수상을 옹호하는 일부 평자들도 있었다. 그들은 이 사태를 유대적인 글이 비非유대의 언어로 집필될 가능성을 타진하는 기회로 삼았다. 그들은 비알릭 상의 수상 가능성을 모든 언어에 개방함으로써 히브리 문학—일부 평자들에 따르면, 고루한 순응의 문학으로 응고되어버린—에 신선한 혈액을 수혈해야 한다고 주장했다.

하지만 훼손된 명예가 되찾아지지는 않았다. 브로트는 단 한 번도 이 논란에 대해 공개적으로 논평하지 않았고, 회고록에서는 이 상에 대해 눈에 띌 정도로 언급을 피했다.

───────

비알릭 상 수상 사태 이후 10년 동안, 브로트와 에스테르 호페는 텔아비브에서 독일까지 다코타 쌍발기를 이용했다. 독일 학생들은 브로트의 강연장을 가득 메우곤 했다. 카프카에 대한 강연도 있었고(1954년에 베를린에서 있었던 카프카 서거 30주년 기념 강연), 독일 문화 및 독일어를 제3제국 범죄들과 구분하는 것의 중요성에 대한 강연도 있었다. 그의 이야기에 따르면, 그가 아무 의심 없이 스스로를 독일 문학의 일부로 여길 수 있었던 시절, 그는 괴테와 횔덜린의 시에 대한 감사로 북받치곤 했다. 아직 전쟁기를 기억하는 청년들에게 그는 나치즘과 **독일다움**Deutschtum의 차이를 이해할 것과 독일 문화에 나치 범죄의 책임을 물을 수 없음을 깨달을 것을 누누이 당부했다.

1964년, 브로트의 80세 생일을 즈음하여 이루어진 『마아리브』 신문과의 인터뷰에서 기자 레파엘 바샨이 그 사안을 다시 끄집어냈다.

"당신의 저서는 대부분 독일에서 처음 출간됩니다. 당신은 독일에 가서 순회 강연을 합니다. 당신은 독일의 라디오와 텔레비전에 출연합니다. 당신은 '또 하나의 독일'을 믿는 것입니까?"

브로트는 이렇게 답변했다. "나는 독일에 특별한 원한을 갖고 있습니다. 내가 50세가 되던 날, 선전부 장관 요제프 괴벨스는 나에게 선물 하나를 주었습니다. 그것은 내 책들을 화형시킬 것을 지시하는 공식 선언문이었습니다!* [···] 아울러 독일인들은 내 사랑하는 동생 오토 브로트 박사를 살해했습니다. [···] 내가 당신의 질문에 어떻게 대답해야겠습니까? 나는 독일인들을 모른다고 대답해야겠습니까? 하지만 내가 만나본 독일인들 중에는 멀쩡한 사람들도 있었습니다. 독일인인데 멀쩡하다면 대단히 멀쩡한 것이잖습니까!"

　남은 인생 내내, 브로트는 익숙한 영토로 후퇴하기 위해 글쓰기를 이용했다. 그는 이스라엘에서 독일어 작가들을 수용하는 문지기가 되어 하인리히 폰 클라이스트, 오스카 바움 등등의 히브리어 판본에 서문과 후기를 썼다. 그가 희곡으로 각색한 카프카의 소설『성』(A. D. 샤피르 번역)은 1954년에 텔아비브의 '카메리 극장Cameri Theater'에서 공연되었다(레오폴트 린트베르크 연출, 오르나 포라트와 미하엘 실로 주연). (에바 호페가 들려준 이야기에 따르면, 브로트는 다른 데도 아닌 하비마 극단이 이 작품의 제작을 거부한 데 상처받았지만, 이 작품은 "잊지 못할 성공작"이었다.**) 멀리서 사랑하는 것으로 만족했던 브로트는, "내가 잠에서 깨어나는 이야기"라고 부른『안개 속의 젊음』(1959)과 그의 김나지움

---

* 미국 홀로코스트 박물관 자료에 따르면,『튀코 브라헤가 구원받기까지』를 제외한 브로트의 모든 작품이 나치 분서 사건 때 소각되었다. 체코-유대 교육자 막스 레데러는 "막스 브로트의 작품은 인종적 이유만으로도 독일 도서관들에서 금서가 될 만했지만, 나치 정권이 똑같이 혐오스럽게 여기던 반전주의적 성향까지 드러냈다"라고 1944년에 썼다.
** 『성』을 각색한 브로트의 희곡(제임스 클라크 번역, '왕립연극학교Royal Academy of Dramatic Arts' 연출)은 1963년 6월에 런던 '밴브루 극장Vanbrugh Theatre'에서 초연되었다.

시기를 다룬 『붉은 산호초』(1961)와 같은 소설들을 집필함으로써 근심 없던 청년 시절을 다시 떠올렸다. 그는 합스부르크 제국 쇠망기에 활동하면서 몰다우강 변의 이 도시를 문화의 메카로 만든 작가들(펠릭스 벨취, 후고 베르크만, 프란츠 베르펠 포함)의 반쯤 자전적인 초상인 『프라하 서클』을 집필하면서 1960년대 초반을 보냈다. 그런 서클을 텔아비브에서 재현해보고자 하면서 그는 처제인 나드야 타우시크가 마푸로路의 자택에서 주최하고 있던, 독일어를 쓰는 유대인들을 위한 문학 살롱에 지속적으로 참여했다. (브로트가 타우시크에게 보낸 70통 정도의 편지가 2018년 3월 예루살렘에서 '케뎀 경매회사Kedem Auction House'에 의해 경매에 부쳐졌다.)

그렇게 지내는 내내, 브로트는 이스라엘에서 이해받고 싶다는 강한 욕망에 시달렸다. 앞서 언급한 1964년 『마아리브』와의 인터뷰에서 브로트는 앞으로의 계획에 관한 질문을 받았다. "무슨 계획을 갖고 있느냐고요? 여든 살이 된 사람이 무슨 계획을 가질 수 있겠습니까? 나의 자서전, 이미 전 세계에서 출간된 나의 자서전이 히브리어로도 번역되는 날을 꿈꿉니다. 그것이 나의 큰 꿈입니다. 이스라엘 청년들이 나에 대해 좀더 알게 되면 얼마나 좋겠습니까!"*

---

* 브로트의 회고록 『투쟁하는 삶』은 1964년에 독일어로 킨들러 출판사Kindler-Verlag — 레온 우리스의 베스트셀러 『대탈출』의 독일어 번역본을 펴낸 출판사 — 에서 출간되었다. 이 책이 히브리어로 출간되는 것은 그로부터 3년 뒤, 브로트가 막 세상을 떠나기 직전이었다(*Chayei Meriva*, trans. Yosef Selee, Ha-Sifriya Ha-Tzionit, 1967). 폴란드의 스토프니차에서 태어난 번역자 셀레는 1933년에 팔레스타인으로 이주했고, 『막스 브로트의 사유 안에서의 공부』(Am Ha-Sefer, 1971)라는 에세이집을 출간하기도 했다.

텔아비브 하비마 극단에서 배우들과 함께 있는 막스 브로트(오른쪽)
(이스라엘 정부언론청Israel Government Press Office)

1942년 3월 텔아비브 하비마 극단에서 배우들과 함께 있는 막스 브로트(오른쪽 끝 의자)
(졸탄 크루게르, 이스라엘 정부언론청)

13

브로트의 마지막 사랑

아멜리아는 미소를 지었다. 슬픈 미소이기는 했지만, 어둡게 구겨진 얼굴을 환하게 펴주는 미소, 말로 표현되지 않는 것을 들려주는 미소, 전혀 모르겠는 낯선 것을 알려주는 미소였다.

—카프카, 『성』

1942년, 막스 브로트는 세 사람을 잃은 충격에 휩싸여 있었다. 2월 하순, 그는 오랜 친구 슈테판 츠바이크가 브라질에서 자살했다는 소식을 들었다. 팔레스타인 도착이라는 행운을 누리지 못한 유대인 망명자들을 강타하고 있던 문화적 참사의 규모를 브로트는 이 소식을 통해 절감할 수밖에 없었다. 1938년에 가족과 함께 독일에서 뉴욕으로 탈출한 프레데릭 V. 그룬펠트는 그의 책 『명예 없는 예언자들』에서 독자들에게 이렇게 상상해보라고 한다.

T. S. 엘리엇이 페루에서 망명 중에 세상을 떴다면. 노년의 버나드 쇼가 남아메리카로 가는 배에서 자살했다면. 로저스와 해머스타인뿐 아니라 헤밍웨이와 피츠제럴드가 생의 마지막을 과테말라의 작은 커뮤니티에서 보내야 하는 처지였다면. […] 윌리엄 포크너가 카라카스에서 교사가 되기 위해 스페인어를 배워야 하는 처지였다면…

그렇게 상상해봄으로써 우리는 브로트가 당시의 사태를 목격하면서 느꼈을 충격을 어느 정도 짐작해볼 수 있다. 괴테와 실러의 땅이 그의 유대인 동료들을 내쫓고 있었고(그들이 독일 문화에 얼마나 중대하게 기여했는지는 상관없었다), 중유럽 휴머니즘의 마지막 지지자들이 세계의 구석구석으로 흩어져버리고 있었다.

그로부터 거의 10년 전이었던 1933년 3월, 역시 난민 작가였던 오스트리아-유대 소설가 요제프 로트는 당시 자기의 후원자였던 슈테판 츠바이크에게 이렇게 썼다. "우리는 이집트로부터 왔다기보다는 '자유'로부터, 인본으로부터, 무엇보다도 인간성으로부터 왔습니다. 아브라함, 이삭, 야곱이 우리의 조상인 것에 못지않게 괴테, 레싱, 헤르더도 우리의 조상입니다." 파리에서 구차한 망명 생활을 이어나가던 로트는 6년 뒤 세상을 떠났다. 희곡 작가 에른스트 톨러가 뉴욕에서 목을 맸다는 소식을 들은 직후였다. 브로트는 로트의 에세이들을 『프라거 타크블라트』에 게재했던 사람이자 그를 파울 촐나이Paul Zsolnay 출판사와 연결해주었던 사람이었으니 두 사람의 운명을 함께 짊어진 느낌이었다.

1942년의 두번째 상실. 그해 8월, 브로트의 아내 엘자가 텔아비브에서 59세 생일을 하루 앞두고 세상을 떠났다. 엘자와 막스가 부부로 지낸 것은 29년간이었다. 프라하에 살 때부터 브로트는 외도를 저질렀다. 그는 "공식적으로는 유부남, 비공식적으로는 난봉꾼"이었다고 카프카의 전기 작가 에른스트 파벨은 쓰고 있다. 브로트는 종종 카프카에게 자기의 불륜을 고백했는데, 그중에는 체코 브르노에서 만난 유부녀와의 불륜도 있었고, 베를린에서 만난 가톨릭 신자와의 불륜도 있었다. 베를린의 가톨릭 신자는 에미 잘베터라는 객실 하녀였다. 외도가 브로트의 결혼 생활을 위협할 때면 카프카가 요령 있는 카운슬러 역할을 맡았다.

그해의 마지막 상실. 브로트는 자기가 겪었던 모든 상실 중에 "가장 비극적인" 상실을 겪었다. 그가 친한 친구 신 샬롬에게 쓴 대로, 하비마 극단에서 활동하는 체코 태생의 야심 찬 여배우 엘라 베르글라스(샬롬은 그녀를 "충격적으로 아름다웠다"고 묘사했다)가 아무런 예고 없이 그와의 관계에 종지부를 찍은 것이었다.*
브로트는 베르글라스가 자기를 출세에 이용했다고 생각했고, 베르글라스를 가리켜 "이기적이고 계산적"이라고 말했다. 그녀에 대한 증오가 얼마나 강했는가 하면, 샬롬으로부터 베르글라스를 두 번 다시 안 만나겠다는 약속까지 받아냈다. 샬롬은 브로트가 죽은 뒤에도 베르글라스를 만나지 않겠다고 약속해야 했다.

---

* 『우남보』에서 허구의 인물로 등장하는 베르글라스는 1940년대에 『가지트』라는 문예지에 단편소설들을 싣기도 했다. 1968년 12월 브로트의 장례식장에서 베르글라스는 신 샬롬에게 "막스 브로트에 대한 그녀의 사랑이 그 세월 내내 얼마나 깊고 순수했는가"를 고백했다.

브로트는 영혼의 시련을 겪는 중이었다.

내면의 격랑이 장기적이고 심층적으로 계속되었다. 아내가 죽
은 뒤로는 더욱 그러했다. "영혼은 불멸하는가?"라는 거대한
질문이 […] 절박하게 답을 요구했다. 종전 직후, 동생과 동생
가족이 아우슈비츠에서 살해당했다는 소식을 들었을 때, "현
세의 고통과 전능하고 자비로운 신에 대한 믿음이 어떻게 양
립할 수 있는가?"라는 똑같이 오래된 질문이 똑같은 정도로 절
박하게 답을 요구했다.

브로트는 의외의 곳에서 약간의 위안을 찾게 된다. 그는 카프
카의 기묘한 현존 덕분에 (그리고 카프카의 원고 덕분에) 스물두
살 연하의 여성과 엮인다. 그녀는 26년간 그의 비서 겸 사적인 친
구 역할을 하게 된다.

———

일제 호페는 1906년에 오파바Opava(독일어로 트로파우Troppau)
에서 요제프 라이히(1874년생)와 헤트비히 라이히(1876년생)의
딸로 태어났다. 오파바는 체코령 슐레지엔의 수도이기도 했지만,
극우 정치인 게오르크 리터 폰 쇠네러가 주도하는 "대大독일국"
계열의 반유대주의의 중심지이기도 했다. 두 딸 일제와 마리온
이 아직 갓난아기였을 때, 라이히 부부는 프라하 언덕의 노동계
급 구역인 지슈코프Žižkov의 하블리치코보Havlíčkovo 광장 길—

카프카가 1924년에 묻히게 되는 공동묘지에서 도보로 25분 거리
—로 이사했다. 일제는 바로 이곳에서 미래의 남편 오토 호페를
만났다.

일제보다 스물한 살 연상이었던 오토는 미슬코비체Myslkovice
(독일어로 미스코비츠Miskowitz)에서 태어났다. 오파바에서 서쪽
으로 274킬로미터 거리에 위치한 마을로, 지금은 프라하에서 남
쪽으로 자동차로 한 시간 반이면 갈 수 있다. 열네 살에 고아가 된
오토는 체코 유대인 제조업자 인드르지흐 발데스 가족에게 맡겨
졌다. 그는 일제와 1930년에 결혼했고, 이후 '코이누르Koh-i-noor
회사'에서 공장장 자리를 얻었다. 발데스가 세운 회사로, 공장은
프라하의 브르쇼비체Vršovice 구역에 위치해 있었다. 1930년대
초, 그와 일제에게 두 아이—루트와 에바—가 태어났다. (발데스
의 가족 중에 미국으로 피신했던 사람들이 종전 후에 오토가 연금을
받을 수 있도록 조치해주었다.)

1940년 초, 호페 일가에게 독일 점령 당국의 2주짜리 독일 휴
가 허가증이 발급되었다. 일제가 줄기차게 신청한 결과였다. 출
발 전날, 게슈타포가 들이닥쳐서 온 집 안을 수색했다. 호페 일가
가 꾸린 짐이 정말 휴가를 위한 것인지 확인하기 위함이었다. 독
일행 야간열차에서 일제와 오토는 프라하를 영영 떠나고 있음을
두 딸에게 말해주지 않았다. 나는 그때 기차의 완만한 리듬에 맞
추어 노래를 흥얼거리고 있었지, 라고 에바는 말한다.*

* 일제의 동생인 마리온 라이히는 로마로 탈출했고 거기서 어느 가톨릭 커뮤니티의 일
원으로 받아들여져 가톨릭으로 개종했다. 전쟁이 끝난 뒤 마리온은 프라하로 돌아왔고,
공산주의 정권에 의해 투옥되었다. 막스 브로트의 도움으로 석방되어 1977년에 세상을

호페 일가는 독일에서 비시 프랑스로 탈출했다. 오토는 파리 외곽의 포로수용소에 억류되었고, 에바와 루트는 빌라르드랑스 Villard-de-Lans라는 그르노블 근교 소도시의 은신처에 맡겨졌다. 그로부터 수개월간 일제는 두 곳을 오가며 두 딸의 안전과 남편의 석방을 위해 온 힘을 다했다. 결국 미국 친지들의 도움으로 일제는 팔레스타인 통과 허가증을 손에 넣을 수 있었다. 그들이 탄 배는 "메사저리 마리팀Messageries maritimes"이라는 해운회사의 마르세유 발發 하이파 착着 프랑스 원양 정기선 'SS 파트리아호'였다.

오토 호페는 억류 생활에 대해 전혀 입을 열지 않았다고 에바가 나에게 말해주었다. "침묵으로 울타리를 친 사람이었어." 일제는 많은 사람들 사이에서 밝아지는 사람, 주변에 웃음을 흩뿌리는 사람이었다. ("엄마가 이 카페로 들어올 때면, 다들 고개를 빼고 쳐다봤지"라고 에바가 나에게 말했다.) 하지만 일제 호페는 타향살이의 뼈아픔을 혼자 견디는 사람이기도 했다. 엄마가 텔아비브 아파트 벽을 주먹으로 내리치던 것이 기억난다고, 자기 괴로움을 벽 속에 집어넣고 싶어 하는 것 같았다고 에바는 말한다.

팔레스타인에 무사히 도착한 호페 일가는 비좁은 스리룸에서 다른 두 가족과 공동생활을 했다. 텔아비브의 스피노자 길에 위치한 집이었다. 오토는 집에서 가까운 라마트간에 위치한 염료 공장에서 경리 자리를 구했다. 그의 업무 공간은 펄펄 끓는 대형 통들 사이의 칸막이 공간이었다.

1942년, 오토는 초급 히브리어를 가르쳐주는 울판ulpan에 등록

떠나기까지 마리온은 예루살렘의 엔카렘Ein Karem에 있는 '시온 성모 수녀원'에서 평생을 보냈다.

했고 거기서 자기와 마찬가지로 프라하를 떠나온 막스 브로트라
는 동료 망명자를 만났다. 며칠 뒤, 오토는 브로트를 아내 일제에
게 소개했다. 나는 프라하에서 당신의 어머니 헤트비히 라이히와
아는 사이였다고, 그 첫 대화에서 브로트는 일제에게 말했다. 그
로부터 10년 전에 작센과 보헤미아에 걸쳐 있는 에르츠산맥 국경
부근에서 빈민 지원 활동을 함께 했다는 것이었다.[88]

새 땅으로 이주해 온 세 사람은 새 땅에서 발견하지 못한 것을
서로에게서 발견할 수 있었다. 에바는 나에게 이렇게 말했다. "내
부모님과 막스는 진짜 이스라엘 사람이 아니었어. 이스라엘 문화
를 이해하지 못하는 사람들이었어. 국제주의자의 사고방식을 가
진 사람들이었지." 아내 엘자의 죽음과 애인 엘라의 변심으로 낙
심했던 브로트는 마음을 추스르면서 호페 일가의 안식일 정찬 자
리에 오기 시작했다. 브로트의 친구 신 샬롬은 이렇게 말했다. "그
는 그들의 가정에서 마침내 가족이라는 둥지를 발견했다." 브로
트는 호페 부부를 '이스라엘 필하모닉' 클래식 콘서트에, 또는 하
비마 극단 개막 파티에 초대했고, 부부는 브로트를 집에 초대해
라디오를 청취했다.

1958년 12월, 피아니스트 글렌 굴드가 텔아비브에서 독주회를
했다. 훗날 그는 그때 브로트를 만난 일을 이렇게 회상했다.

한 나이 든 부인이 그와 함께 무대 뒤로 찾아왔고, 나는 그녀
가 그의 비서인 줄 알았다. 그가 좋은 말을 몇 마디 한 뒤, 알아
듣기 힘든 이름을 가진 그 부인이 내 앞으로 가까이 오더니 다
소 센 독일어 억양으로 이렇게 말했다. […] [음모를 꾸미는 듯

반쯤 속삭이는 말투로] "굴드 씨, 우리는 당신의 텔아비브 공
연을 이미 여러 번 관람했지만, 오늘 밤 공연은, 이 공연은, 어
째서인지, 어떻게, 무엇인가 달랐다, 당신은 우리들 사이에 있
는 사람이 아닌 듯, 그때 당신은—당신은—당신의 존재는 제
거되었다." 나는 깊이 머리를 숙이며 이렇게 말했다. "감사합니
다, 마담." 입에 담기조차 으스스한 무엇을 그녀가 정확하게 집
어냈다는 것을 그때 나는 물론 알 수 있었지만, 그녀가 알아들
을 수 있는 제한된 영어만 가지고는 그날 내 연주의 그 지점에
대해 전달할 방법이 전혀 없으리라는 것도 알 수 있었다.

오래지 않아 브로트와 호페 일가는 플림스라는 스위스 온천 도
시에서 함께 여름휴가를 보내고 있었다. 에바는 나에게 이렇게
말했다. "아빠가 껄껄 웃는 때는 아빠의 제일 좋은 친구 막스와 함
께 있을 때밖에 없었어."
　　브로트에게는 자식이 없었고, 호페 일가의 두 딸 에바와 루트
는 브로트를 사랑했다. "둘째 아빠"인 듯 사랑했지, 라고 에바는
말했다. (이 책의 저변에는 무자식이라는 암류가 흐르고 있다: 카프
카, 브로트, 에바 호페.) 브로트는 에바의 첫번째 피아노를 사 주었
다. 그는 에바를 데리고 클래식 연주회에 가서 연주곡 악보를 두
사람의 무릎 위에 쭉 늘어놓고 연주의 진행을 손으로 짚어 보여
주곤 했다. 그는 어린 에바를 극단의 배우 겸 예술감독인 시몬 핑
켈(이스라엘 연극 무대에서 최초로 『햄릿』을 연기한 배우)에게 심
부름 보내곤 했다. 에바의 오랜 친구 요엘라 하르셰피는 소송 중
에 『하아레츠』와의 인터뷰에서 이렇게 말했다. "브로트는 에바

의 스승이었고, 그녀에게 세계를 해석해주는 사람이었다. 그녀는 스스로를 그와 철저히 동일시하고 있다. 최근 수년간, 그녀는 엄마의 권한을 상속받은 딸이라는 자각에 따라 행동해왔다. 그녀가 이 문제를 대하는 입장은 전적으로 순수하다. 그녀에게 이 문제는 돈 문제가 아니라 영혼의 문제다."

일제 호페가 에스테르라는 히브리 이름으로 개명했던 데는 브로트의 권유가 있었고, 그런 에스테르가 그의 작업, 곧 그들의 고향에서 그의 트렁크로 구출해 온 원고들을 필사하고 분류하는 작업을 돕기로 한 데는 그의 강권이 있었다. 그가 감지한 대로, 그녀는 그 원고들이 그가 살아가고 있는 현재의 세계와 그가 한때 살았던 과거의 세계를 연결시켜주는 느슨한 끈 같은 것임을 이해해줄 수 있는 사람이었다.

에스테르 호페가 매일 아침 출근하게 된 곳은 바닷가에서 두 블록 떨어진 하야르덴 길 16번지의 수수한 (엘리베이터 없는) 4층짜리 건물 3층에 있는 브로트의 아파트였다. 그녀는 출근하면서는 크루아상 한 봉지를 들고 왔고, 오후 퇴근 전에는 사모바르 주전자를 데워놓았다. 청력이 점점 약해진 브로트는 전화로 못 알아들은 내용을 에스테르에게 되풀이해달라고 했다. 브로트는 회고록에서 에스테르를 "나의 창조적 파트너, 나의 가장 엄한 비평가, 나의 반려이자 동지"라고 부르면서 그녀에게 "영원히 갚을 수 없는 빚을 진" 느낌이라고 말한다. 그녀는 "구원 천사처럼" 갑자기 나의 인생 속으로 쳐들어왔다고 브로트는 친구 신 샬롬에게 썼다. (브로트가 샬롬에게 보낸 편지들 중 일부에는 에스테르가 맨 아래 여백에 독일어나 히브리어로 이런 추신을 덧붙였다: "저도 안

부 전합니다—에스테르." 때로는 두 사람이 함께 이런 공동 서명을
넣었다. "에스테르와 막스.")

그럴수록 에스테르는 그를 열렬하게 지키고자 했다. 브로트의
격려와 지도에 힘입어 그녀는 『이스라엘에서 나온 시』라는 48쪽
짜리 얇은 시집을 독일어로 출간했다.[89] "세 사람은 서로를 아끼
고 사랑했어"라고 에바는 회상한다. 하지만 브로트에 대한 엄마
의 사랑에 대해서는 이런 단서를 붙인다. "육체적인 게 아니었어,
정신적인 거였어."

브로트의 현재와 그의 프라하 전성기 사이의 결정적 연결 고
리였던 카프카 원고가 이제 브로트와 에스테르 사이의 연결 고리
가 되기 시작했다. 연결 고리였다고 할까, 관계성을 교환하는 화
폐였다고 할까. 에바에 따르면 에스테르는 브로트의 작업을 도운
세월 내내 정기 급여를 전혀 받지 않았다. 대신 브로트는 가지고
있던 카프카 문서 전부를 에스테르에게 정식으로 증여했다.

———

1952년의 어느 봄날 아침, 친밀한 우정과 협력의 관계를 10년
이상 이어가던 중, 막스 브로트는 책으로 가득한 서재로 에스테
르 호페를 불렀다. 그는 서랍에서 편지지 한 장을 꺼내 그녀가 지
켜보는 앞에서 증서를 작성해나갔다. 브로트는 카프카 친필원고
의 운명과 관련된 자신의 바람을 유언장으로뿐 아니라 증여 증서
들로도 전달하고 싶어 했다.

"친애하는 에스테르에게. 나는 나의 소유물인 카프카의 원고

및 서신 일체를 1945년에 당신에게 증여했다.”

브로트는 그가 죽고 나서가 아니라 그 즉시 효력이 발생할 그 증여에 카프카가 브로트와 이제 고인이 된 브로트의 아내 엘자에게 보냈던 편지들, 카프카의『소송』「어느 투쟁의 기록」「시골의 결혼 준비」의 원본 원고, 카프카가 아버지에게 쓴 편지의 원본 타자본, 카프카의 파리 일기 공책 세 권, 카프카와 브로트가 프라하에서 함께 쓰기 시작했던『리하르트와 사무엘』이라는 소설의 초고, 카프카가 이디시어에 대해서 쓴 강의록, 아포리즘들, 중편소설 한 편의 초고, 사진들, 카프카 출간물들의 초판본이 포함됨을 명시했다. 브로트는 본인과 에스테르가 1948년에 그것들을 “공동으로” 금고에 맡겼다는 사실을 덧붙였다.

에스테르 호페는 편지지 여백에 독일어로 이렇게 썼다. “나는 이 증여물을 수령한다Ich nehme dieses Geschenk an.”

추호의 의심도 있을 수 없도록 하려는 브로트의 조치였다. 브로트가 동일한 내용의 메모에 서명했던 것은 그로부터 5년 전이었던 1947년 4월 22일이었다.

“나에게 보내진 카프카의 편지들, 곧 나의 소유물이었던 문서들 일체가 호페 부인의 소유물이다.”

그로부터 60여 년 뒤, 법원이 지정한 필적감정 전문가 암논 베잘렐리는 브로트의 증여 문서들을 감정한 뒤 위조가 아니라 진짜라고 진술했다. (베잘렐리는 1987년에 이스라엘 경찰청 문서 감식반의 반장으로서, 존 데미야뉴크가 집단수용소 경비대의 “이반 뇌제”였다는 핵심 증거로 이스라엘 검찰이 제출한 문서를 위조가 아닌 진짜라고 증언한 바 있다.)* 어떤 사람들에게는 이런 편지들이 작성되어 있다는 것 자체가 놀라운 일이었다. 카프카의 조카딸의 아들인 마이클 슈타이너는 이렇게 말한다. "이스라엘에서 소송이 시작되고 한참 후까지도 어머니와 나는 그런 편지들이 만들어지고 있는 줄도 몰랐다."

───────

1968년 12월, 브로트는 베일린손 병원에서 임종을 앞두고 있었고, 에스테르와 에바는 교대로 브로트의 병상을 지켰다. 에스테르는 오전 7시부터 오후 7시까지였고, 에바는 오후 7시부터 오전 7시까지였다. 텔아비브 근교 페타흐 티크바Petach Tikva에 위치한 이 병원의 이름은 '이스라엘 국민건강증진기금Israel's General Health Fund' 책임자 겸 브로트의 칼럼을 게재했던 신문인 『다바르』의 창간인의 이름에서 따온 것이었다. 병원은 스피노자 길에 위치한 호페 일가의 집에서 버스로 편도 45분 거리였다.

그의 마지막 며칠 중 어느 밤, 간호사들이 그가 정맥주사 튜브를 못 빼게 하느라고 그의 손목을 결박해놓았다고 에바는 말했다. 그녀는 그때 브로트가 이렇게 말했던 것을 기억하고 있다. "네가 나를 사랑한 적이 있다면, 이것 좀 풀어줘." 결박을 풀어준 그녀는 그가 턱을 가슴으로 툭 떨어뜨리고 곤한 잠에 들 때까지 그의 손을 붙잡고 있었다.

막스 브로트는 1968년 12월 20일에 세상을 떠났다. 83세에 작

─────────

* (옮긴이) 존 데미야뉴크는 1988년에 사형 선고를 받았으나 1993년에 이스라엘 대법원이 새로운 증거에 입각해 판결을 뒤집었다.

고한 괴테보다 오래 살고 싶지 않다고, 그는 언젠가 에스테르에게 이야기했다. 브로트는 85세 생일을 몇 주 앞두고 세상을 떠났다. 그는 마지막까지 작업—그의 철학 논고 『이교, 기독교, 유대교』 영어본 서문과 그의 회고록 『투쟁하는 삶』의 증보판 서문—을 손에서 놓지 않았다. 그로부터 한 달 전, 그는 옛 친구 로베르트 벨취에게 이렇게 썼다. "사람은 늘 새로 시작해야 해man muss immer von vorn anfangen."

브로트의 장례식은 이스라엘의 국민 시인 H. N. 비알릭과 문화 시온주의의 비전가 아하드 하암의 마지막 안식처이기도 한 텔아비브의 트룸펠도르 공동묘지에서 열렸다. 조문객이 거의 없는 장례식이었다. 에바는 해마다 1년에 두 번, 그의 생일인 5월과 그의 기일인 12월에 그의 무덤을 찾아가고 있다.

1948년 3월 24일에 작성된 첫번째 유언장에서, 브로트는 에스테르 호페를 자신의 유일한 상속인 겸 유언 집행자로 지정한 뒤, 자기의 문필 유산이 "팔레스타인의 유대인을 위한 공공도서관이나 공공 아카이브에" 가도록 일을 처리해주기를 바란다는 의사를 밝혔다. 카프카 원고는 언급하지 않았다.

1961년 6월 7일에 작성된 마지막 유언장(독일어로 작성된 것을 자문 변호사 시몬 프리츠 하아스가 히브리어로 번역했다)에서, 브로트는 두 가지를 당부했다. 첫째로, 그는 에스테르 호페를 자기 유산의 유일한 관리인으로 지정했고, 자신의 소유물 일체를 그녀에게 유증했다. 둘째로, 유언장 11조에서 그는 그녀의 사후에 자기의 문필 유산이 어디로 가야 하는지에 대해 "예루살렘 히브리 대학 도서관이나 텔아비브의 시립도서관, 또는 이스라엘 국내외

의 공공 아카이브로 가야 한다… 그중 어느 기관으로 선정할지와
선정 기준을 어떻게 할지는 호페 부인이 결정할 것이다"라고 했
다. 카프카 원고는 언급하지 않고 있다. (카프카 전기 작가 라이너
슈타흐는 브로트의 이 마지막 유언장을 가리켜 "법률 자문 없이 작
성된 모호한" 유언장이라고 했다. 한편으로는 에스테르에게 상속재
산을 마음대로 처리할 수 있는 권리를 주면서, 다른 한편으로는 그
녀의 상속인들에게 그것을 모종의 적당한 아카이브에 손상 없이 보
내야 할 의무를 부과한다는 것이었다.) 브로트와 호페 사이의 사
적인 서신들에 관해서는 브로트가 유언장 13조에 당부를 남겼다.
둘 중 더 오래 산 사람이 세상을 떠나고 50년이 지나기 전에는 공
개하지 말 것, 단, 에스테르 호페가 공개하겠다고 결정하면 그 뜻
을 따르라는 당부였다.

　1969년 4월 22일, 텔아비브 지방법원은 브로트의 유언을 검인
하고 에스테르 호페를 유언 집행자로 선임했다.[90] 브로트가 프라
하에서 구출해 온 원고들이 이제 그녀에게 맡겨졌다. 일부는 그
녀가 딸 에바와 함께 사는 스피노자 길에 위치한 그녀의 자택에
보관되었고, 일부는 열 개의 은행 금고에 보관되었다. 텔아비브
은행에 여섯 개, 스위스 취리히 'UBS 은행'에 네 개였다. 카프카
는 언젠가 스스로를 가리켜 "이상한 열쇠와 함께 자기 안에 잠겨
있는" 사람이라고 했는데, 브로트 덕분에 에스테르 호페는 (축자
적인 의미로도, 비유적인 의미로도) 그 사람이 남긴 유산의 일부를
여는 열쇠를 가진 사람이 되었다.

1973년, 브로트가 죽고 5년이 지난 시점에 에스테르가 카프카 친필원고를 외국에 팔 가능성을 우려한 이스라엘 정부는 이 원고의 소유권에 관한 소송을 걸었다. (앞에서 언급한) 이 사건을 주재한 것이 텔아비브 지방법원의 이츠하크 실로 판사였다.

이스라엘 정부는 카프카의 조카딸 마리아나 슈타이너에게 1973년 소송을 함께 하자고 했지만, 그녀는 이 원고에 대한 호페의 권리와 싸울 기회를 사양했다. 현재 카프카의 유언 집행자로 있는 마이클 슈타이너(마리아나의 아들, 79세)가 그 이유를 설명하기 위해 런던에서 나에게 편지를 보내왔다.

내 어머니는 1973년에 이스라엘 검찰로부터 도움을 요청받았습니다. 정확하게 말하자면, 재판이 있으니 [에스테르] 호페 부인의 반대증인으로 출석하라는 소환장이 우편으로 날아왔습니다. 내 어머니는 브로트 유언의 해석에 관한 재판이 열리는 줄로만 알았고, 해석과 관련된 그 어떤 입장도 그 어떤 관점도 없었기에 재판에서 법률 자문 비용으로 큰 손해를 볼 가능성을 감수하지 않기로 했습니다. 아울러 호페 부인이 가지고 있는 원고가 학자들에 의해 수월하게 이용될 수 있기를 바랐던 까닭에 검찰과 호페 부인 사이의 소송에 모종의 이해 당사자로 끼어들기를 꺼리는 마음이 있었습니다. 그 당시 내 어머니는 호페 부인이 가지고 있다는 원고의 목록을 확인해본 적이 없었으니, 막스 브로트가 했던 말을 사실로 여기고 있었습니다. 브로트는 프란츠 카프카가 살아생전에 이러저러한 원고를 자기에게 주었다고 주장했고 1952년 4월에 내 어머니에게 보낸 편지에서도 같은 내용을 주장했습니다.

국가의 청원은 1974년 1월 13일에 최종적으로 기각되었다. 실로 판사는 이렇게 판결했다. "브로트의 유언에 따라 호페 부인은 생존 기간에는 브로트 유산을 원하는 대로 처리해도 된다. […] 당부의 의도가 분명하니만큼, 다른 해석은 허용될 수 없으리라고 판단된다."

마이클 슈타이너의 편지에는 이런 내용도 있었다. "2010년, 나는 '국립도서관' 측으로부터 정보를 제공해달라는 연락을 받았고, 앞으로 진행될 소송에서 '카프카 유산' 측이 공동소송인으로 참가하지 않겠느냐는 문의도 받았습니다. 하지만 실로 판사에 의해 확정되었던 막스 브로트 유언장 해석이 이토록 긴 시간이 흐른 뒤 어떻게 또 한 번 소송의 대상이 될 수 있다는 것인지 나로서는 이해할 수 없는 일이었습니다."

1974년 2월 8일, 국가기록물 관리관 파울 알스베르크(1971년부터 1990년까지 재직한 독일계 유대인)는 판결을 지지한다는 뜻을 에스테르 호페에게 문서로 전했다.

관리관이 인정하는바, 카프카 원고는 작가 막스 브로트 유산의 일부가 아니며, 그가 사망하기 오래전에 귀하에게 증여한 증여물이다. 그에 따라 관리관은 카프카 원고를 사유재산으로 등록했다.

알스베르크가 이 문서에서 암시했듯, 증여물(살아 있는 사람으로부터 받은 자산)과 유증물(고인으로부터 상속받은 자산) 사이에는 중대한 차이가 있다. 나중에 상속 분쟁이 생기더라도 증여받은 재산은 건드려지지 않는 것이다.

국가는 실로 판사의 판결에 항소하지 않는 쪽을 택했지만, 당국은 에스테르 호페에 대한 감시를 늦추지 않았다. '1955년 이스라엘 기록물관리법'에 의거하여 국가기록물 관리관은 개인 소유의 기록물이라도 "국가적으로" 가치 있고 "발굴 장소와는 무관하게 이스라엘의 역사, 민족, 국가, 사회를 연구하는 데 유의미한" 기록물이라면 해당 기록물의 국외 반출을 금할 수 있었다.[91] 따라서 기록물 원본을 국가기록물 관리관의 허락 없이 국외로 반출하는 행위는 형사처벌 대상이 된다. 1974년 7월 23일, 에스테르는 친필 기록물의 국외 밀반출 시도 혐의로 텔아비브 공항에 억류되었다. 그녀의 짐을 수색한 결과, 카프카 편지 복사본이 들어 있는 봉투 여섯 개가 나왔다. 원본은 나오지 않았다.

당시 이스라엘 일각에서 이런 우스개가 유행했다. 텔아비브 공항 보안요원이 나의 트렁크를 뒤지면서, 짐을 쌀 때 누가 도와주지 않았냐고 질문해왔을 때 내가 할 수 있는 최악의 대답은? "에스테르 호페가 도와줬어요."

1975년 1월 14일, 호페는 국가기록물 관리관이 내민 합의서에 서명했다. 합의서에 따라 그녀는, 국가기록물 관리관이 해당 기록물을 재량껏 검사하고 복사하도록 허용할 경우에 한해 해당 기록물을 국외로 반출할 수 있게 되었다. 해당 기록물을 복사한 국가는, 호페나 그녀의 상속자들이 동의를 표시하지 않았을 경우, 50년간 사본이 공개되지 않게 해야 했다.

텔아비브 가정법원에서의 재판 초반에 변호인 슈물리크 카수토는 국립도서관(실로 판사가 주재한 1973년 재판 때는 소송에 관여하지 않았던 기관)이 왜 40년이나 지난 지금에 와서 호페의 권리(브로트가 그녀에게 증여한 원고에 대한 소유권)에 이의를 제기하는지를 설명할 수 있어야 하는데 그러지 못하고 있다는 논의를 펼쳤다. 법적으로 국립도서관은 이의를 제기할 권리를 가지고 있었다. 이스라엘 상속법 72조에 따르면, 소송 참가자는 유언이 검인된 이후에 새롭게 나타난 사실이나 주장을 근거로 호적등록관에게 검인 취소 요청서를 제출할 수 있다. 소송 참가자가 애초에 유언이 검인되는 과정에서 분쟁에 참여하지 않았더라도 마찬가지다.

하지만 카수토는 국립도서관이 실로 판사가 주재한 1973년 재판 때 나왔던 사실 외에 새로운 사실을 전혀 내놓지 않았을 뿐 아니라 적절하지 않은 맥락에서 소유권을 주장하기까지 했다는 논의를 펼쳤다. 즉 국립도서관은 브로트의 유언에 이의를 제기하는 대신 에스테르 호페의 유언에 이의를 제기하는 방식으로 소유권을 주장했다는 이야기였다. 국립도서관은 브로트의 유언에 대한 실로 판사의 해석에 직접 이의를 제기하는 대신 에스테르가 죽기를 기다렸다가 에스테르의 유언이 검인받는 것에 이의를 제기했다. 하지만 실로가 받아들이지 않았던 이의를 40년이 지난 지금 받아들일 수는 없다, 라고 카수토는 주장했다. 카수토는 이렇게 물었다. "국립도서관이 카프카 문서를 '공짜로' 취득할 자격이 있다는 것이 지금 이 기관의 주장인데, 만약 이 기관이 1970년에도 그런 견해를 가지고 있었다면, 그때는 무슨 이유에서 그렇게 주장하지 못했던 것인가? 이 기관이 그때 그렇게 주장하지 않았다는 것이 그 자체로 자명한 사실 진술이며, 유언이 검인되고 40년이 지난 지금에 와서 검인의 취소를 허용해서는 안 된다." 국립도서관은 브로트와 호페가 직접 증언할 수 없게 될 때까지 기다렸던 것이 아니겠는가 하고 카수토는 주장했다. "주역들이 죽고 없으니, 이제 국립도서관이 상상력의 선을 넘어 브로트 박사의 진정한 상속인을 자처하기가 너무 쉽다는 것이다."

I4

마지막 상속녀:
카프카를 팔다

소더비스, 뉴본드 스트리트, 런던

1988년 11월 17일

카프카는 [에스테르] 호페와 모르는 사이, 대화 한 번 나눈 적이 없는 사이, 만난 적도 없는 사이였다. 그에게 그녀는 전혀 중요한 사람이 아니었다. 둘 사이에는 가족 관계가 전혀 없었다. 그는 그녀의 딸들과 모르는 사이였다. 카프카와 호페는 각자 다른 나라에서 살다가 각자 다른 나라에서 죽었다. [⋯] 카프카의 관점에서 생각해보자. 내가 친구에게 내 사문서를 없애달라고 했는데, 내 친구의 비서와 그 비서의 딸들이 그것들을 경매에 내놓고 공개 입찰로 매각하다니. 그것을 정의라고 할 수 있겠는가?

— 텔아비브 지방법원 판결, 2015년 6월

피카소 작품을 유산으로 상속받은 사람이 그 작품을 팔고 싶다는데, 그 사람이 피카소와 모르는 사이니까 못 팔게 금지하겠다고?

— 에바 호페, 2017년 2월

　　막스 브로트가 사망하고 20년이 지난 1988년 11월 17일, 에스테르 호페는 카프카가 1914년에 쓴 『소송』 원본 316페이지를 런던의 메이페어 중심가에 있는 소더비스Sotheby's 경매에 내놓았다. 카프카는 펠리체 바우어와의 첫 약혼을 깬 직후에 이 소설을 각양각색의 공책 열 권에 썼고, 1914년 9월에 첫 챕터를 브로트에게 읽어주었다. 이 소설이 실패작이라고 결정지은 그는 각 공책에서 해당 페이지를 뜯어내 책상 안에 보관했다. 열여섯 뭉치의 낱장 종이들이었다. 그는 1920년에 이 종잇장들을 브로트에게 주었고, 브로트는 그것들을 에스테르에게 주었다.

　　컬럼비아 대학교의 손꼽히는 카프카 학자 마크 앤더슨은 『소송』을 경매에 내놓기로 한 결정을 두고 "매우 위험한 행보"였다고 말했다. 인터넷 억만장자, 아니면 와인 수집가이면서 카프카 친필원고를 탐내던 일본인 은행가의 금고 속으로 사라졌으면 어쩔 뻔했나. 그랬으면 연구자들이 『소송』을 영영 구경도 못 했을지도 모른다."

　　독일의 저명한 카프카 전문가 클라우스 바겐바흐도 같은 이유에서 혼비백산했다. 경매에 내놓다니, 『소송』을 또 한 번 금고에 감추어두려고 하는 개인 수집가한테 팔렸으면 어쩔 뻔했냐는 것이었다. "막스 브로트는 카프카 원고를 나치의 손아귀에서 구해내려고 목숨까지 걸었는데, 에스테르 호페가 이제 그걸 그렇게 팔아먹다니. 문학적 의무를 그렇게까지 무시하다니." 에바 호페는 나에게 이렇게 말했다. "그게 소더비스에서 팔리고 나서, 다들 엄마에게 엄청나게 화를 냈어. 새벽 두 시에 계속 협박 전화가 와서 엄마가 얼마나 시달렸나 몰라."

브로트가 살아 있을 때 에스테르가 카프카 원고를 팔려고 한 적은 없었다. 하지만 브로트가 죽은 뒤에는 방침을 바꿨다. 예를 들어, 1974년에는 카프카가 브로트에게 보낸 편지 22점과 엽서 10점 등이 경매에 나와서 9만 독일마르크(4만 6천 유로)에 팔렸다. 1981년에 에스테르는 카프카의 단편소설 「시골의 결혼 준비」 서명본을 마르바흐 독일문학 아카이브에게 사라고 하면서 35만 독일마르크라는 큰 금액을 불렀다. 마르바흐는 안 산다고 했다.

같은 해, 한저 출판사 발행인인 미하엘 크뤼거는 에스테르를 만나 카프카의 스케치 출판권을 문의하기 위해 뮌헨에서 텔아비브까지 왔다. 에스테르는 그를 집 안으로 들어오게 하는 대신 아파트 현관문 앞에서 이야기를 나누겠다고 고집했다. 그녀는 출판권 문제라면 엘리오 프륄리히에게 문의하라고 했고, 이 취리히의 변호사(로베르트 발저의 유언 집행자이기도 했다)는 크뤼거에게 드로잉을 보기만 하는 값으로 10만 마르크를 내라고 했다. 크뤼거는 안 보겠다고 했다.

1988년, 소더비스 경매를 앞둔 시점에 에스테르 호페는 스위스 출판사 '아르테미스 & 빙클러'와 계약을 체결했다. 막스 브로트의 일기 출판권을 다섯 자리 금액에 양도하는 계약이었다. 그녀는 선금을 받았지만 끝내 일기를 넘기지 않았다. 취리히에 본사를 둔 리프만 출판 에이전시의 에바 코랄니크가 협상 담당자였다. 『하아레츠』에 인용된 코랄니크의 말에 따르면, "수년간 우리는 그녀에게 계약 내용을 이행해야 한다는 사실을 납득시키려고 노력했지만, 그녀는 거부로 일관했다." 아르테미스 & 빙클러는 계약 위반으로 소송을 걸었다. 에바 호페는 『하아레츠』의 인터뷰

요청에 응했다. "내가 직접 스위스로 가서 출판사 사장을 만났다. 나는 그에게 우리의 유일한 요청 사항은 호페 가족과 관련된 부분이 공개되지 않게 해달라는 것뿐이라고 해명했다. 그는 동의했고, 우리 쪽에서 글을 걸러서 조금씩 전달하는 방식을 허락했다. 우리에게 걸렸던 소송은 취하되었고, 우리는 협의한 대로 자료를 전달할 계획을 세웠다. 그런데 그사이에 엄마가 시력이 악화되어 거의 글을 못 읽게 되었고 그렇게 일이 다 지연된 것이다."

그러는 사이에 아르테미스 & 빙클러는 파산 신청서를 냈고, 에스테르는 결국 선금을 반환하지 않았다. 에바 호페는 이렇게 말했다. "출판사가 파산했다는 소식을 우리도 들었지. 그래서 우리 변호사 미비 모세르한테, 우리 이제 어쩌면 좋으냐, 선금은 누구한테 돌려줘야 하냐, 문의했어. 근데 그 사람이, 출판사가 없으면 돈 돌려줄 곳도 없다, 그러더라고."

이렇게 실책을 연발하던 에스테르가 소더비스에서는 제대로 해낼 수 있을까?

———

경매를 몇 주 앞둔 시점, 기대 분위기를 조성하기 위해 소더비스는 카프카의 미완성 원고 하나를 가지고 뉴욕, 도쿄, 홍콩의 3개 도시에서 순회 전시회를 개최했다.

경매 당일 오후, 『소송』 입찰자들 사이에 팽팽한 전운이 감돌았다. 뉴욕, 오타와, 파리, 브뤼셀, 암스테르담, 베를린, 로마, 취리히, 부다페스트, 모스크바, 바르샤바, 이스탄불에서, 심지어 도쿄에서도 사람들이 와 있었다. 하지만 예루살렘에서 온 사람은 아무도 없었다. 49세의 마르바흐 아카이브 관장 울리히 오트가 경매장 정중앙에 앉아 있었다. 그는 마르바흐 아카이브가 보유하고 있는 카프카 컬렉션, 곧 카프카가 밀레나 예센스카에게 보낸 편지들(1981년에 잘만 쇼켄의 상속자들이 매각한 것을 독일 연방공화국이 매입해 마르바흐에 영구 임대한 것이다)과 카프카의 단편 소설「시골 교사」의 친필원고(1956년에 베를린 경매에서 매입했다)에『소송』을 추가하고 싶었다.

그중「시골 교사」는 막스 브로트가 한스-요아힘 쇼엡스에게 증여했던 물량으로, 피증여자가 '게르트 로젠 갤러리'(1945년에 한 유대인 서적상이 설립했다)에 내놓았던 것이다. 매입자는 오트의 선임자로서 마르바흐 아카이브의 설립자 겸 초대 관장인 베른하르트 첼러였다. 첼러는 이 원고를 "마르바흐 카프카 컬렉션의 **종자세포**Urzelle"라고 부르면서 영인본 출간 계획을 추진했다. 잘만 쇼켄은 마르바흐의 영인본 출간이 카프카 작품에 대한 자신의 권리를 침해하리라는 이유로 임시금지명령을 신청했다. 소송을 한다면 마르바흐가 이기리라는 것이 첼러의 생각이었지만, 다른 사람도 아닌 카프카를 놓고 유대인 출판업자를 상대로 국제 지식재산권 전쟁을 벌일 수는 없는 노릇이었다. 마르바흐는 1958년에야 이 텍스트를 출간하면서(온전한 영인본이 아닌 형태였다), 쇼켄이 해당 텍스트의 출판권자임을 특별하게 강조하는 주석을 붙였다.

『소송』매입 기회 앞에서 오트는 두 가지 이유로 망설였다. 첫째, 예상 낙찰가가 100만 파운드였다. 둘째,『소송』의 더 적당한 거처는 카프카의 다른 미완성 소설 두 편의 친필원고를 소장하고 있는 옥스퍼드의 보들리언 도서관이 아닐까 하는 생각이 들었다. 그곳은 그 당시에 『소송』 비평판을 준비하고 있던 학자 맬컴 파슬리의 거처이기도 했다. 오트는 나에게 이런 이메일을 보내왔다. "파슬리도 당연히 옥스퍼드가 매입하도록 애쓰고 있었는데, 실패했다는 소식을 우리한테 알려왔다(문화사업에 매우 인색했던 마거릿 대처 수상의 시대였다). 원고가 마르바흐로 갈 수 있게 최선을 다해달라는 간곡한 부탁도 전해왔다. 개인 수집가의 손에 들어가면 비평판 준비에 차질이 생길 가능성이 높다, 그런 사태만은 막아달라는 것이었다. 카프카의 조카 마리아나 슈타이너도 같은 마음이라고 했다." 저명한 독일 언론인 겸 에세이스트 프랑크 시르마허의 글이 바로 그 무렵에 『프랑크푸르터 알게마이네 차이퉁』에 실렸다. 카프카를 주제로 박사논문을 썼던 시르마허는 이 글에서, 설립된 지 얼마 안 된 독일 연방문화재단Kulturstiftung der Länder을 상대로 마르바흐가 해당 원고를 매입할 수 있게 자금을 지원할 것을 촉구했다.

오트에게는 마련해놓은 계책이 있었다. 마르바흐가 카프카 원고를 매입하기 위해 혈안이 되어 있다는 것을 모두가 알고 있는 상황에서 그가 90만 파운드에서 입찰을 멈춘다, 그리고 입찰가가 거기서 조금이라도 더 올라가면 오트는 빠지고 헤리베르트 텐셰르트라는 서독의 유명하지 않은 희귀도서 중개인의 독무대가 된다는 계책이었다. 그는 1977년에 로탈뮌스터라는 바이에른의 작은 도시에 고서점을 차린 사람이었다. 오트는 그때를 이렇게 회상한다. "그 사람이 마르바흐 쪽 연기자라는 건 아무도 모르고 있었지."

계략은 먹혔다. 텐셰르트는 울리히 오트, 마리아나 슈타이너, 맬컴 파슬리의 눈앞에서 그린-앤드-화이트 입찰 팻말을 들어 올림으로써 마르바흐의 100만 파운드짜리 매입 사업을 매듭지었다(달러로는 200만 달러 정도, 독일마르크로는 350만 마르크 정도였다). 텐셰르트는 이렇게 말했다. "어쩌면 20세기 독일 문학에서 가장 중요한 작품일 테니, 독일이 가지고 와야 했다." 현대문학 친필본 매입가로는 최고가였지만, 소더비스와 호페가 기대했던 것에 비하면 절반 수준이었다. (그전까지 문학작품 분야에서 최고 경매가 기록을 보유하고 있던 작가 또한 카프카로서, 1987년 6월에 뉴욕 소더비스에서 카프카의 사문서, 곧 1912년에서 1917년 사이에 펠리체 바우어에게 보낸 편지 500점이 60만 5천 달러에 팔렸다.)

에스테르 호페는 『소송』이 독일에서 거처를 찾게 된 것에 만족했다. 그녀가 브로트와 함께 마르바흐 아카이브를 처음 방문했던 것이 1965년이었으니 그녀와 이 기관 사이에는 긴 인연이 있었다. 당시 일흔다섯 살이었던 카프카의 조카 마리아나 슈타이너도 매각 결과에 흡족해했다. 그녀는 이렇게 말했다. "영영 책상 서랍에서 못 나오게 되면 어떡하나 걱정했는데, 너무 다행이다."

———————

에스테르 호페는 2007년 9월 2일에 향년 101세로 세상을 떠났다. 그녀의 유언장(1988년 6월 17일 자이며, 독일어로 쓰였다)은 브로트로부터 증여받은 카프카 원고를 본인의 두 딸 에바와 루트에게 물려준다는 내용이다. "나는 고故 막스 브로트로부터 나에게 무상으로 증여된 카프카의 미완성 원고들, 편지들, 드로잉들을 1970년에 정확하게 반분해서 나의 두 딸에게 무상으로 증여했다. 브로트 장서 중 카프카의 책들은 앞으로도 계속 나의 두 딸의 소유다." 그녀가 언급한 편지는 이런 내용이다.

1970년 8월 25일

나의 두 딸 루트 비슬러와 에바 (도릿) 호페에게

의심의 여지를 없애기 위하여, 1947년과 1952년에 막스 브로트로부터 나에게 무상으로 증여된 카프카의 편지들, 원고들, 드로잉들과 기타의 것들을 내가 정확하게 반분해서 너희에게 무상으로 증여했다는 것을 나는 이 자리에서 분명히 한다. […] 위에서 언급한 카프카 원고를 포함해 카프카의 것으로서 막스 브로트가 소유했던 문서 컬렉션은 브로트 유산에 들어가지 않는다는 것을 나는 분명하게 밝히고자 한다. […]

내가 살아 있는 한 카프카의 원고들, 편지들, 드로잉 등등의 출간을 결정하거나 필요 시 그중 일부의 매각을 결정할 권리는 계속 나 자신에게 있다.*

1978년 7월 5일, 에바와 루트는 모친으로부터 증여받은 카프카 원고의 출간 문제를 처리할 권한과 상기 원고를 재량껏 운용할 권한을 모친에게 위임한다는 내용의 위임장에 서명했다. 위임

* 에스테르 호페는 실로 판사가 주재한 1973년 재판 때 이 편지를 언급하는 것을 빠뜨렸다.

장에 명시된 내용에 따르면, 에스테르는 원고가 매각될 시 매각
수령액의 3분의 1에 대한 권리를 가지고, 에바와 루트가 각각 3분
의 1에 대한 권리를 가지게 되었다.

브로트 유산 중 기출간 및 미출간 원고와 악보에 관련해서도
에스테르의 지침들이 있다. 에스테르의 1988년 유언장 5조를 보
면, 그녀의 딸들은 상기 재산이 예루살렘의 국립도서관이나 텔아
비브의 모 도서관이나 마르바흐 독일문학 아카이브에 원상 그대
로 보관되도록 일을 처리할 의무를 가지고 있다고 되어 있다. 그
녀는 여기에 여러 조건들을 추가했다.

상기 문서들을 출간하려면 나의 딸들의 동의를 얻는 과정이
반드시 수반되어야 한다. 저작권 사용료와 수익금은 나의 딸
들에게 직접 지급되어야 한다. […] 아카이브 자료가 위에서
열거한 기관 중 어떤 곳으로 이전되느냐는, 물망에 오른 기관
이 문학 분야에서의 탁월한 성과에 대해 2년에 한 번씩 해당 기
관의 비용으로 '막스 브로트 장학금'과 '막스 브로트 상'을 수여
할 것과 비정기적으로 막스 브로트 기념 학술대회를 개최할
것을 약속하는지 여부에 좌우될 것이다. 본 브로트 아카이브
를 수령하는 기관은 브로트 유산의 저작물을 출간하는 일에,
그리고 미출간 자료뿐 아니라 기출간 도서 신판을 출간하는
일에 노력을 경주해야 할 것이다.

최종 판결

이스라엘 대법원, 예루살렘

2016년 8월 7일

하나니아 벤 테라디온이 토라 두루마리에 둘둘 말린 채 로마 병사들에 의해 화형대 위에 세워져 불타기 시작했다. 그의 제자들이 물었다. "선생님, 무엇이 보이십니까?" 그가 대답했다. "양피지가 불타오르는 것이 보이고 거기서 율법의 글자들이 날아오르는 것이 보인다."

—『탈무드』, 「아보다 자라의 논증」 18a

어느 날 아침에 뒤숭숭한 꿈에서 깨어난 에바 호페는 자기가 상속권을 박탈당한 상속녀가 되었음을 깨달았다. 2016년 8월 텔아비브에서였다. 그녀의 사건을 6주간 심리한 뒤, 이스라엘 대법원은 최종 판결을 내렸다. 판사 세 명으로 구성된 재판부는 하급 법원들의 판결을 만장일치로 확정했다. 에바 호페는 카프카 원고를 포함한 브로트 유산 전부를 이스라엘 국립도서관에 양도해

야 할 것이며 단돈 1셰켈의 양도 보상금도 없을 것이라는 판결이
었다.

엘야킴 루빈스테인 판사는 21쪽짜리 의견서를 작성했다. 사자
의 유언을 이행하라는 탈무드의 경고(「기틴의 논증」14b)를 인용
하면서 그가 낸 의견에 따르면, 막스 브로트가 에스테르 호페에
게 유산을 물려줄 때는 적절한 공공 아카이브 기관을 택해 기탁
해주기를 바라면서 물려주었으리라는 것, 그리고 에스테르의 딸
들이 행사할 수 있는 권리는 본인의 유고 인세에 대한 권리만으
로 한정하고자 했으리라는 것이 분명해 보였다. 루빈스테인의 판
결은 인세가 발생할 경우 에바 호페가 전액을 수령하라는 것, 하
지만 무엇을 출간할지는 국립도서관이 결정하라는 것이었다.

계속해서 루빈스테인이 낸 의견에 따르면, 이스라엘 상속법에
의거할 때 에스테르는 브로트의 유언을 합당한 기간 내에 이행해
야 할 의무를 가지고 있었다. "호페는 40년 동안 브로트의 지시를
이행하지 않고 지체했으니, 이것이 합당한 기간이 아니라는 데는
의심의 여지가 없다." 계속해서 그가 낸 의견에 따르면, 그런 고로
"본 법정은 브로트 유산의 기탁 기관을 선정할 권한을 갖는다." 브
로트가 유언장을 쓸 때 가능한 유산 수령 기관들 가운데 국립도
서관을 가장 먼저 꼽았다는 사실은 "이곳이 그가 가장 선호한 곳"
이라는 뜻이었다.

이것이 상급법원의 유일한 고려 사항이었느냐 하면 그것은 아
니다. 루빈스테인이 낸 의견에 따르면, "위대하고 저명한 20세기
문화계 인물 중 하나"인 브로트가 독일어권 문화의 산물이었다
고는 하지만, 그가 이스라엘을 처소이자 활동 거점으로 삼았다는

데는 의심의 여지가 없으니, 그 사실에 무게를 실어줄 만하다."

이어서 루빈스테인은 사아르 플리네르의 논거를 그대로 받아들여 카프카가 살아생전에 브로트에게 준 원고와 브로트가 카프카 사후에 카프카의 책상에서 가져간 원고를 구분했다.* 이 판사가 채택한 논거에 따르면, 후자는 브로트의 점유물이었던 것이지 소유물이었던 것은 아니었다. 그런 고로 후자가 브로트 유산에 속한다고 말할 수는 없다. "그럼에도 현실적인 이유들을 고려하고 카프카 상속인이 권리를 주장하지 않았다는 점을 고려할 때, 후자 또한 나머지 자료와 함께 국립도서관에 기탁되어야 한다." 기탁 예정일은 2016년 12월 15일이었다.

루빈스테인은 하나님이 여호수아에 대해 말하는 성경 구절을 인용하면서 판결을 마무리했다. 이 판사는 브로트가 "영감을 받은 사람"(「민수기」 27장 18절)이었다고 하면서 본 판결의 결과로서 국립도서관이 그런 브로트를 위해 사후 50년을 맞은 그의 "문학적 부활의 적소"를 제공해주기를 기대했다.

---

* 브로트 본인이 카프카 원고를 이렇게 두 종류로 구분했다. 1957년 7월 1일, 그는 잘만 쇼켄에게 이런 편지를 보냈다.

카프카 원고는, 나에게 증여된 품목들을 제외하면, 나의 상속인에게 귀속됨을 명시하고자 한다. 카프카 원고 중 나에게 증여된 품목들, 다시 말해 나의 사유재산에 해당하는 품목들은 항상 따로 표시해두었다. 나는 상기 품목들을 수년 전에 아카이브에서 반출했고, 그 사실을 나의 상속인에게 고지한 뒤 전체 동의를 얻었다. […] 카프카 전집을 준비하는 시점이 오면, 내가 점유하고 있는 원고들을 이용하는 데 차질이 없도록 조치할 예정이다. 다른 모든 카프카 원고의 소유권은, (쇼켄 출판사의) 구스타브 쇼켄 씨와 나 사이에 체결된 12월 6일 자 계약서에 분명하게 명시되어 있는 바와 같이, 상속인에게 귀속된다.

판결에 대한 반응들은 극과 극이었던 만큼 신속했다. 국립도서관 이사장 다비드 블룸베르그는 이렇게 말했다. "오늘은 이스라엘 국내외 모든 문화인의 축일이다. 대법원은 국립도서관이 브로트 유산을 공개하는 일에 최선을 다해야 한다는 판결을 내렸다. 국립도서관은 본 판결에 따라 문화재 보존에 매진할 것이다. 브로트 유산을 일반 이용자들에게 공개하는 것은 물론이고 국외 반출을 막음으로써 문화재 보전에 앞장설 것이다."

카프카의 소설 세계에서, 법은 우리를 다스리고 있지만, 우리는 법의 작동방식을 전혀 이해하지 못하고 있다. 『소송』에서 요제프 K는 이렇게 말한다. "난 그런 법은 모릅니다." 감독관은 관심 없다는 듯 이렇게 말한다. "그렇다면 더 심각하군요." 나중에 화가 티토렐리는 법정이 논거가 통하지 않는unzugänglich 곳임을 요제프 K에게 알려준다. 법정은 부소부재하되 불투명하고, 모든 곳에 있되 아무 데도 없다.

카프카는 「법에 대한 의문」이라는 우화에서 이렇게 쓴다.

우리들의 법은 일반에 공개된 정보가 아니라 우리들을 다스리는 극소수의 귀족층만 아는 비밀이다. 우리들은 이 옛 법이 엄히 적용되리라는 믿음을 가지고 있지만, 알 길 없는 법에 의해 다스려진다는 것은 극히 괴로운 일이다.

카프카의 우화 「법 앞에서」에 나오는 시골 출신 남자와 마찬가지로, 에바 호페는 법의 문 앞에서 발이 묶인 상태, 가망 없는 상태였다. 구원의 계시는 내려오지 않을 것이었다. 그녀는 법을 이해하지 못했고 법리의 복잡 미묘함을 이해할 수도 없었지만 선고 내용은 이해할 수 있었다. 그녀가 받았던 유산은 소송 그 자체였다. 상속권 박탈을 상속받았다는, 엄마의 유언의 집행 불가능성을 상속받았다는 역설. 그녀의 점유는 불법 점유였다.

정상적인 상속에서 유언은 상속인과의 관계를 인정하고 상속인의 권리라고 여겨질 수 있는 것을 법적 권리로 인정함으로써 상속인의 정체성을 확립한다. 유언을 통해서 상속인은 대대로 전해 내려오는 사물의 질서 안에서 자기의 자리를 이해할 수 있게 된다. 논란이 된 원고는 자신과 엄마와의 연결 고리인 것에 못지않게 브로트와의 연결 고리라고 에바는 주장했다. 에바는 나에게 이렇게 말했다. "막스가 우리 가족의 일원이었다는 걸 이해해야만 해."

판결이 나온 뒤, 그녀는 "그냥 절망스럽기만 한 게 아니야… 겁탈당한 기분이야"라고 나에게 말했다. 너무 굴욕적이라며, 평소에는 목요일에 커피 모임coffee klatch에 가서 친구들을 만나는데 이제 너무 창피해서 못 가겠다는 것이었다. 그 대신 에바가 "시간을 보내기 위해서" 하는 일은 고양이들을 돌보고 조조 영화를 보러 가는 일이었다. 이가 거의 다 빠지고 없는데 치과 치료를 받을 형편이 안 되니, 수프를 먹거나 빵에 타히니 소스나 잼을 발라서 먹는다고 했다. 우리가 두브노 길에 있는 카페에서 만났을 때, 그녀는 감자 퓌레를 시켜놓고 먹는 둥 마는 둥 했다.

그녀의 내면에서 일종의 마조히즘, 승화된 자기 분노 같은 것

이 눈을 떠버린 듯했다. 그녀는 미용실에 가서 삭발을 해달라고
했다. 애도 발작? 죽은 사람들에게 빚진 느낌? 순교자로 보이고
싶은 마음? 그녀는 이렇게 말했다. "단식 투쟁을 할까도 했지만,
그자들이 그냥 강제로 먹이려고 할 테니까."

우리가 다음번에 만났을 때, 그녀의 머리카락은 좀 자라 있었
지만, 우울감이라는 얇은 막이 그녀의 푸른 눈을 가리고 있는 것
같았다. 법이 초래하는 온갖 재앙들의 피해자를 자처하는 목소리
로, 그녀는 자기가 소송 중에 당한 끝없는 일정 연기와 시간 끌기
를 『소송』에서 요제프 K가 당한 일들에 비유했다. 제멋대로 작동
하는 시스템이 공적 장소와 사적 장소를 마구잡이로 헤집어놓은
것은 두 소송 다 마찬가지였다고 그녀는 느끼고 있었다. 화가는
요제프 K에게 이렇게 말한다. "전부 법원에서 관할하는 겁니다."
에바는 이렇게 말한다. "소송이 처음 시작될 때부터 나는 도살장
에 끌려가는 짐승이 된 기분이었어."

대법원 판결은 "심판하겠다는 의지가 아닌, 알겨먹겠다는 의
지"의 표현이었다고 에바는 주장했다. 브로트가 그녀의 엄마에
게 행한 증여와 그녀의 엄마가 그녀에게 행한 증여는 아직 취소
되지 않은 상태이자 포기되지 않은 상태라고 에바는 느끼고 있었
다. 법정이 판결을 뒤집을 것이다, 지난번 판결은 브로트의 유언
을 이행하는 데도 실패하고 그녀의 프라이버시를 존중하는 데도
실패한 판결이었음을 인정할 것이다, 라는 실낱같은 희망을 그녀
는 놓지 못하고 있었다. 판결이 브로트 유산과 에스테르 호페의
사적인 편지를 구분하지 않았다는 이유에서 그것들을 전부 무차
별적으로 국립도서관에 넘겨줄 마음이 에바에게는 없었다.

그 대화 중에 나는 이 이야기의 각 시기에 일어난 일련의 사생활 침해를 떠올렸다.『소송』첫 장면에서 요제프 K는 침실에서 체포되었고, 브로트는 카프카의 일기와 편지를 (아버지에게 쓴 편지도 포함해) 출간하기로 결정했고, 에스테르는 카프카 원고를 공개 경매로 매각했다. 그리고 지금은 소송이 에바를 세간의 관심속으로 밀어 넣었다.

나는 국립도서관 컬렉션 책임자 아비아드 슈톨만에게 에바의 우려를 전달했다. 본 도서관은 "사문서를 출간함으로써 법률적, 윤리적 문제를 일으킬 생각이 전혀" 없으며, "사문서에 해당하는 자료가 있다면 무엇이든 호폐에게 반환해야 한다는 입장"을 견지하고 있다고 그는 답변했다. 국립도서관은 A. B. 예호슈아와 다비드 그로스만 같은 이스라엘 생존 작가들의 상속재산을 관리하는 기관으로서 그런 종류의 민감한 사안에 대한 경험이 축적되어 있다고 슈톨만은 말했다. 예를 들면, 본 도서관은 게르숌 숄렘 유산에 속하는 자료의 출간을 위해 독일 출판사 '주어캄프'와 파트너십을 체결한 바 있고, 빌뉴스 태생의 이디시 작가 하임 그레이드(1910~1982)의 유산과 관련해서는 YIVO(1925년 설립 당시 '유대연구소Yidisher Visnshaftlekher Institut'라고 명명되었던 연구기관)와 파트너십을 체결한 바 있다고 그는 덧붙였다.*

---

* 하임 그레이드가 1982년에 세상을 떠나고 20년이 넘는 세월 동안, 그의 아내 인나(결혼 전: 헤커)는 남편이 남긴 방대한 문서의 열람을 요청하는 연구자들을 문전박대했고, 번역자들을 중단 명령서로 위협했고, 남편의 이디시어 작품들에 대한 출간을 불허했다. 인나가 2010년 5월 2일 뉴욕에서 직계존비속 없이 사망한 뒤, 부부의 자택—브롱크스에 있는 '주택조합연합Amalgamated Housing Cooperative'의 노후한 공동주택—에 있던 문서들(작가의 편지뿐 아니라 소설의 저자 친필 원본들을 포함하는 문서들)은 맨해튼 웨스트 16번가의 YIVO 유대연구소로 옮겨졌다. 2013년, 브롱크스 카운티 행정관은 유산에

그런 종류의 확약들이 에바 호페에게는 그리 달갑지 않았다. 그녀의 낙심은 하루하루 더 깊어질 뿐이었다. 담당자들이 집으로 쳐들어와서 문서를 강제로 압류해 가면 어쩌나 하는 걱정을 떨칠 수 없었다. 그러면 자살할 거야, 라고 그녀는 말했다.

판결이 나오고 며칠 뒤, 에바는 집에서 그리 멀지 않은 프리시만 길을 걸으면서 '그린 브러더스' 서점 앞을 지나게 되었다. 진열창에 『나는 고발한다』가 있었다. 1898년 1월에 『로로르』에 실린 에밀 졸라의 공개 편지로서 프랑스 정부의 유대인 혐오가 알프레드 드레퓌스에게 반역죄를 뒤집어씌웠음을 규탄하는 내용이었다. 에바는 그 책을 구입했다. 그녀는 나에게 이렇게 말했다. "졸라는 법정을 상대하는 대신 대통령을 상대로 편지를 썼어. 나도 그래야 할까 봐." 에바 또한 늦게라도 억울한 누명을 벗기를 바라고 있었다.

히브리 문학의 권위자인 단 미론이 『하아레츠』에서 밝힌 견해에 따르면, 대법원 판결은 "문학 문화의 보편적, 객관적 이익보다 민족주의 정서와 지역적 이익을 우선시하는" 잘못된 선택이었다. 그의 지적대로, 브로트가 죽고 반세기가 지나도록 그의 선집을 출판하겠다고 하는 이스라엘 기관은 단 한 곳도 없었다. 그런 선집을 출판하려면 독일 문학 전문인력과 관련 자원이 있어야 하는데 국립도서관에는 그런 것이 전혀 없었다. 미론에 따르면, "예후다 아미하이 문필 유산이 예루살렘에서 예일 대학교의 '바이니케 도서관'으로 이전될 당시에, 이스라엘 국립도서관은 비교적

대한 권리를 YIVO와 이스라엘 국립도서관에 부여했다. 두 기관은 아카이브의 디지털화와 온라인 공개에 동의했다.

적은 비용으로 이전을 막을 수 있었을 상황에서 자금 조달을 위한 노력을 전혀 하지 않았다. 그런데 지금 이 기관이 브로트의 저작물을 히브리어로 번역하는 사업에 투자하리라는 […], 그가 남긴 자료를 책임지고 관리하리라는" 기대를 한다는 것은 비현실적이었다. 미론의 견해에 따르면, 국립도서관이 브로트에게 관심이 있는 척하면서 카프카 원고가 브로트 유산과 법적으로 분리될 수 없다는 주장을 폈던 것은 카프카 원고라는 진짜 먹잇감을 손에 넣기 위해서였다. 그가 보았을 때 대법원 판결은 그러한 기만의 결과였다.

에바는 나한테 이렇게 말한 적도 있다. "내가 카프카한테 뭘 원하냐고? 몇 년 전에 내가 마이클 슈타이너[카프카의 조카딸의 아들]에게 소송에 참여해달라고 부탁을 했어. 누군가가 카프카 문서의 나머지를 가져야 한다면 국립도서관보다는 차라리 그 사람이 가져야 하잖아. 근데 그 사람이 자기는 관심 없다는 거야. 그러니 나한테 카프카는 재앙이었지. 그자들이 왜 카프카를 브로트 유산에 비벼 넣었겠어. 내 걸 몽땅 뺏어 가려고 그랬던 거야." 언론의 관심이 사라지자마자 예루살렘 국립도서관은 브로트 유산에 넣었던 카프카 문서를 다시 빼서 마르바흐한테 파는 비밀 거래를 체결하리라는 것을 "절대 확신"한다고 에바는 나에게 말했다.

라이너 슈타흐가 독일 주간지 『디 차이트』에서 개진한 주장에 따르면, 카프카를 논란 점화용 연료로 이용했던 것은 기자들이었다. "오페르 아데렛은 진보 일간지 『하아레츠』에서 에바 호페가 상당량의 카프카 미발표 작품을 숨겨놓았다는 이야기를 지어

냈다." 아데렛이 이런 허무맹랑한 이야기를 지어냈다는 것과 카
프카 원고 중 다수가 옥스퍼드 보들리언 도서관에 있다는 사실을
밝히지 않았다는 점을 두고 슈타흐는 저널리즘적 선정주의와 "허
위정보 유포"라고 비판한다.

　그럼에도 슈타흐는 예루살렘에서 내려진 판결에 안도를 표했
다. 그에 따르면, 호페 일가는 "본인들의 문화적 책임을 감당하려
면 어떻게 해야 할지에 대해 반세기가 지나도록 말 그대로 아무
생각이 없었다." 슈타흐와 다른 많은 논자들의 주장에 따르면, 마
르바흐는 다른 독일-유대 작가들의 문필 유산을 모범적으로 관
리하고 있는 기관인 만큼, 그곳으로 가는 것이 더 적절한 결말이
었을 것이었다. 하지만 이제 안도했다는 그들의 감회에 따르면,
국립도서관이 자료를 디지털화해서 전부 온라인에 올리겠다고
약속한 이상, 카프카 유산과 브로트 유산이 합쳐진 뭉치의 물리
적 거취는 전혀 중요하지 않은 문제가 되었다.

　발터 베냐민은 이렇게 말했다. "원본의 진정성 개념은 원본의
현존성으로부터 나온다." 이스라엘에서 있었던 이 소송은 우리에
게 (다른 이야기는 못 해준다 해도) 디지털 시대에 소유권이 갖는
의미에 대해서 무슨 이야기를 해줄 수 있을까? "원본의 후광"은
진부해졌다는 이야기? 아니면, 원본의 무한 복제가 가능해졌을
때 원본의 값어치는 오히려 더 높아진다는(원본의 물신화는 더 심
화된다는) 이야기? 현대 기술력은 진정성의 후광을 파괴한다, 진
정성을 향한 갈증을 창출하고 있을 때조차도, 라는 이야기?

　프린스턴 대학교의 명예교수이자 미국 카프카 학계의 수장 격
인 스탠리 콘골드는 나에게 이렇게 말했다. "나였으면 그 원고를

마르바흐 독일문학 아카이브에 보관하라고 하고 학자들한테 공평하게 열람하라고 했겠지. 근데 그건 현실적으로 불가능한 이야기야."

아, 나도 알지, 『소송』 원고가 거기 있다는 거. 맞아, 카프카 원고가 전부 어디 한군데에 모여 있으면 좋겠지. 원칙적으로 그게 좋지. 어쨌든 자네가 슈타흐의 의견이라고 알려준 그 의견에 누가 반대를 하겠어? 그 원고가 호페 씨의 손아귀를 벗어나게 되었으니 천만다행이라고, 국립도서관이 조만간 그 원고를 디지털화하겠다고—공개하겠다고—약속했으니 다행이라고, 다들 그렇게 생각하잖아. 이번 경우에는 아무래도 카프카의 불착의 철학philosophy of non-arrival의 복잡다단함 때문에 현실적으로 성과를 내는 게, 국제적으로 엄청난 두뇌 유출이 발생한다는 사실보다 훨씬 더 중요하잖아. […] 다른 측면에서 보면, 도서관이 끼어들었으니 망정이지, 호페 씨의 수상쩍은 손에 계속 맡겼으면, 자료 중에 꽤 많은 부분이—그냥 종잇장이니까—남아나지 않았을지 모르지. 아니면 영영 바깥세상에 나오지 못했을지도 모르고 말이야.

카를 에리히 그뢰징거가 들려준 의견에 따르면, 연구 성과에 대한 고려는 논외로 치고 윤리적 관점에서 보자면, 이 문서 재산은 마땅히 이스라엘의 재산이다. 그는 이렇게 말했다. "브로트가 그 원고를 구해낼 수 있었던 것은 전적으로 시온주의 사업 덕분이고 이슈브yishuv[1948년 건국선언보다 먼저 팔레스타인 땅에 존재했던 유대인 공동체] 덕분이다."

어떤 사람들은—예나 지금이나 알쏭달쏭하고 어디에도 속해
있지 않은 것 같은—카프카의 유산을 어디에 두는 게 좋을지 잘
모르겠다고 한다. 텔아비브의 시인 랄리 미하엘리는 나에게 이렇
게 말했다. "내 관점에서 보자면, 카프카 원고가 가 있어야 할 곳
은 저 달이다."

———————

에바 호페에게 또 한 번의 기회가 있었다. 선고일로부터 15일
이내라면 대법원에 재심리를 요청할 수 있었던 것이다. 그녀의
변호사 엘리 조하르가 이후의 조치를 상의하기 위해 그녀에게 연
락해보려고 했지만, 에바는 무력감과 소외감만 느낄 뿐이었다.
에바는 일찍이 소송 중에 선임했다가 해임했었던 예샤야후 에트
가르(대법원 판사 루빈스테인의 친구)를 자포자기의 심정으로 다
시 선임했다. 선고일로부터 15일째 되는 2016년 8월 22일, 에바
와 에트가르는 재심리 요청서를 제출했다. 요청서에서는 브로트
가 유언장을 작성했을 당시에는 국립도서관이 공식적으로는 존
재하지도 않았다고 지적했다(최초의 형태로 존재한 것이 1948년
부터이고 마지막 형태로 존재한 것은 1961년부터다). 이 기관이 현
재의 지위를 얻은 것은 2007년이었다. 또한 요청서에서는 에스
테르가 두 딸에게 카프카 원고를 증여한 것은 틀림없는 사실이니
—1970년 8월 자 편지가 이를 정식으로 확인해준다—카프카 원
고는 브로트 유산이나 에스테르 유산에 속하지 않으며, 따라서

본 판결과는 무관하다는 점도 또 한 번 지적했다. 2016년 12월 13일, 아랍인으로서는 처음으로 이스라엘 대법원 종신 판사로 임명된 살림 유브란 판사는 재심리 요청을 기각했다.

마지막 카드를 빼든 에트가르는 에바에게 아예 공격적으로 법무부를 업무상 과실 및 직권 남용으로 고소하라고 조언했다. 그 한 주 동안 에바의 감정이 얼마나 위험하게 요동쳤는지를 묘사하기 위해 그녀의 절친 중 하나는 괴테의 『에그몬트』 한 행을 인용했다. "Himmelhoch jauchzend, zu Tode betrübt." 오늘날 독일에서 속담처럼 흔히 사용되는 표현이다. "날아오를 듯 환호하다가, 죽도록 절망하다가."

12월 15일, 법원 명령에 따라 텔아비브 레우미 은행에 보관되어 있던 호페의 적갈색 대여금고들 중 1차분이 브링크스사社의 무장 트럭에 실려 예루살렘 국립도서관으로 옮겨졌다. 12월 20일, 최초 개봉일. 나는 금고 여섯 개를 실은 트롤리가 무장 경비대의 호위하에 도서관 카페테리아 옆 '홀츠만 회의실'로 굴러 들어가는 모습을 보았다.

금고 속 원고를 낡았지만 아직 끊어지지 않은 오래된 밧줄이라고 상상해볼 수는 없을까 하는 생각이 들었다. 원고 위의 글자들은 변한 데가 없었다고 해도, 원고를 이루는 종이의 낱장들과 뭉치들이 의미하는 바는 변신을 거듭해왔다. 카프카를 브로트와 연결시키는 밧줄이었다가, 브로트의 텔아비브 망명기를 그의 전전戰前 프라하 전성기와 연결하는 밧줄이었다가, 그를 그의 인생 후반기 파트너 에스테르 호페와 연결하는 밧줄이었다가, 호페를 그녀의 헌신적인 두 딸과 연결하는 밧줄이었다가, 결국 독일을 이스라엘과 연결하는 법적 줄다리기 같은 것이 되었다.

회의실에서는 두 아카이브 관리관 슈테판 리트(베를린 출신으로, 1995년에 이스라엘로 이주해 2010년부터 국립도서관에서 근무했다)와 파울 마우러(리가 출신의 국립도서관 독일-유대 자료 전문가로, 2002년에 마르바흐에서 연구원으로 근무했다)가 긴 탁자의 오른쪽에 착석했다. 자료 수천 페이지를 하나하나 살피면서 셰들레츠키 목록과 대조하는 작업이 의욕적으로 시작되었다. 탁자 맞은편에서 두 연구자의 작업을 감독하고 있는 것은 국립도서관 아카이브 분관의 책임자인 마탄 바르질라이와 국립도서관 기술지원부의 책임자인 야니브 레비코렘이었다. 여기서 뭐가 나올지 감을 잡고 있는 사람은 그중에 아무도 없었다. 탁자 상석에는 작업 기록을 남기기 위한 비디오카메라가 설치되어 있었다.

리트와 마우러는 막스 브로트와 에스테르 호페가 주고받은, 두 사람 사이에 내밀한 관계가 있었음을 꽤 분명하게 보여주는 사적인 편지들을 작업 시작 며칠 만에 우연히 발견했다. 그들은 카프카와 그의 가족들이 주고받은 편지들, 그리고 카프카의 필체로 된, 알려지지 않은 아포리즘 세 편을 찾아냈다. 후자는 1차 대전 중에 집필되어 책에 실릴 예정이었는데, 책은 결국 나오지 않았다. 뒤이어 발견된 자료들 중에는 브로트의 곡 25편의 악보철, 두툼한 다발로 묶인 그의 소설들의 친필 초고들, 방대한 양의 편지들(마우러에 따르면 "중유럽 문필계 인명록")이 있었다. 녹슨 서류 집게들 때문에 분철된 종잇장 다수가 핏빛으로 물들어 있었다. 서류철들은 브로트가 온갖 종류의 증표들을, 예컨대 1905년경 '카지노 드 파리Casino de Paris'(빈의 나이트클럽) 기명 입장권들과

빈 공방 Wiener Werkstätte(1903년에 설립된 빈 시각예술가들의 작업
장들)의 일러스트 엽서들까지 본능적으로 간직하는 사람이었다
는 것도 확인해주었다.

그들에게 주어진 작업 중에는 에스테르 호페 유산에 속하는 서
류(예를 들면, 브로트가 호페에게 보낸 편지들)와 브로트 유산에
속하는 서류(에스테르가 브로트에게 보낸 편지들)를 구분하는 작
업도 있었다. 전자는 에바 호페에게 돌려주게 될 것이라고 그들
은 말했다. 한편 에바 호페와 예샤야후 에트가르는 취리히 자료
의 "반환extradition"에 맞서 투쟁할 것을 다짐했다.*

에바의 절친한 친구들 중에는 그녀가 자포자기해서 뭔가 무모
한 짓을 저지르지나 않을까 걱정하는 사람이 없지 않았다. 우리
대화 중에 한번은 에바가 불쑥, 1973년에 자기 침실에서 담뱃불
을 이용한 방화로 추정되는 화재를 일으킨 오스트리아 작가 잉게
보르크 바흐만에 대해 말했다. 바흐만은 그로부터 3주 뒤에 병원
에서 세상을 떠났다. 나는 최종 패소 후에 에바가 스피노자 길에
남아 있는 얼마 되지 않는 원고를 분연히 불태우는 악몽 같은 장
면을 상상해보지 않을 수 없었다. 그것은 카프카의 마지막 부탁
을 실행에 옮기는 장면이자 자기의 가장 소중한 소유물을—이삭
을 기꺼이 바치고자 하는 아브라함처럼, 예루살렘 성전 제단 위

---

* 내가 이 글을 쓰고 있는 지금, 이스라엘 국립도서관은 에후드 솔의 노력에도 불구하
고 이스라엘 대법원 판결을 인정하거나 스위스에서 이스라엘 대법원 판결의 집행을 허
용하는 스위스 법원의 명령을 아직 확보하지 못한 상황이다. 스위스 법에 따르면 문화부
가 유네스코 지침에 정의된 국가 간 문화재 반환을 승인하는 경우는 스위스와 반환 상대
국 사이에 해당 문화재의 보존과 관련된 조약이 체결되어 있는 경우로 한정된다. 스위스
와 이스라엘 사이에는 관련 조약이 체결된 적이 없으니, 취리히에 있는 호페 서류의 반
환 수속은 아직 시작되지 않은 상황이다.

의 번제물들처럼—바치는 장면이자 카프카가 그 누구의 것도 아니라는 것을 뒤늦게 인정하는 장면이었다.

시인 조지프 브로드스키는 이렇게 썼다. "예술은 결코 소유물이 아니다. 후원자들의 소유물도 아니고, 심지어 예술가들의 소유물도 아니다." 본 소송은 이 세상에서 가장 소유욕이 약했던 남자가 남긴 예술 유산을 소유하려고 하는 자들의 정체를 폭로했다. 라이너 슈타흐는 카프카에 대해 이렇게 쓴다. "그가 무언가를 소유하게 되어 기뻐했다는 일화는 그의 일생에서 단 하나도 남아 있지 않다." 그와 달리 이스라엘과 독일에서 카프카의 상속인을 자처하는 사람들은 카프카가 그들의 것이 아님을 잊고 있었다. 굳이 관계성을 따지자면, 그들이 그의 것이다.

본 소송은 그 사이비 상속자들이 그들의 소유욕으로 인해 불안정해지는 모습 또한 폭로했다. 카프카의 상상력에 잠재되어 있는 힘을 알고 있던 그들은 소유하기를 원하는 데서 한 걸음 더 나아가 억제하고 분류하기를 원했다. 예술 차원의 긍정과 국가 차원의 긍정은 서로 전혀 별개의 것이다. 브로드스키는 1987년 노벨상 수상 연설에서 이렇게 말했다. "문학이 국가를 상대로 혐오와 야유와 냉담을 표출하는 경우가 많은데, 본질적으로 그것은 영구적인 것이—좀더 정확하게 표현하면, 무한한 것이—일시적인 것을 상대할 때 취하게 되는 반응이다." 후자는 아카이브 관리관들의 영역이다. 둘 중에서 하늘과 가까운 것은 무엇이겠는가? 언어겠는가 아니면 국가겠는가?

본 소송이 유한(국익)이 무한(문학)을 상대할 때 취하게 되는 불안한 역반응을 대표한다면, 독일어로 소송을 가리키는

'Prozess'가 아직 진행 중인 무언가를 뜻한다는 것도 적절해 보인다. 언젠가 카프카는 이렇게 썼다. "우리는 시간이라는 개념 덕분에 그것을 '최후의 심판'이라고 부를 수 있다. 그것이 실제로 가리키는 것은 끝나지 않는 즉결심판이다." 예루살렘 판사들은 판결을 내렸을지 몰라도, 카프카가 남긴 유산을 둘러싼 상징적 소송은 아직 진행 중이다.

에스테르 호폐의 은행 대여금고가 최초로 공개되었다.
예루살렘 국립도서관, 2016년 12월
(하난 코헨, 이스라엘 국립도서관)

에필로그

하늘은 마치 두루마리처럼 말릴 것이다. 포도나무의 잎이 말라 떨어지
듯이, 하늘에 있는 별들이 떨어질 것이다.

—「이사야」34장

가을 길처럼, 깨끗이 쓸리자마자 다시 마른 잎으로 덮인다.

—카프카, 아포리즘 15

조금 높은 곳에서 내려다보면, 카프카의 글에 어떤 윤곽이 있
는 것처럼 보인다. 메시지는 주로 소실되고 오해되고 끊임없이 지
연되며, (결국 같은 뜻일 수도 있겠지만) 전달 중에 왜곡된다는 개
념적 윤곽이다. 메시지는 온다 하더라도 너무 늦게 온다. 카프카
의 소설『소송』—그 자체로 미완성 메시지인—은 자신의 죄목을
알지 못한 채로 소송에 휘말려 점점 혼란스러워하는 사람의 이야
기다. 피고는 결국 자신의 죄목을 알아내지 못한 채 처형당한다.
『소송』의 한 부분인「법 앞에서」라는 우화에서는, 시골에서 올
라와서 법의 문 앞에서 수년 동안 기다리던 청원인이 중요한 메시
지—자기 앞을 가로막고 있는 법의 문이 오직 자기 한 사람을 위

한 문이었다는 것—를 죽기 직전에야, 메시지가 어떤 의미를 갖기에는 너무 늦은 때에야 비로소 받게 된다. 그 문 너머 환하게 빛나는 계시의 장소로 들어오라는 허락을 그는 끝까지 받지 못한다.

『성』에서는 촌장이 K에게 설명하기를, 10년 전에 마을에서는 성으로 마을 대표를 보내 토지측량사 신청서를 제출했다, 그 후 마을에서는 토지측량사가 필요 없다고 판단했고, 그렇게 첫번째 신청서를 취소하는 두번째 신청서를 제출했다, 그 두번째 신청서가 불가사의하게 분실되었다가 K가 도착한 바로 그때 다시 처리되었다고 설명한다. (애초에 성에서 측량사를 소환했는가 하는 문제를 카프카는 미해결로 남기는 듯하다.)

카프카의 「화부」—브로트에 의해 카프카의 미완성 소설 『아메리카』의 첫번째 챕터가 된 이야기—에서는, 주인공 청년이 자신을 바다 건너편으로 데려다준 배에서 막 내리려는 순간 화부火夫를 만난다. 화부는 다급하게 무언가를 말하려고 하지만, 말할 듯하다가 결국 말하지 않는다. 어쩌면 그것은 전달될 수 없는 것이었는지도 모른다.

「유형지에서」—카프카의 이야기들 중에 독자를 가장 불안하게 하는 이야기—에는, 판결문을 죄수의 살갗에 새겨 넣는 바늘 "장치"가 그렇게 의미를 새기는 방식으로 죄수를 저속으로 처형한다. 참관인은 이 끔찍한 기계가 새겨 넣고 있는 글자들의 미로를 해독해내지 못하고 "불가해하다unbegreiflich"라고 한다. 그 죽음의 메시지(카프카의 표현에 따르면, 계명Gebot)를 이해할 수 있는 사람이 있다면 오직 사형수뿐이고, 그것도 그가 죽는 순간에야 비로소 이해할 수 있다.

카프카의 우화 「황제의 메시지」에서는, 황제—부권을 상징하는 존재—가 임종 때 한 명의 전령에게 아주 작은 목소리로 최후의 메시지를 남기는데, 전령이 메시지를 안고 철벽의 궁방들을 뚫고 인파로 붐비는 궁내 마당들과 경내 마당들을 빠져나가 메시지를 전할 가망은 없다. 전령이 전해야 하는—급히 전해져야 하는, 하지만 그래서 더 전해질 수 없는—것은 "죽은 이의 메시지"다.

마지막으로 카프카의 미완성 조각 중 하나를 살펴보자.

그들에게 왕이 되거나 왕의 전령이 되는 선택이 주어졌다. 모두가 아이들처럼 전령이 되고 싶어 했다. 그래서 이렇게 전령들밖에 없는 것이고, 이렇게 급하게 세상을 돌아다니면서 큰소리로 메시지를, 왕이 없으니 무의미해진 그 메시지를 서로 주고받는 것이다. 그 유랑의 삶을 끝내고 싶어 하면서도, 충성을 맹세했으니 차마 그러지 못한다.

우리 이야기를 분실되었거나 지연되었거나 무시되었거나 숙제로 남겨졌거나 너무 늦게 도착한 일련의 메시지들이라고 이해하는 것이 우리 이야기를 가장 잘 이해하는 방법인지도 모른다. 카프카가 아버지에게 쓴 편지, 카프카가 브로트에게 남긴 마지막 부탁, 카프카를 '약속의 땅'으로 부른, 하지만 그의 관심을 끌지 못한 손짓들, 브로트를 미국으로 초청한, 하지만 전쟁 전야에 도착한 편지, 브로트의 유언, 에스테르 호페의 유언이 그러하다.

카프카의 작중 세계에서, 메시아가 오실 때까지는 가독성이라는 환한 빛이 우리의 메시지들을 비추어주지 않을 것이다. 그런데 메시아는 너무 늦게 오시는 분이다. 카프카는 "메시아는 오겠지만, 필요가 없어진 뒤에 올 것이다"라고 쓴다.

———————

입법자에게서 벗어난 '법'은 어떻게 될까? 후렴처럼 자꾸 나오는 카프카의 또 하나의 주요 모티프는, 신뢰할 수 없고 옹졸하며 심지어 비양심적인 문지기들—불법에 연루된 판사들, 변호사들, 관리들, 성직자들, 직원들—이 그 '법,' 환하게 빛나는, 하지만 닿을 수 없는 곳을 지키고 있다는 것이다. '법'의 대변자들이 아무리 엄청난 권력을 휘두른다 해도, 모두 죄인들이다. 수호자들이 아무리 헌신적이라 해도, 자기가 무엇을 수호하고 있는지를 항상 이해하고 있는 것은 아니다. 발터 베냐민은 카프카의 작중 학생들을 "경전을 분실한 초심자들"에 비유했다. 아니면, 그들은 경전을 읽어도 최소한 경전의 독법에 따라서 읽지는 않는다.

이스라엘 판사들을 카프카 독법을 지키는 문지기들의 최신 버전으로 보는 것이 가능하다면, 그들의 판결을 또 하나의 흥미로운 독법 또는 오독법—카프카의 문학적 사후생이 카프카의 상속자를 자처하는 사람들의 손에 이용, 오용되어온 긴 역사의 마지막 페이지—으로 읽는 것도 가능할 것이다.

이 소송은 카프카의 진정한 상속자를 자처할 수 있는 것은 누구인가라는 질문에 집중함으로써 이스라엘과 독일이 과거를 대하는 방식—자기 나라의 상처 입은 과거를 짊어지는 방식, 그 상처를 치유하기 위해 고귀한 거짓말noble lies을 동원하는 방식—
의 차이를 선명하게 조명했다. 양국은 저마다 국가적 "우리"를 카
프카의 이름과 연결하고자 했다. 그렇게 벌어져 있는 상처를 통
해 들여다본다면, 이 소송은 독일이라는 나라가 홀로코스트로 가
족의 몰살이라는 비극을 겪은 작가를 자기 나라 작가라고 주장하
는 일과 전후에 부끄러운 과거사를 극복하기 위해 노력해온 일이
어떻게 뒤얽혀 있는지를 보여주는 실물 교육이었다. 또한, 우리
가 앞에서 보았듯, 이 소송은 카프카가 유대국의 전망들과 유대
교에 대해 품고 있던 양가감정, 그리고 이스라엘이 카프카와 디
아스포라 문화에 대해 품고 있던 양가감정을 둘러싼 유구한 논쟁
을 되살리는 계기였다.

군단을 꾸려도 될 만큼 많은 사람들이 이스라엘에서 이 일련의
소송이 시작되기 오래전부터 카프카에 대한 소유권을 주장해왔
다. 카프카는 대체 어떤 작가길래, 이름부터 형용사형 클리셰가
된 것일까? 대체 어떤 작가길래 그 많은 해석자들이 카프카의 유
산을 그렇게 이용, 유용, 도용할 수 있는 것일까?*

* 막스 브로트는 『프라하 서클』에 다음과 같이 쓴다. "사람들이 '카프카적Kafkaesque'
이라는 흉측한 형용사를 만들어냈다. 하지만 '카프카적인 것'들이야말로 카프카가 가장
질색하고 적대했던 것들이다. 카프카는 결코 카프카적이지 않았다! 카프카는 꾸밈없는
것, 건전한 것, 선한 것, 건설적인 것을 사랑했다. 가망 없는 것, 기괴망측하게 운하임리히
Unheimlich한 것, 요상한 것을 카프카는 사랑하지 않았다. 그것들을 이 세상에 엄존하는
것들로서 때마다 눈여겨보면서 신랄한 유머감각과 함께 작품 안에 집어넣기는 했지만,
결코 그것들을 작품의 중심에 두지는 않았다. 그의 민감하면서도 의연한 영혼은 파괴를
지향하는 대신 생장을 지향했다. 물론 그 생장과 건설의 어려움에 대한 냉철한 인식이 있
었다. [···] 카프카적이라는 추악한 표현은 꺼려라!" '카프카적'이라는 용어에 브로트와
비슷한 불쾌감을 내비친 사람 중 하나인 필립 로스는 1974년에 "도무지 이해할 수 없거
나 대단히 이해하기 힘든 사건, 곧 쉽게 관행적으로 단순화해서 번역할 수 없는 사건 앞
에서는 거의 항상 무차별적으로 카프카의 이름이 들러붙는다"라고 주장했다.

카프카의 소설들—명료한 동시에 모호하고, 정밀한 동시에 몽환적인 이야기들—은 의도적으로, 해석을 부르는 동시에 해석에 저항한다. 그렇게 해석을 피하면서도, 그렇게 양가성의 소용돌이에 휘말리면서도, 해석을 불러들이는 이야기들이다. 언젠가 테오도어 W. 아도르노는 카프카의 소설들이 "해석의 열쇠를 도둑맞은 우화" 같다고 했다.* 카프카는 아예 열쇠를 마련해놓지 않았다. "이야기꾼이 이야기에 대해 논할 수는 없습니다. 이야기꾼은 이야기를 들려주거나 아무 말도 하지 않습니다."

———

카프카의 체코어 번역자이자 연인이었던 밀레나 예센스카는 언젠가 카프카의 "지독하게 좋은 시력"을 말한 적이 있다. 그는 그 시력으로 무엇을 보았을까?

막스 브로트가 보기에 카프카는 인간적 차원과 신적 차원—인간의 의도와 신의 섭리—의 통약 불가능성을 알아볼 수 있는 작가였다. 카프카의 모티프들—계시와 구원, 법과 계명, 죄와 희생물—은 카프카의 자리를 브로트가 "우리 시대의 성자"라고 부른 곳에 공고화했다.

정신분석학적 성향의 해석자들이 볼 때, 카프카는 평범성 이면의 무시무시함, 불가사의함, 불가해함을 가늠하는 작가이며, 그

———

* 아도르노는 특히 카프카의 글을 시온주의라는 열쇠로 열어보려고 하는 시도들을 경계했다. 발터 베냐민에게 보낸 편지에서 아노르노는 "카프카가 유대인의 고향을 노래하는 시인으로 간주될 가능성"을 단호하게 부정했다.

런 의미에서 프로이트의 언캐니uncanny—친숙했던 것이 낯선 것의 가면을 쓰고 우리 앞에 다시 나타난다는 생각—의 전령이다. 아니면 카프카는 열등감에 시달리는 신경병자이자 아버지 앞에서 아무 말도 못 하는 무능력자, 본인의 신경병 너머에 있는 것은 아무것도 보지 못한 우유부단한 내향인이다. 문학비평가 에드먼드 윌슨은 카프카의 비전들이 "누군가의 발에 밟힌 자기 회의적 영혼이 반쯤 토해낸 헉 소리"의 재현이라고 썼다.

또 다른 해석자들이 볼 때, 카프카는 불안Angst으로 둘러싸인 실존주의자들의 선구자, 말하자면 무도덕, 부조리의 심연을, 신의 죽음 뒤에 남겨진 혼란스러운 의미의 공백을 응시한다는 점에서 키르케고르의 유대인 버전이다. 시몬 드 보부아르는 "카프카는 우리에게 우리 자신에 대한 이야기를 들려주었다. 신이 없음에도 불구하고 우리의 구원이 걸린 내기가 진행 중인 세계에서, 카프카는 우리에게 우리 자신의 문제를 밝혀주었다"라고 말했다. '카프카는 20세기에 닥친 전통적 가치의 위기에 대한 우리의 관념을 틀 지어준 작가다'라는 말에는 이런 의미가 있다. (1941년, 시인 W. H. 오든은 카프카에 대해 이렇게 말했다. "단테, 셰익스피어, 괴테가 저마다 살았던 시대를 대표하는 작가들이라고 할 때, 우리 시대에는 그런 예술가로 누가 있겠는가 하는 질문을 받을 때 가장 먼저 떠오르는 이름이 카프카다."[92])

———

점점 확장되는 카프카 해석의 밤하늘에서, 카프카의 사이비 상속자들은 카프카의 글을 해석자 본인의 당황스러움을 뚫고 나아가기 위한 길잡이로 삼아왔다. 필립 로스는 「프라하의 잔치」에서 체코 작가로 하여금 그의 분신인 나탄 주커만에게 이런 말을 하게 한다. "내가 카프카를 공부하던 그때, 그의 책들이 카프카 전문가들Kafkologists의 수중에서 처하게 된 운명은 내가 보기에는 요제프 K의 운명보다 더 기구한 듯했다."

　이런 위험 요소들 사이를 항해하는 일은 시몬 산드반크—카프카의 히브리어 번역자 겸 해석자 중 최고라고 손꼽히는 인물 중 하나—가 "오독들의 지도"라고 부르는 것을 참조하는 것이나 마찬가지다. 종종 서로 모순되는 카프카에 대한 해석들—카프카의 음악에 어울리는 이용 가능한 기보법을 개발하기 위한 시도들—은 숨겨진 자기 해석들이다. 산드반크는 "셰익스피어 같은 위대한 작가에 관한 한, 우리의 생각은 결코 옳지 않을 수 있는데, 우리의 생각이 결코 옳지 않을 수 있다면, 이런 방식으로 옳지 않게 생각했다가 저런 방식으로 옳지 않게 생각했다가 하면서 옳지 않은 생각의 방식을 때때로 바꾸는 편이 낫다"라는 시인 T. S. 엘리엇의 말을 인용한 뒤, 다음과 같이 덧붙였다. "카프카도 이런 말, 카프카에 관한 한 우리의 생각은 결코 옳지 않다는 말을 적용받을 수 있을 정도로는 위대한 것 같다."

　「가장의 근심」이라는 수수께끼 같은 다섯 문단짜리 스케치에서 카프카는 가장paterfamilias("한 집안의 남자 어른")과 오드라데크라는 이상한 떠돌이—"이상하게 자꾸만 움직이면서 좀처럼 잡히지 않는" 미물—의 만남을 상상한다. 가장은 이 초대받지 않은 미물에게 어디 사느냐고 묻는다. 오드라데크는 '거처 없음'이라고 말하고 웃는다. 폐가 없을 때 나오는 종류의 웃음소리. 떨어진 잎들Blätter이 바스락거리는 것만 같은 아무 울림 없는 소리.

이처럼 일정한 거처에 속하기를 거부하는 데 몰두하는 작가에게 소유적 태도를 취했다는 것도 이 마지막 소송의 수많은 아이러니 중 하나다. 카프카의 주변성, 어긋남, 삶으로부터의 소외―독일인들이 비현세성Weltfremdheit이라고 부르는 속성―야말로 그의 상상력의 알파이자 오메가, 그 상상력의 다양한 변신의 원천이다. 미국 시인 존 애슈베리의 표현을 빌리면, 카프카는 바깥쪽에서 바깥을 내다보고 있는 사람, 내부인들에 의해 징집당하지 않을 사람이다.

카프카는 자기의 "모든 면에서의 자립, 자주, 자유를 향한 무한한 동경"을 일기에 적는다. 삶에서도 문학에서도 그 동경이 그를 고질적 무국적, 무소속 상태로 몰아넣었다. 그의 소설에는 지명이 나오지 않는데(식별 가능한 것은 오직 실내 풍경들뿐이다), 그것은 어쩌면 그가 자기 자신을, 그리고 자기 작품을 국가적 또는 종교적 소속이라는 위안의 닻줄로부터 풀어버렸다는 것과 연결될지도 모른다.

묘하게 매력적인 카프카의 글은 독일 문학에 속할까, 아니면 전 세계 유대인들을 대표한다고 자처하는 국가에 속할까? 요컨대 카프카는 독일 작가―유대인이라는 사실이 그리 중요하지 않은 독일어권 작가―일까, 아니면 독일어를 갈고닦아 새로운 유대 언어로 직조해낸, 가장 깊은 의미에서의 유대 작가―신도 없고 계시도 없는 세계에서 모종의 유대적 사유를 적절히 표현할 수 있는 언어를 만들어낸 작가―일까? 아니면, 카프카 작품은 일국의 정전을 초월한 곳에서 "그저 자기 자신의 운동법칙을 따르고 있을 뿐"(카프카의 표현)일까?

카프카는 자신에 대한 서로 모순되는 주장들을 이미 예감하고 있었던 듯하다. 약혼자 펠리체 바우어에게 보낸 1916년 10월 편지에서 카프카는 자기 작품을 다룬 두 글을 비교해본다. 그중 하나는 막스 브로트의 글이었다.

내가 진짜 어떤 사람인지 차라리 당신이 나에게 말해주면 좋겠군요. 『디 노이에 룬트샤우』 최근 호에서는 […] "K의 화법은 어딘가 근원적으로 독일적"이라고 합니다. 반면에 막스의 평론[『유대인』에 실린 「우리 작가들과 공동체」]에서는 "K의 이야기들은 이 시대의 기록 중에 가장 유대적인 기록에 속한다"라고 합니다.

카프카는 다음과 같은 말로 편지를 마무리한다. "어려운 '사건/추락'*입니다. 나는 두 마리 말을 탄 서커스 기수일까요? 슬프게도 나는 지금 말을 타고 있는 것이 아니라 바닥에 자빠져 있습니다."

프란츠 카프카는 오래전에 땅속에서 잠들었고 법정의 소란도 이제는 잠잠하겠지만, 그의 글이라는 떨어진 잎들, 흩어진 종잇장들은, 거처가 어디든, 여전히 우리와 함께 바스락거리고 있다.

* (옮긴이) 'Fall'이라는 독일어에 법률 사건이라는 뜻과 추락이라는 뜻이 있음을 이용한 말장난.

감사의 말

직접 만나거나 전화로, 혹은 편지로 기꺼이 내 이야기 상대가 되어주고 내 질문에 답변해준 분들—슈물리크 카수토, 얀 아이케 둥카제, 카를 에리히 그뢰징거, 에바 호페, 엘라드 야코보비츠, 카롤리네 예센, 톰 레비, 슈테판 리트, 다프나 마흐, 파울 마우러, 아리엘 무지칸트, 누리트 파기, 사아르 플리네르, 울리히 라울프, 시몬 산드반크, 제바스티안 시르마이스터, 톰 세게브, 이타 셰들레츠키, 드미트리 슙스키, 대니 스피처, 라이너 슈타흐, 마이클 슈타이너, 울리히 오트, 지그리트 바이겔, A. B. 예호슈아에게 감사를 전한다.

이 책의 초고를 읽고 냉철하게 논평해준 타마르 아브라모브, 조지 엘트만, 마티 프리드만, 카리나 코레키, 니콜 크라우스, 비비안 리스카에게 빚을 졌다(남은 결함은 물론 모두 나의 것이다).

이 책을 시작할 때부터 한결같은 격려와 아낌없는 믿음을 보내준 훌륭한 출판 에이전트 데버라 해리스에게, 그리고 능란한 편집으로 도움을 준 W. W. 노턴의 존 글루스먼과 피카도르의 라비 미르한다니에게 큰 감사 인사를 전한다.

지난 수년간 나에게 거처가 되어준 도시 예루살렘의, 반 리어 연구소의 헌신적인 사서들과 직원들에게도 감사를 전한다.

주

1. 마지막 항소

1   인용문 출처는 Uri Dan, *Ariel Sharon: An Intimate Portrait*(Palgrave Macmillan, 2006), p. 22.

2. "광신적 숭배": 카프카의 첫 독자

2   인용문 출처는 Leon Botstein, "The Cultural Politics of Language and Music: Max Brod and Leoš Janáček," in *Janáček and his World*, ed. Michael Beckerman(Princeton University Press, 2003).

3   1920년 6월 20일 밀레나 예센스카Milena Jesenská에게 보낸 편지.

4   오스트리아 풍자작가 카를 크라우스Karl Kraus는 브로트를 가리켜 블라이의 "에로스적 맹장"이라고 말하기도 했다. 프란츠 블라이Franz Blei는 빈의 작가였고, 그의 단명한 저널 『휘페리온*Hyperion*』은 프란츠 카프카라는 청년의 작품을 실어준 최초의 지면이었다. Paul Raabe, "Franz Kafka und Franz Blei," in *F. Kafka: Ein Symposium. Datierung, Funde, Materialien*(Verlag Wagenbach, 1965, pp. 7~20) 참조.

5   에밀 팍토르Emil Faktor(1876~1942)는 일간지 『보헤미아*Bohemia*』(1908년 12월 23일)에 브로트의 첫 소설 『노르네퓌게성*Nornepygge Castle*』의 서평을 실었다.

6   카프카의 첫 책은 많이 팔릴 운명이 아니었다. 카프카는 이렇게 썼다. "안드레André 서점에서 열한 권이 팔렸습니다. 열 권은 내가 샀습니다. 나머지 한 권은 누가 샀을까 궁금합니다." 이 책의 영역본은 *Contemplation*, trans. Kevin Blahut(Twisted Spoon Press, 1996).

7   1913년 2월 14~15일에 펠리체 바우어Felice Bauer에게 보낸 편지. 인용문 출처는 Reiner Stach, *Kafka: The Decisive Years*, p. 342.

3. 최초의 소송

8   여기에는 후고 베르크만Hugo Bergmann, 펠릭스 벨취Felix Weltsch, 프리
드리히 티베르거Friedrich Thieberger, 오스카 바움Oskar Baum 같은 카프
카 친구들의 문서들뿐 아니라, 마르틴 부버Martin Buber, 안나 마리아 요클
Anna Maria Jokl(1911~2001), 루트비히 슈트라우스Ludwig Strauss(1892~
1953), 게르숌 숄렘Gershom Scholem, 엘제 라스커-쉴러Else Lasker-
Schüler의 문서들도 있었다. 또한 국립도서관에는 유대학Wissenschaft
des Judentums의 창시자 레오폴트 춘츠Leopold Zunz(1794~1886), 슈테판
츠바이크Stefan Zweig, 뉴욕에서 무일푼으로 죽은 오스트리아 태생의 독
일 표현주의 시인 알베르트 에렌슈타인Albert Ehrenstein(1886~1950) 등
(카프카와 마찬가지로) 이스라엘에 살았던 적이 없는 독일-유대 작가들
의 아카이브도 있다. 춘츠의 문서들은 1939년에 베를린에서 여기로 왔지
만, 1950년대 후반에야 비로소 공개되었다. 츠바이크는 본인 사후 10년간
공개하지 않는다는 조건으로 본인의 편지 중 일부(그중에는 아인슈타인,
프로이트, 헤르츨, 발레리, 라테나우, 제임스 조이스, 토마스 만 등과 주고
받은 편지도 있었다)를 국립도서관에 기증하겠다는 뜻을 후고 베르크만
에게 쓴 1933년 12월 편지에서 밝혔다. (2011년 12월, 뉴욕 소더비스 경매
회사는 카프카가 에렌슈타인에게 보낸 편지[1920년경]를 매각했는데, 이
한 장짜리 편지는 7만 4500달러에 낙찰되었다. 편지는 카프카가 집필 슬럼
프를 호소하는 내용이다. "근심이 내면의 어느 정도 깊이까지 뚫고 내려가
면 글도 안 써지고 불평도 안 나오는 것 같습니다.") 국립도서관에는 브로
트의 친구이자 카프카의 친구였던 맹인 시인 오스카 바움(1883~1941)의
소규모 아카이브(스무 통 남짓의 편지)가 있다. 바움의 아들에 의해서 예
루살렘으로 옮겨졌으리라 추측된다. '프라하 서클'에 관한 더 많은 논의는
Margarita Pazi, *Fünf Autoren des Prager Kreises*(Peter Lang, 1978) 참조.

9   Reiner Stach, "Kafkas letztes Geheimnis," *Tagesspiel*(2010년 1월 26일).

10 Rachel Misrati, "48 Years of Personal Archives: A Historical User Study
in the Jewish National and University Library's Archives Department"(석
사논문, Bar-Ilan University, Ramat Gan, 2009) 참조. 모르데하이 나다브
Mordechai Nadav 본인의 유산은 2013년 1월에 예루살렘의 경매회사 '위
너스 경매 & 전시Winner's Auctions and Exhibitions'를 통해 매각되었다.

11 Ofer Aderet, "Professors Call for Max Brod's Archive, Including
Unpublished Kafka Manuscripts, to Stay in Israel," *Haaretz*(2010년 2월
8일).

12 다른 교수 서명자들로는 마크 겔버Mark Gelber, 예후다 바우어Yehuda Bauer, 드미트리 슘스키Dmitry Shumsky, 조하르 마오르Zohar Maor, 세르지오 델라페르골라Sergio DellaPergola, 다비드 반키에르David Bankier(야드 바솀 국제 홀로코스트 연구기관International Institute for Holocaust Research at Yad Vashem 관장) 등이 있다. 이 공개 서한의 독일어 버전은 www.hagalil.com/2010/02/brod-archiv/에서 볼 수 있다.

13 Nurit Pagi, "Brod und Kafkas Nachlass—und unsere Zukunft in Israel," *Yakinton*, 2011.

4. 약속의 땅에 추파를

14 펠릭스 벨취는 프라하 국립대학 도서관 사서였고, 브로트와 함께 철학적인 책(『지각과 개념Anschauung und Begriff』, 1913)을 공저한 저자였으며, 1919년부터 1939년까지 시온주의 신문 『자기방어Selbstwehr』의 편집장이었다. 1939년 3월에는 아내와 딸을 데리고 브로트와 함께 팔레스타인으로 이주했고, 이주한 뒤에는 예루살렘 국립도서관에서 일했다. 1964년에 예루살렘에서 84세를 일기로 세상을 떠났다. Felix Weltsch, *Religion und Humor im Leben und Werk Franz Kafka*(Herbig, 1957) 참조. 또한 벨취에 대한 전기인 Carsten Schmidt, *Kafkas fast unbekannter Freund*(Koenigshausen & Neumann, 2010) 참조.

15 Robert Weltsch, *Max Brod and His Age*(Leo Baeck Institute, 1970). 또한 다음도 참조. Maurice Friedman, "The Prague Bar Kochbans and the 'Speeches on Judaism,'" in *Martin Buber's Life and Work: The Early Years, 1878-1923*, Dutton, 1981.

16 이 1917년 에세이에서 브로트는 아하드 하암Ahad Ha'am의 「갈림길에서 Am Scheidewege」(당시 복간된 1895년의 글)와 마르틴 부버의 『유대교 운동Die jüdische Bewegung』(1916년에 출간된 시온주의 연설문 및 에세이 모음집)이 서로 대화하게 한다.

17 이 영화의 수용과 복원에 대해서는 "For Czarist Russia's Jews, a Look at a Promised Land," J. Hoberman, *New York Times*(2000년 2월 27일) 참조. 그로부터 8년 후인 1921년, 카프카는 팔레스타인으로 이주한 개척민들과 시온주의 지도자들을 다루었다는 점에서 이 영화와 비슷한 무성영화 〈시온으로 돌아가기Shivat Zion〉의 상영회에 참석했다.

18 인용문 출처는 Wilma Iggers(ed.), *Die Juden in Böhmen und Mähren. Ein historisches Lesebuch*(C.H. Beck Verlag, 1986), p. 225.

19 Arnold J. Band, "Kafka and the Beilis Affair," *Comparative Literature*(1980 년 봄호) 참조.

20 Hans Blüher, *Secessio Judaica: Philosophische Grundlegung der historischen Situation des Judentums und der antisemitischen Bewegung*(Berlin: Der Weiße Ritter, 1922). 독일청년운동 '반더포겔Wandervogel'의 주요 지식인이었던 블뤼허는 독일-유대 공생 개념을 거부하면서 "유대인들의 썩은 사고방식"을 "독일적 존재방식"에 적대적이라고 주장했다. 블뤼허의 이 책에 대한 카프카의 논평은 그의 1922년 6월 16일 일기와 6월 30일 일기 참조. 카프카의 친구이자 브로트의 친구였던 펠릭스 벨취는 후고 베르크만에게 보낸 편지에서 블뤼허의 이 책에 대한 반응을 남겼다. 반유대주의는 유대인들이 독일 사회에 미치는 지나치게 큰 영향으로 인해 촉발되는 것이므로, 양쪽을 분리하는 것이 바람직하다는 것이었다. *Max Brod: Ein Gedenkbuch 1884-1968*, ed. Hugo Gold(Tel Aviv: Olamenu, 1969), p. 102. 1933년에 *Streit um Israel: Ein jüdisch-christliches Gespräch*로 출간된 블뤼허와 한스-요하임 쇼엡스Hans-Joachim Schoeps 사이의 대화도 함께 참조.

21 *Lehrbuch: Der Hebräischen Sprache für Schul und Selbstunterricht*[초급: 교수자와 독학자를 위한 히브리어].

22 텔아비브 저널 『한숨*Hegeh*』 256호(1941년 2월 23일)에 실린 Langer, "Mashehu al Kafka"[카프카의 한 측면]. 란게르는 카프카가 하시드 생활과 하시드 지도자들을 접하게 해주었다. 1915년 9월에는 카프카와 브로트를 그로데케르 대랍비Grodeker Rebbe에게 안내했고, 그 이듬해 7월에는 카프카를 마리앙바드의 벨츠 대랍비Rebbe of Belz에게 소개했다. 란게르를 주제로 박사논문(캘리포니아 대학교 버클리 캠퍼스, 2013)을 쓴 할퍼Shaun J. Halper에 따르면, "란게르가 죽었을 때 란게르 유산이 막스 브로트에게로 갔고, 브로트는 소량이었던 란게르 장서를 텔아비브 시립도서관(지금의 베이트 아리엘라Beit Ariella)에 기증했다(하지만 지금 이 기관에는 그 기증과 관련된 기록이나 추가적인 정보가 없다)." 아울러 할퍼는 란게르의 유고 시집 『약간의 향기*Me'at Tzori*』(Tel Aviv, 1943)가 출간될 수 있게 브로트가 힘을 보탰음을 지적했다. Milan Tvrdík, "Franz Kafka und Jiří (Georg) Langer: Zur Problematik des Verhältnisses Kafkas zur tschechischen Kultur," in *Moderne in der deutschen und der tschechischen Literatur*, ed. K. Schenk(Tübingen, 2000)도 함께 참조.

23 Franz Kafka, *Briefe 1902-1924, Gesammelte Werke, Taschenbuchausgabe in acht Banden*, ed. Max Brod(S. Fischer Taschenbuch Verlag, 1998), pp.

403~404. 히브리 대학교 '프란츠 로젠츠바이크 독일-유대 문학사·문화사 연구소'의 전前 소장 파울 멘데스-플로르Paul Mendes-Flohr에 따르면, "부버의 노련한 통솔력 덕분에 『유대인』은 유대인 공동체 내부에서 가장 수준 높은 저널이 되었을 뿐 아니라 바이마르 공화국 전체에서 가장 호평받는 정기간행물 중 하나가 되었다"(*Divided Passions: Jewish Intellectuals and the Experience of Modernity*, Wayne State University Press, 1991, p. 211).

24 브레너Y. H. Brenner의 이 소설은 1913~14년에 팔레스타인에서 집필되었고, 야파Jaffa 외곽 지역에서 아랍 폭도들에게 살해당하기 1년 전인 1920년에 출간되었다. 브레너는 텔아비브 트룸펠도르 공동묘지의 합장 묘지에 묻혔다(그로부터 47년 뒤에 막스 브로트는 그로부터 몇 발자국 옆에 묻혔다). 힐렐 할킨Hillel Halkin의 뛰어난 영역본은 *Breakdown and Bereavement*(Cornell University Press, 1971)으로 나왔다(2004년에 Toby Press에서 복간되었다). 하버드 대학교 교수인 루스 와이스Ruth Wisse에 따르면 "히브리 비평가 바루흐 쿠르츠바일Baruch Kurzweil은, 카프카가 한때 히브리어를 읽었다는 것을 몰랐으면서도, 이 소설을 가리켜 카프카의 『소송』을 섬뜩하게 닮은 작품이라고 했다." 히브리어 복간본(Am Oved, 1972)에 실린 쿠르츠바일의 서문 참조.

25 '유대 도서 회의Jewish Book Council'의 연간 문학 잡지 『페이퍼 브리게이드*Paper Brigade*』 2018년 호에 실린, 나의 니콜 크라우스Nicole Krauss 인터뷰 참조. 크라우스와 마찬가지로, 필립 로스Philip Roth 또한 카프카가 결핵에서 회복되어 쇼아 이후의 생을 살아갔다면 어땠을까 상상해보았다. 로스의 경우는 이 작가를 팔레스타인으로 데려가는 대신 뉴저지로 데려가 "1938년 미국에 도착한 유대인 난민 […] 몸이 약하고 책 읽기를 좋아하는 55세의 독신남"으로 만든다. 한 히브리 학교에서 일자리를 얻은 이 카프카는 아홉 살짜리 소년 필립 로스를 가르치고 소년 필립의 고모인 로다와 데이트한다. 로다와 이디시어로 정원 가꾸기에 대해 대화하기도 한다("'I always Wanted You to Admire My Fasting'; or, Looking at Kafka," 처음 실린 곳은 *American Review*, 1973년 5월 17일). 해럴드 블룸Harold Bloom은 이 작품을 가리켜 로스의 "가장 훌륭하고 가장 계시적인 비평적 성과"라고 했다. Peter Demetz, "Mit Franz Kafka in den Strassen von Newark," *Frankfurter Allgemeine Zeitung*(2002년 3월 23일)도 함께 참조. 카프카를 허구적으로 다룬 또 한 편의 작품은 헝가리 작가 가보르 T. 산토Gábor T. Szántó의 소설 『카프카의 고양이들』(헝가리어: *Kafka macskái*)로, 카프카의 소실된 원고를 찾는 일에 강박적으로 매달리는 어느 부다페스트 교수

의 일대기를 다룬다. 이 소설의 두 챕터가 아이번 샌더스Ivan Sanders의 영어 번역으로 *Moment*(2016년 7/8월호)와 *Tablet*(2016년 3월호)에 실렸다.

5. 1차 판결과 2차 판결

26 예컨대 2011년, 예루살렘의 미술상 메이르 우르바흐Meir Urbach—히브리 대학교의 저명한 학자 E. E. 우르바흐의 아들—는 셰들레츠키Itta Shedletzky를 서독 비스바덴의 한 호텔로 불러 브로트 유산 중 잡동사니—학창 시절의 공책에서부터 쇼핑 목록에 이르는—를 감정하게 했다. 이는 에스테르 호페가 1982년에 매각한 것으로 추정된다.

27 1980년을 전후해, 에스테르 호페는 카프카의 미출간 스케치와 드로잉 50점을 가지고 있다고 운첼트에게 말했다. 프랑스 연구자 수다카-베나제라프Jacqueline Sudaka-Bénazéraf는 자기가 호페의 텔아비브 아파트에서 드로잉 50점—이미 출판된 바 있는 26점과 그때까지 책에 실린 적이 없던 드로잉 24점—을 본 적이 있다고 말한다. 카프카의 스케치 중 두 점이 1952년 이래 빈의 알베르티나 박물관에 소장되어 있다(소장 경위는 불분명하다). 이 드로잉들에 대한 더 자세한 논의는 Frederike Fellner, *Kafkas Zeichnungen*(Fink Verlag, 2014) 참조.

28 오틀라 카프카Ottla Kafka는, 막스 브로트의 아내 엘자Elsa와 함께, 프라하의 시온주의 단체에서 활동했다(1912년에 만들어진 유대 성인·청소년 여성단체였다). 프라하의 카프카 묘비 하단에 붙어 있는 명판에는 체코어로 1942~43년 나치 점령기에 살해당한, 유명한 프라하 유대 작가 프란츠 카프카의 누이들을 추모하며라는 문장이 새겨져 있다. Hélène Zylberberg, "Das tragische Ende der drei Schwestern Kafkas," *Wort und Tat*, 1946~47, 2권 참조.

29 Israelitische Kultusgemeinde Wien[빈 유대인 공동체] 대對 Central Archives for the History of the Jewish People[유대 민족사 아카이브], 문서 번호 9366/12.

6. 디아스포라의 막내아들: 카프카, 유대인의 사후생을 살다

30 Felix Weltsch, "Freiheit und Schuld in Franz Kafkas Roman *Der Prozeß*," in *Franz Kafka: Kritik und Rezeption 1924-1938*, ed. Jürgen Born, Fischer, 1983, pp. 122~28. 그로부터 30년 뒤에 나온 다음 에세이도 참조. Felix Weltsch, "The Rise and Fall of the Jewish-German Symbiosis: The Case of Franz Kafka," *Leo Baeck Institute Yearbook*, vol. 1(1956), pp. 255~76.

31 카프카의 소설 『성』에 붙인 브로트의 에필로그에서, 브로트는 카프카가 플로베르의 일화—소박하고 평범한 다자녀 가정을 방문한 플로베르가 "Ils sont dans le vrai"(이 사람들이 옳다)라는 탄성을 질렀다는 일화—를 얼마나 열렬히 들려주었는지를 기록하고 있다. "카프카는 이 진실을 인지함으로써 비로소 시온주의자가 되었다. 시온주의에서 카프카는 유대인의 '비정상적' 지위를 폐기할 방법, 유대 민족이 다른 민족들과 다름없는 하나의 민족이 되는 데 필요한 방법을 보았다"라고 한나 아렌트는 1944년에 주장했다(Hannah Arendt, *The Jew as Pariah*, ed. Ron Feldman, Grove Press, 1978, p. 89).

한편, 카프카의 아랍어권 독자들은 다른 주장을 폈다. 짧았던 2000년 '다마스쿠스의 봄'이 왔을 때, 시리아 작가 말렉Nayrouz Malek은 『카프카의 꽃들*Kafka's Flowers*』이라는 소설을 써냈다. 주인공 자말 알할라비는 타의에 의해 파리로 가게 되는데, 거기서 카프카의 작품들에 몰입하게 되고, 급기야 카프카의 동상과 대화를 나누는 지경에 이른다.

동상은 미소를 지으며 말했다. "죄송합니다. 자기소개가 늦었습니다. 제 이름은 프란츠 카프카입니다."

나는 당황한 나머지 말문이 막혔다. 동상이 한 말을 믿을 수 없었다. […] 정말 카프카였다. 아니면 카프카를 많이 닮은 누군가가 카프카인 척하고 있었다. 나는 반론을 내놓았다. "하지만 카프카는 65년 전에 사망했습니다. 더구나 카프카는 아랍어를 할 줄 모릅니다." 카프카 동상은 또 한 번 미소를 지으며 말했다. "죄송합니다만, 죽음에 대한 언급은 삼가주시기를 바랍니다. 지금 제가 쓰고 있는 아랍어에 대해 말씀드리자면, 얼마 전에 배웠는데, 시온주의와 격렬하게 투쟁하는 몇몇 아랍 비평가분들이 저를 시온주의자라고 비난하기도 하고 시온주의 이념을 섬기는 작가라고 비난하기도 해서, 저로서는 아랍어를 배울 수밖에 없었습니다. 제가 아랍어를 배워야 저의 입장이 그분들이 생각하는 것과 정반대라고 그분들에게 말해줄 수 있을 테니까요. 저와 종교와의 관계는 저와 신과의 관계와 결코 양립할 수 없었지만, 유대교 안에서 저 자신을 유대인이라고 믿는다는 것을 제가 부정하겠다는 것은 아닙니다. 어쨌든 시온주의자라는 비난에 대해 말씀드리자면, 그것은 완전히 잘못된 비난입니다."

자말은 결국 고향으로 돌아와서 정신병원에 입원하게 되고, 거기서 카프카라는 이름으로 통하게 된다.

아랍어권에서 1939년 이후에 카프카를 어떻게 수용했는가를 개괄

한 연구로는 Atef Botros, *Kafka—Ein jüdischer Schriftsteller aus arabischer Sicht*(Reichert Verlag, 2009) 참조.

32 Frederick R. Karl, *Franz Kafka: Representative Man*(Ticknor & Fields/ Houghton Mifflin, 1991). 카를은 "유럽이 낳은 카프카들을 유럽 자신이 궁지로 몰아넣기 전에, 카프카의 목소리는 유럽의 목소리였다"라고 썼다.

33 카프카의 글에 '신Gott'이라는 단어가 나오지 않는다는 점도 브로트가 이런 맥락에서 지적했을 법한 특징이다. 아브라함 루빈Abraham A. Rubin은 *Kafka's German-Jewish Reception as Mirror of Modernity*(City University of New York, 2014)이라는 학위논문에서 다음과 같이 언급한다. "브로트가 카프카의 글을 유대적·민족적 아젠다로 복원시키는 장면은 그의 정치적·이데올로기적 신념이 그의 문학적 분석을 어떤 방식으로 형태화하는지를 잘 보여준다. 이 장면에 깔려 있는 근본적 아이러니는, 유대적 특수성에 대한 그의 비전이 독일 낭만주의로부터 직접 취해진 비전이라는 것이다(독일 낭만주의의 지적 전통으로부터 받은 영향을 브로트 본인은 부정할 듯하다). 카프카의 유대적 특수성에 대한 브로트의 비전은 근본적으로 헤르더Herder적 관념—한 저자의 작품은 그 저자가 속한 민족 특유의 **민족성** Volksgeist을 표현한다는 관념—에 빚지고 있다. 브로트의 해석은 애초에 한 번도 존재한 적 없는 이데올로기적 일관성을 카프카에게 덮어씌운다. […] 브로트가 카프카의 유대교를 설명하기 위해 사용하는 용어들은 '유대' 문화와 '독일' 문화가 상호 배타적으로 존재한다는 생각을 전달하는 것을 의도하고 있다."

34 1927년 5월, 마르틴 부버와 함께 히브리 성경을 독일어로 번역 중이었던 프란츠 로젠츠바이크Franz Rosenzweig는 사촌누이 게르트루트 오펜하임 Gertrud Oppenheim에게 "'성경'을 기록한 사람들은 아마 신에 대해 딱 카프카처럼 생각했을 것 같습니다. 그의 소설 『성』만큼 강력하게 성경을 떠올리게 하는 책을 나는 지금껏 한 번도 읽어본 적이 없습니다"라고 했다. 카프카에 대해 히브리어로 쓰인 최초의 글 중 하나인 1953년 에세이에서 이스라엘 시인 레아 골드베르그Leah Goldberg(1911~1970)—쾨니히스베르크(지금의 칼리닌그라드Kaliningrad)를 떠나온 이민자—도 비슷한 소견을 밝혔다. "카프카는 자기를 얽매고 있는 자기 자신의 감각과 인식으로부터의 해방을 간절히 원하고 원했다. 그 해방의 상징은 고향이었다. 그는 [『성』에서] '고향Heimat'을 여러 번 되풀이한다. 이것은 이스라엘 땅에 대한 설명이다." 이탈리아의 저명한 저자 중 한 명인 로베르토 칼라소Roberto Calasso는 『성』과 『소송』을 유대인들의 선택받음과 형을 선고받음에 대한

한 쌍의 성찰로 간주한다. "선택받는 것과 형을 선고받는 것, 동일한 과정의 가능한 두 결과. […] 카프카와 유대교의 관계는 이 지점에서 가장 분명하게 드러난다."

이와 상반된 관점을 보려면, 야코프 미할스키Jakob Michalski가 『성』에 대해 쓴 1935년 서평 참조. "본 서평의 필자에게 유일하게 불가해한 점은, 카프카의 예술을 감히 '유대적' 예술로 한정하면서 카프카를 유대 민족의 기린아라고 추앙하고 있는 문학 프로파간다의 뻔뻔스러움이다! 카프카의 저술들은 그의 친구이자 편집자 막스 브로트의 소설들에 못지않게 비非유대적이다. […] 카프카를 예술가로 추앙하는 것은 가능하겠지만, 카프카의 성취는 유대인들이니 유대교니 하는 것과 무관하니, 우리는 카프카의 작품으로부터 모종의 유대적 본질jüdischen Wesen이 풍겨 나온다는 식의 생각을 거부한다(Jakob Michalski, "Das Schloß," *Franz Kafka: Kritik und Rezeption 1924-1938*, ed. Jürgen Born, Fischer, 1983, p. 398).

카프카는 1922년 상반기에 『성』을 집필하면서 자기가 아는 히브리어를 활용한 듯하다. 예를 들어, 주인공의 직업인 Landvermesser[토지측량사]는 두 히브리어 단어—maschoah(토지측량사)와 mashiach(메시아)—의 비슷함을 이용한 말장난일 수 있다. 바빌로니아 탈무드, 산헤드린 율법 98b에 대한 라시Rashi의 주석 참조.

35 Gershom Scholem, *Judaica* 3, p. 271(Suhrkamp, 1973). Scholem, *Walter Benjamin: The Story of a Friendship*(Jewish Publication Society, 1981), pp. 170 이하도 함께 참조. 숄렘이 발터 베냐민Walter Benjamin에게 동의하지 않는 곳이 바로 이 지점이라는 것은 주목할 만하다. 1931년 8월 1일 편지에서 숄렘은 베냐민이 "Franz Kafka: Beim Bau der Chinesischen Mauer"[프란츠 카프카: 만리장성을 쌓을 때]라는 제목으로 진행한 강연에 대해 "가르침Lehren, 곧 카프카의 작품에서 법Gesetz이라고 칭해지는 그것을 중심에 놓지도 않은 채 이 사람의 세계를 논하려 하다니, 당신이 한 사람의 비평가로서 어떻게 그럴 수 있는지 나에게는 수수께끼다"라고 논평한다. 카프카에 대한 숄렘의 고평가에 대해 좀더 보려면, Stéphane Moses, "Zur Frage des Gesetzes. Gershom Scholems Kafka-Bild," in *Kafka und das Judentum*, eds. K. E. Grözinger, S. Moses, and H. D. Zimmermann(Athenaeum, 1987); Harold Bloom, *The Strong Light of the Canonical: Kafka, Freud and Scholem as Revisionists of Jewish Culture*(CCNY, 1987); David Biale, "Ten Unhistorical Aphorisms on Kabbalah, Text and Commentary," in *Gershom Scholem: Modern Critical Views*, ed. Harold

Bloom(Chelsea House, 1987); Robert Alter, *Necessary Angels: Tradition and Modernity in Kafka, Benjamin and Scholem*(Harvard University Press, 1991) 참조.

36 Alexander Altmann, "Gershom Scholem, 1897-1982," *Proceedings of the American Academy for Jewish Research*, vol. 51(1984). 숄렘이 카프카의 약혼자 펠리체 바우어를 처음 만난 것은 1916년 두 사람이 함께 관여하고 있던 베를린의 '유대인의 집Jüdisches Volksheim'이라는 유대인 커뮤니티 센터에서였다.

37 Margarete Susman, "Das Hiob-Problem bei Franz Kafka," *Der Morgen*, vol. 5(1929); trans. Theodore Frankel, "Franz Kafka," *Jewish Frontier*, vol. 23(1956). 막스 브로트 또한 카프카가 "그 오래된 욥의 질문"을 다루는 방식들을 시사한다. Max Brod, "Franz Kafkas Grunderlebnis," *Die Weltbühne*(1931년 5월 15일) 참조. 1926년에 『소송』을 읽고 나서 게르숌 숄렘은 다음과 같이 기록했다. "이 작품은 「욥기」를 제외하고는 타의 추종을 불허한다. 인간의 삶은 은폐된 소송의 법칙들이라는 틀 속에서 영위된다고 할 때, 그러한 소송의 상황이 이 두 작품에서 최고조로 전개된다. 모르긴 몰라도, 유대인 가운데 이 작가만큼 자기 세계를 창조하면서 유대교의 핵심을 이 정도로까지 본원적이고 심층적으로 건드린 사람은 아무도 없었다." 그리고 1931년 편지에서 숄렘은 발터 베냐민에게 "카프카 연구를 시작하려거든 「욥기」에서 시작하든지 아니면 최소한 신의 심판이 내려질 가능성에 관한 논의에서 시작할 것"을 조언했다. 욥을 카프카와 연결하는 수스만의 논의에 대해 좀더 보려면 Mark Larrimore, *The Book of Job: A Biography*(Princeton University Press, 2013), pp. 236~39 참조.

38 Robert Alter, "Kafka as Kabbalist," *Salmagundi*(1993년 봄호). 저서 *Canon and Creativity*(2000)에서 올터는 「창세기」의 바벨탑 이야기를 다루는 카프카의 "미드라시적midrashic 능란함"을 언급하기도 하고, 카프카의 전제, 곧 "현대 세계의 의미를 탐색하는 데 필요한 모티프들, 테마들, 상징들을 아우르는 모종의 공명적 구조를 성경이 제공할 수 있을 것이라는 전제"를 강조하기도 한다. (이 텍스트에 대한 카프카의 성찰은 『우화와 역설 *Parables and Paradoxes*』, Schocken, 1961에서 찾을 수 있다.) 전작인 『전통 이후*After the Tradition*』(1969)에서 올터는 "유럽 문학에 이 정도로 중요하게 기여해온 유대인은 없다시피 하며 카프카는 유대적 상상력을 가장 강력하게, 어쩌면 가장 불안하게 발휘해온 작가인 듯하다"라고 한다. 이 저서에 대한 서평에서 영국의 문학비평가 존 그로스John Gross는 "aleph[알레

프: A]와 bet[베트: B]의 차이조차 알 것 같지 않은 비평가들이 카프카 문장의 '탈무드적' 속성들에 대해 나불거린다는 점에 대해서도 올터는 유익한 지침을 내려준다"라고 언급한다(*Commentary*, 1969년 4월호). 올터와 마찬가지로, 문학비평가 조지 스타이너George Steiner 또한 카프카를 유대적 독해 양식 및 해석 양식의 상속자로 본다. 스타이너는 카프카의 우화들의 "가장 중요한 기호 체계는, 자명하게도, 성경과 탈무드의 유산이다"라고 말한다.

39 정신분석학에 대한 카프카의 관점들을 좀더 보려면 다음을 참조. Leena Eilittä, "Kafka's Ambivalence towards Psychoanalysis," *Psychoanalysis and History* 3:2(2001); Eric Marson & Keith Leopold, "Kafka, Freud, and 'Ein Landarzt,'" *The German Quarterly* 37:2(1964년 3월호).

40 프란츠 카프카가 1921년 6월에 막스 브로트에게 보낸 편지(인용문 출처는 Hannah Arendt, *Men in Dark Times*, p. 185). 1913년 에세이 "Der jüdische Dichter deutscher Zunge"[독일어권 유대 작가]에서 브로트는 독일어권 유대 작가가 독일어를 관리할 때 그것은 자기 조상에게 물려받은 유산으로서 관리하는 것이 아니라 그저 "남의 재산"으로 관리하는 것[da es nicht das Erbe seiner Ahnen ist, das er verwaltet, sondern fremder Besitz]이라고 주장한다. Max Brod, "Der jüdische Dichter deutscher Zunge," in *Vom Judentum: Ein Sammelbuch*, ed. Verein Jüdischer Hochschüler Bar Kochba (Kurt Wolff Verlag, 1913), pp. 261~63.

41 비평판은 이 강연에 "Einleitungsvortrag über Jargon"[용어 소개를 위한 강연]이라는 좀더 정확한 제목을 붙였다. 카프카와 이디시 극단의 만남에 관한 좀더 상세한 논의로는 다음의 획기적 연구서를 참조. Evelyn Torton Beck, *Kafka and the Yiddish Theater*(University of Wisconsin Press, 1971). 백은 다음과 같이 결론을 내린다. "정의, 권위, 법이라는 테마들에 대한 카프카의 지속적 관심, 그리고 개인과 절대자 사이, 개인과 공동체 사이의 관계에 대한 카프카의 탐구는 바로 그 이디시어 연극들에 의해 제기된 구체적 문제들, 곧 유대 문제들을 추상적으로 정식화하는 작업들이라고 볼 수 있다. 이디시 극단의 연극들은 카프카의 개인적인 관심사들을 뒷받침하는 역할을 했다. 그럼으로써 한편으로는 카프카의 문체에 지속적으로 영향을 주었고, 다른 한편으로는 인간 카프카를 괴롭히는 문제들을 형태화하는 데 도움이 되었다."

7. 마지막 집합: 이스라엘의 카프카

42 Dov Schidorsky, "The Library of the Reich Security Main Office and Its Looted Jewish Book Collections," *Libraries & the Cultural Record* 42, no. 1(2007) 참조. 1942년, 나치 정권의 유대 "전문가" 요하네스 폴Johannes Pohl이 나치 정권의 약탈 전문 기관 '로젠베르크 국가통솔 대책위원회'에 의해 빌나(현 빌뉴스)로 파견되었다. 그렇게 이 도시 곳곳의 훌륭한 유대 장서들의 압수를 체계화하는 업무를 맡게 된 폴과 부하직원들은 최상급 귀중 자료들은 독일로 실어 보내고 나머지는 소각한다는 계획을 세웠다. 자료들을 분류하고 선별하고 포장해서 독일로 실어 보내거나 가까운 제지공장으로 보내기 위해, 독일인들은 40명의 게토 수감자들을 노예노동 자로 부렸다. 그들은 빌나 게토 도서관장인 헤르만 크루크Herman Kruk에 게 유대 도서들의 "선별"을 위한 수합을 지시했다. 그에 따르면, 그중 약 70 퍼센트가 "폐지"가 될 것이었고, "작업에 동원된 유대인 작업자들은 글자 그대로 눈물을 흘릴 수밖에 없었다." "폐지 여단"을 조직한 크루크는 1942 년 3월에서 1943년 9월까지 상당한 위험을 무릅쓰고 토라 두루마리 200 개, H. N. 비알릭H. N. Bialik의 문서들, 테오도르 헤르츨Theodor Herzl의 일기장 한 개를 포함해 유대 도서 및 문서 수천 종을 구출하는 데 성공했 다. Herman Kruk, *The Last Days of the Jerusalem of Lithuania: Chronicles from the Vilna Ghetto and the Camps 1939-1944*, trans. Barbara Harshav(Yale University Press, 2002); David E. Fishman, *The Book Smugglers: Partisans, Poets, and the Race to Save Jewish Treasures from the Nazis*(University Press of New England, 2017) 참조.

43 Cecil Roth, "The Restoration of Jewish Libraries, Archives, and Museums," *Contemporary Jewish Record* 7:3(1944); Salo W. Baron, "The Spiritual Reconstruction of European Jewry," *Commentary* 1:1(1945); Noam Zadoff, "Reise in die Vergangenheit, Entwurf einer neuen Zukunft: Gershom Scholems Reise nach Deutschland im Jahre 1946," *Münchner Beiträge zur Jüdischen Geschichte und Kultur* 2(2007); Elisabeth Gallas, "Locating the Jewish Future: The Restoration of Looted Cultural Property in Early Postwar Europe," *Nahariam* 9(2015) 참조. 숄렘의 구출 임무에 대한 기록 을 보려면 다음을 참조. Gershom Scholem, "On the Question of Looted Jewish Libraries," *Haaretz*(1947년 10월 5일), pp. 5~6[히브리어].

44 1946년에 폴란드에서 텔아비브로 이주한 바르샤바 게토 생존자 가브리 엘 모케드Gabriel Moked(개명 전: 문베스Munwes)는 1956년에 「변신」

에 관한 단행본 분량의 히브리어 주석집을 펴내면서, "유대인 저자로서
의 카프카의 위상이 왜 그렇게 중요한가 하면, 그저 한 사람의 유대인 천
재라서가 아니라 유대 정신의 매력들과 지력들의 어떤 연속성을 표현하
고 있기 때문이다"라고 했다. 문학비평가 모르데하이 샬레브Mordechai
Shalev(1926~2014)는 이스라엘 신문 『하아레츠』에 실린 세 편의 에세이
(1997년 10월 15일; 1998년 4월 10일; 1998년 5월 29일)에서 카프카 저술
의 유대적 요소들을 다루었다. 요람 바르 다비드는 1998년에 카프카에 관
한 책을 썼다(다음의 글도 참조. Yoram Bar David, "Kafka's Paradise: His
Hasidic Thought," in *Kafka's Contextuality*, ed. Alan Udoff(Gordian, 1986),
pp. 235~86); 나탄 오펙(1942~2006)도 2002년에 카프카에 관한 책을 썼
다. 다음의 히브리어 에세이집 참고. Nathan Ofek, *Kafka: New Perspectives*,
eds. Ziva Shamir, Yochai Ataria, and Chaim Nagid(Safra, 2013). 이 계열의
다른 비평들도 많다. 한편, 이스라엘 비평가들 중에도 카프카 저술을 다루
되 유대성을 강조하지 않는 경우가 있었다. 예를 들면 Shimon Sandbank,
The Way of Wavering: Forms of Uncertainty in Kafka[Derech Ha-Hissus](Ha-
Kibbutz Ha-Meuchad, 1974); Galili Shahar, *Kafka's Wound*(Carmel, 2008)
참조.

45 *Orient. Haifa 1942-1943: Bibliographie einer Zeitschrift*, ed. Volker Riedel,
Aufbau Verlag, 1973 참조. 아르놀트 츠바이크Arnold Zweig는 팔레스타
인에서 한 편의 소설—*Das Beil von Wandsbek*[반츠베크의 도끼]—을 썼
다. 이 소설은 1943년에 *Ha-Kardom shel Wandsbek*라는 제목의 히브리어 번
역으로 출간되었다(trans. Avigdor Hameiri, Merhavia Publishing, 1943). 이
스라엘에 거주하면서도 독일어로 집필했던 다른 전후 저자들로는 베르
너 크라프트Werner Kraft, 일라나 슈무엘리Ilana Shmueli, 만프레트 빙클러
Manfred Winkler, 샬롬 벤호린Schalom Ben-Horin 등이 있다.

46 Aharon Appelfeld, "First Years, Mother Tongue, and Other Pains,"
Maariv(1997년 4월 18일)[히브리어].

47 Gershom Scholem, "Wider den Mythos vom deutschjüdischen Ges-präch,"
in *Auf gespaltenem Pfad: für Margarete Susman*, ed. Manfred Schlösser(1964),
pp. 229~33; "Against the Myth of the German-Jewish Dialogue," in *On
Jews and Judaism in Crisis: Selected Essays*(1976) 참조. "The 'German-Jewish
Dialogue' and its Literary Refractions: The Case of Margarete Susman and
Gershom Scholem," Abraham Rubin, *Modern Judaism*(2015년 2월호), pp.
1~17도 함께 참조.

48 모셰 이델Moshe Idel의 책에 대한 다음의 서평 참조. Vivian Liska, "On Getting It Right," *Jewish Quarterly Review*(2012년 봄호), pp. 297~301. 카프카의 우화「법 앞에서」에 대한 논의인 Moshe Idel, *Kabbala: New Perspectives*(Yale University Press, 1988), p. 271 또한 참조.

49 Dan Miron, *From Continuity to Contiguity: Toward a New Jewish Literary Thinking*(Stanford University Press, 2010).

50 캘리포니아 대학교 어바인 캠퍼스 교수인 힐리스 밀러J. Hillis Miller는 저서『공동체의 대화재*The Conflagration of Community*』에서 "카프카가 예견했던 것은 유대 민족의 대파괴"였다고 쓴다. 여기서 한술 더 떠, 밀러는 카프카 저술이 미래를 예언했을 뿐 아니라 미래를 만들어냈다고 주장하면서, 카프카는 자신의 글이 "예언력, 곧 글로 표현된 개인적 고통들과 재앙들을 대규모로 초래하는 힘"을 갖고 있을까 봐 걱정했으며, 그러한 "마법적 수행력을 발휘"하는 것을 막기 위해 브로트에게 자기 글의 소각을 지시했던 것이라고 주장하기까지 한다. 이 관점에 반대하는 저자 중 하나인 로버트 올터는 카프카를 홀로코스트의 예언자로 만들어버리는 이러한 논의를 가리켜 "궁극의 비속함"이라고 평한다. 예언자는 뚜렷하게 상응하게 하지 않는다는 반론들과 설명들에 대해서는 로런스 랭어가 1986년에 쓴 다음의 글 참조. Lawrence Langer, "Kafka as Holocaust Prophet: A Dissenting View," in *Admitting the Holocaust: Collected Essays*(Oxford University Press, 1995) 참조.

51 소설『회상*The Retrospective*』(2013)에서 A. B. 예호슈아A. B. Yehoshua는 시나고그에 살기 시작한 겁쟁이 동물이 등장하는 카프카의 미완성 단편「우리 시나고그에서In unserer Synagoge」—1922년 집필, 2009년 단 미론 Dan Miron이 히브리어로 번역—를 각색한다. 카프카가 제목을 붙이지 않은 이야기를 브로트가 1937년에 출간하면서 이 제목을 붙인 것이었다. 아하론 아펠펠드의 소설에서 느껴지는 "카프카의 무소부재함"에 대한 논의, 그리고 아펠펠드의 히브리어가 카프카의 독일어에 지고 있는 "큰 빛"에 대한 논의를 보려면 다음을 참고. David Suchoff, "Kafka and the Postmodern Divide: Hebrew and German in Aharon Appelfeld's *The Age of Wonders*," *The Germanic Review* 75:2(2000).

52 빈 태생의 비교문학자 릴리안 푸르스트Lilian Furst는 "카프카와 아그논은 두 사람 사이의 엄연한 연관성들에도 불구하고, 그저 흑과 백이 연관되어 있는 만큼 연관되어 있을 뿐이다"라고 한다. 최근의 이스라엘 소설가들 중에 다비드 그로스만David Grossman(1954년생)은 카프카에게 빛이

있음은 인정하지만, 이 프라하 작가를 하나의 민족적 전통 안에 고정할 가능성에 대해서는 부정하면서, "카프카는 미국에서 태어났든 영국에서 태어났든 오스트레일리아에서 태어났든, 카프카였을 것이다"라고 한다. 카프카와 아그논의 비교로는 Hillel Barzel, *Agnon and Kafka: A Comparative Study*(Bar-Ilan University Press, 1972)[히브리어]; Gershon Shaked, "After the Fall: Nostalgia and the Treatment of Authority in Kafka and Agnon," in *The New Tradition: Essays on Modern Hebrew Literature*(Hebrew Union College Press, 2006) 참조. 샤케드는 "카프카와 아그논 둘 다 1차 대전의 트라우마를 통해 만들어졌다. 이들의 작품은 해체되는 합스부르크 제국 주민들의 좌절감, 곧 황제/아버지/'과거의 계명'을 대신해줄 만한 권위를 찾을 수 없다는 느낌을 반영하는 한편, 앞으로 닥쳐올 더욱 거대한 격변과 유럽의 유대 민족에게 닥쳐올 재앙을 예견한다"라고 결론을 내린다. 아그논에 대한 브로트의 시각은, 아그논이 "자국의 공기"를 표현하는 방식들을 논의하는 다음의 책을 참조. Max Brod, "Zwei Jüdische Bucher," *Die neue Rundschau* 29:2(1918).

53 이 주제에 대해 좀더 보려면, 이스라엘과 독일 사이의 관계 정상화에 관한 아모스 오즈의 히브리어 에세이 세 편을 묶은 Amos Oz, *The Slopes of a Volcano*(Keter, 2006); Fania Oz-Salzberger, *Israelis in Berlin*(Jüdischer Verlag im Suhrkamp Verlag, 2001); Dani Kranz, *Israelis in Berlin. Wie viele sind es und was zieht sie nach Berlin?*(Bertelsmann, 2015); 이스라엘인들의 독일 이민에 대한 사회학자 가드 야이르의 2015년 연구서인 Gad Yair, *Love is Not Praktish: The Israeli Look at Germany*(Ha-Kibbutz Ha-Meuchad, 2015)[히브리어] 참조. 이스라엘 작가 요람 카니우크(1930~2013)는 1984년에서 2000년까지 독일에서 경험했던 만남들을 다음 책에 기록했다. Yoram Kaniuk, *Ha-Berlinai Ha-Acharon*[최후의 베를린인](Yediot Acharonot, 2004); *Der letzte Berliner*(List, 2002).

8. 카프카의 마지막 부탁, 브로트의 첫번째 배신

54 인용문 출처는 J. P. Hodin, "Memories of Franz Kafka," *Horizon*(1948년 1월). 건강 악화로 인해 이제 마지막으로 베를린을 떠나야 했던 카프카는 도라에게 약 20권의 공책을 맡겼다. 도라의 아파트에 있던 이 공책들은 1933년 3월에 카프카가 도라에게 보낸 약 35통의 편지와 함께 게슈타포에 의해 압수되어 소실된 것으로 알려져 있다. 1930년대 후반에 브로트는 체코-유대 시인 카밀 호프만Camill Hoffmann─브로트의 친구, 당시 베를린

주재 체코 대사관 공보담당관—에게 이 자료를 찾아봐달라고 요청했다. 수색 작업은 성과 없이 끝났고, 마사리크 대통령의 가까운 친구였던 호프만 본인은 게슈타포에게 체포당했다. 호프만은 1944년 10월에 아우슈비츠에서 사망했다.

55 이런 종류의 예들에 관한 논의로는 Kenneth Baker, *On the Burning of Books* (University of Chicago Press, 2017) 참조. 올비의 경우를 보려면 Michael Paulson, "Edward Albee's Final Wish: Destroy My Unfinished Work," *New York Times*(2017년 7월 4일) 참조.

56 이런 식의 논지를 따랐던 최초의 브로트 변론 중 하나를 보려면 Walter Benjamin, "Kavaliersmoral," *Literarischen Welt*(1929년 10월 10일) 참조. 브로트가 카프카의 두 메모를 독일 잡지 『벨트뷔네*Weltbühne*』에 실은 것은 카프카가 죽고 한 달 뒤였다.

9. 카프카의 창조주

57 Vladimir Nabokov, *Lectures on Literature*, ed. Fredson Bowers(Harcourt Brace Jovanovich, 1980).

58 영국 소설가 겸 에세이스트 제이디 스미스Zadie Smith의 글 "F. Kafka, Everyman," *New York Review of Books*(2008년 7월 17일)에서 빌려온 표현.

59 한때 브로트에게 배웠던 오스트리아-유대 작가 프리드리히 토르베르크 Friedrich Torberg는 윌리엄 필립스William Phillips의 말에 반대하면서, "카프카의 유대성을 강조하는 브로트의 논의를 분파주의적 퀴어성sectarian queerness으로 치부하고 폐기하려는 경향이 이 나라 비평계 전반에 퍼져 있는 듯하다. 그러한 경향을 특히 유대인 비평가들—어떤 문제가 있을 때 그것이 아무리 유대적인 문제라고 해도 '한갓' 유대적인 관점에서 바라보기를 거부하는 그 훌륭한 유대적 태도의 핵심이 아닐까 싶은 층—이 거리낌 없이 드러내는 것 같다"라고 한다(Friedrich Torberg, "Kafka the Jew," *Commentary*, 1947년 8월).

60 독일 괴팅겐에 있는 발슈타인 출판사Wallstein Verlag는 현재 브로트의 "선집"을 내고 있다(편집: 한스-게르트 코흐Hans-Gerd Koch와 한스 디터 짐머만Hans Dieter Zimmermann). 총 12권의 전집 중 첫 두 권에 대한 서평으로는 Nikolaus Stenitzer, "über *Ausgewählte Werke* von Max Brod," *konkret*(2013년 5월) 참조.

61 쿠르트 볼프Kurt Wolff는 1912년에 출판사를 설립했다. 볼프와 아내 헬렌Helen은 1940년에 미국으로 건너와서 1942년에 '판테온 북스Pantheon

Books'를 설립했다. '예일대학교 바이네케 희귀본 도서관The Beinecke Rare Book and Manuscript Library at Yale University'은 '쿠르트 볼프 아카이브, 1907~38'을 보유하고 있다. 여기에는 볼프가 카프카, 브로트, 릴케, 헤르만 헤세, 카를 크라우스, 엘제 라스커-쉴러, 하인리히 & 토마스 만, 프란츠 베르펠 등등과 주고받은 편지들이 포함되어 있다. 『아메리카』에 대한 유대적 독해들에 대한 정통한 논의를 보려면 Joseph Metz, "Zion in the West: Cultural Zionism, Diasporic Doubles, and the 'Direction' of Jewish Literary Identity in Kafka's *Der Verschollene*," *Deutsche Vierteljahrsschrift* 78:4(2004) 참조.

62 S. 피셔 출판사에서 출판된 비평판에서, 맬컴 파슬리Malcolm Pasley는 『소송』의 챕터 순서를 바꾸었다(Franz Kafka, *Der Proceß. Roman in der Fassung der Handschrift*, ed. Malcolm Pasley, S. Fischer, 1990 참조). 헤르만 우이터스프로트는 『소송』과 『아메리카』에서 부딪히게 되는 해석적 문제들 중 상당수가 브로트의 어설픈 편집 작업 탓에 생긴 것이라고 본다. Herman Uyttersprot, *Eine neue Ordnung der Werke Kafkas?*(de Vries-Brouwers, 1957) 참조. 상반된 견해로는 Ronald Gray, "The Structure of Kafka's Works: A Reply to Professor Uyttersprot," *German Life and Letters*, 13(1959) 참조.

63 인용문 출처는 "Publisher's Note," *The Trial: A New Translation Based on the Restored Text*, trans. Breon Mitchell(Schocken, 1998).

64 쇼켄 출판사Schocken Verlag는 1935년에 카프카의 『전집』 총 6권 중 첫 권을 펴냈다. 이 첫 권의 출간을 환영하는 다른 독일어 서평들은 *Magdeburger Zeitung*[마그데부르크 신문](1935년 5월 17일); *Schweinfurter Tagblatt*[슈바인푸르트 일간지](1935년 5월 31일)에 실렸다.

65 그렇게 예루살렘으로 건너온 슈피처는 부자 동네인 레하비아Rehavia의 라다크Radak 거리에 집을 마련하고 정착한 뒤 타르시슈 북스Tarshish Books를 설립했다. 이 출판사는 혁신적 조판과 높은 제작가치로 유명해지는데, 1940년에서 1979년까지 총 119종을 출간하게 된다. 거기에는 요슬 베르그너Yosl Bergner의 *Illustrations to Franz Kafka*(1959년에 영어로, 1970년에 히브리어로 출간); 아브라함 벤이츠하크Avraham Ben-Yitzhak(Abraham Sonne)의 시; S. Y. 아그논의 *Kelev Hutzot*[길 잃은 개](아비그도르 아리카Avigdor Arikha의 일러스트 수록); 엘제 라스커-쉴러의 *Mein Blaues Klavier*[나의 푸른 피아노]가 포함된다. 또한 슈피처는 사뮈엘 베케트Samuel Beckett의 『고도를 기다리며*En Attendant Godot*』, 베

르톨트 브레히트Bertolt Brecht의 글(게르숀 크니스펠Gershon Knispel의 석판화 수록), 릴케의 시(아비그도르 아리카의 일러스트 수록), 하인리히 폰 클라이스트Heinrich von Kleist의 『미하엘 콜하스*Michael Kohlhaas*』의 히브리어 번역들도 출간했다. 좀더 보려면 *Moshe Spitzer: Books-Typography-Design*(이스라엘 국립도서관에서 열린 어느 전시회의 카탈로그, Jerusalem, 1981); *Spitzer Book*, ed. Ada Wardi(Mineged Publications, 2016); Israel Soifer, "The Pioneer Work of Maurice Spitzer," *Penrose Annual* 63(1970); 힐리트 예슈룬Hilit Yeshurun의 슈피처와의 인터뷰, "Unfinished Conversations," *Hadarim*(1982~83년 겨울호) 참조.

66 『카프카의 유대어들*Kafka's Jewish Languages*』(2012)의 저자인 데이비드 수초프David Suchoff는 하이네를 가리켜 "카프카가 있기 전에 가장 훌륭했던—가장 보편적으로 사랑받았다고 할 수 있는—독일-유대 작가"라고 한다. 1966년 말, 잘만 쇼켄의 아들인 기드온 쇼켄Gideon Schocken이 가족 소유의 하이네 컬렉션을 프랑스 국립도서관Bibliotheque Nationale에 비공개 금액으로 매각했다. (예루살렘에 있는 쇼켄 도서관은 그로부터 10년 전이었던 1956년에 그 자료의 일부를 전시한 바 있다.) 샤를 드골 Charles de Gaulle 대통령이 협상 중에 개인적 지지를 보냈다. 이스라엘 당국은 그 어떤 반대도 표하지 않았다. 그렇게 파리로 옮겨진 자료는 루이 헤이Louis Hay의 지휘하에 프랑스 학자들과 독일 학자들에 의해 검토되었다. 1960년, 경매회사 하우스베델Hauswedell은 쇼켄의 노발리스Novalis 컬렉션을 프랑크푸르트 자유독일재단Freie Deutsches Hochstift in Frankfurt am Main에 매각했다. 그리고 1960년대가 끝나기 전에, 이 자료는 노발리스의 『전집』 제2권과 제3권으로 편집되었다("Ernst L. Hauswedell: Ein Arbeitsbericht," in *Ernst Hauswedell 1901-1983*, ed. Gunnar A. Kaldewey, Maximilian- Gesellschaft, 1987 참조).

10. 마지막 기차: 프라하에서 팔레스타인까지

67 *The Letters of Thomas Mann, 1889-1955*, trans. Richard & Clara Winston (University of California Press, 1975), pp. 237~38. Peter F. Neumeyer, "Thomas Mann, Max Brod, and the New York Public Library," *MLN* (*Modern Language Notes*)(1975년 4월호)도 참조.

68 예루살렘의 쇼켄 도서관에 대한 상세한 설명으로는 Adina Hoffman, *Till We Have Built Jerusalem: Architects of a New City*(Farrar, Straus & Giroux, 2016) 참조.

11. 마지막 곡예사: 카프카, 독일에 가다

69 카프카의 장서 중 한 권인 도스토옙스키의 『카라마조프가의 형제들』 독일
    어본을 펼치면, 펠리체 바우어의 1914년 헌사가 적혀 있다. "우리가 이 책
    을 함께 읽을 날이 곧 오겠지요." 자세한 내용을 보려면 Jürgen Born, *Kafkas
    Bibliothek: Ein beschreibendes Verzeichnis*(S. Fischer Verlag, 1990) 참조.

70 헤벨의 저술이 나치의 열성 독자층에게 매력을 발휘했음을 염두에 둔다
    면, 카프카가 헤벨의 저술을 흥미로워했다는 것이 특히 더 흥미롭게 느
    껴질 수 있다. 1933년, 프란츠 케르버Franz Kerber—프라이부르크의 시
    장이 된 나치—는 "헤벨은 고향에 깊이 뿌리내린 작가였던 만큼, 그가 아
    직 살아 있었다면 나치당을 지지했을 것"이라고 주장했다. 헤벨의 알레만
    방언 및 풍경에의 "뿌리내림"[Verwurzelung]에 대한 하이데거의 경탄을
    보려면, 다음 에세이들을 참조. Martin Heidegger, "Sprache und Heimat"
    in *Über Johann Peter Hebel*(Rainer Wunderlich Verlag, 1964); "Hebel, der
    Hausfreund"(G. Neske, 1957). 후자의 영어본은 다음과 같다. "Hebel
    —Friend of the House," trans. Bruce V. Foltz and Michael Heim, in
    Contemporary German Philosophy, Volume III(Pennsylvania State University
    Press, 1983).

71 카프카가 세상을 떠나기 한 해 전인 1923년에 바이마르 독일에서 영국 위
    임통치령 팔레스타인으로 이주한 게르숌 숄렘의 감상과 비교해보자. "괴
    테가 나에게 아무 말도 하지 않았다는 데는 대단히 중요한 의미가 있을 텐
    데, 어쩌면 그것은 나의 내면의 유대 정신이 나를 독일계와 떨어뜨려 놓는
    다는 의미일지 모르겠다." Gershom Scholem, *Lamentations of Youth: The
    Diaries of Gershom Scholem*, trans. & ed. Anthony David Skinner(Harvard
    University Press, 2002), p. 212.

72 Wilhelm Dilthey, "Archive für Literatur"(1889년 1월 16일 독일문학
    회Gesellschaft für deutsche Literatur 창립식에서의 연설), *Deutsche
    Rundschau* 58(1889); Adolf Landguth, "Zur Frage der 'Archive für
    Literatur'," *Centralblatt für Bibliothekswesen* 6:10(1889) 참조.

73 이 주제에 대한 가장 통렬한 논의는 Victor Klemperer, *LTI—Lingua
    Tertii Imperii: Notizbuch eines Philologen*(1947); Martin Brady(trans.), *The
    Language of the Third Reich: A Philologist's Notebook*(2000). 클렘퍼러는 다음
    과 같이 쓴다. "정통 유대교도들은 식기가 더러워져서 제사에서 쓸 수 없게
    되면, 그것을 땅속에 파묻음으로써 깨끗하게 한다. 나치의 언어로 사용되
    었던 말들 중에 많은 말이 오랫동안, 몇몇 말은 영원토록, 공동묘지 속에 파

묻혀 있어야 하리라."

74 '그루페 47' 작가 중 다수가 카프카의 저작과 직간접적 친연성을 품고 있다. 1983년에 프란츠 카프카 상Franz-Kafka-Preis을 수상한 일제 아이힝거Ilse Aichinger(1921~2016), 단편소설들을 통해 카프카의 영향력을 뚜렷이 보여주었던 지크프리트 렌츠Siegfried Lenz(1926~2014) 등이 이에 해당된다. Klaus Briegleb, *Missachtung und Tabu. Eine Streitschrift zur Frage: Wie antisemitisch war die Gruppe 47?* (Philo-Verlag, 2003) 참조. 하지만 브리글레프는 '그루페 47'이 독일어를 쓰는 유대인들에게 "깊은 편견 tiefe Befangenheit"을 품고 있으며 거기에는 "반反유대주의 정서antijüdische Affekte"가 있다는 것을 비난하기도 했다. 독일-유대 선동작가provocateur 인 막심 빌러Maxim Biller는 한술 더 떠 '그루페 47'을 가리켜 "나치 없 는 제국문학협회entnazifizierte Reichsschrifttumskammer"라고까지 했다. (*Brauchen wir eine neue Gruppe 47? Interviews mit Joachim Kaiser und Maxim Biller: 55 Fragebögen zur deutschen Literatur*, eds. Joachim Leser and Georg Guntermann, Reinhard Nenzel Verlag, 1995.)

75 이 시인에 대한 나치의 전유 행태를 좀더 보려면, 나치당 정치인 한스 파 브리치우스Hans Fabricius의 *Schiller als Kampfgenosse Hitlers*[히틀러의 전 우로서의 실러](1932년 초판, 1934년과 1936년 중판); Lesley Sharpe, "National Socialism and Schiller," *German Life and Letters* 36(1983) 참조. 2차 대전 당시, 마르바흐의 실러 국립박물관은 게오르크 슈뮈클레Georg Schmückle(1880~1948)를 관장으로 두고 있었다. 1931년 이래 나치당원이 었던 그는 독일 문화 투쟁동맹Kampfbund für deutsche Kultur이라는 우익 반反유대주의 정치단체의 의장이기도 했다.

76 Richard Wagner, *Judaism in Music and Other Essays*, trans. William Ashton Ellis(University of Nebraska Press, 1995).

77 반면에, 동독에서 카프카는 커리큘럼과 문학 정전에서 제외되었다. 앙 겔리카 비넨Angelika Winnen은 독일민주공화국(동독)에서의 카프카 수용에 관한 연구서에서 1950년대의 기성 문학계가 1934년 8월에 열 린 제1차 소비에트 작가대회 이래 사회주의 리얼리즘에 전념하느라 카 프카의 작품들을 "퇴폐적"이고 "쓸데없다"며 맹비난했다고 기록한다. Angelika Winnen, *Kafka-Rezeption in der Literatur der DDR: Produktive Lektüren von Anna Seghers, Klaus Schlesinger, Gert Neumann und Wolfgang Hilbig*(Königshausen & Neumann, 2006).

78 Günther Anders, "Einleitung," in *Mensch ohne Welt. Schriften zur Kunst und*

Literatur(C. H. Beck, 1984). Günther Anders, *Kafka, Pro und Contra: die Prozess-Unterlagen*(C. H. Beck, 1963); "Kafka: Ritual Without Religion," *Commentary*(1949년 12월호)도 함께 참조. 듀크 대학교의 케이터 겔런에 따르면 "아이러니하게도 안더스가 하는 일은 카프카를 예언자에서 역사적 망상의 대리자로 둔갑시키는 것, 앞을 볼 수 있는 사람에서 다른 사람들이 앞을 볼 수 없게 가로막는 사람으로 둔갑시키는 것이다." Kata Gellen, "Kafka, Pro and Contra: Günther Anders's Holocaust Book," in *Kafka and the Universal*, eds. Arthur Cools and Vivian Liska(de Gruyter, 2016) 참조.

79 인용문 출처는 Marcel Reich-Ranicki, *Über Ruhestörer: Juden in der deutschen Literatur*(Piper, 1973), p. 55; Amos Elon, *The Pity of it All: A History of Jews in Germany 1743-1933*(Metropolitan, 2002), p. 10.

12. 로럴과 하디

80 예루살렘 히브리 대학교의 '유대 민족사와 현대 유대 민족' 학과의 교수인 이팟 웨이스Yfaat Weiss는 하비마 극단 창단 후 15년간의 업무 문서들 가운데 상당 부분이 독일어로 작성되었음을 지적하고 왜 그러했는가를 설명한다. "1917년에 모스크바에서 창단되었고, 창단 이래 오직 히브리어로만 공연했는데, 왜 문서들이 독일어로 작성되었을까? 20세기의 첫 3분의 1 동안 유럽 연극의 수도였던 바이마르 베를린이, 하비마 극단이 1926년부터 1931년까지 거듭 방문한 도시이자 때마다 하비마 극단을 열렬히 환영해준 도시였기 때문이다. 하비마 극단이 전문 극단의 모습을 갖춘 것, 그저 이 도시를 자주 방문하는 수많은 동유럽 유대 유랑극단 중 하나에서 진정한 모더니즘 레퍼토리 극단으로 진화한 것은 바로 이 도시에서였다"(Yfaat Weiss, "German or in German? On the Preservation of Literary and Scholarly Collections in Israel," *Transit: Europäische Revue*, Institut für die Wissenschaften vom Menschen, 2015년 3월 2일).

81 Gnazim archive, 문서번호 97/24606.

82 그로부터 70년 뒤인 2015년 5월, 이 오페라는 이스라엘 국립도서관에 의해 되살아나 무대에 오르게 된다. 안나 & 메인홀트 누스바움 부부Anna & Meinhold Nussbaum가 1939년에 신 샬롬을 브로트에게 소개했다. 안나 누스바움은 독일-유대 시인 야코프 판 호디스Jakob van Hoddis와 남매간이었고, 샬롬의 소설들 중 하나를 독일어로 번역한 사람이었다(『갈릴레이의 일기*Galiläisches Tagebuch*』). 브로트의 다른 음악 작품으로 피아노 5중주, 이스라엘 춤곡들, 히브리 레퀴엠Requiem Hebrascum(작사: 신 샬롬) 등

이 있다. 브로트는 체코 작곡가 레오시 야나체크Leoš Janáček를 자기가 "발견"했다고 주장했고, 이 작곡가의 오페라 대본들을 독일어로 번역하기도 했다. Charles Susskind, *Janáček and Brod*(Yale University Press, 1985) 참조. 히브리 연극 무대에서 본인이 어떠한 역할을 하고 있는지에 대한 브로트 자신의 시각은 Max Brod, "From the Notebook of a Dramaturg," *Bamah* (1940년 12월); "From the Diary of a Dramaturg," *Bamah* 48(1946) 참조 [둘 다 히브리어]. 브로트의 하비마 아카이브에 대해서 좀더 보려면 Ofer Aderet, "Where Are the Missing Index Cards?," *Haaretz*(2008년 9월 22일) 참조.

83 Gnazim archive, 문서번호 273/98884. א.

84 Yair Lipshitz, "Biblical Shakespeare: King Lear as Job on the Hebrew Stage," *New Theatre Quarterly* 31:4(2015년 11월호) 참조.

85 *Franz Kafkas Glauben und Lehre*(프란츠 카프카의 믿음과 가르침, 1948); *Kafka als wegweisende Gestalt*(길을 인도하는 형상으로서의 카프카, 1959); *Verzweiflung und Erloesung im Werk Kafkas*(카프카 작품에 나타난 절망과 속죄, 1959).

86 Hans-Joachim Schoeps, *Der vergessene Gott: Franz Kafka und die tragische Position des modernen Juden*, ed. Andreas Krause Landt(Landt Verlag, 2006) 참조. 또한 다음의 회고록도 참조. Hans-Joachim Schoeps, *Ja, Nein und Trotzdem: Erinnerungen, Begegnungen, Erfahrungen*(Hase & Koehler, 1974). 브로트와 쇼엡스는 쇼엡스가 『그리스도의 세계*Christliche Welt*』— 1887년에 창간된 개신교 잡지—에 브로트의 저서 『이교, 기독교, 유대교 *Heidentum, Christentum, Judentum*』에 대한 서평을 실은 뒤인 1920년대 초부터 편지를 주고받기 시작했고, 1929년에는 마리앙바드에서 직접 만나기도 했다. 쇼엡스를 맹비난한 시온주의자는 브로트 하나가 아니었다. 1933년, 게르숌 숄렘은 발터 베냐민에게 보내는 편지에서 다음과 같이 썼다. "카프카와 관련해서 내 생각을 말씀드리자면, 당신이 기다리고 있는 책이 쇼엡스 씨Herr Schoeps의 편집으로 나올 수 있으리라는 예상은 아무래도 빗나갈 것 같습니다. 이 청년은—내가 베를린에서 이 청년과 친분이 생겼다는 것과 나에게는 그 친분을 유지하고 싶은 생각이 전혀 없다는 것, 자기가 만인의 화제가 되고 싶다는 욕심과 허영으로 터질 것만 같은 청년이라는 것은 내가 편지로도 말씀드렸지요—온갖 방법으로 독일 파시즘의 인맥을 확보하는 일로 너무 분주해서, 잔츠 프라즈sans phrase[단도직입적으로 말해서] 가까운 장래에 무슨 다른 일에 시간을 내기는 불가능할 것 같습

니다. [⋯] 카프카 유고 담당 편집자라는 사람이 이런 작자라니, 아무리 고인이 선택한 것도 아닌 스물세 살짜리 어린 녀석임을 감안해도 솔직히 예상 밖이었습니다." 회고록에서 독일계 미국인 랍비 겸 인권 지도자 요아힘 프린츠는 쇼엡스와 그의 추종자들을 가리켜 "광신자들, 초超애국자들, 열혈 반反시온주의자이고, 매우 실질적인 의미에서 반反유대주의적이다. 그들은 나치의 대의에 협력함으로써 스스로를 구원할 수 있다고 믿는 자기혐오적 유대인들이었다"라고 평했다(Joachim Prinz, *Rebellious Rabbi: An Autobiography*, ed. Michael A. Meyer, Indiana University Press, 2008). 쇼엡스의 저서 『이 시대의 유대 신앙*Jüdischer Glaube in dieser Zeit*』에 대한 숄렘의 맹비난도 함께 참조(Gershom Scholem, *Briefe*, I:466~71, C.H. Beck, 1994~99에 재수록).

87   비알릭은 「히브리의 서The Hebrew Book」라는 글을 1913년 빈에서 열린 히브리 언어문화 학술대회에서 발표했고, 1914년에 월간 비평지 『하실로아*Hashiloah*』에도 게재했다. 이 글은 비알릭의 『전집』 저자 50세 기념판(1923)에도 실렸고, 1951년에는 미니 할킨Minnie Halkin에 의해 영어로 번역되었다.

13. 브로트의 마지막 사랑

88   Max Brod, "Erzgebirge schreit um Hilfe," *Prager Tagblatt*(1932년 4월 8일); "Hilfe für das Erzgebirge," *Prager Tagblatt*(1932년 4월 14일) 참조.

89   Ilse Esther Hoppe, Gedichte aus Israel(Starczewski Verlag, 초판: 1967, 중판: 2004), 펠릭스 글럭Felix Gluck의 일러스트 수록.

90   '텔아비브 지방법원' 재판기록 245/69.

91   기록물관리법의 기원과 역사에 관한 상세한 개괄은 Paul Alsberg, "The Israel Archives Law, History and Implementation," *Arkhyon: Reader in Archives Studies and Documentation* 1(1987), pp. 7~29 [히브리어].

에필로그

92   W. H. Auden, "The Wandering Jew," in *The Complete Works of W. H. Auden. Prose: Volume II, 1939-1948*, ed. Edward Mendelson(Princeton University Press, 2002), 2:110.

참고문헌

막스 브로트의 저작들

Arnold Beer: Das Schicksal eines Juden. Axel Juncker, 1912 [reprinted Wallstein, 2013].

"Axiome über das Drama." *Schaubühne*, September 21, 1911.

Beinahe ein Vorzugsschüler oder Pièce touchée. Manesse, 1952.

"Der Dichter Franz Kafka." *Die neue Rundschau* 32, 1921; reprinted in *Juden in der deutschen Literatur: Essays über zeitgenössische Schriftsteller*, ed. Gustav Krojanker. Welt Verlag, 1922, 55-62.

Diesseits und Jenseits. Mondial Verlag, 1947 (2 volumes).

"Die Dritte Phase des Zionismus." *Die Zukunft*, January 20, 1917.

Franz Kafka. Eine Biographie. Mercy Verlag, 1937 [English translation by G. Humphreys Roberts and Richard Winston, Schocken, 1960; Hebrew translation by Edna Kornfeld, Am Oved, 1955].

"Franz Kafkas Grunderlebnis." *Die Weltbühne*, May 15, 1931.

Die Frau, nach der man sich sehnt. Paul Zsolnay, 1927 [*Three Loves*, trans. Jacob Wittner. Knopf, 1929].

Das gelobte Land (Promised Land: Poems). Kurt Wolff, Leipzig, 1917.

Gustav Mahler: Beispiel einer deutsch-jüdischen Symbiose. Ner Tamid, 1961.

Heinrich Heine: The Artist in Revolt, 1934 [trans. Joseph Witriol, New York University Press, Valentine Mitchell 1956; Collier, 1962].

Jüdinnen. Axel Juncker, 1911 [reprinted Kurt Wolff, 1915; Wallstein, 2013].

"Der jüdische Dichter deutscher Zunge." In *Vom Judentum: Ein Sammelbuch.* Verein Jüdischer Hochschüler Bar Kochba in Prag, 1913.

"Die jüdische Kolonisation in Palästina." *Die Neue Rundschau* 28, 1917.

Eine Königin Esther. Drama in einem Vorspiel und drei Akten. Kurt Wolff, 1918.

"Macbeth through the Ages." *Davar,* May 21, 1954 [Hebrew].

Der Meister. Bertelsmann, 1952 [*The Master,* trans. Heinz Nordau. Philosophical Library, 1951].

Die Musik Israels. Sefer, 1951 [reprinted Kassel, 1976].

"Nachwort zur ersten Ausgabe." In Franz Kafka, *Das Schloß.* S. Fischer, 1951.

Paganism, Christianity, Judaism: A Confession of Faith, trans. William Wolf. University of Alabama Press, 2010 [*Heidentum, Christentum, Judentum: Ein Bekenntnisbuch.* Kurt Wolff, 1921].

Der Prager Kreis. Kohlhammer, 1966 [reprinted Suhrkamp, 1979; Wallstein, 2016].

Rassentheorie und Judentum. Barissia, 1934 [republished with an afterword by Felix Weltsch, R. Löwit, 1936].

Rebellische Herzen. Herbig, 1957.

Rëubeni, Fürst der Juden. Ein Renaissanceroman. Kurt Wolff, 1925 [*Reubeni: Prince of the Jews,* trans. Hannah Wallter. Knopf, 1928].

Die Rosenkoralle. Eckart, 1961.

Schloss Nornepygge: Der Roman des Indifferenten. Juncker, 1908.

Sozialismus im Zionismus. R. Löwit, 1920.

Streitbares Leben (A Contentious Life). Kindler, 1960 [expanded edition, F.A. Herbig, 1969; Insel, 1979; Hebrew: *Chayei Meriva,* trans. Y. Slaee. Hasifriya Ha-tzionit, 1967].

Tod und Paradies: Chamber Works. Supraphon Records CD 1121882931, 1994.

Tycho Brahes Weg zu Gott. Wallstein, 2013 [*The Redemption of Tycho Brahe,* trans. Felix Warren Crosse. Knopf, 1928; reissued as *Tycho Brahe's Path to God.* Northwestern University Press, 2007].

Über Franz Kafka. S. Fischer, 1974.

Unambo: Roman aus dem jüdisch-arabischen Krieg. Steinberg, 1949 [English translation by Ludwig Lewisohn, Farrar, Straus & Young, 1952].

"Unsere Literaten und die Gemeinschaft." *Der Jude* 1, 1916.

"Ungedrucktes zu Franz Kafka." *Die Zeit,* October 22, 1965.

Die verkaufte Braut: Der abenteuerliche Lebensroman des Textdichters Karel Sabina. Bechtle, 1962.

Zauberreich der Liebe. Paul Szolnay, 1928 [*The Kingdom of Love,* trans. Eric

Sutton, Secker, 1930].

Max Brod, ed. *Arkadia. Ein Jahrbuch für Dichtkunst*. Kurt Wolff, 1913.

프란츠 카프카의 저작들

Abandoned Fragments: The Unedited Works of Franz Kafka 1897-1917, trans. Ina Pfitzner. Sun Vision Press, 2012.

Amerika. Kurt Wolff Verlag, 1927 [trans. Willa and Edwin Muir. Schocken, 1962].

Amtliche Schriften, ed. Klaus Hermsdorf and Benno Wagner. S. Fischer, 2004.

Beim Bau der chinesischen Mauer. Gustav Kiepenhauer Verlag, 1931.

Betrachtung. Kurt Wolff Verlag, 1915.

The Blue Octavo Notebooks, ed. Max Brod, trans. Ernst Kaiser and Eithne Wilkins. Exact Change, 1991.

Briefe, 1902-1924, ed. Max Brod. Schocken, 1959.

Briefe an Felice und andere Korrespondenz aus der Verlobungszeit, ed. Erich Heller and Jürgen Born. Fischer, 1967 [*Letters to Felice*, trans. James Stern and Elisabeth Duckworth. Schocken, 1988].

Briefe an Milena, ed. Jürgen Born and Michael Müller. S. Fischer, 1986 [*Letters to Milena*, trans. Philip Boehm. Schocken, 1990].

The Complete Stories, trans. Willa and Edwin Muir, ed. Nahum N. Glatzer. Schocken, 1976.

The Diaries of Franz Kafka, 1910-1913, ed. Max Brod, trans. Joseph Kresh. Schocken, 1948.

The Diaries of Franz Kafka, 1914-1923, ed. Max Brod, trans. Martin Greenberg and Hannah Arendt. Schocken, 1949.

Franz Kafka: Briefe. 1900-1912, ed. Hans-Gerd Koch. S. Fischer Verlag, 1999.

Franz Kafka: Briefe. 1913-1914, ed. Hans-Gerd Koch. S. Fischer Verlag, 2001.

Franz Kafka: Briefe. 1914-1917, ed. Hans-Gerd Koch. S. Fischer Verlag, 2005.

Franz Kafka: Briefe. 1918-1920, ed. Hans-Gerd Koch. S. Fischer Verlag, 2013.

Franz Kafka: The Office Writings, eds. Stanley Corngold, Jack Greenberg, and Benno Wagner. Princeton University Press, 2009.

Hebrew letter to Puah Ben-Tovim, June 1923, reprinted in *Hayim U-Ma'As B'Mifalenu Ha-Khinukhim: Sefer Zikaron L'Dr. Yosef Shomo Menzel Zikhrono Livrakha, Leben und Wirken: Unser Erzieherisches Werk: In*

Memoriam Dr. Josef Schlomo Menczel 1903-1953, ed. Puah Menczel-Ben-Tovim. Menczel Memorial Foundation, 1981.

I Am a Memory Come Alive: Autobiographical Writings, ed. Nahum Glatzer. Schocken, 1974.

Kafka Kritische Ausgabe, eds. Jürgen Born et al. S. Fischer, ongoing.

Ein Landarzt und andere Drucke zu Lebzeiten, ed. Hans-Gerd Koch. S. Fischer Taschenbuch, 1994.

Letters to Friends, Family, and Editors, trans. Richard and Clara Winston. Schocken, 1977.

Letter to His Father, trans. Ernst Kaiser and Eithne Wilkins. Schocken, 1953.

"The Metamorphosis," trans. Susan Bernofsky. W. W. Norton, 2014.

Nachgelassene Schriften und Fragmente I, ed. Malcolm Pasley. S. Fischer, 1993.

Nachgelassene Schriften und Fragmente II, ed. Jost Schillemeit. S. Fischer, 1992.

Parables and Paradoxes, ed. Nahum N. Glatzer. Schocken, 1961.

Der Prozess. Die Schmiede, 1925.

Der Prozess, trans. Melech Ravitch. Der Kval, 1966 [Yiddish].

Das Schloss. Kurt Wolff Verlag, 1926.

Selected Stories, ed. and trans. Stanley Corngold. W. W. Norton, 2007.

Tagebücher, eds. Hans-Gerd Koch, Michael Müller, and Malcolm Pasley. S. Fischer, 1990.

The Trial: A New Translation Based on the Restored Text, trans. Breon Mitchell. Schocken, 1998.

Vor dem Gesetz. Schocken, 1934.

Wedding Preparations in the Country and Other Posthumous Prose Writings, trans. E. Kaiser and E. Wilkins (notes by Max Brod). Secker & Warburg, 1954.

The Zürau Aphorisms of Franz Kafka, eds. Roberto Calasso, Geoffrey Brock, and Michael Hofmann. Schocken, 2006.

기타 참고문헌과 인용문헌

Adorno, Theodor W. "Notes on Kafka." In *Franz Kafka*, ed. Harold Bloom. Chelsea House, 1986.

Allemann, Beda. "Kafka et l'histoire." In *L'endurance de la pensée. Pour saluer Jean Beaufret*, eds. René Char et al. Plon, 1968.

Alt, Peter-André. *Franz Kafka: Der ewige Sohn*. Beck, 2005.

Alter, Robert. *After the Tradition: Essays on Modern Jewish Writing*. Dutton, 1969.

———. *Canon and Creativity*. Yale University Press, 2000.

———. "Franz Kafka: Wrenching Scripture." *New England Review* 21.3, 2000.

———. "Kafka as Kabbalist." *Salmagundi*, Spring-Summer 1993.

———. *Necessary Angels: Tradition and Modernity in Kafka, Benjamin, and Scholem*. Harvard University Press, 1991.

Anderson, Mark. *Kafka's Clothes: Ornament and Aestheticism in the Habsburg Fin de Siècle*. Oxford University Press, 1992.

———, ed. *Reading Kafka: Prague, Politics, and the Fin de Siècle*. Schocken, 1989.

Appelfeld, Aharon. "A Conversation with Philip Roth." In *Beyond Despair: Three Lectures and a Conversation with Philip Roth*, trans. Jeffrey M. Green. Fromm International, 1994.

Arendt, Hannah. "Franz Kafka: A Revaluation." In *Essays in Understanding, 1930-1954*, ed. Jerome Kohn. Harcourt Brace & Co., 1994 [originally published in *Partisan Review* 11:4, 1944].

Arnold, Hannah. "Brod's Case." *TLS*, October 17, 2014.

Bahr, Ehrhard. "Max Brod as a Novelist: From the Jewish Zeitroman to the Zionist Novel." In *Von Franzos zu Canetti: Jüdische Autoren aus Österreich*, ed. Mark H. Gelber. Niemeyer, 1996.

Bahr, Hermann. "Max Brods Bewusstsein vom Judentum: Ethik in der Spannung von Diesseits und Jenseits." In *Messianismus zwischen Mythos und Macht: jüdisches Denken in der europäischen Geistesgeschichte*, eds. Eveline Goodman-Thau and Wolfdietrich Schmied-Kowarzik. Akademie Verlag, 1994.

Baioni, Giuliano. *Kafka: Literatur und Judentum*. Metzler, 1994.

Balint, Benjamin. "Kafkas letzter Prozess." *Die Zeit*, September 12, 2016.

———. "Kafka's Own Metamorphosis." *Wall Street Journal*, November 18, 2016.

Bärsch, Claus-Ekkehard. *Max Brod im Kampf um das Judentum. Zum Leben und Werk eines deutsch-jüdischen Dichters aus Prag*. Passagen Verlag, 1992.

Barzel, Hillel. *Agnon and Kafka: A Comparative Study*. Bar-Ilan University Press, 1972 [Hebrew].

Bashan, Refael. "Max Brod." In *I Have an Interview: New and Selected Interviews*. Am Oved, 1965 [Hebrew].

Batuman, Elif. "Kafka's Last Trial." *New York Times Magazine*, September 22, 2012.

Beck, Evelyn Torton. *Kafka and the Yiddish Theater*. University of Wisconsin Press, 1971.

Begley, Louis. *The Tremendous World I Have Inside My Head—Franz Kafka: A Biographical Essay*. Atlas & Co., 2008.

Benjamin, Walter. *Benjamin über Kafka: Texte, Briefzeugnisse, Aufzeichnungen*, ed. Hermann Schweppenhäuser. Suhrkamp, 1981.

———. "Franz Kafka: On the Tenth Anniversary of His Death." *Illuminations*, trans. Harry Zohn, ed. Hannah Arendt. Schocken, 1969.

———. "Review of Brod's Franz Kafka." In *Selected Writings: 1935-1938*, eds. Howard Eiland and Michael W. Jennings. Harvard University Press, 2002.

Bennett, Alan. *Two Kafka Plays*. Faber & Faber, 1987.

Binder, Hartmut. "Franz Kafka and the Weekly Paper Selbstwehr." *Leo Baeck Institute Yearbook* 12 (1967).

———. *Kafka-Kommentar: zu sämtlichen Erzählungen*. Winkler Verlag/Patmos, 1975.

———. "Kafka's Hebräischstudien." In *Jahrbuch der deutschen Schillergesellschaft* 11. Alfred Kroner Verlag, 1967.

———. *Motiv und Gestaltung bei Franz Kafka*. Bouvier, 1966.

Blanchot, Maurice. "Kafka and the Work's Demand." In *The Space of Literature*, trans. Ann Smock. University of Nebraska Press, 1982.

Bloom, Cecil. "Max Brod, Polymath." *Midstream*, January 1997.

Bloom, Harold, ed. *Franz Kafka*. Bloom's Literary Criticism/Infobase, 2010.

Born, Jürgen, ed. *Franz Kafka: Kritik und Rezeption 1924-1938*. S. Fischer Verlag, 1983.

———. *Kafkas Bibliothek: Ein beschreibendes Verzeichnis*. S. Fischer Verlag, 1990.

Bornstein, Sagi, writer and director. *Kafka's Last Story*. 53 minutes. 2011.

Botros, Atef. *Kafka: Ein jüdischer Schriftsteller aus arabischer Sicht*. Reichert Verlag, 2009.

Brenner, David A. *German-Jewish Popular Culture before the Holocaust: Kafka's Kitsch*. Routledge, 2008.

Brenner, Michael. *The Renaissance of Jewish Culture in Weimar Germany*. Yale

University Press, 1998.

Brod, Max, and Hans-Joachim Schoeps. *Im Streit um Kafka und das Judentum: Der Briefwechsel zwischen Max Brod und Hans-Joachim Schoeps*, ed. Julius Schoeps. Jüdischer Verlag bei Athenäum, 1985.

Bruce, Iris. *Kafka and Cultural Zionism*. University of Wisconsin Press, 2007.

Buber, Martin. *Drei Reden über das Judentum*. Rütten & Loening, 1916.

Buber, Martin, et al. *Das jüdische Prag: eine Sammelschrift*. Verlag der Selbstwehr, 1917 [reissued 1978].

Butler, Judith. "Who Owns Kafka?" *London Review of Books*, March 3, 2011.

Calasso, Roberto. *K*. Knopf, 2005.

Canetti, Elias. *Kafka's Other Trial: The Letters to Felice*, trans. Christopher Middleton. Schocken, 1974.

Caputo-Mayr, Marie Luise, and Julius M. Herz, eds. *Franz Kafka: International Bibliography of Primary and Secondary Literature*. Saur, 2000 [three volumes].

Carmely, Klara. "Noch Einmal: War Kafka Zionist?" *The German Quarterly* 52:3, May 1979.

Carrouges, Michel. *Kafka versus Kafka*, trans. Emmett Parker. University of Alabama Press, 1968.

Caygill, Howard. *Kafka: In Light of the Accident*. Bloomsbury, 2017.

Cohen, Nili. "The Betrayed(?) Wills of Kafka and Brod." *Law and Literature* 27:1, 2015.

Cools, Arthur, and Vivian Liska, eds. *Kafka and the Universal*. de Gruyter, 2016.

Corngold, Stanley. *Franz Kafka: The Necessity of Form*. Cornell University Press, 1988.

———. *Lambent Traces: Franz Kafka*. Princeton University Press, 2004.

Cott, Jonathan. "Glenn Gould: The Rolling Stone Interview." *Rolling Stone*, August 15, 1974.

Dahm, Volker. *Das jüdische Buch im Dritten Reich* (Zweiter Teil: Salman Schocken und sein Verlag). Buchhändler-Vereinigung, 1982.

Dannof, Brian. "Arendt, Kafka, and the Nature of Totalitarianism." *Perspectives on Political Science* 29:4, 2000.

David, Anthony. *The Patron: A Life of Salman Schocken*. Metropolitan Books, 2003.

Dehne, Doris. *The Formative Years of Kafka Criticism: Max Brod's Interpretation of Franz Kafka*. PhD diss., Vanderbilt University, 1977.

Deleuze, Gilles, and Felix Guattari. *Kafka: Toward a Minor Literature*. University of Minnesota Press, 1986.

Demetz, Peter. "Speculations about Prague Yiddish and its Disappearance: From its Origins to Kafka and Brod." In *Confrontations/Accommodations: German-Jewish Literary and Cultural Relations from Heine to Wassermann*, ed. Mark H. Gelber. Niemeyer Verlag, 2004.

Derrida, Jacques. *Archive Fever*, trans. Eric Prenowitz. University of Chicago Press, 1998.

——. "Before the Law," trans. Avital Ronell. In *Kafka and the Contemporary Critical Performance*, ed. Alan Udoff. University of Indiana Press, 1987.

Diamant, Kathi. *Kafka's Last Love*. Basic Books, 2003.

Dietz, Ludwig. *Franz Kafka*. Metzler, 1975.

Dorn, Anton Magnus. *Leiden als Gottesproblem. Eine Untersuchung zum Werk von Max Brod*. PhD diss., Katholisch-Theologische Fakultät, Ludwig-Maximilians-Universität München, 1981.

Dowden, Stephen D. *Kafka's* The Castle *and the Critical Imagination*. Camden House, 1995.

Duttlinger, Carolin, ed. *The Cambridge Introduction to Franz Kafka*. Cambridge University Press, 2013.

Einhorn, Talia. "The Rights to the Kafka Manuscripts." *Wealth Management Law Review* 2, 2016 [Hebrew].

Eisner, Pavel. *Franz Kafka and Prague*. Griffin Books, 1950.

Emrich, Wilhelm. *Franz Kafka*. Athenäum Verlag, 1958. [*Franz Kafka: A Critical Study of His Writings*, trans. Sheema Zeben Buehne. Ungar, 1968 and 1981.]

Eshel, Amir. *Futurity: Contemporary Literature and the Quest for the Past*. University of Chicago Press, 2013.

——. "Von Kafka zu Celan: Deutsch-Jüdische Schriftsteller und ihr Verhältnis zum Hebräischen und Jiddischen." In *Jüdische Sprachen in deutscher Umwelt*, ed. Michael Brenner. Vandenhoeck & Ruprecht, 2002.

Fenves, Peter. "Introduction to the New Edition," *Tycho Brahe's Path to God*, Max Brod. Northwestern University Press, 2007.

Flores, Angel, ed. *The Kafka Debate: New Perspectives for Our Time.* Gordian Press, 1977.

———, ed. *The Kafka Problem.* New Directions, 1946.

Friedländer, Saul. *Franz Kafka: The Poet of Shame and Guilt.* Yale University Press, 2013.

Geissler, Benjamin, director. *Finding Pictures.* 107 minutes. 2002.

Gelber, Mark H. "The Image of Kafka in Max Brod's *Zauberreich der Liebe* and its Zionist Implications." In *Kafka, Zionism, and Beyond,* ed. Mark H. Gelber. Niemeyer Verlag, 2004.

———. "Max Brod's Zionist Writings." In *Leo Baeck Institute Yearbook,* 1988.

———. *Melancholy Pride: Nation, Race, and Gender in the German Literature of Cultural Zionism.* Niemeyer Verlag, 2000.

———, ed. *Kafka, Zionism, and Beyond.* Niemeyer Verlag, 2004.

Geller, Jay. *Bestiarium Judaicum: Unnatural Histories of the Jews.* Fordham University Press, 2017.

Gilman, Sander. *Franz Kafka: The Jewish Patient.* Routledge, 1995.

Glatzer, Nahum N. "Franz Kafka and the Tree of Knowledge." In *Between East and West: Essays Dedicated to the Memory of Bela Horoitz,* ed. Alexander Altmann. East and West Library, 1958.

Glazer, Hilo. "A Final Note from Kafka, a Trove of Manuscripts, and a Trial that Left an Israeli Heiress Destitute." *Haaretz,* February 18, 2017.

Gold, Hugo, ed. *Max Brod: Ein Gedenkbuch.* Olamenu, 1969.

Goldberg, Lea. *Yomanei Lea Goldberg* (The Diaries of Lea Goldberg), eds. Rachel and Arie Aharoni. Sifriat Poalim, 2005 [Hebrew].

Goldschmidt, Georges-Arthur. *Meistens wohnt der den man sucht nebenan. Kafka lesen.* S. Fischer, 2010.

Goldstein, Bluma. *Reinscribing Moses: Heine, Kafka, Freud, and Schoenberg in a European Wilderness.* Harvard University Press, 1992.

Goodman, Paul. *Kafka's Prayer.* Vanguard, 1947.

Gordon, Adi. *In Palestine. In a Foreign Land: The Orient. A German-Language Weekly between German Exile and Aliyah.* Magnes Press, 2004 [Hebrew].

Gray, Ronald. *Franz Kafka.* Cambridge University Press, 1973.

Grözinger, Karl Erich. *Franz Kafka und das Judentum.* Eichborn, 1987.

———. *Kafka and Kabbalah,* trans. Susan Hecker Ray. Continuum, 1994.

Grunfeld, Frederic V. *Prophets without Honour: A Background to Freud, Kafka, Einstein and Their World.* Holt, Rinehart & Winston, 1979.

Haas, Willy. "Der junge Max Brod." *Tribüne* 3, 1964.

Halbertal, Moshe. *People of the Book: Canon, Meaning, and Authority.* Harvard University Press, 1997.

Halper, Shaun J. "Mordechai Langer(1897-1943) and the Birth of the Modern Jewish Homosexual." PhD diss., University of California, Berkeley, 2013.

Hanssen, Jens. "Kafka and Arabs." *Critical Inquiry*, Autumn 2012.

Hayman, Ronald. *Kafka: A Biography.* Oxford University Press, 1981.

Heidsieck, Arnold. *The Intellectual Contexts of Kafka's Fictions: Philosophy, Law and Religion.* Camden House, 1994.

————. "Max Brods Kritik an der christlichen Kultur im Anschluß an den ersten Weltkrieg." In *Allemands, Juifs et Tchèques à Prague. Deutsche, Juden und Tschechen in Prag 1890-1924*, eds. Maurice Godé, Jacques Le Rider, and Françoise Mayer. Université Paul-Valéry, 1996.

Heinrich, Eduard Jacob. "Achtzig Jahre Max Brod." *Frankfurter Allgemeine Zeitung*, March 23, 1964.

Heller, Erich. *The Disinherited Mind: Essays in Modern German Literature and Thought.* Mariner Books, 1975.

————. *Franz Kafka.* Penguin, 1975; Princeton University Press, 1982.

————. "Kafka's True Will." *Commentary*, June 1973.

Hesse, Hermann. "Versuch einer Rechtfertigung: Zwei Briefe wegen Palaestina." *Neue Schweizer Rundschau* 16, 1948.

Hoffmann, Werner. "Kafkas Aphorismen und die jüdische Mystik." In *Kafkas Aphorismen.* Francke, 1975.

Hofmann, Martha. "Dinah und der Dichter. Franz Kafkas Briefwechsel mit einer Sechzehnjährigen." *Die österreichische Furche* 10, 1954.

Horwitz, Rivka. "Kafka and the Crisis in Jewish Religious Thought." *Modern Judaism* 15.1, 1995.

Howarth, Herbert. "The Double Liberation." *Commentary*, May 1952.

Howe, Irving. "Brod on Kafka." *The Nation*, July 12, 1947.

Jessen, Caroline. "Spuren Deutsch-Jüdischer Geschichte: Erschlieung und Erforschung von Nachlässen und Sammlungen in Israel." *Archivar*, July

2013.

―――. "Der Kanon im Archiv: Chancen und Herausforderungen für die Erforschung von Nachlässen deutsch-jüdischer Autoren in Israel." *Naharaim* 7, 2013.

Kayser, Werner, and Horst Gronemeyer. *Max Brod*. Hans Christians Verlag, 1972.

Kermani, Navid. "Was ist deutsch an der deutschen Literatur?" Vortrag, Konrad-Adenauer-Stiftung, December 13, 2006.

Kieval, Hillel J. *Languages of Community: The Jewish Experience in the Czech Lands*. University of California Press, 2000.

―――. *The Making of Czech Jewry: National Conflict and Jewish Society in Bohemia, 1870-1918*. Oxford University Press, 1998.

Kilcher, Andreas B. *Franz Kafka*. Suhrkamp, 2008.

―――. "Wie kommt Kafka aus dem UBS-Safe?," Tachles, March 2, 2018.

―――. "Kafka im Betrieb. Eine kritische Analyse des Streits um Kafkas Nachlass." In *Literaturbetrieb. Zur Poetik einer Produk-tionsgemeinschaft*, eds. Philipp Theisohn and Christine Weder. Fink, 2013.

Klingsberg, Reuven, ed. *Exhibition Franz Kafka 1883-1924*. Catalogue: Jewish National and University Library, 1969.

Koch, Hans-Gerd, ed. *Als Kafka mir entgegenkam. . . Erinnerungen an Franz Kafka*. Wagenbach Verlag, 1995.

―――. "Kafkas Max und Brods Franz: Vexierbild einer Freundschaft." In *Literarische Zusammenarbeit*, ed. Bodo Plachta. Tübingen 2001.

Koelb, Clayton. *Kafka's Rhetoric: The Passion of Reading*. Cornell University Press, 1989.

Kraft, Werner. *Franz Kafka: Durchdringung und Geheimnis*. Suhrkamp, 1968.

Kremer, Detlev. *Kafka: Die Erotik des Schreibens*. Athenäum, 1989.

Krojanker, Gustav. "Max Brods Weg zum Leben." *Der Jude* 1, 1916-17.

Kuehn, Heinz R. "Max Brod." *The American Scholar*, Spring 1993.

Kundera, Milan. "Rescuing Kafka from the Kafkaologists." *Times Literary Supplement*, May 24, 1991.

―――. *Testaments Betrayed*, trans. Linda Asher. HarperCollins, 1995.

Lamping, Dieter. *Von Kafka bis Celan. Jüdischer Diskurs in der deutschen Literatur des 20. Jahrhunderts*. Vandenhoeck & Ruprecht, 1998.

Langer, Georg Mordechai. "Mashehu al Kafka" (A Kafka Anecdote). In *Me'at Tza'ari*, ed. Miriam Dror. Agudat Ha-Sofrim Ha-Ivrim, 1984 [Hebrew].

———. *Poems and Songs of Love*, trans. Elana and Menachem Wolff. Guernica Editions, 2014.

Langer, Lawrence. "Kafka as Holocaust Prophet: A Dissenting View." In *Admitting the Holocaust: Collected Essays*. Oxford University Press, 1995.

Leader, Zachary. "Cultural Nationalism and Modern Manuscripts." *Critical Inquiry*, Autumn 2013.

Leavitt, June O. *The Mystical Life of Franz Kafka: Theosophy, Cabala, and the Modern Spiritual Revival*. Oxford University Press, 2011.

Liehm, Antonin J. "Franz Kafka in Eastern Europe." *Telos* 23, Spring 1975.

Liska, Vivian. "As If Not: Giorgio Agamben Reading Kafka." In *Messianism and Politics: Kabbalah, Benjamin, Agamben*, eds. Vittoria Borsò, Claas Morgenroth, Karl Solibakke, and Bernd Witte. Königshausen & Neumann, 2010.

———. "Neighbors, Foes, and Other Communities: Kafka and Zionism." *Yale Journal of Criticism* 13:2, 2000.

———. *When Kafka Says We: Uncommon Communities in German-Jewish Literature*. Indiana University Press, 2009.

Meissner, Frank. "German Jews of Prague: A Quest for Self-Realization." *Publications of the American Jewish Historical Society* 50:2, 1960.

Menczel (Ben-Tovim), Puah. "Ich war Kafkas Hebräischlehrerin." In *Als Kafka mir entgegenkam... Erinnerungen an Franz Kafka*, ed. Hans-Gerd Koch. Wagenbach Verlag, 1995.

———. "Interview with Aviva Limon." *Jerusalem*, June 8, 1988, transcribed and edited by Ehud Netzer.

Mirecka, Agata. "Die Idee des Messianismus und Zionismus bei Max Brod." *Brücken: Germanistisches Jahrbuch Tschechien-Slowakei*, 2006.

Miron, Dan. *From Continuity to Contiguity: Toward a New Jewish Literary Thinking*. Stanford University Press, 2010.

Moked, Gabriel. *Kafka: Critical Essays on the Metamorphosis*. Mehadir, 1956 [Hebrew].

Moses, Stephane, and Albrecht Schöne, eds. *Juden in der deutschen Literatur*.

Suhrkamp, 1986.

Murray, Nicholas. *Kafka*. Yale University Press, 2004.

Nagel, Bert. *Kafka and World Literature*. 1983.

Neumeyer, Peter F. "Thomas Mann, Max Brod, and the New York Public Library." *MLN (Modern Language Notes)* 90:3, April 1975.

North, Paul. *The Yield: Kafka's Atheological Reformation*. Stanford University Press, 2015.

Ofek, Natan. *Kafka ve-Hakiyum ha-Yehudi* (Kafka and Jewish Existence). 2002 [Hebrew].

————. *Sichot al Kafka Ve'od* (Conversations on Kafka and More). 2004 [Hebrew].

O'Neill, Patrick. *Transforming Kafka: Translation Effects*. University of Toronto Press, 2014.

Oppenheimer, Anne. *Franz Kafka's Relation to Judaism*. D.Phil. thesis, Oxford University, 1977.

Ozick, Cynthia. "How Kafka Actually Lived." *New Republic*, April 11, 2014.

————. "The Impossibility of Being Kafka." *New Yorker*, January 11, 1999.

Pasley, Malcolm, ed. *Max Brod, Franz Kafka: eine Freundschaft. Briefwechsel*. S. Fischer, 1989.

Pasley, Malcolm, and Hannelore Rodlauer, eds. *Max Brod, Franz Kafka: Eine Freundschaft. Reiseaufzeichnungen*. S. Fischer, 1987.

Pawel, Ernst. "Kafka's Hebrew Teacher." *New York Times*, August 16, 1981.

————. *The Nightmare of Reason: A Life of Franz Kafka*. Farrar, Straus & Giroux, 1984.

Pazi, Margarita. "Das Problem des Bösen und der Willensfreiheit bei Max Brod, Ernst Weiss und Franz Kafka." *Modern Austrian Literature* 18:1, 1985.

————. *Fünf Autoren des Prager Kreises*. Lang, 1978.

————. "Max Brod." *Modern Austrian Literature*, 20:3/4, 1987.

————. "Max Brod: Unambo." In *Turn of the Century Vienna and its Legacy: Essays in Honor of Donald G. Daviau*, eds. J. B. Berlin, J. B. Johns, and R. H. Lawson. Edition Atelier, 1993.

————. *Max Brod: Werk und Personlichkeit*. H. Bouvier, 1970.

————, ed. Max Brod, *1884-1984: Untersuchungen zu Max Brods literarischen und philosophischen Schriften*. Lang, 1987.

————, ed. *Nachrichten aus Israel. Deutschsprachige Literatur in Israel*. Olms, 1981.

Politzer, Heinz. *Franz Kafka: Parable and Paradox*. Cornell University Press, 1966.

Preece, Julian. *Cambridge Companion to Kafka*. Cambridge University Press, 2002.

Preston, John. "Raiders of the Lost Archive." *Sunday Times* (London), August 12, 2012.

Raabe, Paul. "Die frühen Werke Max Brods." *Literatur und Kritik* 11, 1967.

————. *Zu Gast bei Max Brod: Eindrücke in Israel 1965*. Niedersächsische Landesbibliothek, Niemeyer, 2004.

Reich-Ranicki, Marcel. "Juden in der deutschen Literatur." *Die Zeit*, May 2, 1969.

Reitter, Paul. "Misreading Kafka." *Jewish Review of Books*, Fall 2010.

Robert, Marthe. *Seul, comme Franz Kafka*. Calmann-Lévy, 1979 [*As Lonely as Franz Kafka*, trans. Ralph Manheim, Harcourt Brace Jovanovich, 1982].

Robertson, Ritchie. "*Antizionismus, Zionismus:* Kafka's Responses to Jewish Nationalism." In *Paths and Labyrinths: Nine Papers from a Kafka Symposium*, eds. J. P. Stern and J. J. White. Institute of Germanic Studies, 1985.

————. "The Creative Dialogue between Brod and Kafka." In *Kafka, Zionism, and Beyond*, ed. Mark H. Gelber. Niemeyer, 2004.

————. *Kafka: Judaism, Politics, Literature*. Oxford University Press, 1985.

————. "Kafka's encounter with the Yiddish theatre." In *The Yiddish Presence in European Literature*, eds. Joseph Sherman and Ritchie Robertson. Legenda, 2005.

————. "Kafka's Writings: Private Confessions or Public Property?" *Bodleian Library Record* 25, 2012.

————. "Max Brod's novel *Tycho Brahes Weg zu Gott:* A Tale of Two Astronomers." In *Kafka, Prag und der Erste Weltkrieg*, eds. Manfred Engel and Ritchie Robertson. Königshausen & Neumann, 2012.

————. "Sex as Sin or Salvation: Max Brod's *Heidentum Christentum Judentum* and Kafka's *Das Schloß*." In *Kafka und die Religion in der Moderne*, eds. Manfred Engel and Ritchie Robertson. Königshausen & Neumann, 2014.

Rokem, Freddie. "Max Brod as Dramaturg of Habima." In *Max Brod 1884-*

1984: Untersuchungen zu Max Brods literarischen und philosophischen Schriften, ed. Margarita Pazi. Lang, 1987.

Rosenfeld, Isaac. "Kafka and His Critics." *New Leader*, April 12, 1947.

Roth, Philip. " 'I Always Wanted You to Admire My Fasting;' or, Looking at Kafka." In *Reading Myself and Others*. Penguin, 1985.

──────. "In Search of Kafka and Other Answers." *New York Times Book Review*, February 15, 1976.

Rosenzweig, Franz. "Apologetic Thinking." In *Philosophical and Theological Writings*, eds. Paul W. Franks and Michael L. Morgan. Hackett Publishing, 2000 [originally published in *Der Jude*, 1923].

Rubin, Abraham A. *Kafka's German-Jewish Reception as Mirror of Modernity*. PhD diss., Graduate Center, City University of New York, 2014.

──────. "Max Brod and Hans-Joachim Schoeps: Literary Collaborators, Ideological Rivals." *Leo Baeck Institute Yearbook*, June 2015.

Sandbank, Shimon. *After Kafka: The Influence of Kafka's Fiction*. University of Georgia Press, 1989.

──────. *Derekh Ha-Hisus: al I-Hoda'ut Ve-Giluyah Bi-Yetsirat Kafka* (*The Way of Wavering: Forms of Uncertainty in Kafka*). Ha-Kibbutz Ha-Meuchad, 1974 [Hebrew].

Schirrmeister, Sebastian. *Begegnung auf fremder Erde. Narrative Deterritorialisierung in deutsch- und hebräischsprachiger Prosa aus Palästina/Israel nach 1933*. PhD diss., Universität Hamburg, 2017.

──────. "On Not Writing Hebrew: Max Brod and the 'Jewish Poet of the German Tongue' between Prague and Tel Aviv." *Leo Baeck Institute Yearbook*, 2015.

Schoeps, Hans-Joachim. *Der vergessene Gott: Franz Kafka und die tragische Position des modernen Juden*, ed. Andreas Krause Landt. Landt Verlag, 2006.

Scholem, Gerhard (Gershom). "Das hebräische Buch: Eine Rundfrage." *Jüdische Rundschau*, April 4, 1928.

──────. "Against the Myth of the German-Jewish Dialogue." In *On Jews and Judaism in Crisis*, ed. Werner J. Dannhauser. Schocken, 1976.

──────, ed. *The Correspondence of Walter Benjamin and Gershom Scholem 1932-1940*, trans. Gary Smith and Andre Lefevere. Harvard University Press,

1992.

Shahar, Galili. "Fragments and Wounded Bodies: Kafka after Kleist." *German Quarterly* 80:4, Fall 2007.

———. "Kafka in Israel." In *Der Nahe Osten—Ein Teil Europas: Reflektionen zu Raum- und Kulturkonzeptionen im modernen Nahen Osten*, ed. Atef Botrus. Verlag Ergon, 2006.

———. *Kafka's Wound.* Carmel, 2008 [Hebrew].

Shahar, Galili, and Michal Ben-Horin. "Franz Kafka und Max Brod." In *Franz Kafka: Leben-Werk-Wirkung*, eds. Oliver Jahraus and Bettina von Jagow. Vandenhoeck & Ruprecht, 2008.

Shaked, Gershon. "Kafka, Jewish Heritage, and Hebrew Literature." In *The Shadows Within: Essays on Modern Jewish Writers.* Jewish Publication Society, 1987. [Published in German as "Kafka: Jüdisches Erbe und hebräische Literatur," *Die Macht der Identität—Essays über jüdische Schriftsteller.* Jüdischer Verlag, 1992.]

Shalom, S. *Im Chaim Nachman Bialik v'Max Brod: Pegishot* (with H. N. Bialik and Max Brod: Encounters). Aked, 1984 [Hebrew].

Shumsky, Dmitry. *Between Prague and Jerusalem.* Merkaz Shazar. 2010 [Hebrew].

Singer, Isaac Bashevis. "A Friend of Kafka." *New Yorker*, November 23, 1968.

Sokel, Walter H. "Kafka as a Jew." *New Literary History* 30, 1999.

———. *The Myth of Power and the Self: Essays on Franz Kafka.* Wayne State University Press, 2002.

Spector, Scott. *Prague Territories: National Conflict and Cultural Innovation in Franz Kafka's Fin de Siècle.* University of California Press, 2000.

Spitzer, Moshe. "Responses of German Jews to the Nazi Persecutions (Internal Life, 1933–1939)." Transcript of interview with Otto Dov Kulka, [undated] 1964, Department of Oral Documentation, Institute of Contemporary Jewry, Hebrew University of Jerusalem.

———. "Youth Movements in Czechoslovakia." Transcript of interview with Otto Dov Kulka (reel 312), April 20, 1964, Department of Oral Documentation, Institute of Contemporary Jewry, Hebrew University of Jerusalem.

Šrámková, Barbora. "Max Brod und die tschechische Kultur." In *Juden zwischen*

Deutschen und Tschechen, Sprachliche und kulturelle Identitäten in Böhmen, 1800-1945, eds. Marek Nekula and Walter Koschmal. R. Oldenbourg, 2006 [republished Arco, 2010].

Stach, Reiner. *Kafka: The Decisive Years*, trans. Shelley Frisch. Harcourt, 2005: paperback ed. Princeton University Press, 2013.

————. *Kafka: The Early Years*, trans. Shelley Frisch. Princeton University Press, 2016.

————. "Kafkas letztes Geheimnis." *Tagesspiel*, January 26, 2010.

————. "Kafkas Manuskripte: Der Process gehört uns allen." *Frankfurter Allgemeine Zeitung*, August 7, 2010.

————. *Is that Kafka? 99 Finds*, trans. Kurt Beals. New Directions, 2016.

————. *Kafka: The Years of Insight*, trans. Shelley Frisch. Princeton University Press, 2013.

Stähler, Axel. "Zur Konstruktion einer 'zionistischen' Ethik in Max Brods Romanen *Rëubeni, Fürst der Juden* und *Zauberreich der Liebe*." In *Die Konstruktion des Jüdischen in Vergangenheit und Gegenwart*, eds. Alexandra Ponten and Henning Theissen. Ferdinand Schöningh, 2003.

Starobinski, Jean. "Kafka's Judaism." *European Judaism: A Journal for the New Europe* 8:2 (Summer 1974).

Steiner, George. "K." In *Language and Silence: Essays on Language, Literature, and the Inhuman*. Yale University Press, 1998.

Steiner, Marianna. "The Facts about Kafka." *New Statesman*, February 8, 1958.

Stern, J. P. "On Prague German Literature." In *The Heart of Europe: Essays on Literature and Ideology*. Blackwell, 1992.

Suchoff, David. "Kafka and the Postmodern Divide: Hebrew and German in Aharon Appelfeld's *The Age of Wonders*." *The Germanic Review* 75:2, 2000.

————. *Kafka's Jewish Languages: The Hidden Openness of Tradition*. University of Pennsylvania Press, 2011.

Sudaka-Bénazéraf, Jacqueline. *Le regard de Franz Kafka: Dessins d'un écrivain*. Maisonneuve & Larose, 2001.

Susman, Margarete. "Franz Kafka," trans. Theodore Frankel. *Jewish Frontier* 23, 1956.

Swales, Martin. "Why Read Kafka?" *Modern Language Review* 76, 1981.

Taussig, Ernst F., ed. *Ein Kampf um Wahrheit: Max Brod zum 65. Geburtstag.* ABC-Verlag, 1949.

Teller, Judd L. "Modern Hebrew Literature of Israel." *Middle East Journal* 7:2 (Spring 1953).

Thieberger, Friedrich. *Erinnerungen an Kafka,* ed. Hans-Gerd Koch. 1995.

Unseld, Joachim. *Franz Kafka: Ein Schriftstellerleben.* Hanser, 1982 [*Franz Kafka: A Writer's Life,* trans. Paul F. Dvorak. Ariadne, 1994].

Vassogne, Gaëlle. *Max Brod in Prag: Identität und Vermittlung.* Max Niemeyer Verlag, 2009.

———. "Max Brod, Tomáš G. Masaryk et la reconnaissance de la nationalité juive en Tchécoslovaquie." *Tsafon* 52, 2006-2007.

Vogl, Joseph. *Der Ort der Gewalt: Kafkas literarische Ethik.* Fink, 1990.

Wallace, David Foster. "Laughing with Kafka." *Harper's,* July 1998.

Warshow, Robert. "Kafka's Failure." Partisan Review, April 1949.

Weidner, Daniel. "Max Brod, Gershom Scholem Und Walter Benjamin: Drei Konstellationen Theologischer Literaturkritik im Deutschen Judentum." In *Literatur im Religionswandel der Moderne: Studien zur christlichen und jüdischen Literaturgeschichte,* eds. Alfred Bodenheimer, Georg Pfleiderer, and Bettina von Jagow. Theologischer Verlag, 2009, 195-220.

Weinberger, Theodore. "Philip Roth, Franz Kafka, and Jewish Writing." *Journal of Literature and Theology* 7, 1993.

Weingrad, Michael. "A Rich 1925 Novel about the Recurring Dilemmas of Jewish Existence." *Mosaic,* September 19, 2016.

Weltsch, Felix. "Der Weg Max Brods." *Bulletin des Leo-Baeck-Instituts,* 1963.

———. "Max Brod: A Study in Unity and Duality," trans. Harry Zohn. *Judaism,* Winter 1965.

———. *Max Brod and His Age.* Leo Baeck Institute, 1970.

———. *Religion und Humor im Leben und Werk Franz Kafkas.* Herbig, 1957 (Bialik Institute, 1959) [Hebrew].

———, ed. *Dichter, Denker, Helfer: Max Brod zum fünfzigsten Geburstag.* Julius Kittls Nachfolger, Keller & Co., 1934.

Wessling, Berndt W. *Max Brod: Ein Portrait.* Kohlhammer, 1969 (rev. ed. 1984).

Wilk, Melvin. *The Jewish Presence in Two Major Moderns: Eliot and Kafka.* PhD diss., University of Massachusetts Amherst, 1978.

Wilson, Edmund. "A Dissenting Opinion on Kafka." In *Classics and Commercials*. Farrar, Straus and Cudahy, 1950.

Wisse, Ruth. "The Logic of Language and the Trials of the Jews: Franz Kafka and Y. H. Brenner." In *The Modern Jewish Canon*. University of Chicago, 2003.

Wlaschek, Rudolf M. *Juden in Böhmen. Beiträge zur Geschichte des europäischen Judentums im 19. und 20. Jahrhundert*. Oldenbourg, 1990.

Wolff, Kurt. *Autoren, Bücher, Abenteuer. Betrachtungen und Erinnerungen eines Verlegers*. Wagenbach Verlag, 1965.

Woods, Michelle. *Kafka Translated: How Translators Have Shaped our Reading of Kafka*. Bloomsbury, 2013.

Yerushalmi, Yosef Hayim. "Series Z. An Archival Fantasy." *Psychomedia: Journal of European Psychoanalysis*, Spring 1997/Winter 1997.

Yildiz, Yasemin. "The Uncanny Mother Tongue: Monolingualism and Jewishness in Franz Kafka." In *Beyond the Mother Tongue*. Fordham University Press, 2012.

Yudkin, Leon I. *In and Out: The Prague Circle and Czech Jewry*. L. Marek, 2011.

Zabel, Hermann, ed. *Stimmen aus Jerusalem: zur deutschen Sprache und Literatur in Palästina/Israel*. Lit Verlag, 2006.

Zeller, B. "Fünf Jahre Deutsches Literaturarchiv in Marbach. Ergebnisse, Erfahrungen, Planungen." In *In Libro Humanitas. Festschrift für Wilhelm Hoffmann zum 60 Geburtstag*. Ernst Klett, 1962.

———. *Marbacher Memorabilien. Vom Schiller-Nationalmuseum zum Deutschen Literaturarchiv 1953-1973*. Deutsche Schillergesellschaft, 1995.

Zeller, B., et al. *Klassiker in finsteren Zeiten, 1933-1945. Eine Ausstellung des Deutschen Literaturarchivs im Schiller Nationalmuseum, Marbach am Neckar*. Deutsche Schillergesellschaft Marbach, 1983.

Zimmermann, Moshe. "The Chameleon and the Phoenix: Germany in the Eyes of Israel." In *Avar Germani—Zikaron Israeli*. Am Oved, 2002.

Zinger, Miriam. "Kafka's Hebrew Teacher." *Orot* 6, 1969.

Zohn, Harry. "Max Brod at Seventy-Five." *Jewish Frontier*, October 1959.

Zweig, Stefan. Foreword to *The Redemption of Tycho Brahe* by Max Brod, trans. Felix Waren Crosse. Knopf, 1928.

Zylberberg, H. "Das tragische Ende der drei Schwestern Kafkas." *Wort und*

Tat, 1946/1947, Heft 2.

아카이브

Hugo Bergmann archives, National Library, Jerusalem (ARC. 4* 1502)

Max Brod archives, National Library, Jerusalem (Schwad. 01 02)

Papers of Franz Kafka, Bodleian Library, Oxford (MSS. Kafka 1-55), including Kafka's German-Hebrew vocabularies and Hebrew exercises (shelfmarked MS. Kafka 24; 26, fols. 28v-29v; 29-33; 46, fols. 5-8; and 47, fols. 4-15)

Shin Shalom-Esther Hoffe correspondence, Gnazim: Asher Barash Bio-Bibliographical Institute, Tel Aviv (file 97)

판결문

Tel Aviv District Court 1169/73, State Legal Advisor Kerem v. Esther Hoffe, January 17, 1974 [Hebrew].

Tel Aviv Family Court 105050/08, Eva D. Hoffe v. General Custodian Tel Aviv, October 12, 2012 [Hebrew].

Tel Aviv District Court 47113-11-12, Eva D. Hoffe v. Shmulik Cassouto (executor of the estate of Esther Hoffe), Ehud Sol (executor of the estate of Max Brod), the National Library of Israel, and the German Literary Archive in Marbach. June 29, 2015 [Hebrew].

Supreme Court of Israel 6251/15, Eva D. Hoffe v. Shmulik Cassouto (executor of the estate of Esther Hoffe), Ehud Sol (executor of the estate of Max Brod), the National Library of Israel, the German Literary Archive in Marbach, and General Custodian, August 7, 2016 [Hebrew].

찾아보기